Widmung

Dieses Buch ist allen Menschen gewidmet, welche ihre selbst verschuldete Unmündigkeit ablegen wollen und den Mut haben, sich selbständig ihres Verstandes zu bedienen.

„Unmündigkeit ist das Unvermögen, sich seines Verstandes ohne Leitung eines anderen zu bedienen. Selbstverschuldet ist diese Unmündigkeit, wenn die Ursache derselben nicht am Mangel des Verstandes, sondern der Entschließung und des Mutes liegt, sich seiner ohne Leitung eines anderen zu bedienen." (Immanuel Kant)

Dieses Buch ist allen Menschen gewidmet, welche nicht passive Sklaven der täglichen geleiteten Informierung und unbewussten Programmierung sein wollen, sondern aktive, freie Menschen. *Die Gedanken sind frei.* Zu diesem Zweck zeigt dieses Buch unter Anderem auf, wie diese unbewusste Programmierung funktioniert.

Dieses Buch ist allen Bürgern Deutschlands gewidmet, welche die freiheitlich demokratische Grundordnung verteidigen und den Mut haben, das auch tatsächlich zu tun. Allen Menschen, die den Mut haben, Sachen zu hinterfragen und auch offen „Nein" sagen können.

Persönlich ist dieses Buch all jenen Personen gewidmet, welche mich schon seit Jahren darin bestärken, ein Buch zu schreiben und zu veröffentlichen.
Diese sind:

Erzpriester Valentin (München, Deutschland)
Archimandrit Stephan (Tschyhyryn, Ukraine)
Äbtissin Ekaterina (Tschyhyryn, Ukraine)
Liudmyla Rieger
Artem Rieger
Robert Steinberg

Die Corona-Krise 2020 – Massenhysterie oder Sieg der Vernunft?

Die Corona-Krise 2020 aus Psychologischer Sicht

Psychologische Mechanismen und Erkenntnisse

Diplom-Psychologe (Univ.) Richard Rieger

Psychologe im Psychologischen Dienst
Heilpraktiker für Psychotherapie, Psychologischer Berater
Dozent für Psychologische Themen

Landshut, März – August 2020

© 2020 Richard Rieger

Autor: Richard Rieger

Umschlaggestaltung, Illustration: Richard Rieger
Bild von Gerd Altmann auf Pixabay , überarbeitet von Richard Rieger

Verlag& Druck: tredition GmbH, Halenreie 40-44, 22359 Hamburg

ISBN:
Paperback 978-3-347-12698-5
Hardcover 978-3-347-12699-2
e-Book   978-3-347-12700-5

Bibliografische Information der Deutschen Nationalbibliothek:

Die Deutsche Nationalbibliothek verzeichnet diese Publikation in der Deutschen Nationalbibliografie; detaillierte bibliografische Daten sind im Internet über http://dnb.d-nb.de abrufbar.

Inhaltsverzeichnis

1. Einleitung

Das Auftreten des Coronavirus SARS-CoV-2 führte weltweit zu einem noch nie da gewesenen Maßnahmenkatalog nahezu aller Regierungen. Selbst in freiheitlich-demokratischen Ländern wurden die verfassungsmäßigen Rechte der Bürger von einem Tag auf den anderen massiv eingeschränkt und quasi abgeschafft. Es wurden dabei gravierende Folgen für die Menschen, die Wirtschaft und das gesamte politische System in Kauf genommen.

Bei der Begründung der durchgeführten Maßnahmen wurde stets mit wissenschaftlichen Erkenntnissen argumentiert, um die Gefahr durch das Virus und die Notwendigkeit der Freiheitsbeschränkungen zum Schutze der Bevölkerung zu belegen. Dieses Buch untersucht die empirischen Entscheidungsgrundlagen, deren wissenschaftliche und politische Interpretation, sowie die mediale Aufbereitung und Kommunikation wissenschaftlicher Daten und Ergebnisse in der Corona-Krise.

Es soll außerdem untersucht werden, welche psychologischen Mechanismen hierbei eine Rolle spielten und wie sich diese auf die Rezeption in der Bevölkerung ausgewirkt haben. Die vorgestellten Ansätze können einen Beitrag zur Erklärung leisten, warum die Verantwortlichen so gehandelt haben, wie sie es taten. Auf Spekulationen über verdeckte Motive der Akteure und die direkte oder indirekte Einflussnahme Dritter soll hierbei verzichtet werden. Diese Fragestellungen kann eine wissenschaftliche und auf psychologische Theorien basierende Arbeit nicht beleuchten und beantworten.

Ziel dieser Arbeit ist es, dazu beizutragen, eine möglichst objektive Sicht, insbesondere aus Sicht der wissenschaftlichen Psychologie, auf die Corona-Krise 2020 zu erhalten. Es gibt hierbei keinen Anspruch auf Vollständigkeit, sondern es soll versucht werden einen Überblick zu geben. Sicherlich existieren noch viele weitere psychologische Momente und Mechanismen, welche hier eine Rolle spielten. Diese würden wohl mehrere Buchbände füllen können.

Allerdings gibt das Folgende einen guten Überblick über die aus Sicht des Verfassers wichtigsten psychologischen Erkenntnisse und Mechanismen. Diese werden zunächst allgemein erklärt. Am Ende eines jeden Kapitels wird dann eine Ableitung auf die verschiedenen beobachteten Verhaltensweisen während der Corona-Krise herausgearbeitet und erklärt.

Am Anfang dieses Buches stehen die Grundlagen psychologischen Arbeitens: Indikation und Statistik. Vorherwerden zunächst der Verlauf der Corona-Krise und die Maßnahmen in Deutschland aufgezeigt. Diese Vorgehensweise soll es jedem möglich machen, sich selbst ein Bild und eine Meinung von diesen in Verbindung mit den weiteren Kapiteln und Erkenntnissen aus diesen zu machen und zu bilden. Anschließend wird das Thema „Angst" genauer beleuchtet. Schließlich war Angst ein allgemeines Phänomen während der Corona-Krise. Angst hat verschiedene Folgen und einen großen Einfluss auf Wahrnehmung, Einschätzung und Verhalten. Genau auf diese Punkte, Folgen von Angst, Wahrnehmung, Einschätzung und Verhalten, wird im Weiteren eingegangen. Ein weiteres Thema ist die Entscheidungsfindung. Dabei spielen auch verschiedene kognitive Verzerrungen eine Rolle, von denen einige behandelt werden. Im Anschluss wird gezeigt, welche sozialpsychologischen Mechanismen es gibt, um das Verhalten einer Person zu beeinflussen. Diese Mechanismen spielten während der Corona-Krise eine große Rolle. Dem folgen psychologische Theorien, welche erklären, wie sich ein Individuum eigene Verhaltensänderungen selber begründet. Abschließend wird die Rolle der Mainstream–Medien während der Corona–Krise beleuchtet. An einigen Beispielen werden dann die in diesem Buch erklärten psychologischen Mechanismen angewandt betrachtet.

Natürlich stehen diese Mechanismen in der komplexen Realität nicht alleine für sich. Es ist vielmehr so, dass die einzelnen Mechanismen zusammenspielen und sich gegenseitig bedingen bzw. verstärken. In diesem Buch wird versucht diese Komplexität zu vereinfachen, um nachvollziehbar zu machen, wie die einzelnen Mechanismen funktionieren und wie mit diesen die verschiedenen

Verhaltensweisen sowohl der Regierenden, als auch der Bürger während der Corona-Krise erklärt werden können. Um die Komplexität dazustellen, werden in den einzelnen Kapiteln auch immer wieder Querverweise zu anderen Kapiteln gemacht. Dies dient einerseits zum tiefergehenden Verständnis und andererseits als Hinweis auf verstärkende Einflüsse durch andere Mechanismen. Ohne Fachbegriffe kommen wir dabei nicht aus. Diese werden aber erklärt und durch Beispiele veranschaulicht, so dass nahezu jeder das Folgende verstehen kann.

Ziel dieses Buches ist es weiter, zu einem kritischen und selbständigen Denken anzustoßen. Die Corona-Krise bietet hierfür lediglich eine aktuelle Grundlage. Die Leserinnen und Leser werden explizit dazu aufgerufen, auch dem Autor dieses Buches nicht einfach alles zu glauben, sondern das Eine oder Andere auch mal selbständig nachzuprüfen. Vertrauen ist gut, Kontrolle ist besser.

2. Verlauf und Maßnahmen in Deutschland
(Januar – Juli 2020)

D ie Atemwegerkrankung durch das CoronavirusSARS-CoV-2wurde zunächst Ende Dezember 2019 in der chinesischen Millionenstadt Wuhan in der Provinz Hubei gemeldet und im Januar 2020 zu einer Epidemie erklärt. Am 30.01.2020 rief die Weltgesundheitsorganisation (WHO) die internationale Gesundheitsnotlage aus und erklärte die bisherige Epidemie am 11.03.2020 zur Pandemie.

Am 28.01.2020 wurde eine erste Infektion in Deutschland durch das Bayerische Gesundheitsministerium bestätigt. Ein Mitarbeiter des Automobilzulieferers Webasto hatte sich bei einer aus dem Unternehmensstandort Shanghai angereisten chinesischen Kollegin infiziert. Dreizehn weitere Webasto-Mitarbeiter oder deren Angehörige hatten sich ebenfalls infiziert. Bis Ende Februar 2020 wurden alle Infizierte als geheilt aus den Krankenhäusern entlassen.[1] Während der Corona-Krise wurden die Begriffe „Infizierte", „Erkrankte" und „positiv Getestete" nahezu willkürlich durcheinander gebraucht, was zu einer Verwirrung in der Bevölkerung führte und letzten Endes der Angsterzeugung diente. Dieser wichtige Unterschied hat in den weiteren Kapiteln dieses Buches Relevanz. Daher wird auf diesen Unterschied dort genauer eingegangen werden. Die nächsten positiven Testungen auf das Coronavirus SARS-CoV-2 wurden in Baden-Württemberg und Nordrhein-Westphalen Ende Februar 2020 gemeldet. Die Zahl der Infizierten stieg in Deutschland in den nächsten Tagen und Wochen an. Am 16. März 2020 gab es über 4.838 bestätigte Fälle und 12 bestätigte Todesfälle in Deutschland.[2]

In Bayern wurden am 09.03.2020 alle Großveranstaltungen mit mehr als 1000 Besuchern untersagt, am Freitag den 13.03.2020 alle Schulen, Kitas und Kindergärten geschlossen.[3] Nach und nach wurde das öffentliche Leben immer weiter eingeschränkt. Am 16.03.2020 rief Bayern den Katastrophenfall aus.

Veranstaltungen und Versammlungen wurden verboten, Einrichtungen der Freizeitgestaltung wurden geschlossen, ebenso Gastronomiebetriebe jeder Art und Ladengeschäfte des Einzelhandels.[4] Auch in anderen Bundesländern wurde das öffentliche Leben nach und nach eingeschränkt. Am 21.03.2020 wurden in Bayern weitreichende Ausgangsbeschränkungen beschlossen.[5] Das Verlassen der eigenen Wohnung war nur noch bei Vorliegen „triftiger Gründe" erlaubt.

Am 12. März 2020 appellierte die Bundeskanzlerin Angela Merkel an die Bürger, „alle nicht notwendigen Veranstaltungen abzusagen und auf Sozialkontakte zu verzichten".[6]

Am 18.03.2020 kündigte sie bereits Zwangsmaßnahmen an, sollte die Bevölkerung die von der Regierung empfohlenen Maßnahmen nicht umsetzen.[7] In Bayern wurden bereits Jugendarrestanstalten geräumt um Platz für die Bürger zu schaffen, die diesen Anordnungen nicht nachkommen würden.

Am 22. März 2020 einigten sich Bund und Länder auf ein „umfassendes Kontaktverbot", welches ab dem 23.03.2020 gültig war.[8] Hierbei wurden die bereits in Bayern geltenden Regeln größtenteils übernommen. Das öffentliche Leben kam zum Erliegen, die Menschen wurden vereinzelt.

Am 27.03.2020 beschloss der Gesetzgeber im Eilverfahren Änderungen des Infektionsschutzgesetzes. Damit stellte das Parlament eine „epidemische Lage von nationaler Tragweite" fest. Dieses Gesetz übertrug weitreichende Befugnisse auf den Bundesgesundheitsminister. Ohne Zustimmung des Bundesrates konnte er nun Rechtsverordnungen erlassen und Gesetze außer Kraft setzen. Die Gewaltenteilung wurde damit weitgehend aufgehoben.[9]

Am 01.04.2020 trat das „Infektionsschutzgesetz" in Kraft.

Am 07.04.2020 meinte Bundesgesundheitsminister Spahn: *„Wir dürfen uns nicht in falscher Sicherheit wiegen. Die Lage ist nach wie vor ernst."* [10]

Am 09. 04. 2020 rief Spahn in der Bundespressekonferenz die Bürgerinnen und Bürger auf, auch über Ostern die Kontakteinschränkungen einzuhalten. *„Bleiben wir konsequent, wird die schrittweise Rückkehr zur Normalität* *wahrscheinlicher. Werden wir nachlässig, steigt die Wahrscheinlichkeit, dass eine Verlängerung der Auflagen nötig wird."* Es wurde die *„Verordnung zur Beschaffung von Medizinprodukten und persönlicher Schutzausrüstung bei der durch das Coronavirus SARS-CoV-2 verursachten Epidemie"* geschaffen. Deutsche Unternehmen, die auf internationalen Märkten tätig sind, haben ihre Unterstützung bei der Beschaffung der dringend benötigten persönlichen Schutzausrüstung und Medizinprodukten angeboten. Von diesen Angeboten machte die Bundesregierung Gebrauch. Dafür war es notwendig, die Unternehmen als Vertragspartner der Bundesregierung vom Haftungsrisiko zu befreien.

Am 15.04.2020 wurden die Kontaktbeschränkungen bis zum 3. Mai verlängert.

Am 17.04.2020 kritisierte Ärztepräsident Klaus Reinhardt die von der Regierung beschlossenen Corona-Maßnahmen. Für die Fortsetzung der Kontaktbeschränkung bis zum 3. Mai gebe es keine konkrete wissenschaftliche oder medizinische Grundlage.[11]

Am 20.04 2020 gab Spahn bekannt, dass Deutschland seine europäischen Partner im Kampf gegen das Coronavirus unterstütze. *„Die Bereitschaft und die Kapazität, bei Bedarf weitere ausländische Patienten aufzunehmen, ist da. Die Behandlungskosten übernimmt Deutschland - das ist unser Verständnis von europäischer Solidarität."* [12] Kleine und mittlere Geschäfte bis zu einer Fläche von 800 Quadratmetern durften unter Auflagen wieder öffnen. Bundeskanzlerin Angela Merkel kritisierte weitergehende Diskussionen zu Lockerungen und sprach von „Öffnungsdiskussionsorgien".[13]

Am 21.04.2020 meinte der Vizepräsident des Robert-Koch-Instituts, Lars Schaade*: „Aber ernst ist die Situation dennoch immer noch. Es ist kein Ende der Epidemie in Sicht, die Fallzahlen können wieder steigen."*[14] Auch wurde das Krankenhausentlastungsgesetz verkündet. Pro 20.000 Einwohner sollten 5er-Teams gebildet werden, die Kontaktpersonen von Infizierten nachverfolgen. Außerdem sollten die Gesundheitsämter über ein digitales Meldesystem mit dem RKI und mit der neuen Corona-App verbunden werden, sobald diese da sei.

Am 22.04.2020 genehmigte das Paul-Ehrlich-Institut die klinische Prüfung eines Corona-Impfstoffs. Am selben Tag meinte Bundesgesundheitsminister Spahn: *„Wir werden in ein paar Monaten wahrscheinlich viel einander verzeihen müssen."* [15]

Am 27.04.2020 trat bundesweit die „Maskenpflicht" in Kraft. Die genaue Regelung war Ländersache. Je nach Bundesland galt sie beim Einkaufen und im öffentlichen Nahverkehr oder nur im öffentlichen Nahverkehr.

Am 04.05.2020 wurde beschlossen, 3 Millionen Covid-19-Antikörpertests an das deutsche Gesundheitswesen auszuliefern. Diesen produzierte die Firma Roche in Bayern. Bundesgesundheitsminister Jens Spahn bat den Deutschen Ethikrat um eine Stellungnahme zum geplanten Immunitätsnachweis für SARS-CoV-2. Ebenfalls fand an diesem Tag eine Geberkonferenz der EU statt, bei welcher 7,4 Milliarden Euro von Dutzenden Ländern und Organisationen für die Suche nach Impfstoffen und Medikamenten zusammengekommen sind. Mit einem Beitrag von einer Milliarde Euro trug die EU-Kommission selbst einen Großteil bei. Bundeskanzlerin Angela Merkel sagte für Deutschland 525 Millionen Euro zu.

Am 25.04.2020 und 07.05.2020 verfasste Oberregierungsrat Stephan Kohn, Mitarbeiter im Referat KM 4 des Bundesinnenministeriums, „Schutz Kritischer Infrastrukturen", einen kritischen Bericht mit dem Titel „Coronakrise 2020 aus Sicht des Schutzes Kritischer Infrastrukturen – Auswertungen der bisherigen Bewältigungsstrategie und Handlungsempfehlungen".[16] Referat 4 hat den Auftrag, sich eine eigene Bewertung zum KRITIS-Schutz aufzubauen und auf dieser Basis Stellungnahmen eigeninitiativ und in Beteiligungsverfahren abzugeben. Am 08.05.2020 verschickte er den Bericht um 15:34 Uhr an seine Vorgesetzten im Ministerium, an den Corona-Krisenstab und das Kanzleramt. Auch alle Landesregierungen erhielten eine Kopie.[17]

Erste Inhalte des Berichts wurden am 10.05.2020 der Öffentlichkeit bekannt. Der Bericht zog die Strategie der Bundesregierung gegen die Corona-Pandemie massiv in Zweifel und sprach von einem „Fehlalarm". *„Durch den neuen Virus bestand vermutlich zu keinem Zeitpunkt eine über das Normalmaß hinausgehende Gefahr für die Bevölkerung". „Der Kollateralschaden (durch die freiheitsbeschränkenden Maßnahmen der Regierung) ist inzwischen höher als der erkennbare Nutzen."* Als „nicht akzeptabel und mit den allgemeinen Pflichten im öffentlichen Dienst nicht vereinbar" kritisierte das Ministerium, dass der Mann das mehrseitige Dokument unter Nutzung des Briefkopfs des Ministeriums und dienstlicher Kommunikationskanäle verbreitet hatte. Er wurde von seinen Dienstpflichten entbunden.[18] Allerdings war genau das seine Dienstaufgabe: eigeninitiativ Stellungnahmen abzugeben. Zudem handelte es sich um einen internen Bericht zur Optimierung des Krisenmanagements. Dieses sowie die politischen Entscheider kritisierte er. Sie *„könnten einen gigantischen vermeidbaren Schaden für unsere Gesellschaft anrichten, der das Potential des Coronavirus bei weitem übertreffen und unvorstellbares Leid auslösen kann. (…) Es drohen dem Staat hohe Schadensersatzforderungen wegen offenkundiger Fehlentscheidungen."* Angela Merkel äußerte in einer Befragung des Bundestages am 13.05.2020, dass die Regierung die Einschätzung des Berichts nicht teile und *„dass wir zu anderen Bewertungen gekommen sind."* [19] Diese Bewertungen kamen allerdings zustande, da nur bestimmte Berater ausgesucht wurden, was im o.g. Bericht ebenfalls kritisiert wurde.

Am 08.05.2020 betonte Bundesgesundheitsminister Jens Spahn auf einer gemeinsamen Pressekonferenz mit Tobias Hans, Ministerpräsidenten des Saarlands, dass die Corona-Pandemie noch nicht vorbei sei. *„Wir müssen weiter aufeinander achten, Abstand halten, Hygieneregeln beachten und Alltagsmasken tragen. Da kommt es auf jeden einzelnen an. Wenn wir zusammenhalten, kreative Schutzkonzepte mit Leben erfüllen und Forschung* *für den Alltag nutzen, können wir es diesem Virus im neuen Alltag möglichst schwer machen."* [20]

Am 14.05. 2020 beschloss der Bundestag das *Zweite Gesetz zum Schutz der Bevölkerung bei einer epidemischen Lage von nationaler Tragweite.* SARS-CoV-2 Infizierte sollten damit schneller gefunden, getestet und versorgt werden. Außerdem sah das Gesetz umfassendere Meldepflichten für Labore und Gesundheitsämter vor. Spahn meinte: *„Die Pandemie ist noch nicht vorüber. Jetzt kommt es auf jeden einzelnen an, durch sein Verhalten sich und andere zu schützen. Entscheidend ist, dass wir weiterhin Abstand halten, Hygieneregeln beachten und Alltagsmasken tragen."* [21]

Am 23.05 kündigte Thüringens Ministerpräsident Bodo Ramelow an, die allgemeinen Corona-Beschränkungen in seinem Bundesland ab dem 6. Juni aufzuheben. „Das Robert Koch-Institut habe ihm ursprünglich ein Rechenmodell vorgelegt, wonach er von bis zu 60.000 schwer erkrankten Thüringern habe ausgehen müssen. Davon sei man weit entfernt." [22] Dafür wurde er von den anderen Politikern massiv angegriffen.

Am 26.05.2020 beschlossen Bund und Länder die Verlängerung der Kontaktbeschränkungen bis zum 29. Juni. Maximal zehn Menschen oder Angehörige zweier Haushalte durften sich in der Öffentlichkeit treffen. Thüringen hielt sich jedoch abweichende Regelungen offen.

Am 30.05.2020 appellierten der Präsidenten der Deutschen Krankenhaus-gesellschaft (DKG) Gerald Gaß und der Vorstandsvorsitzenden der Kassenärztlichen Bundesvereinigung (KBV) Andreas Gassen sowie Bundesgesundheitsminister Jens Spahn an die Bürgerinnen und Bürger, Arztbesuche nicht aus Angst vor einer Covid-19-Infektion aufzuschieben. Grund für den Appell war der deutliche Rückgang von Facharztbesuchen in den vergangenen Wochen. Kardiologen und Onkologen hatten einen Rückgang der Termine von 30 bzw. 50 Prozent gemeldet.[23]

Am 03.06.2020 beschloss das Kabinett eine Reserve an medizinischer Schutzausrüstung aufzubauen. Auch wurde im Koalitionsausschuss der

Regierungsparteien ein Konjunkturpaket beschlossen, in welchem 9,5 Milliarden Euro für die Stärkung des Gesundheitswesens und einen besseren Schutz vor zukünftigen Pandemien vorgesehen wurden. Das umfassende Konjunkturprogramm hatte ein Volumen von rund 130 Milliarden Euro.[24]

Am 04.06.2020 fand die Online-Geberkonferenz für die Impf-Allianz GAVI statt. Dabei wurden rund 7,7 Milliarden Euro gesammelt. Bundeskanzlerin Angela Merkel kündigte in ihrer Videobotschaft an, dass sich Deutschland mit 600 Millionen Euro beteiligt.

Am 09.06.2020 trat rückwirkend zum 14. Mai eine neue Testverordnung in Kraft. Nun konnten auch Personen auf das Coronavirus getestet werden, wenn sie keine Symptome aufweisen. Bezahlt werden die Tests von den gesetzlichen Krankenkassen. Auch umfassende Tests in Pflegeheimen, Schulen oder Kindertagesstätten waren nun möglich. Alle Personen in diesen Einrichtungen können getestet werden, wenn dort ein COVID-19-Fall aufgetreten ist. In Pflegeheimen und Pflegediensten können auch unabhängig von aufgetretenen Fällen Tests durchgeführt werden.

Am 16.06.2020 startete die Bundesregierung die Corona-Warn-App. Mit der App können Menschen anonym und schnell darüber informiert werden, wenn sie sich in der Nähe eines Infizierten aufgehalten haben.

Am 17.06.2020 kam es im Schlachtbetrieb bei Tönnies in Rheda-Wiedenbrück zu einem „Corona–Ausbruch". Für die Kreise Gütersloh und Warendorf wurde ein Lockdown angeordnet.

Am 25.06.2020 sicherte Jens Spahn der Weltgesundheitsorganisation (WHO) im Kampf gegen das Coronavirus zusätzliche finanzielle Mittel sowie Schutzmasken und andere medizinische Ausrüstung für Länder zu, die diese dringend benötigen. Insgesamt umfasste die Unterstützung der Weltgesundheitsorganisation durch das Bundesgesundheitsministeriums dieses Jahr über 500 Millionen Euro.

Am 01.07.2020 trat die Mehrwertsteuersenkung von 19% auf 16% für sechs Monate aus dem Konjunkturpaket in Kraft. Im Bundestag sagte Bundeskanzlerin

Angela Merkel: *„Es ist nicht die Stunde nach Beendigung der epidemischen Lage zu fragen."* [25]

Am 03.07.2020 stimmte der Bundesrat einer Verordnung zu, nach welcher Haustiere, die sich mit dem Coronavirus infiziert haben, künftig den Behörden gemeldet werden mussten.

Am 27.07.2020 beschloss die Bundesregierung, dass sich Reiserückkehrer aus Risikogebieten auf das Coronavirus testen lassen müssen.

3. Indikation

Sowohl im medizinischen, als auch im psychotherapeutischen Bereich gibt es den Begriff der Indikation. In der Medizin wie auch in der Psychotherapie wird damit der Grund für den Einsatz einer bestimmten therapeutischen Maßnahme, bzw. welche medizinische, bzw. therapeutische Maßnahme bei einem bestimmten Krankheitsbild angebracht ist, bezeichnet.[26]

Weitere Begriffe, die direkt mit der Indikation zusammenhängen, sind Indikationsprüfung, und Indikationsstellung. Bei der Indikationsprüfung wird überprüft, ob eine Maßnahme, welche möglich wäre, überhaupt durchgeführt werden muss. Müssen wir alles machen was wir können? Natürlich ist es möglich allen Menschen den Blinddarm zu entfernen, mit der Begründung, dass dann niemand mehr an einer Blinddarmentzündung erkranken würde. Doch ist dies sinnvoll? Ist eine solche Maßnahme indiziert? Der Indikationsprüfung folgt die Indikationsstellung. Hier entscheidet sich der Arzt, bzw. der Therapeut für eine bestimmte Maßnahme. Die Indikation ist zum Einen auf ein bestimmtes Behandlungsziel und zum Anderen auf einen bestimmten Patienten und seine aktuelle soziale Situation bezogen. Sie muss aktiv gestellt werden und hat rational, konkret und individuell zu sein.

Dr. med. Max Kaplan, Präsident der Bayerischen Landesärztekammer (BLÄK), kritisierte bereits am 07.03.2016 im Bayerischen Ärzteblatt, dass die Verrechtlichung der Medizin die Gefahr der Entwicklung einer Defensiv-Medizin birgt, welche zu einer Überdiagnostik führen könne. Gemeint hatte er den Trend der Minimierung des Patientenrisikos und gleichzeitigen Maximierung des ärztlichen Haftungsrisikos. Die Folge ist, dass Ärzte Maßnahmen durchführen, die medizinisch eigentlich gar nicht indiziert, also eigentlich sinnlos und im Extremfall sogar eher schädlich sind. Aus Angst vor möglichen juristischen Konsequenzen bei Nichtdurchführung dieser Maßnahme, wird sie trotzdem durchgeführt.

Weiter warnte Dr. med. Kaplan davor, dass die Indikation zu einer medizin-ökonomischen Indikation verkümmert. *„Der heutige Medizinbetrieb läuft Gefahr, sich immer mehr an gewinnbringenden diagnostischen und therapeutischen Maßnahmen zu orientieren."* [27] Als Grundlage für das Vertrauensverhältnis zum Patienten nannte Dr. med. Kaplan den verantwortungsvollen Umgang des Arztes mit der Indikationsstellung.

Genauso verhält es sich analog mit „Indikationsstellungen" im Großen, d.h. im konkreten Fall, in der Corona-Krise. Hier steht allerdings nicht nur das Vertrauen eines Patienten auf dem Spiel, sondern das ganzer Völker. Bevor Maßnahmen als indiziert betrachtet und umgesetzt werden, muss nach Standardvorgehen der Medizin und der Psychotherapie eine Indikationsprüfung durchgeführt werden. Hierbei sind alle bekannte Faktoren und mögliche Konsequenzen einzubeziehen und gegenseitig abzuwägen. In der Wirtschaft und der Politik wird dazu der Begriff „Risikomanagement" verwendet. In Kapitel 6 wird auf Risikowahrnehmung und Risikoeinschätzung genauer eingegangen.

Wie oben bereits erwähnt, hat eine Indikation auch rational zu sein. Das Problem dabei ist, dass der Mensch grundsätzlich ein irrationales Wesen ist und daher hauptsächlich irrationale Entscheidungen trifft. Wenn nun auch noch Angst dazukommt, wird ein rationales Handeln nahezu unmöglich. Diese Themen werden in eigenen Kapiteln genauer behandelt. Daher sollte eine Indikation stets von Personen gestellt werden, die „vom Fach" sind und Ahnung von ihrem Fachbereich haben. Politiker, welche mehr Angst um ihr Ansehen und um ihre Posten haben, sind naturgemäß dazu nicht geeignet.

Worauf gründete in der Corona-Krise also die Indikationsstellung der einschneidensten Maßnahmen der Nachkriegsgeschichte (gemeint ist hier der 2. Weltkrieg)? Es wurde von einer großen Gefährlichkeit des Virus, von einer „ernst zunehmenden Gefahr", von einer „noch nie da gewesenen Krankheit", ja sogar von einem „Krieg" gegen das Virus gesprochen. Aber auf welcher Basis? Was waren die Beweise für diese Aussagen? Was die Fakten?

Es wurden theoretische Modelle berechnet und präsentiert. Die Ausbreitungsrate müsse verlangsamt werden. Aber warum? Was war jetzt hier konkret anders als bei den jährlichen Virenausbreitungen in der Vergangenheit? Bei allen Viren haben wir - in einer bestimmten Phase der Verbreitung - immer eine exponentielle Ausbreitungsrate. Gegen kaum einen Virus gibt es Medikamente. Antibiotika sind gegen Viren wirkungslos, da damit nur bakteriell verursachte Infektionskrankheiten wirksam behandelt werden können.

Also ist das Sars-CoV-2 krankmachender und tödlicher als alles andere. Oder? Weswegen muss die Bevölkerung sonst davor geschützt werden? Dann dürfte es überhaupt kein Problem sein, das nachzuweisen. Die Indikation der gravierenden Maßnahmen muss ja leicht auf Grund der vorhandenen Daten rational gestellt werden können. Die Wissenschaft hat dafür spezielle statistische Methoden.

Im Zusammenhang mit der Indikation muss darauf hingewiesen werden, dass eine einmal getroffene Entscheidung für eine bestimmte Maßnahme im laufenden Prozess regelmäßig überprüft werden muss. Die Prozessdiagnostik oder Verlaufsdiagnostik in der Psychotherapie untersucht den gleichen Patienten zu verschiedenen Zeitpunkten, um mögliche Veränderungen zu erfassen.[28] Damit wird die wahrscheinliche Wirksamkeit einer Maßnahme überprüft. Je nach Ergebnis muss eine Maßnahme im laufenden Prozess unter Umständen angepasst werden.

Im Zusammenhang mit der Corona-Krise bedeutet das, dass alle getroffenen Maßnahmen eigentlich einer stetigen Überprüfung unterzogen werden mussten. Besonders vor dem Hintergrund, dass diese Maßnahmen die elementaren Bürgerrechte, welche durch das Grundgesetzt geschützt sind, massiv beschränkten. Es war also eine stetige Indikationsprüfung durchzuführen, bei welcher alle neuen Informationen miteinbezogen werden müssten. Das betrifft die tatsächliche Gefährlichkeit des neuen Coronavirus, sowie die stetige Prognostik der Nebenwirkungen der getroffenen Maßnahmen. Möglich, dass am Anfang zu wenige Informationen vorlagen. Daher wurden zur Einschätzung der

Bedrohungslage und die daraus folgenden tiefgreifenden, von den Regierungen durchgeführten Maßnahmen lediglich Modellberechnungen durchgeführt. Auf diesen basierten die Maßnahmen. Modelle sind angenommene, wahrscheinliche Verläufe. Grundsätzlich ist dagegen erst einmal nichts einzuwenden. Sind aber auf Grund neuer Informationen andere Einschätzungen möglich, so müssen die Maßnahmen angepasst, oder sogar komplett rückgängig gemacht werden, wenn es die wissenschaftliche Datenlage zulässt. Auch ein Eingeständnis überreagiert zu haben, da man das Eine oder Andere falsch eingeschätzt hatte, ist kein Problem. Das würde von einem verantwortungsvollen Umgang zeugen und Vertrauen aufbauen. Ein umgekehrtes Handeln führt zum genauen Gegenteil.

In diesem Buch werden bewusst Daten aus unterschiedlichen Zeitpunkten präsentiert, um den Prozess der Prozessdiagnostik zu illustrieren. Es sollen dadurch Hinweise gegeben werden, welches Wissen zu welchem Zeitpunkt vorhanden gewesen war und ob und wann man die ursprünglich als indiziert erachteten Maßnahmen hätte anpassen können, ja vielleicht sogar müssen. Dabei sollte immer im Hinterkopf bleiben, dass es sich um die gravierendsten freiheitsbeschränkenden Maßnahmen der Deutschen Geschichte seit dem 17.06.1953 handelte. In der Garnison Karl-Marx-Stadt erklärten damals der Garnisonsleiter Oberst Golew und der Militärkommandant Oberst Seliwerstow den Ausnahmezustand auf Grund des Volksaufstandes in der DDR. Theaterveranstaltungen, Kinovorstellungen und andere Vergnügungs-veranstaltungen, Versammlungen und Demonstrationen wurden verboten. Der Verkehr und die Bewegung der Bevölkerung waren in der Zeit von 21 Uhr bis 5 Uhr morgens verboten. Allerdings durfte sich die Bevölkerung tagsüber frei bewegen. [29]

4. Statistik

Noch Ende Februar sprach der Virologe Prof. Christian Drosten davon, dass Panik unangebracht sei und er trotz der Situation in Italien weiter dorthin fahren würde.[30] Seine Meinung änderte er Mitte März 2020. Die Mainstream-Medien sprachen von immer mehr Infizierten und Toten. Täglich wurden sie mehr, immer schrecklicher wurde durch die Medien das Bild der Corona-Krise gezeichnet. Die Fall- und Todeszahlen stiegen. Wie kam es, dass Herr Drosten seine Einschätzung so schnell und gravierend änderte? Welche wissenschaftliche Evidenz, welche Zahlen begründeten diese Veränderung?

Es wurde ein Anstieg der Fallzahlen berichtet. Dabei variierten diese Fallzahlen in Deutschland an ein und demselben Tag in verschiedenen Medien. Beispielsweise vermeldete das RKI am 28.03.2020   48.582 Infizierte[31], die welt mehr als 50.000[32], sprach weiter unten im Text von 56.202, und ntv mehr als 51.000[33]. Das war ein Unterschied von 7.620 in den Angaben für denselben Tag, ein Unterschied von ca. 15%! Welche Zahl war die richtige?

Es wird nicht in Abrede gestellt, dass es eine Fallzahl von Infizierten und Toten gab. Doch welche Aussagekraft haben bloße Fallzahlen in der Wissenschaft? Reichen einfache Fallzahlen in der wissenschaftlichen Argumentation aus? Was ist weiter zu beachten? Um dies zu klären, wenden wir uns zunächst den sogenannten „absoluten Zahlen" zu.

4.1 Absolute Zahlen

Eine absolute Zahl gibt die Größe einer Menge an. In der Statistik wird der Begriff „absolute Häufigkeit" verwendet. Diese ergibt sich durch einfaches Abzählen und beschreibt die Anzahl von Elementen oder Objekten mit einem bestimmten Merkmal. Im konkreten Fall die Anzahl der Infizierten oder Toten. Nicht mehr und nicht weniger sagt eine absolute Zahl aus.

Nur, mit diesen absoluten Zahlen alleine ist überhaupt keine weitere Aussage möglich. Es ist noch nicht einmal möglich einzuschätzen, ob es viel oder wenig ist. Wenn ich sage, ein Fußballspiel hatte 500 Zuschauer, so weiß ich nur, dass das Fußballspiel 500 Zuschauer hatte. Erst durch Hinzunahme weiterer Informationen ist eine erste Einschätzung dieser Zahl möglich. Es braucht zumindest eine Vergleichsbasis. So ist es in der Regel für ein Spiel in der B-Klasse eine hohe Anzahl an Zuschauern, eine Bundesligamannschaft würde in einem nahezu leeren Stadion spielen.

Tabelle 1 zeigt solche absoluten Zahlen zur Corona-Pandemie in verschiedenen Ländern. Stand: 04. April 2020, 7.30 Uhr / Quelle: John-Hopkins-Universität.

	Infizierte	Todesfälle	Genesene
Deutschland	91.159	1.275	24.575
Italien	119.827	14.681	19.758
Spanien	117.710	10.935	30.513
China	82.526	3.330	76.934
USA	277.965	7.157	9.863
Weltweit	1.099.389	58.901	226.603

Tabelle 1: Fallzahlen vom 04.04.2020[34]

Während der Corona-Krise wurden täglich Fallzahlen von Infizierten und Verstorbenen genannt. Wie eben dargelegt, haben diese alleine keine Aussagekraft. Damit wurde Angst und Panik geschürt. Diese Zahlen trafen nämlich auf Menschen, welche sich bisher in den seltensten Fällen mit Krankheit, Tod und Statistik beschäftigt hatten. Eine objektive Einschätzung dieser Zahlen konnten daher nur wenige machen. Eine Person, welche sich mit diesen Sachen nicht beschäftigt, empfindet bereits einen größeren Verkehrsunfall als eine große Katastrophe. Anders das Fachpersonal in Krankenhäusern, das tagtäglich damit zu tun hat. Verstärkt wurde die Angst vor dem neuen Coronavirus durch Nennung einiger weniger Todesfälle bei jungen Menschen und sogar Kindern. Dadurch wurde die Gefährlichkeit des Virus verstärkt dargestellt und unterstrichen. In Kapitel 4.5 „Stichprobe und Repräsentativität" wird darauf näher eingegangen.

Desweiteren macht es einen Unterschied, ob man absolute Fallzahlen für einen Tag oder für eine längere Periode nennt. Für eine längere Periode werden die absoluten Zahlen einfach kumuliert, also zusammengezählt. Das sind zwei verschiedene Aussagen. Um Aussagen treffen zu können, ob die Zahlen hoch sind oder nicht, muss man auch hier die dementsprechenden Vergleichszahlen heranziehen. Ansonsten ist eine Einschätzung überhaupt nicht möglich. Die Betrachtung von relativen Zahlen ist eine Möglichkeit hierzu.

4.2 Relative Zahlen

Die relative Zahl gibt das Verhältnis einer absoluten Zahl zur Gesamtzahl an. In der Statistik wird der Begriff „relative Häufigkeit" verwendet. Sie wird in % angegeben. In der Dezimalschreibweise nimmt sie einen Wert zwischen 0 und 1 an. Wie der Begriff „relativ" bereits aussagt, ist die relative Häufigkeit von bestimmten Bedingungen abhängig, sie ist also verhältnismäßig. Mathematisch wird sie so geschrieben:

$$\text{relative Häufigkeit} = \frac{absolute\ H\ddot{a}ufigkeit}{Gesamtanzahl}$$

Mit diesen relativen Zahlen sind schon konkretere Aussagen möglich, als mit den absoluten Zahlen. Wenn ich sage, dass 500 Personen Mitglieder eines Vereines sind und ich weiß, dass die Ortschaft 600 Einwohner hat, dann weiß ich, dass der Großteil der Bewohner dieser Ortschaft, nämlich 83,3% (500 / 600) Mitglieder dieses Vereines sind. Anders sieht es aus, wenn ich 500 Mitglieder bei 2000 Bewohnern habe. Dann sind nur noch 25 % (500 / 2000) der Bewohner dieser Ortschaft Mitglieder in diesem Verein, also die Minderheit.

Während der Corona-Krise gab es tägliche Angaben absoluter Fallzahlen. Diese waren meistens kumuliert (zusammengezählt). Die einzelnen Quellen unterschieden sich mitunter erheblich. Betrachten wir uns die Zahlen für die Infizierten, also der positiv Getesteten, in absoluten und in relativen Zahlen, stand 12.04.2020.

(Quelle: www.statista.com. In dieser Statistik waren die Fallzahlen höher, als in anderen Statistiken. Die Bevölkerungszahl stammt aus www.destatis.de).

$$\text{Spanien: } 166.019 / 46.724.000 = 0,36\%$$
$$\text{Italien: } 156.363 / 60.431.000 = 0,26\%$$
$$\text{Frankreich: } 130.730 / 66.987.000 = 0,2\%$$
$$\text{USA: } 530.006 / 327.167.000 = 0,16\%$$
$$\text{Deutschland: } 125.452 / 83.100.000 = 0,15\%$$

Mit diesen Zahlen ist eine erste Einschätzung möglich. Es ist leicht zu sehen, dass sich bis zum 12.04.2020 laut diesen Zahlen in keinem dieser Länder auch nur ein halbes Prozent der Bevölkerung mit dem neuen Coronavirus infiziert hatte. Erkrankte waren es weniger, schwere Verläufe noch weniger und Tote noch einmal weniger.

Es ist aber sehr unwahrscheinlich, dass sich dieses Virus, welches sich über eine Tröpfcheninfektion verbreitet, bis zu diesem Zeitpunkt so wenig verbreitet hatte. Bereits zu diesem Zeitpunkt dürften sich viel mehr infiziert haben. Die Medien und Politiker sprachen doch von einem „hochansteckenden Virus".

Entweder war das Virus tatsächlich nicht hoch ansteckend und daher war die Infiziertenrate zu diesem Zeitpunkt tatsächlich so gering.

Oder aber, es waren viel mehr Menschen infiziert und das Virus selber war tatsächlich kein großes gesundheitliches Problem. Menschen gehen in der Regel erst zum Arzt, wenn sie stärkere Symptome haben. Da aber so wenige Menschen wegen stärkeren Symptomen zum Arzt gegangen waren, da sie diese nicht hatten, konnte das Virus selber kein großes gesundheitliches Problem für die Allgemeinbevölkerung gewesen sein. Das dürfte wahrscheinlicher sein. Das Ärzteblatt schrieb am 09.04.2020 von 460.000 Infizierten in Deutschland bis Ende März. In den USA wären bis zu diesem Zeitpunkt mehr als 10 Millionen, in Spanien mehr als 5 Millionen, in Italien etwa 3 Millionen und in Großbritannien etwa 2 Millionen Infektionen aufgetreten. Weltweit könnte die tatsächliche Zahl der Infizierten zu diesem Zeitpunkt bereits mehrere 10 Millionen erreicht haben. Die Johns Hopkins University berichtete am selben Tag, dass es weltweit weniger als 900.000 bestätigte Fälle gab, „was bedeutet, dass die überwiegende Mehrheit der Infektionen bislang unentdeckt blieb." [35] Das ist ein Unterschied um mindestens den Faktor 20.

Ein mögliches Argument, dass die freiheitsbeschränkenden Maßnahmen für die niedrige Infiziertenrate verantwortlich sein könnten, wird in Kapitel 4.6 „Kausalität" und Kapitel 5.2.6 „Angst und Bewertung" eindeutig widerlegt. Aber auch mit diesen Zahlen und Grundkenntnissen Viren betreffend ist durch logisches Nachdenken dieses Argument als unwahrscheinlich anzusehen. Aus dem in Kapitel 2 beschriebenen zeitlichen Verlauf wird ersichtlich, dass das Virus nahezu zwei Monate Zeit gehabt hatte sich ungehemmt auszubreiten. Auf was hätte es denn warten sollen?

Die Todeszahlen müssen mit Vorsicht betrachtet werden. In den Kapiteln 4.6.2 „Corona-Tote" und 6.5 „"Normales" Risiko von Covid-19" wird näher auf diese Thema eingegangen. Es reicht, hier erst einmal auf die Aussage von Prof. Lothar H. Wieler vom Robert-Koch-Institut in seiner Pressekonferenz am 20.03.2020 hinzuweisen. Alle Toten welche positiv auf das neue Coronavirus getestet wurden, wurden als Corona-Tote gezählt.[36] Das heißt, es war unerheblich, an was ein Mensch tatsächlich verstorben war.

Für die Verstorbenen mit SARS-CoV-2 betrachten wir folgende Zahlen. Es interessiert die relative Zahl in Bezug zur Gesamtbevölkerung und in Bezug auf die Anzahl der positiv Getesteten. Die erste Zahl gibt an, wieviel Prozent der Bevölkerung, SARS-CoV-2 positiv verstarb. Die zweite Zahl gibt an, wieviel Prozent der SARS-CoV-2 - Positiven verstarb. Hierbei ist zu beachten, dass es sich nur um die offiziell entdeckten Fälle handelt. Wie bereits dargelegt, war die tatsächliche Anzahl an Infizierten weitaus höher. Daher wird in Klammern eine konservative Schätzung aus den Zahlen des Ärzteblattes vom 09.04.2020 mit angegeben.

Stand ist der 12.04.2020. Quelle: www.statista.com

Deutschland: 2871 / 83.100.000 = 0,003%   2871 / 125.452 = 2,3% (0,6%)

USA: 20.608 / 327.167.000 = 0,006%   20.608 / 530.006 = 3,9% (0,2%)

Frankreich: 13.468 / 66.987.000 = 0,02%   13.468 / 130.730 = 10,3%

Italien: 19.899 / 60.431.000 = 0,03%   19.899 / 156.363 = 12,7% (0,7%)

Spanien: 16.972 / 46.724.000 = 0,04%   16.972 / 166.019 = 10,2% (0,3%)

Aus diesen Zahlen können schon die ersten Beobachtungen gemacht und Fragen abgeleitet werden. Die Länder Frankreich, Italien und Spanien waren laut den offiziellen Zahlen bis zum 12.04.2020 vom neuen Corona-Virus viel stärker als Deutschland und die USA betroffen. Auch verstarben bis zu diesem Zeitpunkt in Frankreich, Italien und Spanien anteilsmäßig mehr Positiv-Getestete als in Deutschland und in den USA, wenn man die Dunkelziffer außen vor lässt.

1. In allen europäischen Ländern wurden früh massivste freiheitsbeschränkende Maßnahmen durchgeführt, in Italien, Spanien und Frankreich sogar noch weiter gehendere als in Deutschland. In den USA erst viel später.

1.1 Wieso kam es zu solchen Unterschieden zwischen Deutschland und den anderen europäischen Ländern?

1.2 Wieso war Deutschland nicht stärker betroffen als Italien, Spanien und Frankreich?

Der erste gemeldete Corona-Fall in Europa war am 27.01.2020 in Bayern, also vor Italien, Spanien und Frankreich. Die Maßnahmen in Deutschland waren lockerer als in den anderen genannten Ländern und wurden zudem später eingeführt.

1.3 Wieso waren die USA zu diesem Zeitpunkt nicht viel stärker betroffen?

Dort trat der erste gemeldete Fall außerhalb Asiens am 23.01.2020 auf. Also noch vor Europa. Die Maßnahmen wurden erst viel später angezogen.

2. Es handelt sich um den CoronavirusSARS-CoV-2. Dieser sollte überall gleich sein, sich gleich verhalten und dementsprechend zu gleichen Resultaten führen.

2.1 Wieso starben in Italien, Spanien und Frankreich mehr Menschen, die positiv getestet wurden, als in Deutschland?

2.2 Wirkte das Virus in diesen Ländern etwa anders? Wenn ja, wie und wieso?

2.3 Oder gab es in jedem Land einen anderen Virus? Wieso wurden dann die Grenzen geschlossen, wenn es keinen Zusammenhang zwischen diesen gab? Welchen Sinn macht dann eine Impfung gegen einen Virus für alle?

2.4 Ist es nicht wahrscheinlicher, dass es dafür andere Ursachen gab? Wenn ja, welche?

2.5 Wenn es andere Ursachen gab, wie kann man dann noch argumentieren, dass das Virus daran Schuld sei?

2.6 Gab es denn tatsächlich unterschiedliche Letalitätsraten? Oder gleichen sich diese an, wenn man die Dunkelziffer mit einbezieht?

2.7 Welche Konsequenz hat es für die Gefährlichkeit des Virus, wenn man die Dunkelziffer mit einbezieht?

Weiter ist für die Corona-Krise die Entwicklung der absoluten Fallzahlen nur dann aussagekräftig, wenn diese ins Verhältnis zur Anzahl der jeweils durchgeführten Tests gesetzt werden. Wenn in einer Woche 5.000 Tests durchgeführt werden und dabei 500 Infizierte gefunden werden, in der nächsten Woche aber 20.000 Tests und 2.000 Infizierte, dann ist daraus keine höhere Ausbreitung des Virus ableitbar, sondern nur eine größere Anzahl der Messungen. Das Verhältnis, die relative Zahl, bleibt nämlich dieselbe (vgl. Kapitel 4.3 „Erwartungswert"). Eine rasante Ausbreitung des Virus, mit welcher die Einschränkung der bürgerlichen Freiheitsrechte begründet wurde, ist aus den absoluten Zahlen alleine gar nicht ableitbar!

Desweiteren ist anzumerken, dass Fallzahlen von „Infizierten", richtiger gesagt „positiv Getesteten", grundsätzlich problembehaftet sind. „Infiziert" bedeutet nämlich nicht „erkrankt". In der Vergangenheit wurden gesunde Menschen in der Regel nicht auf Viren getestet, daher gibt es kein Vergleichsmaterial. Aus diesem Grund sind weitergehende Aussagen gar nicht möglich. Wenn man wissenschaftliche Aussagen treffen möchte, dass beispielsweise der neue Coronavirus gefährlicher sei, sich schneller verbreite, tödlicher sei usw., so kann das wissenschaftlich nur auf Basis von Vergleichsmaterial geschehen.

Wie eine Datenanalyse aus den USA Ende März 2020 bestätigte, steigt die Fallzahl „Infizierte" in Abhängigkeit der Anzahl durchgeführter Testungen (Abbildungen 1 und 2). In Abbildung 1 ist die hohe Korrelation zwischen der Anzahl der Tests und der Anzahl der Infizierten erkennbar.

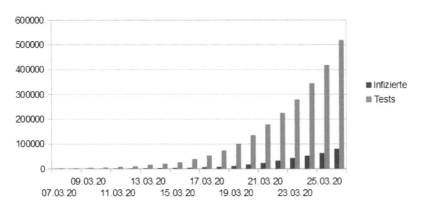

Abbildung 1:

Gesamtanzahl (kumulativ) der durchgeführten Tests und die Anzahl der positiven Tests (Quelle: coronadaten.wordpress)[37]

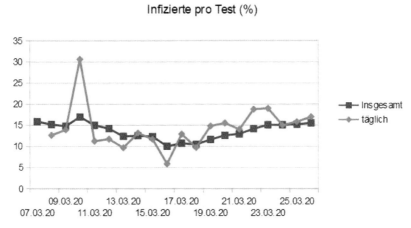

Abbildung 2: Entwicklung des Infiziertenanteils der kumulierten Werte, und tägliche Werte. (Quelle: coronadaten.wordpress)

In Abbildung 2 wird die hohe Korrelation zwischen der Anzahl der Tests und der Anzahl der Infizierten noch deutlicher. Die Zahl der Testpositiven stieg mit der Zahl der Tests. Die relative Zahl pendelte sich ein und blieb dann ziemlich konstant.

Prof. Gerd Antes, Experte für Statistik und Professor an der Medizinischen Fakultät der Universität Freiburg, äußerte am 31.03.2020: *"Wenn in Deutschland plötzlich viel mehr getestet wird, findet man zwangsläufig auch mehr Infizierte. Ob sich wirklich mehr Menschen angesteckt haben, weiß man dann aber nicht."* [38]

Der Psychologie-Professor Christof Kuhbandner von der Universität Regensburg machte das an folgendem Beispiel klar:

Nehmen wir an, in einem Garten sind an verschiedenen Stellen jeden Tag zehn Eier versteckt (das entspricht der wahren Anzahl an Neuinfektionen). Am ersten Tag darf man aber nur eine Minute suchen und findet ein Ei, am zweiten Tag dann zwei Minuten und man findet zwei Eier, und am dritten Tag darf man vier Minuten suchen und man findet vier Eier (das entspricht der Erhöhung der Anzahl der Tests über die Zeit). Man könnte nun den irreführenden Eindruck gewinnen, dass pro Tag exponentiell mehr Eier (Neuinfektionen) im Garten versteckt sind, weil man ja jeden Tag exponentiell mehr Eier findet. Aber das ist natürlich eine problematische Interpretation, denn in Wirklichkeit waren ja immer gleich viele Eier (Neuinfektionen) im Garten versteckt, und die erhöhte Anzahl von angefundenen Eiern (Neuinfektionen) geht nur auf die erhöhte Anzahl an Suchversuchen (erhöhte Anzahl an Coronavirus-Tests) zurück. [39]

Auch für die Anzahl der Todesfälle am neuen Coronavirus sind keine Aussagen durch das alleinige Nennen von absoluten Zahlen möglich. Hier müssen ebenfalls Vergleichsdaten herangezogen werden. Das einfachste wäre, die normale Anzahl von Todesfällen aus der Vergangenheit zu betrachten. Oder Todesfälle von ähnlichen Erkrankungen. Wenn nun das neue Coronavirus tatsächlich für vermehrte Todesfälle verantwortlich war, so müsste sich die Gesamtzahl an Todesfällen dementsprechend nach oben ändern. Eine gute Vergleichsbasis dafür bietet beispielsweise das „*European monitoring of excess mortality for public health action*". [40] Hier kann man die wöchentliche Sterberate europaweit, unterteilt nach Alter und einzelnen europäischen Ländern ablesen. Natürlich kam es während der Grippezeit auch im Jahr 2020 zu einer „Übersterblichkeit". Allerdings kann daraus nach wissenschaftlichem Standardvorgehen nicht automatisch der Schluss gezogen werden, dass der neue Coronavirus dafür verantwortlich sei. Mehr dazu in den Kapiteln 4.4 „Signifikanz", 4.6 „Kausalität" und 6.5 „"Normales" Risiko von Covid-19".

Wie sieht es mit der stetig verbreiteten Behauptung aus, dass das neue Coronavirus sich rasant verbreite?

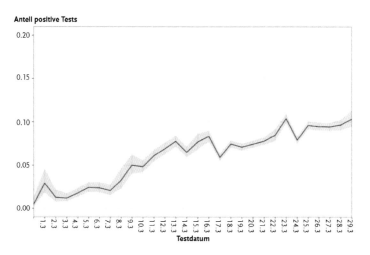

Abb. 2 | Anteil der positiven Tests nach Testdatum; grauer Bereich: 95 % Konfidenzintervall für den Anteil der positiven Tests
Dargestellt werden zum Zeitpunkt des Datenstandes übermittelte Tests mit Ergebnis

Abbildung 3: Entwicklung der Quote der positiv Getesteten im Monat März

Quelle: RKI[41]

In Abbildung 3 vom RKI, Epidemiologisches Bulletin 15/2020 vom 02.04.2020, ist abzulesen, dass die Quote der positiv Getesteten / Anzahl Tests zunächst anstieg, und seit KW 13 bei einem Anteil von 10% stagnierte. (Ein ähnliches Ergebnis lieferte die bereits erwähnte US-Amerikanische Datenanalyse.) Eine Verdoppelung gab es in der ersten Märzwoche, allerdings verlangsamte sich danach der Anstieg deutlich. Auch deuten die Zahlen darauf hin, dass sich die Anzahl der positiv Getesteten innerhalb mehrerer Wochen verdoppelte. Eine rasante, exponentielle Verbreitung gab es demnach nicht. Immer wieder behauptet wurde aber eine Verdopplung innerhalb weniger Tagen. Trotz dieser eindeutigen Daten vom 02.04.2020 behauptete Angela Merkel in ihrer „Ansprache an die Mitbürger" am 03.04.2020: *„Das Coronavirus breitet sich immer noch mit hoher Geschwindigkeit in Deutschland aus."* [42] Sollte sie damit nicht die eben betrachteten Daten gemeint haben, sondern die unbekannte Dunkelziffer, kann sie recht gehabt haben. Dann aber wäre das Virus nicht annähernd so gefährlich gewesen, wie stets behauptet.

4.3 Erwartungswert

Der Erwartungswert ist der Wert, den ich bei einem Versuch erwarte. Mit ihm berechnet man, welcher Wert eine Zufallsvariable bei einer großen Anzahl an Versuchen annehmen sollte.

Mathematisch wird der Erwartungswert definiert als die Summe der Werte der Zufallsvariable x_i multipliziert mit der Wahrscheinlichkeit für das eintreten von x_i. Der kleine griechische Buchstabe μ wird für den Erwartungswert benutzt.

$$\mu_x = \sum_i x_i \cdot p\,(X = x_i)$$

Nehmen wir als einfaches Beispiel einen Münzwurf. Die Wahrscheinlichkeit bei einem Wurf Kopf oder Zahl zu erhalten ist gleich. P(Kopf) = P(Zahl) = 0,5, sprich fifty fifty. Nun möchte ich den Erwartungswert für Kopf bei n Würfen berechnen. Dazu wird die Formel $\mu = E(X) = n \cdot p$ benutzt.

Bei zehn Würfen ist der Erwartungswert für Kopf also 5 $(10 \cdot 0,5)$.

Bei 1000 Würfen ist der Erwartungswert für Kopf 500 $(1000 \cdot 0,5)$.

Die absoluten Zahlen 5 und 500 unterscheiden sich gravierend voneinander. Die Aussage beider Zahlen ist aber dieselbe.

Genauso verhält es sich bei medizinischen oder psychologischen Testverfahren. Es gibt auch hier Wahrscheinlichkeiten dafür, dass ein bestimmtes Ereignis eintritt. Diese basieren auf Verteilungsannahmen. Diese Verteilungsannahmen basieren wiederrum auf Erfahrungswerte der Vergangenheit. D.h. man kann die erwartete Anzahl von beispielsweise positiven Ergebnissen einer Testung im Voraus berechnen. Diese Anzahl in absoluten Zahlen ist abhängig von der Wahrscheinlichkeit, dass ein positives Ergebnis eintritt und von der Anzahl der durchgeführten Testungen. D.h. umso mehr Personen man auf eine Sache testet, desto mehr positive Ergebnisse in absoluten Zahlen wird es geben.

Auch im Zusammenhang mit dem Erwartungswert hat die bloße Nennung von absoluten Zahlen also überhaupt keine Aussagekraft. Erst eine Umwandlung in eine relative Aussage gibt einen Hinweis zur Einschätzung dieser Zahlen. Im Beispiel des Münzwurfes oben haben wir zwei sich stark unterscheidende absolute Zahlen: 5 und 500. Die relative Aussage ist aber in beiden Fällen dieselbe: 5 / 10 = 0,5 genauso wie 500 / 1000 = 0,5 ist.

Im Zusammenhang mit der Corona-Krise kann man die erwartete Anzahl der Personen, die mit einem Corona-Virus infiziert sind, vorausberechnen. Dies gilt sowohl für die Anzahl der Gesamtinfizierten, als auch für die Anzahl der zu einem bestimmten Zeitpunkt Infizierten, z.B. an einem bestimmten Tag.

Der Virologe Christian Drosten von der Berliner Charité äußerte am 28.02.2020, dass sich wahrscheinlich 60-70% mit dem Corona-Virus infizieren würden.[43] In absoluten Zahlen bedeutet das bei 83 Millionen Menschen in Deutschland, 50 bis 58 Millionen Infizierte. Das ist nichts Außergewöhnliches, das ist erwartbar. Einen solchen Verlauf nehmen Virologen für nahezu jedes Virus an, es ist ein theoretisches Modell.

Die erwartbare absolute Zahl Infizierter an einem bestimmten Tag lässt sich aus der Verteilungskurve für Virenverbreitung errechnen. Diese ist in der Theorie exponentiell. Die Steigung der Kurve, d.h., wie schnell sie nach oben geht, ist abhängig von der Verdoppelungszeit eines Virus. Wie diese bei dem

„neuen Coronavirus" genau aussieht, weiß zum aktuellen Zeitpunkt niemand sicher. Das Hauptproblem ist, dass nicht alle Personen und Infizierte getestet wurden. Dies gilt im Übrigen auch für alle anderen Viren, wie z.B. für das Influenzavirus. Testungen wurden in der Vergangenheit nur bei Erkrankten durchgeführt. Infizierte Personen ohne Symptome waren nie auffällig und wurden nicht getestet, da sie ja auch nicht zum Arzt gingen. Testungen gesunder Menschen waren ja bisher nie indiziert. Um genaue Aussagen treffen zu können, müsste man die gesamte Bevölkerung testen. Beim „neuen Coronavirus" wurden tatsächlich auch Personen ohne Symptome getestet, anders als bei anderen Virenerkrankungen. Dass dadurch die Anzahl der Infizierten, genauer gesagt, der positiv Getesteten, zunimmt und die Kurve steiler wird, d.h. schneller steigt ist logisch, insbesondere wenn die Testzahlen zunehmen, wie im vorhergehenden Kapitel beschrieben. Ein verändertes Testverhalten führt zu einer Erhöhung der absoluten Zahlen, was sich in einem steileren Anstieg der Kurve niederschlägt. Derselbe Effekt ist bei allen Virenerkrankungen zu erwarten, da man durch dieses Vorgehen automatisch eine höhere Anzahl von Infizierten produziert. Diese Infizierte ohne Symptome waren in der Vergangenheit überhaupt nicht aufgefallen und wurden daher weder in der Statistik, noch in Berechnungen miteinbezogen.

Folglich macht das bloße Nennen der absoluten Zahlen von Infizierten, genauer gesagt positiv Getesteten, in dieser Form überhaupt keinen Sinn. In der Form, wie das in der Corona-Krise gemacht wurde, ergibt sich automatisch durch das veränderte Testverhalten eine höhere Anzahl an Infizierten und eine größere Steigung, sprich eine schnellere Zunahme der Kurve. Tatsächlich wissenschaftliche Aussagen können nur bei gleichem Vorgehen gemacht werden. Alles Andere ist wissenschaftlich falsch und Wissenschaftler, die so argumentieren handeln grob fahrlässig.

Weiter ist es wichtig zwischen mit einem Virus Infizierten und einem durch einen Virus Erkrankten zu unterscheiden. Mit einem Virus infiziert zu sein, bedeutet nichts anderes, als dass ein Mensch einen bestimmten Virus in sich trägt. Der Mensch ist ein Ökosystem und kein Einzelwesen. Auf jede menschliche Zelle kommen etwa 10 Bakterien und 100 Viren.[44] Der Nutzen nur einiger weniger der 10.000 Bakterienarten, welche im Menschen vorkommen, ist bekannt. So gäbe es beispielsweise ohne Bakterien keine Verdauung. Über den Nutzen von Viren im menschlichen Körper ist allerdings kaum etwas bekannt. Dabei bilden sie die größte und vielfältigste Gruppe unter den Mikroorganismen.[45] Acht Prozent des menschlichen Erbgutes sind viralen Ursprungs. Erich Delwart von der Universität Kalifornien in San Francisco nennt mehrere Möglichkeiten.[46] Zum Einen können chronische Virusinfektionen ein Trainingslager für das Immunsystem sein. Die vielen harmlosen Viren bereiten die Abwehr auf gravierende Virusinfektionen vor. Auch bewahren sie das Immunsystem wahrscheinlich davor, sich aus einem Mangel an Herausforderungen gegen körpereigene Zellen zu richten. Neugeborene, die Viren über ihre Mutter erhalten, werden durch diese Viren vermutlich geimpft und sind somit besser auf andere Virusinfektionen vorbereitet. Einige Viren vermitteln wohl einen Schutz gegenüber pathogenen Viren. Kinder sind deswegen ständig krank und erkältet, weil ihr Immunsystem die verschiedensten Krankheitserreger kennenlernen muss, damit diese Menschen später weniger krank sind. Der Begriff „Rotznasen" rührt daher. Kinder vor allen Erregern schützen zu wollen bedeutet, diese dazu zu verurteilen, im späteren Lebensalter anfällig für Krankheiten zu sein.

Mit einem bestimmten Virus infiziert zu sein, also das bloße Vorhandensein eines Virus im Körper stellt für den Virusträger also selten ein Problem dar. Ausschlaggebend dafür, ob eine Person an diesem Virus erkrankt oder nicht, ist alleinig der Zustand des Immunsystems des jeweiligen Menschen. Im Übrigen würden auch alle Personen mit Grippeimpfung positiv in einem Influenzatest getestet werden. Bei der Impfung „werden geschwächte oder inaktivierte Viren oder Virusbestandteile unter die Haut oder in den Muskel gespritzt".[47] Diese Personen haben also mindestens Virusbestandteile in sich. Und genau diese kann ich mit einem Test nachweisen, die Person ist dann positiv, infiziert.

Anders als für die Zahl der Infizierten, gibt es für die Zahl der Erkrankten ausreichend Datenmaterial. Hier sind Erwartungswerte und Vergleiche eher möglich, wenn auch nicht ganz so einfach. Das Problem ist, dass bis zur Corona-Krise kaum auf Corona-Viren getestet wurde. Der Fokus lag bei Influenzaviren. Steppuhn, H. et al. (2017) schreiben im Journal of Health Monitoring 2017 2 (3), dass selbst bei einer Pneumonie (Lungenentzündung) als Entlassungsdiagnose in deutschen Krankenhäusern in etwa 75% J18 (Pneumonie, Erreger nicht näher bezeichnet) angegeben wird.[48] Das heißt, in 75% aller Fälle von in Krankenhäusern behandelten Lungenentzündungen weiß man gar nicht, an welchem Erreger der Patient überhaupt erkrankt war. Das wurde einfach nicht getestet.

Coronaviren sind neben Rhinoviren häufige Ursache für den „Grippalen Infekt".[49] Auch das „neue Coranvirus" bringt grippeähnliche Symptome hervor.[50] Letzen Endes handelt es sich um eine akute respiratorische Erkrankung. Als statistisches Vergleichsmaterial eignen sich daher gut die ARE-Rate und ILI-Rate. Die ARE-Rate ist die geschätzte Rate von Personen mit neu aufgetretenen akuten Atemwegerkrankungen in Prozent. Die ILI-Rate ist die Rate der grippeähnlichen Erkrankungen und ist definiert als ARE mit Fieber.

Wichtig ist zu verstehen, dass es sich hierbei um neu dazugekommene Erkrankte handelt, nicht um die Gesamtanzahl. D.h. die bereits Erkrankten werden hier nicht zusammengezählt! Anders wurde das in der Corona - Krise getan, in welcher nur mit den gesamten Infizierten, bzw. Erkrankten, in absoluten Zahlen kumuliert, argumentiert wurde.

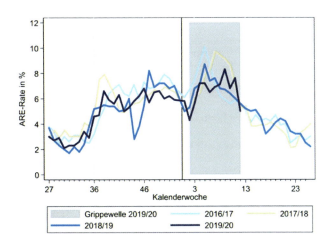

Abbildung 4: Vergleich der für die Bevölkerung in Deutschland geschätzten ARE-Raten (gesamt, in Prozent) in den Saisons 2016/17 bis 2019/20. Quelle: RKI[51]

Man kann aus der ARE-Rate (Abb.4) für jede Woche einzeln die tatsächliche Anzahl von neuerkrankten Personen an akuten Atemwegerkrankungen berechnen. Im Durchschnitt kann ein Wert von 5% angenommen werden. D.h. dass jede Woche im Durchschnitt 4.100.000 Personen neu an einer akuten Atemwegerkrankung erkranken.

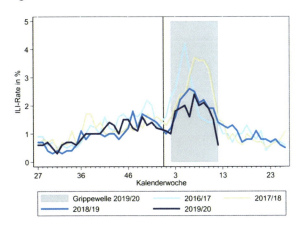

Abbildung 5:
Vergleich der für die Bevölkerung in Deutschland geschätzten ILI-Raten (gesamt, in Prozent) in den Saisons 2016/17 bis 2019/20. Quelle: RKI[52]

Man kann aus der ILI-Rate (Abbildung 5) für jede Woche einzeln die tatsächliche Anzahl von neuerkrankten Personen an akuten Atemwegerkrankungen berechnen. Im Durchschnitt kann ein Wert von 1,5% angenommen werden. D.h. dass jede Woche im Durchschnitt 1.230.000 Personen neu an einer akuten Atemwegerkrankung mit Fieber, sprich an einer grippeähnlichen Erkrankung erkranken.

Noch einmal muss betont werden, dass das die absoluten Zahlen der neu hinzugekommenen Erkrankten sind. Wenn in einer Woche 1.230.000 Personen an einer grippeähnlichen Erkrankung erkrankt sind, dann sind es in der zweiten Woche kumulativ bereits 2.460.000 Personen insgesamt. Dies ist wichtig zu verstehen, da in der Corona-Krise genauso argumentiert wurde.

Laut Statistiken der vergangenen Jahre können Coronaviren bei 7-15% der ARE-Erkrankten gefunden werden.[53] Zum leichteren Rechnen gehen wir von 10% aus. In absoluten Zahlen bedeutet dies, dass man bei den 4.100.000 Neuerkrankten pro Woche 410.000 Personen positiv auf einen Coronavirus testen würde. Das ist der Erwartungswert, nichts Außergewöhnliches. Und auch hier der Hinweis, dass es sich um Neuerkrankte pro Woche handelt. Nimmt man zwei aufeinanderfolgende Wochen und zählt die absoluten Zahlen zusammen, wie es in der Argumentation während der Corona - Krise getan wurde, so hat man binnen zwei Wochen 820.000 Neuerkrankte. Und das ist der Erwartungswert in absoluten Zahlen. Und diese Zahlen gab es in den letzten Jahren auch schon. Es wurde nur nicht speziell auf Coronaviren getestet.

Zudem sind das die Zahlen der Erkrankten Personen. Die Zahlen für Infizierte Personen liegen, wie oben bereits erläutert, um einiges höher.

Dass der Vergleich von SARS-CoV-2 mit den bereits bekannten Coronaviren zulässig ist, bestätigt die Studie von Patrick et al (2006)[54] in der die serologische Kreuzreaktivität zwischen SARS-CoV und menschlichem CoV-OC43 (HCoV-OC43) nachgewiesen wurde. Dass heißt, dass Personen, welche auf SARS-CoV positiv getestet wurden, tatsächlich eine HCoV-OV43 und keine SARS-CoV-Infektion hatten. Der Ringversuch von INSTAND e.V. zeigte ebenfalls eine drastische Zunahme falsch positiver Ergebnisse beim „Corona – Test", wenn natürlich vorkommende, menschliche Coronaviren mit im Spiel waren (vgl. Kapitel 7.2.5 „Sensitivität, Spezifität, Prävalenz und Corona-Test").

Es ist aktuell völlig unklar, was genau der angewandte „Coronatest" tatsächlich misst. In ihrer Studie vom 05.03.2020 kamen Zhuang et al. (2020) zum Ergebnis, dass Personen, welche enge Kontakte zu COVID-19-Patienten hatten und im Anschluss positiv auf das Virus getestet wurden, fast die Hälfte oder sogar mehr falsch positiv getestet wurden.[55]

In den Medien und in der politischen Diskussion wurde während der Corona-Krise immer wieder Italien als schlimmes Beispiel mit vielen Toten genannt. Doch wie sieht es in Italien Grundsätzlich aus? Im Jahr 2019 sind in Italien insgesamt 579.244 Menschen gestorben.[56] Im Durchschnitt sind das 1.586 Tote pro Tag. Für das Jahr 2018 werden 633.133 Tote in Italien angegeben.[57] Im Durchschnitt sind das 1734 Tote pro Tag. Als Erwartungswert kann also eine Zahl von ca. 1600 Toten pro Tag in Italien angenommen werden, während der Grippesaison höher, im Sommer niedriger. Dieser Wert in seinen Schwankungen ist völlig normal, er ist zu erwarten.

Übrigens verstarben in Deutschland im Jahr 2018 insgesamt 954.915 (2.616 pro Tag) und im Jahr 2019 insgesamt 879.959 Menschen (2.410 pro Tag). Als Erwartungswert können 2.500 Tote pro Tag für Deutschland angenommen werden.

4.4 Signifikanz

Wie bereits beschrieben, haben absolute Zahlen für sich alleine genommen keinen Aussagewert. Auch relative Zahlen alleine können keine Aussage treffen, ob sich beispielsweise zwei Gruppen in einem Merkmal tatsächlich voneinander unterscheiden oder ob sich eine Größe zu zwei verschiedenen Messzeitpunkten tatsächlich verändert hat. Sie können nur eine erste Richtung andeuten. Weiter ist es in der Wissenschaft nicht erlaubt zu behaupten, dass ein gemessener Zusammenhang in einer Stichprobe automatisch auch für die Grundgesamtheit gilt. Es gibt in beiden Fällen nämlich zufällige Unterschiede und Zusammenhänge, sowie natürliche Schwankungen.

Ein Beispiel für den ersten Fall wären zwei Gruppen, die man hinsichtlich ihrer Schnelligkeit im 100 m Lauf vergleichen möchte. Nach dem Lauf erhält man einen Mittelwert über die Zeiten der einzelnen Läufer. Diese beiden Mittelwerte sind unterschiedlich. Eine Gruppe scheint besser zu sein als die andere. Doch nur auf Grund des einfachen Vergleichs der Mittelwerte ist es nicht zulässig zu sagen, dass eine Gruppe besser wäre als die andere.

Ein Beispiel für den zweiten Fall ist ein Gewichtheber. Zu zwei verschiedenen Zeiten testet man, wieviel Gewicht er stemmen kann. Das Gewicht in absoluter Zahl ist unterschiedlich. Aber hat man tatsächlich einen Unterschied gefunden?

Ein Beispiel für den dritten Fall ist der Vergleicht der Variablen Körpergewicht und Körpergröße. Wahrscheinlich findet man in einer Stichprobe den Zusammenhang mehr Körpergröße gleich mehr Gewicht und umgekehrt. Die Frage wäre dann, ob dieser Zusammenhang, der für die Stichprobe gilt, auch in der Grundgesamtheit auftritt oder gibt die Stichprobe ein zufälliges Ergebnis wieder?

Daher gibt es in der Statistik den Begriff der Signifikanz. Zum einen misst sie, ob eine gemachte Beobachtung auch tatsächlich etwas zu bedeuten hat oder ob sie zufällig entstanden sein könnte.[58] Zum anderen misst sie, ob eine in einer Stichprobe gemachte Beobachtung auch für die Grundgesamtheit zuu.

Das zu messende Merkmal muss dabei immer in einen Zusammenhang mit einem anderen Merkmal gesetzt werden. Um herauszufinden, ob eine Veränderung, ein Unterschied oder eine Beobachtung signifikant ist, gibt es verschiedene Signifikanztests. Erst wenn ein Ergebnis signifikant ist, ist es möglich zu sagen, dass eine Veränderung, ein Unterschied oder eine Beobachtung bedeutsam ist. Ist das Ergebnis nicht signifikant darf eine solche Aussage nicht getätigt werden, auch wenn die absoluten Zahlen solche Unterschiede oder Zusammenhänge vermuten lassen.

Bezüglich der Corona-Krise geht es um die Frage, ob man tatsächlich eine völlig andere Situation hatte, als in der Vergangenheit. Diese Frage ist natürlich auf das Virus und die Krankheit bezogen, nicht auf die von den Regierungen durchgeführten Maßnahmen. Die Maßnahmen waren offensichtlich signifikant anders, als in den Jahrzehnten nach dem Zweiten Weltkrieg, zumindest in den demokratischen Staaten. War das Virus tatsächlich signifikant gefährlicher, als das was wir in den vergangenen Jahren auch schon hatten? Waren mehr Menschen tatsächlich schwerer krank, starben tatsächlich mehr Menschen als in der Vergangenheit? Diese Fragen richtig zu beantworten ist von elementarem Interesse. Schließlich wurden durch Bejahung dieser Fragen die Maßnahmen als indiziert betrachtet und durchgeführt. Und hierbei reicht es nicht aus, sich die absoluten oder relativen alleine Zahlen anzusehen. Sollten diese nämlich einen Unterschied vermuten lassen, so ist zu prüfen, ob dieser signifikant ist.

Sollten die Zahlen beispielsweise vermuten lassen, dass durch das neue Coronavirus insgesamt mehr Menschen gestorben sind als im gleichen Vergleichszeitraum der letzten Jahre, so wäre zu überprüfen, ob diese Veränderung signifikant, oder auf zufällige Schwankungen zurückzuführen ist. Eine Kausalität lässt sich damit freilich nicht ableiten oder beweisen. Mehr dazu in den Kapiteln 4.6. „Kausalität", 4.7. „Grenzwerte und Graphiken" und 6.5.2 „Übersterblichkeit und COVID-19".

4.5 Stichprobe und Repräsentativität

Mathematisch ausgedrückt ist eine Stichprobe eine Teilmenge aus der Grundgesamtheit. Die Grundgesamtheit ist die „Menge der »Untersuchungseinheiten«, auf die die Ergebnisse einer statistischen Analyse verallgemeinert werden sollen".[60] Beispielsweise möchte man Informationen über die Mathematikkenntnisse von Achtklässlern in Landshut erhalten. Die Grundgesamtheit wäre dann alle Achtklässler in Landshut. Die Stichprobe wäre beispielsweise drei zufällig ausgewählte achte Klassen in Landshut. Es stellt sich nun grundlegend die Frage, ob die Ergebnisse aus der Stichprobe auf die Grundgesamtheit übertragbar sind. Das ist ja das eigentliche Ziel einer Untersuchung.

„Um eine wissenschaftliche Auswertung betreiben und vor allem die gewonnenen Ergebnisse generalisieren zu können, ist die Repräsentativität der Stichprobe unabdingbare Voraussetzung." [61] Die Repräsentativität einer Stichprobe ist also eines der wichtigsten Gütekriterien einer Untersuchung. Nur wenn diese gegeben ist, sind verallgemeinernde Aussagen für die Grundgesamtheit möglich. Das Problem dabei ist, dass ein Nachweis der Repräsentativität mit statistischen Methoden tatsächlich kaum möglich ist. Daher muss man sich vor der Durchführung einer Testung ganz genau überlegen, welche Merkmale man messen möchte, wie man sie am besten messen kann und wie man die Repräsentativität einer Stichprobe bestmöglich gewährleisten kann.

Bei der Auswertung der Testergebnisse ist also nochmals zu überprüfen, ob eine Repräsentativität mit der gegebenen Stichprobe überhaupt erreicht wurde. Beispielsweise möchte man das mittlere Einkommen der Bevölkerung Landshuts berechnen. Dazu befragt man 2000 zufällig ausgewählte Landshuter. Natürlich muss niemand an einer Befragung teilnehmen. Man erhält nun ein Ergebnis. Ist dieses dann repräsentativ? Vielleicht. Vielleicht aber auch nicht. Es kann ja sein, dass diejenigen Landshuter, welche wenig verdienen, sich dieser

Befragung in der Mehrheit verweigert hatten. Dann erhält man zwar ein Ergebnis, dieses so errechnete mittlere Einkommen wäre aber tatsächlich zu hoch. Es kann also nicht auf die Grundgesamtheit übertragen werden. Es ist nicht das mittlere Einkommen der Landshuter. Und so gibt es noch viele weitere Faktoren, die das Ergebnis beeinflussen können.

Aus dem Beispiel der Mathematikfähigkeit der Achtklässler in Landshut ist ein weiterer Faktor leicht erkennbar, welches das Ergebnis beeinflussen kann. Hat man drei Hauptschul- oder drei Gymnasialklassen als Stichprobe genommen? Oder die Schularten gemischt? Sind drei Klassen überhaupt ausreichend, um diese Fragestellung beantworten zu können? Sind es drei achte Klassen nur einer Schule, oder verschiedener Schulen? Auch kann man hier gut erkennen, dass alleine die Fragestellung, so wie sie gestellt ist, falsch ist. Sie ist zu ungenau.

Wie man erkennen kann, haben die Zusammensetzung der Stichprobe und die Stichprobengröße einen Einfluss auf das Ergebnis. Eine kritische Auseinandersetzung mit den Ergebnissen ist daher notwendig und sie ist wissenschaftlicher Standard.

Während der Corona-Krise wurden medial lediglich absolute Zahlen genannt, auch bei den Todesfällen. Das Problem der absoluten Zahlen wurde bereits im Kapitel 4.1 erörtert. Im Zusammenhang mit der Stichprobe ist relevant, dass diese bei der „Argumentation" in den Mainstream-Medien nicht genannt wurde. Wie eben gezeigt, ist diese allerdings von absoluter Wichtigkeit, wenn man allgemeingültige Aussagen für die Grundgesamtheit machen möchte. Durch die Nichtnennung der Stichprobe, insbesondere zu Beginn der Corona-Krise wurde nämlich der Eindruck erweckt, dass alle Menschen gleichermaßen gefährdet wären. Die Gefahr des neuen Corona-Virus für die Allgemeinbevölkerung wurde mit dieser Vorgehensweise fälschlicherweise als höher vermittelt, als sie tatsächlich war.

Betrachten wir uns daher die Stichprobe genauer und überlegen, ob diese auf die Grundgesamtheit übertragen werden kann. Aus dem Bericht des italienischen Gesundheitsinstituts (ISS) vom 17.03.2020 (vgl. Abb. 6 und 7) sind Zusammenhänge der verstorbenen testpositiven Personen mit Alter und Anzahl der Vorerkrankungen als sehr wahrscheinlich anzunehmen. Folgende Informationen konnte man aus diesem Bericht ablesen.

Das Medianalter liegt bei 80.5 Jahren

(79.5 bei den Männern, 83.7 bei den Frauen).

10% der Verstorbenen waren über 90 Jahre alt; 90% waren über 70 Jahre alt.

0.8% der Verstorbenen hatte keine chronischen Vorerkrankungen.

Ca. 75% der Verstorbenen hatten zwei oder mehr Vorerkrankungen.

Ca. 50% hatten drei oder mehr Vorerkrankungen, darunter insb. Herzkrankheiten, Diabetes und Krebs.

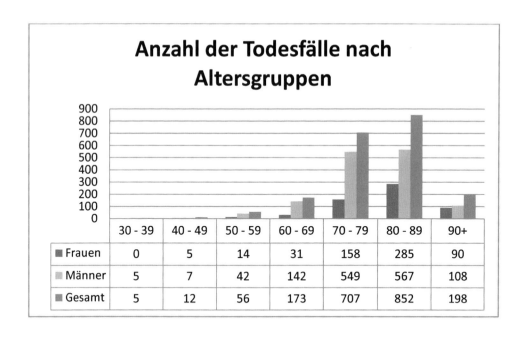

	30 - 39	40 - 49	50 - 59	60 - 69	70 - 79	80 - 89	90+
■ Frauen	0	5	14	31	158	285	90
■ Männer	5	7	42	142	549	567	108
■ Gesamt	5	12	56	173	707	852	198

Abbildung 6: Todesfälle der Testpositiven in Abhängigkeit vom Lebensalter

Quelle: Instituto Superiore di Sanità[62]/ eigene Darstellung

Krankheiten	N	%
ischämische Herzerkrankung	117	33.0
Vorhofflimmern	87	24.5
Schlaganfall	34	9.6
Hypertonie	270	76.1
Diabetes Mellitus	126	35.5
Demenz	24	6.8
COPD	47	13.2
aktiver Krebs in den letzten 5 Jahren	72	20.3
chronische Lebererkrankung	11	3.1
chronisches Nierenversagen	64	18.0
Anzahl der Krankheiten		
0 Krankheiten	3	0.8
1 Krankheit	89	25.1
2 Krankheiten	91	25.6
3 oder mehr Krankheiten	172	48.5

Abbildung 7:Todesfälle der Testpositiven und Vorerkrankungen[63]

Aus diesen Informationen ist ablesbar, dass eine Übertragung auf die Grundgesamtheit überhaupt nicht möglich und damit unzulässig ist. Das Virus war
also nicht für alle Menschen gleich gefährlich und gleich tödlich. Außer natürlich,
das gesamte italienische Volk wäre im Median 80.5 Jahre alt, und hätte zu
99.2% mindestens eine Vorerkrankung.

Zum Vergleich zur Stichprobe der Verstorbenen in Italien sehen wir uns die
Verstorbenen an akuten respiratorischen Erkrankungen im Allgemeinen an. Die
Datengrundlage ist Deutschland und das Jahr 2015 (Abbildung 8).

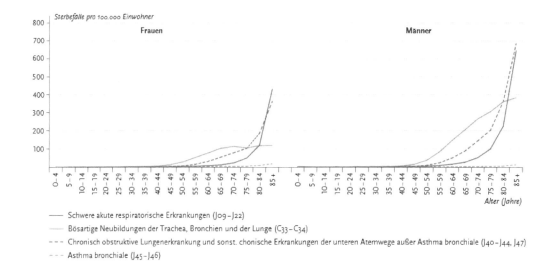

Abbildung 8: Altersspezifische Sterberaten für respiratorische Krankheiten (2015), Deutschland
Quelle: RKI [64]

Vergleicht man nun die Todesfälle der Testpositiven aus Italien mit der altersspezifischen Sterberate für respiratorische Erkrankungen im Allgemeinen, so erkennt man, dass die Kurven und somit die Verteilung sehr ähnlich verlaufen. Im Alter zwischen 50 - 59 nimmt die Sterberate zu und steigt dann immer stärker an. Im Altersbereich ab 80 Jahren gibt es die höchste Sterberate. Somit verläuft die Sterberate in Italien der natürlichen Sterberate bei schweren respiratorischen Erkrankungen. Eine andere Sterblichkeit als normal, gab es also nicht.

Angesichts dieser eindeutigen Ergebnisse wurde im Verlauf der Corona-Krise die Frage laut, inwieweit die Intensivbehandlung alter, schwer kranker Menschen überhaupt Sinn macht. Palliativmediziner Matthias Thöns wies darauf hin, dass Intensivtherapie leidvoll sei und das Verhältnis zwischen Nutzen und Schaden kaum stimme. Auf diese leidvolle Therapie wurde in den Mainstream-Medien kaum bis gar nicht eingegangen. Tatsächlich ist es nämlich so, dass nach zwei bis drei Wochen Beatmung die Patienten schwerstbehindert bleiben.

„Und wir müssen ja bedenken, dass es sich bei den schwer erkrankten COVID-19-Betroffenen, so nennt man ja die Erkrankung, meistens um hochaltrige, vielfach erkrankte Menschen handelt, 40 Prozent von denen kommen schwerstpflegebedürftig aus Pflegeheimen, und in Italien sind von 2.003 Todesfällen nur drei Patienten ohne schwere Vorerkrankungen gewesen. Also es ist eine Gruppe, die üblicherweise und bislang immer mehr Palliativmedizin bekommen hat als Intensivmedizin, und jetzt wird so eine neue Erkrankung diagnostiziert und da macht man aus diesen ganzen Patienten Intensivpatienten.“ [65]*

Je nachdem, welche Stichprobe man berücksichtigt, ist die relative Sterberate eine andere. Nach Vorgabe des RKI wurden zunächst vor allem Menschen mit respiratorischen Symptomen, sofern sie zu einer Risikogruppe gehören oder Kontakt zu einem positiv Getesteten hatten, sowie Menschen mit Verdacht auf Lungenentzündung, die sich in einem Pflegeheim oder Krankenhaus aufhalten, in dem mehrere Lungenentzündungen auftreten, getestet.[66] Dadurch kam es zu einer Ballung der Tests bei Kranken und besonders Gefährdeten, was die Ergebnisse beeinflusste. Durch diese Stichprobe kommt es zu einem höheren Anteil positiv Getesteter und mehr Todesfällen pro Untersuchten. Dies ist keine repräsentative Stichprobe. Eine Aussage bezüglich der Letalität, also die Wahrscheinlichkeit am neuen Coronavirus nach einer Erkrankung an diesem zu versterben, ist mit diesen Daten für die Grundgesamtheit so nicht möglich und somit unzulässig.

Die Letalität des neuen Coronavirus folgt der normalen Letalität der akuten respiratorischen Erkrankungen. Junge Menschen sterben kaum, ältere und alte, kranke Menschen versterben gehäuft. Hierbei möchte ich hervorheben, dass auch junge Menschen und Kinder versterben, auch das kommt vor und ist nichts Außergewöhnliches. In der Stichprobe der Verstorbenen in Italien befinden sich hauptsächlich alte und kranke Menschen. Dass in dieser Stichprobe die Sterberate recht hoch ist, ist nichts Außergewöhnliches.

Unverständlicherweise hielt der Chef des RKI, Prof. Dr. Lothar Wieler bei der Informationsveranstaltung am 03.04.2020 es nicht für notwendig, eine repräsentative Untersuchung durchzuführen.[67] Richtige Pressekonferenzen mit anwesenden Journalisten gab es seit dem 31. März nicht mehr. Diese hatten in der Vergangenheit immer wieder mal Fragen gestellt, auf welche Prof. Wieler nicht vorbereitet gewesen war. Auch hatten sie bei ausweichenden Antworten nachgehakt. Journalisten durften nun im Vorfeld der im Fernsehen ausgestrahlten Informationsveranstaltung schriftlich Fragen einreichen. Das RKI entschied dann, welche beantwortet wurden und welche nicht.

Repräsentative Aussagen wären aber wichtig im Zusammenhang mit der Frage der Lockerungen der politischen Maßnahmen gewesen. Als Entscheidungsfaktoren nannte Prof. Wieler, „die Inzidenz, also die Häufigkeit unter 100.000 Personen", sowie die „Reproduktionsrate". *„Wenn diese Zahl unter 1 gedrückt wird, dann lässt die Epidemie langsam nach. Wir haben die Zahl schon auf 1 gedrückt durch die Maßnahmen, das wissen wir und wir hoffen, dass wir sie weiter herunterdrücken. (…) Wir müssen unter 1 kommen."*[68] Die Inzidenz ist aber nur durch Testung einer repräsentativen Stichprobe richtig zu ermitteln. Auch die tatsächliche Reproduktionsrate lässt sich nur aus Daten einer repräsentativen Stichprobe ermitteln. Die Reproduktionsrate leitet sich nämlich direkt aus den täglichen Fallzahlen ab. Wenn die Testmenge steigt und damit auch die Fallzahlen, dann entsteht der Eindruck einer hohen Reproduktionsrate. Die Fallzahlen sind ja wiederrum von der Stichprobe abhängig. Die Faktoren, welche Prof. Wieler als Grundlagen nannte, um die freiheitsbeschränkenden Maßnahmen lockern zu können, basieren auf repräsentativen Daten. Genau diese zu erheben hielt er aber für nicht notwendig. Dies sollte während der Corona-Krise 2020 nicht das einzig Verwirrende bleiben, wie wir am Ende des folgenden Kapitels „Kausalität" sehen werden.

4.6 Kausalität

4.6.1 Der Begriff "Kausalität"

Unter Kausalität versteht man im normalen Sprachgebrauch den Zusammenhang zwischen Ursache und Wirkung. Das eine verursacht das andere. Ein einfaches Beispiel: Weil es geregnet hat, sind die Straßen nass.

Auch in der Statistik spricht man von Kausalität, wenn zwischen zwei Merkmalen ein Zusammenhang aus Ursache und Wirkung besteht.[69] Allerdings ist es in der Wissenschaft und in der Statistik nicht möglich mit statistischen Methoden, den Beweis einer Kausalität vollständig zu erbringen. In der ernst zunehmenden Wissenschaft muss ausgeschlossen werden, dass auch (oder noch) andere Dinge zur Wirkung geführt haben.[70]

Wenn zum Beispiel ein Kind mit nassen Haaren bei 6 Grad ohne Mütze draußen herumläuft und am nächsten Tag krank wird, spricht man gerne davon, dass das eine die Ursache des anderen sei. Das kann stimmen, muss es aber nicht, weil wir nicht wissen, ob das Kind auch krank geworden wäre, wenn es eine Mütze auf dem Kopf gehabt hätte. Die Ursache-Wirkungs-Relation ist vielleicht plausibel, zwingend ist sie aber nicht.

Oft werden Korrelationen angeführt, und eine Kausalität damit begründet. Dies geschieht täglich in populärwissenschaftlichen Argumentationen, in der Politik und in den Medien. Dies ist allerdings unwissenschaftlich und falsch. Es gibt verschiedene Möglichkeiten, warum eine Korrelation zustande gekommen ist. Zu diesem Thema ist die Dokumentation des swr „Wenn Zahlen lügen" vom 11.04.2016 empfehlenswert.

Es kann tatsächlich sein, dass das Eine das Andere verursacht hat. Weil es geregnet hat, sind die Straßen nass. Außer natürlich, die Straße war überdacht. Allerdings kann man nicht sagen, dass wenn die Straße nass ist, es geregnet hat. Dafür kann es auch andere Gründe, wie beispielsweise einen Rasensprenger geben.

„Wenn Kausalität in einer Wirkrichtung vorliegt, passieren immer noch leicht logische Fehlschlüsse. Vielleicht kann bei einer Untersuchung gezeigt werden, dass alle überdurchschnittlich gewaltbereiten Personen auch Computerspiele mit gewaltsamem Inhalt spielen. Aus der Aussage „Gewaltbereitschaft führt zum Spielen gewalttätiger Computerspiele" kann aber nicht der Umkehrschluss „Gewalttätige Computerspiele führen zu mehr Gewaltbereitschaft" getroffen werden. Das ist eines der grundlegenden Prinzipien in der Logik." [71]

Ein korrelativer Zusammenhang kann zufällig sein, die beiden Variablen haben nichts miteinander zu tun. Wenn man beispielsweise eine Korrelation zwischen Schuhgröße und Einkommen findet, dann kann doch daraus nicht die Kausalität abgeleitet werden, dass die Schuhgröße einen Einfluss auf das Einkommen oder umgekehrt hätte. Um das Einkommen zu steigern, bräuchte man sich dann nur größere Schuhe zu kaufen. Und nur weil eine Person ein höheres Einkommen hat, wird sie sich doch keine größeren Schuhe kaufen, die ihr nicht passen.

A und B könnten durch ein drittes Ereignis C verursacht sein. Ende der sechziger Jahre gingen in Westdeutschland sowohl die Geburtenrate der Menschen, als auch die Storchenpopulation zurück. Beide Entwicklungen fanden zur gleichen Zeit und in gleichem Umfang statt. Hier kann man eine hohe Korrelation berechnen. Ist dies aber der Beweis dafür, dass die Störche die Babys bringen? Wahrscheinlich sind die Geburtenrate der Menschen und die Storchenpopulation über die dritte Variable, Grad der Urbanisierung, miteinander verbunden. Da der Urbanisierungsgrad sowohl die Geburtenquote (aus soziologischen Gründen) als auch die Storchdichte (aus ökologischen Gründen) gleichermaßen beeinflusst, sind beide Variablen deutlich gleichläufig.[72]

Der sogenannte *Kausalitätsfehlschluss* passiert auch wissenschaftlich und statistisch ausgebildetem Fachpersonal. Menschen sind es nun mal gewohnt, in Kausalketten zu denken. Das menschliche Gehirn versucht immer eine Logik, einen Zusammenhang im Wahrgenommenen zu erkennen, auch wenn er gar nicht vorhanden ist. Aus dem Bereich der optischen Täuschungen kann hier als Beispiel das *Kanizsa-Dreieck* genannt werden (Abb. 9). Der Betrachter glaubt, ein weißes Dreieck zu sehen, obwohl im Bild nur Linien und Kreissegmente vorhanden sind. Die gedachten Linien werden in der Literatur auch „kognitive Konturen" genannt. Das menschliche Gehirn konstruiert stets aktiv seine Wirklichkeit und fügt selbständig nichtvorhandene Informationen hinzu, um dem Wahrgenommenen einen Sinn zu geben.

Abbildung 9: Kanizsa-Dreieck / eigene Darstellung

Besonders bei Längsschnittstudien ist die Versuchung oft groß, gefundene Zusammenhänge kausal zu interpretieren. Beispielsweise zeigt eine Studie, dass Studenten, die für ein Jahr im Ausland studiert haben, nach der Rückkehr eine höhere Kreativität haben als ihre Kommilitonen, die nicht im Ausland waren. Es kann eine mögliche Erklärung sein, dass das Leben und Studieren im Ausland Kreativität fördert. Aber es kann auch sein, dass Personen, die ins Ausland gehen sich von solchen, die das nicht tun, in anderen Faktoren unterscheiden. Dann hat nicht der Auslandsaufenthalt an sich die Kreativität bewirkt, sondern beispielsweise das künstlerische Interesse, die größere Aufgeschlossenheit, das Sprachtalent der Personen, oder etwas anderes. Diese Unterscheidung ist wichtig. Wenn der Auslandsaufenthalt nicht ursächlich für die Kreativitätssteigerung war, bringt es einer Person nichts, zu diesem Zwecke ins Ausland zu ziehen. Sie wird die erhoffte Kreativitätssteigerung nicht erreichen können, weil es andere Faktoren waren, die in der Studie zu dem Effekt geführt haben.[73] Für die Corona-Krise ist die Fragestellung der Kausalität von großer Wichtigkeit.

4.6.2 "Corona-Tote"

In den Mainstream-Medien wurde von den sogenannten „Corona-Toten" gesprochen. Es wurde in den deutschen Leitmedien und in der politischen Argumentation vermittelt, dass alle Tote, welche positiv auf das neue Coronavirus getestet wurden, an diesem Virus verstorben wären. Das italienische Gesundheitsinstitut sprach zunächst in seinem Bericht vom 17.03.2020 richtigerweise von „COVID-19-positiven verstorbenen Patienten" und nicht von „Corona-Toten".[74] Der Präsident des italienischen Zivilschutzes unterschied in der Pressekonferenz am 20.03.2020 zwischen Verstorbenen „durch das" und Verstorbenen „mit dem" Coronavirus.[75] Einfluss auf die bundesdeutsche Politik oder die Argumentation in den deutschen Leitmedien hatte diese fachlich richtige Feststellung allerdings keinen.

Anders in Deutschland. Prof. Lothar H. Wieler, Leiter des Robert-Koch-Instituts, gab bei der Pressekonferenz am 20.03.2020 an, dass alle Tote, welche positiv auf das neue Coronavirus getestet wurden als Corona-Tote zählen.[76] Das heißt, es war unerheblich an was eine Person tatsächlich verstorben ist. Überspitzt dargestellt bedeutet das, dass eine Person, welche wegen eines schweren Verkehrsunfalls in eine Klinik kam und an den Folgen des Unfalls starb, als „Corona-Toter" in die Statistik einging, wenn er positiv auf den neuen Coronavirus getestet worden sein sollte. Obduktionen, durch welche zweifelsfrei gesagt werden kann, was die genaue Todesursache gewesen ist, wurden durch das Robert-Koch-Institut zunächst versucht zu unterbinden. *„Eine innere Leichenschau, Autopsien oder andere aerosolproduzierende Maßnahmen sollten vermieden werden."* Erst nach Initiativen von Pathologen änderte das RKI seine Empfehlung.[77] Weswegen das RKI und letzten Endes die bundesdeutschen Behörden vermeiden wollten, dass die tatsächliche Todesursache herausgefunden wird, darüber kann nur gemutmaßt werden. In Dresden wurde der erste Covid-19-Todesfall obduziert. Nachdem der erste

„Corona-Tote" in Dresden obduziert wurde, wurde festgestellt, *„dass eine sehr starke Herzbeutel-Entzündung mit beteiligt war."* [78]

In der Schweiz hatten Pathologen obduziert. Der Leiter des Fachbereichs Autopsie am Uni-Spital in Basel, Prof. Alexandar Tzankov, kam am 21.04.2020 zu folgenden Ergebnissen: Alle Untersuchten hatten Bluthochdruck, ein Großteil war auch schwer adipös, mehr als zwei Drittel wiesen vorgeschädigte Herzkranzgefäße auf, ein Drittel war an Diabetes erkrankt, 15 Prozent an Krebs, 40 Prozent der Verstorbenen hatten geraucht. Die wenigsten Patienten hatten eine Lungenentzündung, sondern eine schwere Störung der Mikrozirkulation der Lunge, dadurch funktioniert der Sauerstoffaustausch nicht mehr. Eine Beatmung von Covid-19-Patienten machte laut Prof. Tzankov daher kaum einen Sinn, sie sind schwer zu retten.[79] Auf dieses Phänomen wird in Kapitel 6.5.2 „Übersterblichkeit und COVID-19" genauer eingegangen.

Der Leiter des Instituts für Rechtsmedizin der Universität Hamburg, Prof. Klaus Püschel, obduzierte zwischen dem 22. März und dem 11. April entgegen der RKI-Empfehlung ebenfalls 65 „Corona-Tote" und veröffentlichte seine Ergebnisse am 15.04.2020 im Hamburger Abendblatt. Auch hier hatten alle „Corona-Tote" Vorerkrankungen. 55 Patientenhatten eine „kardiovaskuläre Vorerkrankung", also Bluthochdruck, Herzinfarkt, Arteriosklerose oder eine sonstige Herzschwäche. 46 Patienten hatten zuvor bereits eine Lungenerkrankung. 28 von ihnen hatten andere organische Schädigungen wie Niereninsuffizienz, Leberzirrhose oder hatten eine Transplantation hinter sich. Zehn der Obduzierten hatten Diabetes oder schweres Übergewicht, ebenfalls zehn eine Krebserkrankung und 16 litten an Demenz. Er kam zum Ergebnis, dass die Corona-Toten auch ohne das Virus im Verlauf dieses Jahres gestorben wären. Covid-19 sei eine „vergleichsweise harmlose Viruserkrankung". Deutschland müsse lernen, mit dem Virus zu leben, und zwar ohne Quarantäne. Des Weiteren sei die Zeit der Virologen vorbei. *„Wir sollten jetzt andere fragen, was in der Coronakrise das Richtige ist, etwa die Intensivmediziner."*

RKI-Vizechef Lars Schaade erklärte daraufhin am 21.04.2020: „Gerade wenn die Erkrankung neu ist, ist es wichtig, möglichst viel zu obduzieren." [80] Warum das nicht der Chef selber, Prof. Lothar H. Wieler, gemacht hat, ist eine interessante Frage, war er doch die Wochen vorher so präsent gewesen. Vielleicht ist ihm klar geworden, dass er als Veterinärmediziner ohne Ausbildung in den Grundzügen der Infektiologie [81] doch weniger Ahnung von menschlichen Erkrankungen und Epidemien hat, als speziell ausgebildetes Fachpersonal. Da war sein Stellvertreter als Facharzt für Mikrobiologie und Infektionsepidemiologie vielleicht besser geeignet.

Der Bericht der Nationalen Gesundheitsbehörde in Italien vom 16. April listete die Vorerkrankungen von 1738 Personen auf, die dort im Krankenhaus gestorben waren. Es handelt sich dabei nicht um Obduktionen, sondern um Angaben aus den Krankenakten. Demnach hatten unter den Toten in Italien bis zu diesem Zeitpunkt 96,4 Prozent mindestens eine Vorerkrankung. Am häufigsten auch hier: Bluthochdruck mit 70 Prozent, gefolgt von Diabetes mit 32 Prozent und Erkrankung der Herzkranzgefäße mit 28 Prozent.[82] Weiterführend zu diesem Thema, Kapitel 6.5 „"Normales" Risiko von Covid-19".

Trotz dieser eindeutigen Ergebnissen und neuen medizinischen Erkenntnissen wurde der Bevölkerung sowohl von den Mainstream-Medien, als auch von den Politikern immer noch ein hoch gefährlicher Virus propagiert, vor dem das gesamte Volk geschützt werden müsse. Zu einer Aufhebung der freiheitsbeschränkenden Maßnahmen kam es nicht. Ganz im Gegenteil verlautbarte Lars Schaade, Vizepräsident des Robert-Koch-Instituts, am 21.04.2020: *„Jeder kann schwer an Covid-19 erkranken" „Nicht nur Risikogruppen."* [83] Damit sollte erneut Angst geschürt werden, da zu diesem Zeitpunkt immer mehr renommierte Wissenschaftler die Regierungs- maßnahmen kritisierten und es zu ersten Demonstrationen in Deutschland gekommen war. Ja, theoretisch kann jeder erkranken, theoretisch kann auch jeder am plötzlichen Kindstot sterben, theoretisch kann jeder im Lotto gewinnen, theoretisch kann mir ein Asteroid auf den Kopf fallen.

Ebenfalls wurde vermittelt, dass es zu vermehrten Todesfällen in Wuhan und Norditalien auf Grund des Corona-Virus gekommen sei. Für das chinesische Wuhan haben chinesische Forscher den extremen Wintersmog in der Stadt Wuhan als wahrscheinlich wichtige Ursache für den Ausbruch der Lungenentzündungen ausgemacht.[84] Über die bereits im Juni /Juli 2019 stattgefundenen Massenproteste in Wuhan gegen die enorme Luftverschmutzung wurde im Zusammenhang mit der Corona-Krise in den Mainstream-Medien nicht berichtet.[85] Norditalien hat die älteste Bevölkerung und die schlechteste Luftqualität Europas, was bereits in der Vergangenheit zu einer erhöhten Anzahl an Atemwegerkrankungen und dadurch bedingter Todesfälle geführt hat.[86] Auf weitere Tatsachen und wissenschaftlich fundierte, wahrscheinlichere Todesursachen als das „neue Coronavirus" wird in Kapitel 6.5.2 „Übersterblichkeit und COVID-19" näher eingegangen.

4.6.3 Überlastung der Krankenhäuser

Weiter wurde stets behauptet, dass die Kliniken wegen der vielen Corona-Kranken überlastet wären. Der allgemeine Andrang wurde dabei unter den Tisch fallen gelassen. Dass bereits am 10.01.2018 die italienische Zeitung „Corriere della Sera" berichtete, dass italienische Intensivstationen wegen der Grippewelle (von 2017/2018) kollabierten, Operationen verschoben sowie Krankenpfleger aus dem Urlaub zurückgerufen werden mussten,[87] wurde wohl vergessen. Damals hatte das niemanden interessiert. Am 17.03.2020 meldeten Schweizer Notfallstationen eine Überlastung, allein aufgrund der hohen Anzahl an Personen, die sich testen lassen wollten.[88] Am 03.04.2020 berichtete die „Engadiner Post", dass erste Schweizer Krankenhäuser aufgrund der sehr geringen Auslastung Kurzarbeit anmelden mussten: *„Das Personal hat in allen Abteilungen zu wenig zu tun und hat in einem ersten Schritt Überzeiten abgebaut. Jetzt wird auch Kurzarbeit angemeldet. Die finanziellen Folgen sind groß."* [89] Auch in der spanischen Stadt Málaga, wurde das Krankenhaus von Personen mit Erkältungen, Grippe und womöglich Covid19 überrannt.[90] Es war also nicht auf Grund der vielen Covid19-Kranken überlastet, sondern auf Grund der von Medien und Politik geschürten Hysterie.

In Frankreich vermeldete die Regierung, dass das Gesundheitssystem den vielen Patienten jederzeit gewachsen gewesen und es nicht zur Triage gekommen sei, dass die Krankenhäuser also nicht auswählen mussten, wen sie noch behandeln und wem sie nur den Tod erleichtern.[91]

In Deutschland gab es zu keiner Zeit eine Überlastung der Krankenhäuser auf Grund von „Corona-Kranken". Ganz anders als von den „Spezialisten" und „renommierten Wissenschaftlern" prognostiziert worden war. Der Präsident der Deutschen Krankenhausgesellschaft (DKG), Dr. Gerald Gaß, sprach am 15.04.2020 von rund 150.000 freien Krankenhausbetten und ca. 10.000 freien Intensivplätzen.[92] Am 17.04.2020 waren in Berlin nur 68 ITS-Betten mit Corona-Patienten belegt, 60 davon wurden beatmet. Dem standen 341 leere ITS-Betten gegenüber. Die Berliner Notklinik mit 1000 Betten in den Messehallen wurde zu dem Zeitpunkt nicht einmal gebraucht.[93]

4.6.4 Wirkung der freiheitsbeschränkenden Maßnahmen

4.6.4.1 Neuinfizierte

Es wurde schon sehr früh behauptet, dass der Rückgang der Neuinfizierten auf die von der Regierung durchgeführten Maßnahmen zurückzuführen sei. Dass diese behauptete Kausalität nicht schlüssig und sogar falsch ist, ist aus Abbildung 10 ableitbar.

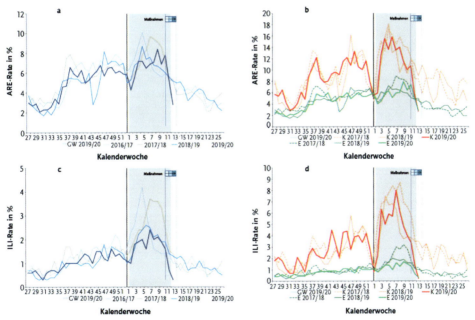

Abb. 1 | Vergleich der für die Bevölkerung in Deutschland geschätzten ARE- und ILI-Raten (gesamt, in Prozent) in den Saisons 2016/17–2019/20. Der grau hinterlegte Bereich zeigt die bisherige Dauer der Grippewelle (nach Definition der AGI) in der Saison 2019/20. Der schwarze, senkrechte Strich markiert den Jahreswechsel. (a)oben links: Gesamt-ARE-Rate; (b) oben rechts: ARE-Rate, unterteilt nach Kindern (0–14 Jahre) und Erwachsene (ab 15 Jahre). (c)unten links: Gesamt-ILI-Rate; (d) unten rechts: ILI-Rate, unterteilt nach Kindern (0–14 Jahre) und Erwachsene (ab 15 Jahre). GW = Grippewelle; K = Kinder; E = Erwachsener.

Abbildung 10: ARE und ILI- Raten   Quelle: RKI [94]

Die Graphik stammt aus der online Vorabversion des Epidemiologischen Bulletins des RKI, welche bereits Anfang April einzusehen war. Es ist klar abzulesen, dass es einen massiven Rückgang ALLER Atemwegerkrankungen gab. Die Schulschließungen waren seit Kalenderwoche 12 in Kraft, die Kontaktsperre seit KW 13. Eine Wirkung von Maßnahmen ist laut RKI aber erst nach 2 bis 3 Wochen erkennbar. Daher dürften erste messbare Wirkungen frühestens in KW 14, eher aber in KW 15 bis 16 erkennbar sein. Die Fallzahlen stagnierten jedoch schon seit KW 13. Weiter schrieb das RKI im Epidemiologisches Bulletin 16/2020: *„Insgesamt ist zu beobachten, dass die ARE-Raten seit der 10. KW (2.3. – 8.3.2020) stark gesunken sind."* [95] Wie kann das sein, dass Maßnahmen, welche erst ab KW 12 durchgeführt wurden, die ARE-Raten bereits in KW 10 sinken lassen sollen?

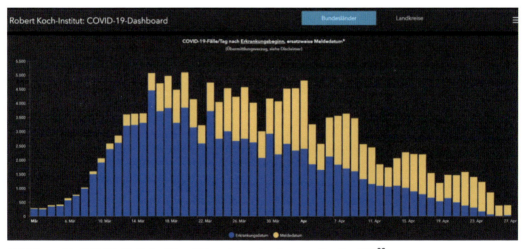

Abbildung 11: COVID-19 Fälle / Tag Erkrankungsbeginn   Quelle: RKI[96]

Prof. Dr. Christof Kuhbandner, Institut für Experimentelle Psychologie an der Universität Regensburg, zeigte am 25.04.2020, nach genauerer methodischer Betrachtung der Zahlen der Neuinfizierten, dass keine der ergriffenen Maßnahmen wirklich wissenschaftlich begründet werden kann. Dabei benutzte er die Zahlen und Darstellungen des RKI (Abb.11) und ging auf diese offiziell präsentierten Zahlen und deren methodische Problematik ein.

In Abbildung 12 wird die Anzahl an Neuinfektionen pro Tag nach dem Datum des Erkrankungsbeginns gezeigt. Bei den blauen Balken ist der Tag, an dem die ersten Krankheitssymptome ausgebildet wurden, bekannt. Die gelben Balken entsprechen den Fällen, bei denen der Erkrankungsbeginn nicht bekannt ist. Diese sind deswegen am Meldedatum festgemacht. „Um deren Erkrankungsbeginn zu schätzen, kann man diesen Fällen - basierend auf den Fällen, bei denen man den Erkrankungsbeginn weiß - das wahrscheinlichste Erkrankungsdatum zuordnen (Fachbegriff: "Imputation"). In den täglichen Lageberichten vom RKI wird das so gemacht, um den wahren Verlauf der Neuinfektionen besser abschätzen zu können."[97] Die Zahl der Neuerkrankungen ging demnach also seit dem 19.03.2020 zurück. Neu erkrankt heißt, dass an dem Tag erste Krankheitssymptome ausgebildet werden. Zwischen dem Zeitpunkt der Ansteckung - dem Zeitpunkt der wirklichen Neuinfektion - und dem Zeitpunkt der Symptomausbildung liegen aber nach Angaben des RKI 5-6 Tage. Der Tag für die Neuinfizierung „muss also noch einmal um 5-6 Tage zeitlich zurückgeschoben werden, und damit sinken die Neuinfektionen in Wirklichkeit bereits schon mindestens seit dem 13.-14. März."[98] Also mindestens 10 Tage bevor das umfassende Kontaktverbot am 23.03.2020 in Kraft trat. Und auch die Schulschließungen, die ab dem 16.03. 2020 in Kraft waren, hatten somit keinen Einfluss. Damit wies Prof. Kuhbandner rechnerisch eindeutig nach, was vorher bereits aus den ARE und ILI-Raten ableitbar war. Prof. Kuhbandner veröffentlichte seine Ergebnisse am 25.04.2020 unter dem Titel „Von der fehlenden wissenschaftlichen Begründung der Corona-Maßnahmen" u.a. bei Spektrum.de SciLogs und heise.de TELEPOLIS.

Weitere wissenschaftlich fundierte Nachweise dafür, dass die freiheitsbeschränkenden Maßnahmen keinen Einfluss auf die Neuinfiziertenrate gehabt haben, zeigen weitere Studienergebnisse in den Kapiteln 5.2.6 „Angst und Bewertung" und 6.5.3 „Verbreitung von SARS-CoV-2". Auch die Reproduktionsrate ist ein Hinweis auf die Neuinfiziertenrate.

4.6.4.2 Reproduktionsrate

Dass der von den Regierungen beschlossene „Lock-down" nachweislich keinen Einfluss auf die Reproduktionsrate hatte, zeigen sowohl Daten der ETH Zürich, als auch Daten des Robert-Koch-Instituts.

In der Schweiz hatte der Bundesrat am 28. Februar 2020 das Veranstaltungsverbot erlassen und eine sehr aktive Kommunikation mit sehr gut verständlichen, umsetzbaren und wirksamen Hygieneempfehlungen lanciert. Zum Zeitpunkt, als der Bundesrat den Lockdown verkündete (13.3.2020) war die Reproduktionsrate schon praktisch auf 1 gewesen.[99]

Betrachten wir uns den Verlauf der Reproduktionsrate in Deutschland (Abbildung 12). Am 09. März 2020 wurden in verschiedenen Bundesländern alle Großveranstaltungen mit über 1000 Teilnehmern abgesagt. An dem Tag hatte sich der Trend aber bereits umgekehrt. Ab dem 10. März fiel die Kurve stetig. Das umfangreiche Kontaktverbot wurde am 23.03.2020 gültig. Aber bereits am 21. März lag die Reproduktionsrate um R = 1 und stabilisierte sich seit dem 22. März um diesen Wert, also einen Tag vorher. Am 9. April lag der Wert von R bei 0,9.

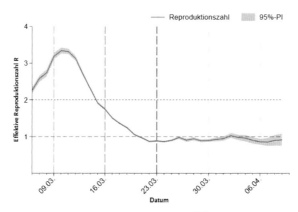

Abbildung 12: Reproduktionsrate DeutschlandQuelle: RKI[100]

Zu Lockerungen kam es trotz dieser eindeutigen Ergebnisse allerdings nicht. Obwohl diese Ergebnisse bereits am 15.04.2020 im Epidemiologischen Bulletin (17/2020) des RKIs veröffentlicht wurden, hielten die Regierenden an den freiheitsbeschränkenden Maßnahmen weiter fest, welche nun nachweislich überhaupt nicht notwendig waren, ja sogar nie notwendig gewesen wären! Der Lockdown war nicht nötig, weil der Reproduktionsfaktor schon vorher unter 1 war, und der Lockdown war auch nicht wirksam, weil der Reproduktionsfaktor durch den Lockdown nicht weiter gefallen ist. Ja noch nicht einmal die Schulschließungen und Versammlungsverbote ab dem 13.03.2020 waren notwendig gewesen, da sich der Trend bereits ab dem 09.03.2020 umgekehrt hatte. Bundeskanzlerin Angela Merkel allerdings verteidigte das Beibehalten der massiven Maßnahmen und kritisierte am 20.04.2020 die „Öffnungsdiskussionsorgien" in einzelnen Bundesländern.[101] Dabei lag die Reproduktionsrate zu diesem Zeitpunkt bereits seit einem Monat unter 1. Zudem meinte sie am 21.04.2020, dass es „Wichtig sei, dass man überblicke, welche Lockerung welche Auswirkung auf ein mögliches Ansteigen der Infektionsrate habe." [102] Möglich, dass Frau Merkel keine medizinischen Daten las. Möglich, dass sie diese als ehemalige *FDJ*-Funktionärin, zuständig für Agitation und Propaganda[103], einfach nicht verstand, da wissenschaftlich und nicht ideologisch. Möglich aber auch, dass sie sich einfach von ihrem Ziehvater Erich Honecker leiten lies: „Vorwärts immer, rückwärts nimmer!"

Die einfachen Maßnahmen, Verzicht auf Großveranstaltungen und die Einführung von Hygienemaßnahmen warennach diesen Auswertungen zu urteilen, hoch wirksam. Diese sind letzten Endes nichts anderes als die einfachen Empfehlungen, welche während jeder Grippesaison gegeben werden. Die Bevölkerung ist in der Lage, diese Empfehlungen gut umzusetzen und diese Maßnahmen alleine konnte die „Epidemie" fast zum Stoppen bringen. Auf jeden Fall waren diese Maßnahmen ausreichend, unser Gesundheitssystem so zu schonen, dass die Krankenhäuser nicht überlastet wurden. Angesichts der objektiven Daten ist ohnehin fraglich, ob die Gefahr einer solchen Situation für Deutschland überhaupt jemals gegeben war. Dies war ja das Argument mit welchen die freiheitsbeschränkenden Maßnahmen begründet wurden.

4.7 Grenzwerte und Graphiken

4.7.1 Grenzwerte

In den unterschiedlichsten Bereichen werden Grenzwerte festgelegt, um Entscheidungen zu treffen. Ein Grenzwert ist der äußerste Wert, der nicht überschritten werden darf. In der Regel sind diese wissenschaftlich fundiert und haben einen Sinn. Oft ist dabei noch eine Toleranz zur Absicherung mit eingerechnet. So dient beispielsweise die maximale Tonnenangabe bei Brücken der Sicherheit der Verkehrsteilnehmer. Ein 40-Tonner sollte nicht über eine Brücke fahren, die maximal für 7 t ausgelegt ist. Sie würde zusammenbrechen und der LKW würde einen Unfall erleiden.

Allerdings kann man mit Hilfe von Grenzwerten auch manipulieren. Heute gesund, morgen krank, einfach durch das Senken des Grenzwertes. Dieses Vorgehen kennen wir beispielsweise aus der Medizin in Bezug auf Diabetes Typ 2. Im Jahr 1997 wurde der Grenzwert von 140 mg/dl auf 126 mg/dl gesenkt.[104] Auf einmal gab es Millionen von Zuckerkranken mehr. Dass sich diese Menschen nicht krank fühlten spielte dabei keine Rolle, sie waren es nun. Mit der Einführung von Prädiabetes durch Absenkung des Grenzwertes auf 100mg/dl wurden weitere Millionen von gesunden Menschen als gefährdet erklärt. Auch diesen gesunden Menschen konnten nun Medikamente verabreicht werden. An diesem Beispiel ist leicht zu erkennen, dass Grenzwerte ohne Klinik sinnfrei sind. Das gilt für alle Grenzwerte, welche willkürlich gesetzt werden.

Im Zusammenhang mit den Lockerungen der Coronamaßnahmen führte die Bundesregierung einen Grenzwert von 50 neuen Infektionen pro 100.000 Einwohner innerhalb einer Woche ein. Bayern senkte ihn sogar auf 35 pro 100.000 Einwohner. Eine wissenschaftliche Begründung für diesen Grenzwert wurde allerdings nie geliefert. Besonders im Zusammenhang mit der falsch

Positiven-Rate des Coronatests (vgl. Kapitel 7.2.5) machte dieser Grenzwert wissenschaftlich gesehen überhaupt keinen Sinn. Würde man nämlich tatsächlich 100.000 Einwohner testen wäre dieser Wert alleine schon durch die Testqualität weit überschritten. Tatsächlich Infizierte braucht es dafür nicht.

4.7.2 Graphiken

Bei der Präsentation statistischer Auswertungen spielen Graphiken eine große Rolle. Mit ihrer Hilfe können die statistischen Zahlen visuell einfach dargestellt werden. Doch sind mit einigen wenigen Tricks die großartigsten Manipulationen möglich. Aus Zahlen, die tatsächlich überhaupt keinen Aussagewert haben, lassen sich eindrucksvolle Aussagen herstellen. Im Folgenden wird an ein paar Beispielen gezeigt, wie einfach man das machen kann.

Während der Corona–Krise wurden in den Medien eine Vielzahl verschiedenster Graphiken präsentiert um die Gefährlichkeit und Tödlichkeit des Virus darzustellen. Mit den nun folgenden Hinweisen kann jeder diese Graphiken im Einzelnen überprüfen.

4.7.2.1 Weglassen von Daten

Beim Weglassen von Daten handelt es sich nicht nur um eine Manipulation, sondern um eine dreiste Fälschung, letzten Endes um einen Betrug. Der amerikanische Physiologe und Ozeanograph Ancel Keys behauptete 1958, dass Cholesterin in den tierischen Fetten Hauptursache für Herzinfarkte sei und präsentierte seine „Studie", welche diese Hypothese beweisen sollte Keys hatte allerdings seine sieben Länder sorgfältig aus 22 Ländern herausgepickt, die er insgesamt untersucht hatte. Hätte er alle 22 Länder einbezogen, wäre er zu keinem Ergebnis gekommen. Der SWR ging am 10.8.2017 in seiner Sendung „Wenn Zahlen lügen" auch auf dieses Thema ein.

Als er seine „Cholesterinstudie" veröffentlichte, war Keys bezahlter Berater der amerikanischen Margarineindustrie. Die Manipulation gab er in einem Interview 1997 zu: *„Es gibt absolut keine Verbindung zwischen Cholesterin in der Nahrung und Cholesterin im Blut. Keine. Und das haben wir schon immer gewusst. Cholesterin in der Nahrung macht überhaupt nichts ..."* [105]

Für die Pharmaindustrie war dieser Cholesterin–Wahn allerdings sehr einträglich. Hinzu kam auch hier, dass beispielsweise die USA und Deutschland von 1967 – 1998 den Grenzwert für Cholesterin im Blut stetig senkten. Völlig gesunde Menschen wurden zu Patienten und nahmen cholesterinsenkende Medikamente ein. Und das basierend auf einem jahrzehntelangen Betrug.

4.7.2.2 Ausschnitt auswählen und Achsen anders skalieren

Im Folgenden betrachten wir uns ein Beispiel eines Kursverlaufes eines hypothetisch angenommenen Unternehmens. So unterschiedlich die Graphiken auch aussehen, basieren sie tatsächlich auf denselben Zahlen.

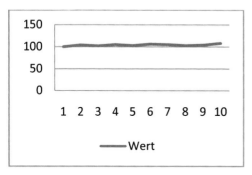

Abbildung 13 zeigt den Kursverlauf eines hypothetisch angenommen Unternehmens. Dieser Kursverlauf sieht nicht sehr spektakulär aus. Doch das kann man ändern.

Abbildung 13: Kursverlauf 1

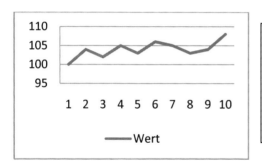

Abbildung 14 zeigt denselben Kursverlauf.
Dabei wurde der günstigste Ausschnitt gewählt und der Rest ausgeblendet. Schon sieht die Graphik anders aus.

Abbildung 14: Kursverlauf 2

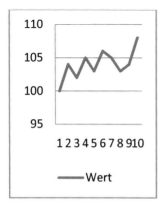

Abbildung 15 zeigt ebenfalls denselben Kursverlauf. Hier wurden zusätzlich die Skalierungen auf den Achsen geändert. Nun sieht der Verlauf schon sehr beeindruckend aus.
Eine Veränderung der Skalierung kann auf beiden Achsen alleine oder gleichzeitig durchgeführt werden. Je nach dem, welcher optische Effekt für den Kurvenverlauf gewünscht ist.

Abbildung 15: Kursverlauf 3

4.7.2.3 Verschiedene Skalierungen auf einer Achse

Wenn auf einer Achse gleichzeitig verschiedene Skalierungen benutzt werden, so führt das zu einer Veränderung der optisch wahrgenommenen Aussage. Betrachten wir uns ein Beispiel aus der Medizin. Es handelt sich dabei um die Verteilung der Grippeinfektion nach Alter.[106]

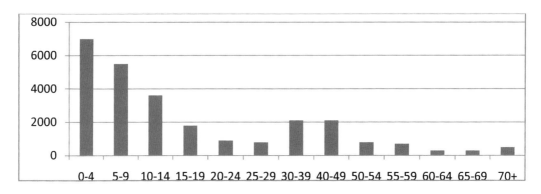

Abbildung 16: die Verteilung der Grippeinfektion nach Alter (1)

Durch die gewählte Darstellungsart in Abbildung 16 wird suggeriert, dass besonders Kinder und Erwachsene mittleren Alters für eine Grippeinfektion anfällig wären. Die Botschaft „Unbedingt impfen!" soll mit dieser Graphik den Erwachsenen mittleren Alters nahe gebracht werden.

Betrachtet man die Graphik aber genauer, so erkennt man, dass auf der x-Achse, also für die Altersbereiche, zwei verschiedene Skalierungen gleichzeitig benutzt werden. Die Altersgruppen 30 - 39 und 40 - 49 werden in 10-Jahres-Schritten angegeben, alle anderen in 5-Jahres-Schritten.

Korrigiert man nun die Täuschung und wählt wie in Abbildung 17 dieselbe Skalierung für alle Altersgruppen, so verflüchtigt sich die besondere Infektionsgefahr für Erwachsene mittleren Alters.

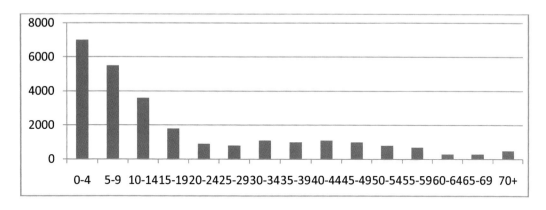

Abbildung 17: die Verteilung der Grippeinfektion nach Alter (2)

5. Furcht und Angst

Im täglichen Sprachgebrauch wird kaum zwischen Angst und Furcht unterschieden, wobei es zwischen diesen zwei Begriffen einen Unterschied gibt. „Furcht gilt als klar auf eine äußere Gefahr hin ausgerichtet; Angst dagegen ist eher unbestimmt."[107] Beispielsweise kann der bloße Anblick einer Schlange Furcht auslösen. Für die Vorstellung, was sie alles tun könnte, und dem damit verbundenen Gefühl, erscheint der Begriff „Angst" zutreffender als der Begriff „Furcht". Angst war die Basiskonstante während der Corona-Krise, daher wird sie uns auch in den folgenden Kapiteln immer wieder begleiten.

5.1 Furcht

Furcht ist eine starke emotionale Reaktion auf eine tatsächliche Bedrohung, die plötzlich wahrgenommen wird. Sie wird durch plötzliche äußere Reize ausgelöst und ist rational und wirklichkeitsgerecht. Oft wird Furcht auch als „Realangst" bezeichnet.[108] Furcht löst intensive Reaktionen aus, die körperliche Erregung ist stark. Da Furcht auf eine reale Bedrohung fokussiert ist, treten diese Reaktionen sehr schnell auf. Ebenso schnell klingen diese wieder ab, wenn die Bedrohung vorbei ist.

5.2 Angst

Angst ist ein Zustand, der mit einem unangenehmen Gefühl und Anspannung verbunden ist. Die körperlichen Reaktionen sind weniger stark ausgeprägt als bei der Furcht, dauern aber länger an, da der Fokus der Angst eher unklar ist. Angst ist ein Zustand von ständiger Anspannung und Wachsamkeit. Die Angst kommt von innen und ist mit kognitiven Prozessen verbunden. Es reicht aus, sich eine Bedrohung nur vorzustellen, um Angst zu verspüren. Eine reale Bedrohung muss hierbei nicht gegeben sein. Im Gegensatz zur Furcht muss Angst nicht einmal rational begründet sein. Nach dem Yerkes-Dodson-Gesetz ist ein gewisses Maß an ängstlicher Anspannung für Leistung förderlich.[109] Sie erhöht die Aufmerksamkeit. Ist die Angst allerdings nicht rational begründet, so wird auch die Aufmerksamkeit auf diese nicht reale Bedrohung ausgerichtet. Auf das Phänomen der selektiven Aufmerksamkeit wird in Kapitel 8 eingegangen.

5.2.1 Angst, Angstreaktion

Furcht und Angst sind grundsätzlich nichts Negatives. Angst ist eine natürliche Reaktion des Körpers und gehört zur Gattung Mensch. Viele Ängste entstammen der menschlichen Frühgeschichte und waren überlebensnotwendig. Die Angst warnt uns und hält uns davon ab, unverantwortliche Risiken einzugehen. Zugleich mobilisiert sie Kräfte, welche notwendig sind, einer Bedrohung zu begegnen. Sie führt zu einer extremen Aufmerksamkeits- und Leistungssteigerung. Die Herz- und Atemfrequenz und der Blutdruck steigen, die Blutadern weiten sich, die Muskeln befinden sich unter erhöhter Anspannung, die Pupillen verengen sich um die Bedrohung zu fokussieren. Dem Körper werden alle Energien zur Flucht oder zum Kampf zur Verfügung gestellt. Die erste Reaktion ist allerdings das Innehalten. Das ist der primäre Überlebensmechanismus, denn viele Raubtiere reagieren auf Bewegung. Die Bedrohung wird genau beobachtet. Erst wenn dieses Innehalten nicht ausreichend ist, folgt Flucht und dann Kampf. Bei Überforderung ist der Mensch allerdings vor Angst gelähmt.

Das menschliche Gehirn ist so organisiert, dass Verknüpfungen sehr schnell hergestellt werden. Bisher neutrale Reize werden beim Erleben einer

Bedrohung zu neuen Hinweisreizen für Gefahren in der Zukunft (Christmann, 2015). Diese Gefahr muss real gar nicht existieren. Alleine die Vorstellung kann eigentlich harmlose Reize zur Bedrohung werden lassen. Ein harmloser, entgegenkommender Spaziergänger kann in der Vorstellung zu einem Verbrecher werden und Angst auslösen. Das Phänomen, dass alleine die Information auf einem Medikamenten-Beipackzettel echte Krankheitssymptome hervorrufen kann, basiert ebenfalls auf diesem Mechanismus.

Zu Beginn der Corona-Krise konnte wahrscheinlich die tatsächliche, sprich reale Bedrohung des neuen Corona-Virus schwer eingeschätzt werden. Die Lage in China war zu unübersichtlich, reale Daten kaum vorhanden. Die katastrophierenden Medienberichte schürten Angst. Die Bedrohungslage und die tiefgreifenden, von den Regierungen durchgeführten Maßnahmen basierten letzten Endes lediglich auf Modellberechnungen. Modelle sind angenommene, wahrscheinliche Verläufe. Die Maßnahmen basierten also auf eine angenommene, vorgestellte Bedrohung. Allerdings treffen diese Modelle in der Realität nicht immer, ja sogar erschreckend selten zu. Ehrlich gesagt sollten wir froh sein, dass diese Modelle bisher nie zugetroffen haben. Hier zwei Beispiele aus der jüngsten Vergangenheit, bei welchen die gleichen Protagonisten am Werke waren, wie bei der Corona-Krise 2020. So wurden bereits 2002/2003 Schreckensszenarien ausgemalt. Für die Pandemie SARS 2002/2003 wurden Millionen von Toten vorhergesagt. Tatsächlich verstarben weltweit 774 Menschen.[110] Christian Drosten arbeitete damals am Bernhard Nocht-Institut für Tropenmedizin in Hamburg und Fand den Erreger von SARS.[111] Ähnliches bei der Schweinegrippe 2009. Adolf Windorfer, Professor an der Medizinischen Hochschule Hannover, sagte alleine für Deutschland 30.000 Tote voraus. Letztlich waren es 235 Tote, die mit H1N1 infiziert waren, wobei nicht mal klar ist, ob sie überhaupt daran gestorben sind.[112] Im Interview mit der welt am 12.04.2010 meinte er dazu: *„Diese Zahlen lassen sich nie genau errechnen, sondern immer nur grob schätzen nach den Erkenntnissen bei der saisonalen Grippe. Im Zusammenhang mit einer Grippe sterben jedes Jahr zwischen 7000* und 15.000 Menschen in Deutschland. In der Wintersaison 1996/97 waren es sogar etwa 30.000. Bei einer Pandemie ist mit einer sehr viel höheren Zahl an Infizierten und Erkrankten zu rechnen."

Bei der Angstentstehung spielen im Körper unterschiedliche Gehirnbereiche eine Rolle. Alle Gehirnteile arbeiten eng zusammen, da sie miteinander vernetzt sind. „Durch den Aufbau des Gehirns kann die jeweils untergeordnete Einheit von den darüberliegenden gelenkt, aber nicht ausgeschaltet werden. Durch vernünftiges Nachdenken (Großhirnleistung) können wir unsere Gefühle (im limbischen Zentrum lokalisiert) in ihrer Art und Intensität verändern, jedoch nicht ausschalten. Umgekehrt ist unser Denken und Wahrnehmen stets auch von unseren Gefühlen und Stimmungen beeinflusst."[113] Starke gefühlsmäßige und körperliche Angstreaktionen schränken allerdings die Klarheit des Denkens ein. Wahrscheinlich hängt die Tatsache, dass emotionale Erregung das vernünftige Denken dominieren kann, damit zusammen, dass „die Amygdala einen größeren Einfluss auf die Hirnrinde (Cortex) hat, als diese auf die Amygdala" (Christmann, 2015, S. 17).

Möglich, dass die verantwortlichen Politiker im Verlauf der Corona-Krise immer mehr Angst verspürten, von dieser besetzt und geleitet waren und daher irgendwann nicht mehr in der Lage waren rationale Entscheidungen zu treffen. Die Klarheit des Denkens war eingeschränkt. Trotz der immer eindeutiger werdenden Datenlage bezüglich des neuen Coronavirus wurden die einmal beschlossenen Maßnahmen nicht zurückgenommen. Ganz im Gegenteil wurden diese immer vehementer gegen fachlich fundierte Kritik verteidigt. Wie bereits erwähnt, muss Angst nicht rational begründet sein. Hierbei wirkt ein Zusammenspiel der verschiedenen in diesem Buch erklärten psychologischen Mechanismen verstärkend.

Auch die Bürger wurden immer ängstlicher und zeigten immer mehr irrationales Verhalten. Die Hamsterkäufe, insbesondere die von Toilettenpapier, kann rational kaum erklärt werden, war doch die Versorgungslage nie in tatsächlicher Gefahr. Immer mehr Menschen begannen aus Angst vor einer

Ansteckung einen Mundschutz zu tragen, obwohl dieser nicht vor einer Ansteckung schützt. Auch begannen immer mehr Menschen Gummihandschuhe zu tragen, obwohl sich auf Handschuhen deutlich mehr Keime sammeln, als auf regelmäßig gewaschenen Händen. Der Arzt Marc Hanefeld bezeichnete das sogar als „Hygienische Schweinerei großen Ausmaßes".[114] Beim Ausziehen solcher Einmalhandschuhe kontaminiert man sich mit allen Keimen, welche sich sowohl auf den Handschuhen, als auch unter den Handschuhen angesammelt haben. Sie sind in diesem Zusammenhang objektiv gesehen schädlich, das Tragen dieser somit irrational. Über 100 Übergriffe auf asiatische Bürger in Deutschland bis Ende Mai mit Corona-Bezug. „In München etwa bedrohte ein Mann seine chinesischstämmige Nachbarin mit dem Tod und besprühte sie dann mit einem Desinfektionsspray."[115] Bürger mit Autokennzeichen aus Kreisen Gütersloh und Warendorf wurden nach einem „Corona-Ausbruch" in diesen Kreisen Ende Juni beschimpft und ihre Wagen beschädigt worden.[116] Auch diese gewalttätigen Verhaltensweisen waren angstbedingt und irrational.

5.2.2 Angst und Lust

Die körperliche und emotionale Reaktion hängt größtenteils, nicht aber ausschließlich, vom limbischen System ab. Das limbische System ist auch für Lernen und Erinnerung von großer Bedeutung. Dieses reguliert sowohl Angst, als auch Wut und Gelassenheit, sowie Lust und Sucht.[117] „Die Amygdala, auch Mandelkern genannt, wird als eine zentrale Verarbeitungsstation für Gefühle gesehen. Anscheinend ist sie die Hirnstruktur, die für die emotionale Einfärbung von Informationen zuständig ist." [118] Es muss darauf hingewiesen werden, dass die Wissenschaft bis heute weder genau weiß, was dieses hypothetische limbische System tut, noch welche Strukturen genau zu ihm gehören (Pinel &

Pauli, 2007). Daher erspare ich mir in dieser Arbeit eine genaue biopsychologische Abhandlung zum Gehirn und zum limbischen System. Für die Schlussfolgerungen dieser Arbeit ist das auch nicht ausschlaggebend.

Teile des limbischen Systems, insbesondere die Amygdala, gehören auch zum mesolimbischen System. Dieses ist besser bekannt als „Belohnungssystem". Es sind also die gleichen Hirnareale am Belohnungssystem, wie auch an der Angst beteiligt. Sobald das mesolimbische System aktiviert wird, entwickelt der Mensch ein gesteigertes Verlangen.[119] Daran beteiligt ist das Hormon Dopamin, das eine erregende Wirkung hat. Dopamin spielt allerdings auch bei Angst eine große Rolle. Wissenschaftler der Charité–Universitätsmedizin Berlin um Professor Andreas Heinz und Dr. Thorsten Kienast fanden 2008 heraus, dass „je mehr Dopamin (in der Amygdala) vorhanden war, desto mehr Angst verspürten die Probanden(...)."[120] Ebenfalls kommen die beiden Hormone Noradrenalin und Serotonin sowohl bei Glücksempfinden, als auch bei Angst vor. Somit liegen Angst und Lust (hier ist nicht die sexuelle gemeint) nahe beieinander.

Das ist eine Erklärung, warum der Mensch auch Lust an der Angst empfinden kann. Sogenannte Fun- und Trendsportarten nehmen immer mehr zu. Schauerromane und Horrorfilme finden reißenden Absatz. Moderne Hollywoodfilme kommen ohne wilde Actionszenen gar nicht aus. Medienberichte müssen reißend sein, um verkauft zu werden. So liegt es auf der Hand, dass die Massenmedien dementsprechende Berichte publizieren und senden. Wie Schubert (2016) es richtig benennt: „Angst sells". Die verantwortlichen Politiker können sich in einer angstvollen Atmosphäre profilieren und Handlungswirksamkeit zeigen. Und für die Bürger war „endlich mal etwas los".

5.2.3 Erscheinungsformen der Angst

Ängste werden in der Regel unterteilt in: [121]

• Ängste bezogen auf Tod, Verletzungen, Krankheit, Blut, Operationen

• Ängste bezogen auf Tiere
(einheimische Tiere, kriechende, krabbelnde Tiere, etc.)

• Ängste bezogen auf Situationen mit anderen
(Kritik, Zurückweisung, Konflikte, Aggression, etc.)

• Ängste bezogen auf räumliche Situationen
(öffentliche Plätze, Menschenmengen, geschlossene Räume, etc.)

• Bei Phobien kann alles zum Gegenstand der Angst werden
(Liste unzähliger Phobien [122])

„Im Laufe der Zivilisation sind die unmittelbaren Bedrohungen durch die Natur geringer geworden, vor allem für die Stadtmenschen in den Industrienationen. In der Wohlstandsgesellschaft haben sich dagegen neue Ängste herausgebildet: Angst vor Atomkraft, Arbeitslosigkeit oder genetisch veränderten Lebensmitteln. Die modernen Ängste sind auch zum politischen Faktor geworden: In der westlichen Welt nahmen sich zuerst die grünen Parteien der Ängste um die Umwelt an und zogen damit in die Parlamente ein."[123]

Krisen, Katastrophen, Angst und Politik gehen Hand in Hand. Es gibt unzählige Beispiele dafür, dass Katastrophen und Angst den Regierenden vermehrt Zuspruch in der Bevölkerung bringen. Die rot-grüne Regierung unter Gerhard Schröder war im Begriff die Bundestagswahl 2002 zu verlieren. Da kam das Elbe-Hochwaser, Schröder konnte sich als Krisenkanzler profilieren und gewann die Wahl dann doch sehr knapp.[124] Nachdem die Umfragewerte der CDU und Angela Merkel bis 2010 auf neue Tiefstwerte fielen, stiegen diese nach der Nuklearkatastrophe von Fukushima 2011 wieder an.[125] Bis zur Corona-Krise 2020 fiel die Zustimmung der Bevölkerung für die große Koalition aus CDU/CSU und SPD unter Bundeskanzlerin Angela Merkel. Die Parteien "Die Grünen", "AFD" und "Die Linke" eilten in den vorangegangenen Landtagswahlen von Sieg zu Sieg. Und auch in der Corona–Krise derselbe Effekt, wie in der Vergangenheit: ein neues ungeahntes Umfragehoch für die Regierungsparteien.[126]

5.2.4 Erleben der Angst und Zwangshandlungen

„Im Erleben der Angst ist die Erwartung der Bedrohung und die Ungewissheit über Art, Ausmaß und Zeitpunkt der Gefahr kennzeichnend."[127] Das beobachtbare motorische Verhalten ist normalerweise auf die Abwehr und Beseitigung der Gefahr gerichtet. Die folgende Handlung ist entweder Flucht oder aktive Überwindung der Ursache. Dies ist aber real nicht immer möglich. So entstehen mitunter komplizierte Vermeidungs- und Angriffsstrategien. Die Formen dabei sind oft zwanghafte Ritualisierungen, unterwürfiges Verhalten oder unvorhersagbare Attacken. Rituale stimmen psychisch auf bevorstehende Auseinandersetzungen ein und ermöglichen die symbolische Bändigung des Unkontrollierbaren. Sie helfen so bei der Angstkontrolle (Christmann, 2015). Beim unterwürfigen Verhalten fühlt sich eine Person nicht selber in der Lage die Situation, seine Angst zu kontrollieren. Daher unterwirft sie sich anderen Personen, in der Hoffnung, dass diese die Situation kontrollieren können. Unvorsehbare Attacken sind der letzte Versuch einer Person die unkontrollierbare Situation doch noch irgendwie beseitigen oder kontrollieren zu können. Diese Attacken sind in der Regel nicht zwingend logisch. Nach Christmann (2015) kann sich auch hinter Aktionismus Angst verbergen. Es wird mitunter verzweifelt versucht die unkontrollierbare Situation unter Kontrolle zu bekommen. Nach Miller (1980) liegt Kontrollierbarkeit über ein Ereignis dann vor, wenn eine individuelle Reaktion die Auftretenswahrscheinlichkeit des Ereignisses beeinflusst. Kontrollierbarkeit ist mit konkreten Handlungsmöglichkeiten verbunden. Da bei Angst, wie bereits beschrieben, keine reale Bedrohung vorhanden sein muss und sie mit kognitiven Prozessen verbunden ist, reicht es auch aus, dass die Kontrollierbarkeit subjektiv empfunden wird. Die konkret durchgeführten Handlungen müssen dabei objektiv gesehen nicht sinnvoll sein. Umso höher eine Bedrohung empfunden wird, desto mehr Aktionismus wird gezeigt.

In der Corona-Krise erlebten sowohl die Bürger, als auch die Politiker Angst vor dem neuen Coronavirus. Die tatsächliche Bedrohung war mangels Datenlage zunächst unbekannt. Die Art und das Ausmaß der Bedrohung waren zunächst ungewiss.

Die Regierungen stürzten sich in Aktionismus. Natürlich ist es deren Aufgabe ihre Bürger vor Gefahren zu schützen und Unheil so gut wie möglich abzuwenden. Daher ist es auch nachvollziehbar, dass bei unklarer Datenlage zunächst das Maximum an Maßnahmen ergriffen wurde. Wie aber aus Kapitel 4 „Statistik" ersichtlich wird, war eine gute Datenlageallerdings relativ schnell vorhanden. Diese führte aber nicht zu einem Überdenken der Maßnahmen, welche die durch das Grundgesetz geschützten bürgerlichen Freiheiten massiv einschränkten. Ganz im Gegenteil wurden die Maßnahmen, wie in Kapitel 2 dargestellt, immer weiter ausgeweitet und ihre Aufrechterhaltung polizeilich durchgesetzt.

Bei der Bevölkerung wurde durch die Medienberichterstattung zunächst Angst geschürt und diese dann auch weiter aufrecht erhalten. Wie bei anderen durch die Medien beeinflussten Ängste auch, wurde die Angst vor dem neuen Coronavirus durch Einzelwahrnehmungen beeinflusst (vgl. Christmann, 2015). Einzelne kritische, besonders medienwirksame Brennpunkte wurden präsentiert, nicht aber die Gesamtlage. Die Mehrheit der Bürger musste mangels medizinischer und / oder statistischer Ausbildung den Medienberichten und den Aussagen der verantwortlichen Politiker glauben. Sie unterwarfen sich den freiheitsbeschränkenden Maßnahmen in der Masse widerspruchslos. Völker, welche auf ihre historischen Errungenschaften der bürgerlichen Freiheitsrechte stolz waren, die während ungefährlichen Zeiten angaben, diese mit allen Mitteln zu verteidigen, ließen sich diese widerspruchslos innerhalb kürzester Zeit nehmen. Es ist erschreckend, wie einfach die elementarsten Artikel des Grundgesetzes außer Kraft gesetzt werden können. Dieses unterwürfige Verhalten verlangten einige dann auch von allen anderen Personen, welche die Maßnahmen kritisch sahen und sie als unnötig erachteten. Hierbei kam es sogar zu offenen Anfeindungen, Streitereien und körperlichen Auseinandersetzungen im Sinne von unvorhersehbaren Attacken.[128] Eine weitere Erklärung dafür wird u.a. in Kapitel 18 „Dissonanztheorie" gegeben. Das „aufeinander aufpassen" wurde eine nette Umschreibung für Denunzierungen.

Während der Corona-Krise kam es auch zu anderen unvorhersehbaren Attacken. Notfallstationen in Krankenhäusern und aufgebaute Corona-Teststationen wurden von Personen überrannt, die sich lediglich testen lassen wollten aber weder Symptome noch Kontakt mit positiv Getesteten gehabt hatten. Supermärkte wurden in Hamsterkäufen nahezu leer gekauft. Um Toilettenpapier wurde gestritten und es kam sogar zu körperlichen Auseinandersetzungen darum.[129]

Zwanghafte Ritualisierungen wurden ebenfalls von vielen Menschen während der Corona-Krise durchgeführt. Sei es das vermehrte, regelmäßigere Konsumieren der Nachrichten, das Tragen von Gummihandschuhen oder anderes. Jeder dieser Menschen entwickelte sein eigenes Ritual, um das Unkontrollierbare symbolisch zu bändigen. Zwangshandlungen sind nichts anderes als Strategien, um mit Angst und anderen unangenehmen Gefühlen zurechtzukommen. Die ritualisierten Handlungen vermitteln Sicherheit und bieten zumindest vorübergehend Schutz vor dem unerträglichen Angstgefühl.

Wie bereits beschrieben, spielen bei der Angst vor allem kognitive Prozesse, sprich Gedanken, eine große Rolle. Die Angst oder Anspannung, die diese Gedanken auslösen, lassen sich durch das Ausführen von Zwangshandlungen kurzfristig beruhigen. Allerdings verstärken diese Zwangshandlungen die Angst wiederrum. Der Mensch lernt nämlich, dass diese wirksam seien. Auch Menschen mit einem übermäßigen Verantwortungsgefühl neigen verstärkt zu zwanghaftem Verhalten und Zwangshandlungen.[130] Sie erleben sich als Bedrohung für andere. Um nicht von der Angst überwältigt zu werden, anderen zu schaden, ergreifen sie übertriebene Sicherheitsmaßnahmen. Diese Maßnahmen werden dann zu Zwangshandlungen. Genau an dieses Verantwortungsgefühl wurde während der Corona-Krise ständig appelliert und das Verhalten dadurch verstärkt. „Verantwortung übernehmen", „solidarisch sein", und natürlich war gemäß der Propaganda jeder Mensch eine Gefahr für andere.[131] Logisch folgte das erzwungene Tragen von Nasen-Mund-Masken, um „andere zu schützen". Dass eine nichtinfizierte Person allerdings keine Gefahr für andere darstellen kann, war dabei unerheblich. Auch bei einer Zwangsstörung (F42) spielen kognitive Prozesse eine Rolle. „Die meisten Zwangshandlungen beziehen sich auf Reinlichkeit (besonders Händewaschen), wiederholte Kontrollen, die garantieren, dass sich eine möglicherweise gefährliche Situation nicht entwickeln kann oder übertriebene Ordnung und Sauberkeit. Diesem Verhalten liegt die Furcht vor einer Gefahr zugrunde, die die betroffene Person bedroht oder von ihr ausgeht; das Ritual ist ein wirkungsloser oder symbolischer Versuch, diese Gefahr abzuwenden."
(ICD-10, F42.1 vorwiegend Zwangshandlungen).

Betrachten wir nun die Wahrscheinlichkeiten für die Gefahr durch das neue Coronavirus für die Bevölkerung in Deutschland und beispielsweise den Sinn der Maskentragepflicht. Wenn ich selber nicht infiziert bin, ist die Gefahr für andere durch mich gleich 0. Das Tragen dieser Maske ist dann also völlig sinnlos. Die Maske schützt mich nicht vor einer Ansteckung mit dem Virus. Der Sinn des Tragens dieser Maske zu diesem Zwecke ist gleich 0. Wie hoch war die Wahrscheinlichkeit dafür, dass ich einem Infizierten begegne? Die war zu verschiedenen Zeiten unterschiedlich. Betrachten wir ein Beispiel aus der Zeit der Tragepflicht in Geschäften. Nehmen wir den 27.06.2020. Es gab bis zu diesem Tag insgesamt 194.458 Infektionen, davon 177.518 Genesene und 8.968 „Todesfälle" [132]. An diesem Tag gab es also 7.972 Infizierte im gesamten Bundesgebiet bei einer Bevölkerungszahl von 83,2 Millionen.[133] Die Wahrscheinlichkeit, dass mir einer dieser Infizierten über den Weg lief, lag maximal bei 7.972 / 83,2 Mio., (1 / 10.437) also bei 0,01%. Es mussten mir also 10.437 Menschen über den Weg laufen, damit ein Infizierter dabei war. Da diese Infizierte allerdings erkannt waren, waren sie entweder im Krankenhaus oder in Quarantäne. Wie hoch war die Wahrscheinlichkeit also nun?

5.2.5 Theorien zur Angst

5.2.5.1 Erlernen von Angst: Klassische Konditionierung

Die Klassische Konditionierung geht auf den russischen Forscher Iwan Petrowitsch Pawlow zu Beginn des 20. Jh. zurück. In seinem klassischen Experiment wurde einem Hund Futter (unbedingter Stimulus, UCS) präsentiert. Darauf reagierte dieser mit Speichelfluss (unbedingter Reflex, UCR). Auf das Läuten einer Glocke (neutraler Stimulus, NS) zeigte der Hund keinerlei Reaktion, außer einer gewissen Neugier. Pawlow kombinierte nun den unbedingten Stimulus „Futter" mit dem neutralen Stimulus „Glocke". Darauf reagierte der Hund mit Speichelfluss. Nach mehrmaligem Wiederholen dieser Reizpräsentation, reagiert der Hund schon auf das Glockenläuten mit Speichelfluss. Der zunächst neutrale Stimulus wird zu einem konditionierten Stimulus (CS). Ein ursprünglich neutraler Reiz wird so zu einem auslösenden

Reiz. Der Hund hat gelernt auf das Läuten einer Glocke mit Speichelfluss zu reagieren. Das ist die konditionierte Reaktion (CR).[134]

In der Corona-Krise wurde das neue Coronavirus ständig mit katastrophierenden Berichten über Krankheit und Tod präsentiert und so mit Angst verbunden. Ein Virus, den die wenigsten verstanden, wurde so zu einem angstauslösenden Reiz. Alleine das Nennen von SARS-CoV-2 oder die Krankheit Covid-19 löste Angst aus.

5.2.5.2 Angst durch Beobachtung

Menschen lernen auch durch Beobachtung. Die hirnphysiologische Grundlage dafür sind Spiegelneurone. Wenn wir eine andere Person beobachten und ihre Gefühle wahrnehmen, dann löst diese Beobachtung in unserem Gehirn ähnliche Empfindungen aus. Verschiedene Untersuchungen zeigen, dass negative Emotionen stärkeren Einfluss auf das kindliche Verhalten haben als positive Emotionen (Christmann, 2015). Der Mensch hat also eine höhere Aufmerksamkeit für negative Signale, als auf positive. Die Spiegelneurone sind nicht nur aktiv wenn man selber Angst zeigt, sondern auch, wenn man merkt, dass andere sich fürchten. Diese Angst der anderen Person verspürt man dann in sich selber.

Der britische Risikoforscher Bill Durodié weißt auch darauf hin, dass beobachtetes Handeln anderer Angst erzeugen kann. „Wenn ein Bundesland vorsichtshalber eine Chemikalie verbietet, ohne dass es wirklich Belege dafür gibt, dass sie gefährlich ist, dann müssen die anderen trotzdem nachziehen. Nachher denken alle: Wenn die überall verboten ist, muss die ja gefährlich sein." [135]

Während der Corona-Krise konnten die Menschen in den Medien stündlich verängstigte Reporter, Menschen und Gesichter sehen. Auch die Politiker zeigten sich verängstigt und sahen sich gezwungen, die bereits angesprochenen massiven Maßnahmen durchzuführen. Dieses Verhalten wurde wiederum von der Bevölkerung beobachtet. Das führte schließlich bei vielen zu der Ansicht: „Wenn die das machen, dann wird da schon tatsächlich etwas Gefährliches dahinterstecken". Das politische Verhalten wurde also als Bestätigung einer realen Gefahr angesehen. Eine eigene Auseinandersetzung mit dem Thema war nicht mehr notwendig, unabhängig von der Fragestellung wie viele dazu tatsächlich in der Lage sind.

Zunächst kam es zu Hamsterkäufen, was diesen Effekt verstärkte. Im Straßenbild konnte man dann immer mehr Menschen mit Mundschutz sehen. Das verstärkte den Effekt erneut. Menschen haben nämlich eine angeborene Präferenz für Gesichter. „Das Gehirn analysiert in weniger als 100 Millisekunden die Mimik des Gesicht, ordnet ihm bestimmte Persönlichkeitseigenschaften zu und zieht daraus seine Schlüsse, d.h., innerhalb von Sekundenbruchteilen analysiert es etwa die Gefühlslage des Gegenüber, um sich intuitiv darauf einzustellen. (…) Dieses rasche Urteil kann auch der Verstand nicht mehr korrigieren, der sich nach etwa einer Drittelsekunde unbewusster Verarbeitung dazuschaltet. (…) Wie das menschliche Gehirn eine Person wahrnimmt, hängt aber nicht nur von den objektiv messbaren Gesichtszügen ab, sondern auch von stereotypen Erwartungen, sodass das Gehirn Gesichter so verarbeitet, dass sie Vorurteilen und Klischees entsprechen, und daher solche verinnerlichten Vorstellungen das Verhalten beeinflussen."[136] Welche Vorstellungen haben Menschen von anderen Menschen, welche durch eine Gesichtsmaske vermummt sind? In der Regel handelte es sich bis zur Corona-Krise dabei um Bankräuber, radikale Gewalttäter oder Menschen, welche höchst ansteckend waren. Um Personen also, welche Angst auslösten. Und diese automatische, unbewusste Reaktion fand in den Menschen dann täglich statt.

5.2.5.3 Verstärken der Angst: Operante Konditionierung

Der US-amerikanische Psychologe Burrhus Skinner zeigte in Experimenten der 1930-er Jahre, dass Lernen auch durch das Zusammentreffen von Verhaltenskonsequenzen zustande kommt. Skinner sperrte eine Versuchsratte in einen Käfig, in welchem sich einige Signallampen sowie ein Fressnapf befanden, der von Außen gefüllt werden konnte. Weiterhin gab es in diesem Käfig einen Hebel, der je nach Versuchstier und Versuchsanordnung eine andere Konsequenz darbot:

Ratte 1 bekam Futter, wenn sie den Hebel betätigte, Ratte 2 konnte durch das Betätigen des Hebels Strom abschalten, der durch das Bodengitter floss und Ratte 3 erhielt einen Stromschlag, wenn sie den Hebel betätigte. Nach mehreren Versuchen betätigten Ratte 1 und Ratte 2 immer wieder den Hebel, während Ratte 3 den Hebel nicht mehr betätigte. Die Ratten hatten gelernt, Verhalten mit positiven Konsequenzen (Futter bekommen, Strom abschalten) zu wiederholen und negative Konsequenzen (Stromschlag) zu vermeiden.[137]

Beim operanten Konditionieren folgt auf ein Verhalten eine Konsequenz. Folgt eine positive Konsequenz, so wird das Verhalten in Zukunft wahrscheinlich öfters gezeigt. Es wird verstärkt. Folgt eine negative Konsequenz, so wird das Verhalten in Zukunft wahrscheinlich weniger bis gar nicht gezeigt. Um diese negative Konsequenz nicht noch einmal zu verspüren, wird das zugrunde liegende Verhalten vermieden.

In der Corona-Krise wurden Staaten und Regierungen von den Mainstream-Medien dazu gedrängt, schnelle freiheitsbeschränkende Maßnahmen zu ergreifen. Die gewünschte Richtung wurde dabei klar vorgegeben. Über welche Fachexpertise diese Personen allerdings verfügten, darf und muss offen gefragt werden. Der bayerische Ministerpräsident Markus Söder wurde für sein vorpreschendes Verhalten nicht etwa kritisiert, dass er beispielsweise ohne Absprachen mit den anderen politischen Verantwortlichen gehandelt hätte. Die bayerischen „Sonderwege" wurden in der Vergangenheit ja oft genug von den

Medien angegriffen. Auch wurde nie die Frage gestellt, ob diese Maßnahmen mit dem Grundgesetz konform seien. Ganz im Gegenteil wurde er hochgelobt und sogar als neuer Kanzlerkandidat der Union ins Spiel gebracht.[138] Im Gegensatz dazu wurde die Bundeskanzlerin Angela Merkel zeitgleich als zögerlich hingestellt.[139] Logisch, dass die Bundesregierung nachziehen musste. Und prompt wurde auch Angela Merkel wieder in höchsten Tönen gelobt.[140]

Staaten, welche nicht bereit dazu waren ihren Völkern auf Basis von theoretischen Modellen die Grundrechte zu entziehen wurden von den Mainstream-Medien aufs übelste angegriffen. Die Kritik an Schwedens „Sonderweg" wurde immer lauter.[141] „Für seinen Corona-Sonderweg zahlt Schweden schon jetzt einen hohen Preis" wurde am 22.04.2020 im Focus behauptet.[142] 1765 Menschen verstarben dort bis zu diesem Tag SARS-CoV-2-positiv. Diese Zahl wurde mit den 370 Toten in Dänemark und rund 180 Toten in Norwegen verglichen. Auch Deutschland verzeichne ebenfalls deutlich weniger Fälle. Interessanterweise wurden hier, bei dieser Argumentation, die relativen Zahlen herangezogen. Sonst wurden stets nur absolute Zahlen genannt. In absoluten Zahlen hatte Deutschland nämlich viel mehr Tote als Schweden. Diese Aussage wäre mit den absoluten Zahlen also nicht möglich gewesen. Schweden erließ unter dem Druck ein Gesetz, dass es der Regierung ermöglichen würde, sofort drastische verschärfte Maßnahmen anzuordnen. Doch vorerst kam es nicht dazu. Wieso wurde hier aber nicht mit Ländern wie Beispielsweise Italien verglichen? Weil dann diese Panikmache nicht möglich gewesen wäre:

Italien: 25.085 / 60.431.000 = 0,042 % (420 / 1 Million)
Schweden: 1765 / 10.200.000 = 0,017 % (173 / 1 Million)
Deutschland: 5211 / 83.100.000 = 0,006% (60 / 1 Million)

Schweden hatte zu diesem Zeitpunkt zwar relativ gesehen 3x so viele Tote wie Deutschland, aber nur 1/3 der Toten Italiens. Was sagt das über die Maßnahmen aus, wenn die Zahlen so verschieden sind? In den Kapiteln 4.2 „Relative Zahlen" und 4.6.4 „Wirkung der freiheitsbeschränkenden Maßnahmen" wurde ja bereits nachgewiesen, dass diese keinen Einfluss auf das Virus selber hatten. Hier also noch ein weiterer Beleg dafür.

Weißrusslands Präsident Alexander Lukaschenko wurde offen lächerlich gemacht und diffamiert. Die taz schrieb von einem zynischen und menschenverachtenden Umgang mit einer Ausnahmesituation. Natürlich durfte auch der Hinweis nicht fehlen, dass Kritiker seiner Corona-Politik verfolgt würden. *„Einschüchterungen, Festnahmen und Verurteilungen zu Arreststrafen sind an der Tagesordnung, wobei der Vorwurf stets „Verbreitung von Falschmeldungen" lautet."* [143] Dabei lud er Internationale Beobachter und Spezialisten in sein Land ein, welche sich die Situation mit eigenen Augen ganz genau ansehen sollten.[144] Allerdings kam niemand. Wieso? Hätten diese dann zugeben müssen, dass das neue Coronavirus nicht die Gefahr war, als welche sie es stets propagierten?

Allerdings gingen auch in Deutschland die Behörden mit ähnlichen Mitteln gegen offene Gegner der bundesdeutschen Coronapolitik vor. „Staatsanwaltschaft und Staatsschutz laufen zu Hochform auf", ist das Pendant zu „Der Geheimdienst KGB läuft zu Hochform auf." Die Heidelberger Anwältin Beate Bahner begehrte gegen die Einschränkungen der persönlichen Freiheiten und des öffentlichen Lebens auf und bekam Besuch vom Staatsschutz. Die Staatsanwaltschaft Heidelbergermittelte wegen des Verdachts, dass Bahner über ihre Seite öffentlich zu einer rechtswidrigen Tat aufgerufen hat. Sie forderte zum Widerstand gegen die Corona-Verordnungen und zu Demonstrationen auf. Auf Druck durch die Polizei Mannheim schaltete Ionos die Internetseite der Anwältin ab.[145] Am 12.04.2020 wurde sie von der Polizei in eine psychiatrische Klinik eingewiesen und dort zwei Tage gegen ihren Willen und ohne richterliche Anordnung festgehalten[146].

Dänemark ging noch einen Schritt weiter. Es verbot gleich alle Informationen, die gegen die Coronapolitik der Behörden verstießen. „Am 2. April 2020 verabschiedete das dänische Parlament ein neues Gesetz, das es ermöglicht, Websites zu schließen und Personen, die Informationen über Covid-19 veröffentlichen, die nicht den Richtlinien der Behörden entsprechen, Geldstrafen oder Haftstrafen aufzuerlegen. Die Bestrafung ist streng für jeden, der angeblich falsche Informationen im Internet verbreite (...)" [147]

Ganz im Sinne des operanten Konditionierens mit negativen Konsequenzen wurden für die Bürger Strafen bei Missachtung der „Corona-Regeln" eingeführt. „Wer gegen ein Kontaktverbot oder eine Ausgangssperre verstößt, begeht also im Einzelfall eine Straftat." [148] Eine Straftat? Das Missachten der Corona-Regeln wurde also auf eine Stufe mit Mord, Vergewaltigung, Körperverletzung, Diebstahl usw. gestellt! Soviel zum Unterschied zu Weißrussland: „Einschüchterungen, Festnahmen und Verurteilungen zu Arreststrafen sind an der Tagesordnung".

Auch das operante Konditionieren mit positiver Konsequenz wurde während der Corona-Krise durchgeführt. Alle Bürger, welche sich widerspruchslos den freiheitsbeschränkenden Maßnahmen unterwarfen, konnten „Verantwortung zeigen". Mit dem Anzeigen von Nachbarn und anderen Bürgern, welche sich nicht so ganz an die Regeln hielten, konnten diese beweisen, dass sie „aufeinander aufpassen". Für die Epochen der DDR oder des Dritten Reiches benutzen Historiker für diese Personen den Begriff „Denunzianten". Dasselbe Szenario in unserem Nachbarstaat Österreich: *Die Zahl steigt und steigt – zwar nicht exponentiell, aber äußerst flott: Am 22. März gab es 2900 Fälle zu beklagen, acht Tage später bereits über 10.000. Allein am 5. April erhöhte sich der Wert um 1200 auf mehr als 16.000. Nein, es geht hier zum Glück nicht um die Zahl der mit SARS CoV-2 infizierten Österreicher. Dieser Wert lag zuletzt bei rund 13.000 positiv Getesteten. Einen Boom erleben dafür die Anzeigen wegen Verstößen gegen die neue Epidemiegesetzgebung. Mittlerweile haben deutlich mehr Menschen einen Strafzettel daheim als einen positiven Corona-Befund.* " [149]

„Neue, notwendige Verhaltensweisen wie Abstand halten oder Maske tragen sollten zu Routinen und Gewohnheit werden. Damit dies langfristig gelingt, sollten unterstützende Maßnahmen und Erkenntnisse aus den Verhaltenswissenschaften genutzt werden" [150] empfahl ein Gemeinschaftsprojekt von Universität Erfurt (UE), Robert Koch-Institut, Bundeszentrale für gesundheitliche Aufklärung und andere am 26.06.2020. Auf dieses Projekt wird in Kapitel 6.3 „Risikowahrnehmung" näher eingegangen. Im Zusammenhang mit diesem Kapitel ist relevant, dass mit „Verhaltenswissenschaften" hauptsächlich klassisches und operantes Konditionieren, sowie Lernen durch Beobachten gemeint ist, also die eben betrachteten Mechanismen.

5.2.5.4 Kognitive Angsttheorien

Bei den kognitiven Angsttheorien stehen Informationsverarbeitung und Handlungsregulation im Vordergrund. Sie betonen, dass die emotionalen Konsequenzen aus der Informationsverarbeitung eines Menschen zu Angst führen können.

Zusammenwirken von Gedanken und körperlicher Reaktion

Der amerikanische Psychologe Stanley Schachtner und Jerome Stringer zeigten 1962, dass Gefühle durch ein Zusammenwirken von Gedanken und körperlicher Reaktion erklärbar sind. [151] Wenn ein Mensch körperliche Veränderungen an der eigenen Person bemerkt, sucht er nach einer Erklärung dafür. Dabei können aber verschiedene Erklärungen für die körperliche

Veränderung infrage kommen. Dieselbe körperliche Veränderung kann je nach Situation beispielsweise als Prüfungsangst oder Verliebtheit empfunden werden. Die Qualität der Erregung wird also durch Kognition, sprich Gedanken bestimmt.

Stress und Angst führen zu gleichen körperlichen Veränderungen. Wenn Stress als Angst ausgelegt wird, verspürt der Mensch eben diese Angst. Durch die medialen Horrormeldungen zum neuen Coronavirus und hypothetischen Modellberechnungen einiger Virologen gerieten die verantwortlichen Politiker zunehmend unter Druck, sie hatten Stress. Auf Grund der aktuellen politischen Lagen (Weltpolitik, Wirtschaft, Flüchtlinge usw.) waren diese allerdings schon sehr viel Stress ausgesetzt. Es ist daher nicht verwunderlich, dass dieser Stress in Angst mündete. Dasselbe gilt für die Bevölkerung.

Verlust der internalen Kontrolle

Wenn Menschen plötzlich die Kontrolle über ihr Schicksal aus der Hand genommen ist und sie zum Spielball der Ereignisse werden, verspüren sie Stress. Die internale Kontrollüberzeugung ist nach Rotter (1966) die generalisierte Überzeugung einer Person, dass sie ihr Schicksal selbst bestimmt. „Kontrolle zu haben, bedeutet, dass es einen erkenn- und vorhersagbaren Zusammenhang zwischen dem eigenen Handeln und den darauf folgenden Konsequenzen gibt."[152] Der Wegfall dieser internalen Kontrolle, also ein subjektives Gefühl des Kontrollverlustes, führt zum Erleben von Angst. Angst ist demnach Folge eines Kontrollverlustes durch Fremdheit, Ungewissheit, Verlassenheit oder die Vorwegnahme von Gefahr.[153] Die erste Reaktion nach Überwinden der Schrecksekunde sind in der Regel hektische Versuche, die verlorengegangene Kontrolle wieder herzustellen.

Das ist eine Erklärung dafür, warum viele verantwortliche Politiker in der Corona-Krise sehr hektisch sehr tiefgreifende, freiheitsbeschränkende

Maßnahmen durchführten. Sie wollten einfach Kontrolle über die bedrohlich wirkende Situation herstellen. Dasselbe gilt auch für die Bürger. Durch Hamsterkäufe und sonstige betriebsame Verhaltensweisen, welche mitunter grotesk anmuteten, wurde versucht, das subjektive Gefühl der Selbstwirksamkeit und der internalen Kontrolle wiederherzustellen. Auch das Zurechtweisen und Anzeigen anderer Personen gehört dazu. Viele Personen, welche weder über eine medizinische, noch über eine sonstige geeignete Ausbildung verfügten, fingen an, sich in Diskussionen einzuschalten und wiederholten lediglich das durch die Mainstream-Medien vermittelte Bild. Auch das erhöhte das subjektive Gefühl der internalen Kontrolle.

Erlernte Hilflosigkeit

Fortgesetzter Kontrollverlust führt zu Hilflosigkeit und Hoffnungslosigkeit. Das Konzept der erlernten Hilflosigkeit geht auf Seligmann & Maier (1967) zurück. Wenn die oben beschriebene hektische Betriebsamkeit nichts bewirkt, setzt Frustration und eine erste Resignation ein. Gefühle von Hilflosigkeit und Ohnmacht kommen hinzu. Das Verhalten ist durch Passivität und Teilnahmslosigkeit geprägt. Nach längerer Zeit entwickelt sich die sogenannte Hoffnungslosigkeitsdepression. Dies ist eine Erklärung für das bereits angesprochene unterwürfige Verhalten der Bevölkerung.

Einfluss der Zeit

Die Zeit der Ungewissheit kann kurz sein, oder sich aber auch über geraume Zeit hinziehen. Je länger die Zeit des Wartens dauert, desto höher ist die Belastung für die Betroffenen, denn um so länger dauert der Zustand an, dass sie keine Kontrolle über das eigene Schicksal haben und dem Gang der Dinge mehr oder weniger hilflos ausgeliefert sind. Ein Mensch hat dann zwei Möglichkeiten. Entweder er fügt sich dem Schicksal und wartet ab, oder er entscheidet sich, die Initiative zu ergreifen. Die meisten wählen den ersteren Weg. Sie lassen die Entwicklung leidend über sich ergehen. Eine Minderheit dagegen entschließt sich, ihr Schicksal in die eigenen Hände zu nehmen.

Die meisten Bürger wählten während der Corona-Krise den ersten Weg. Sie fügten sich und warteten ab, in der Hoffnung alles ginge schnell vorbei. Sie verstanden die genauen Hintergründe zwar nicht, doch setzten sie die Maßnahmen der Regierung widerspruchslos um und forderten dies auch von allen anderen ein. „Wir müssen uns alle daran halten" war deren Aussage, ohne erklären zu können warum eigentlich.

Einige Bürger wurden immer hysterischer, zwang- und wahnhafter. Auf diese Themen wird in diesem Kapitel noch genauer eingegangen. Wie bereits beschrieben, sind dies pathologische, dysfunktionale Versuche die Angst zu kontrollieren. Es bildete sich nahezu eine neue Corona-Religion heraus. Diese „Zeugen Covids" predigten eine Gefahr, welche es wissenschaftlich gesehen gar nicht gab. Sie verlangten fanatisch die Einhaltung der Regierungsmaßnahmen und waren gegen Lockerungen. In ihrem Wahn griffen sie andere Menschen sogar körperlich an. Der Widerspruch, dass sie dabei direkten Körperkontakt hatten, was ja die Gefahr einer möglichen Ansteckung erhöht, viel ihnen dabei gar nicht auf.

Eine andere Minderheit, welche sich mit dem Thema selbständig kritisch auseinandergesetzt hatte, begann gegen die Regierungsmaßnahmen öffentlich zu demonstrieren. Diese Minderheit bekam immer mehr Zulauf. Sie hatte sich entschlossen, ihr Schicksal in die eigenen Hände zu nehmen und die freiheitlich, demokratische Grundordnung der BRD einzufordern und zu verteidigen. Dies barg auch eine immer größere Gefahr von sozialen Unruhen, wie in Kapitel 6.3.4 „Risiko Sozialer Unfrieden" näher beschrieben wird. Insbesondere wenn diese kritischen, sich selbst informierenden Menschen auf die „Zeugen Covids" trafen.

5.2.5.5 Weitere Theorien zur Angst

Unter Angst nimmt der Mensch die Welt auch anders wahr. Situationen werden als gefährlicher Eingeschätzt. Hierbei handelt es sich um kognitive Verzerrungen, welche in den Kapiteln 9 - 12 näher beschrieben werden.

Angst ist auch durch Aufmerksamkeitszuwendung zur Bedrohung gekennzeichnet, um Bedrohungen möglichst effektiv begegnen zu können. Hierbei spielen die Aufmerksamkeitsorientierung (rasche Lenkung der Aufmerksamkeit auf Bedrohungen) und die Bindung der Aufmerksamkeit an bedrohliche Reize eine Rolle.[154] Die damit zusammenhängende selektive Aufmerksamkeit wird in Kapitel 8 näher beschrieben.

5.2.6 Angst und Bewertung

Viele Ängste hängen mit falscher unbewusster Einschätzung des Risikos zusammen. Auch hierfür ist der Aufbau des menschlichen Gehirns verantwortlich. Evolutionsbiologisch wurden ständig neue Hirnstrukturen an ältere, noch funktionsfähige Gehirnteile angebaut. Das führt zu „Redundanzen, Ressourcenverschwendung, unnötiger Komplexität und manchmal zu konkurrierenden Lösungen für das gleiche Problem" (Buonomano 2012, S.19). Einfach ausgedrückt gibt es im Gehirn zwei sich ergänzende neuronale Schaltkreise, die für unser Verhalten und unsere Entscheidungen verantwortlich sind. Das automatische System arbeitet schnell, unbewusst und gefühlsbetont.

Reale Gefährdungen werden daher oft weniger gefürchtet als weniger reale. Weniger Menschen fürchten sich beispielsweise vor dem Straßenverkehr als vor dem Flugzeug. Weltweit verstarben bei einem Flugzeugunglück im Jahr 2019 240 Personen.[155] Alleine in Deutschland verstarben in demselben Zeitraum 3.059 Personen bei Unfällen im Straßenverkehr.[156]

Ausschlaggebend dafür, vor was wir Angst haben ist die Information, sprich die Medienberichterstattung. Über einen Flugzeugabsturz wird viel gesprochen, er wird in allen Medien einem breiten Publikum präsentiert. Ein Verkehrsunfall findet lediglich in regionalen Zeitungen wiederhall. Wir fürchten, was viel thematisiert wird (Christmann, 2015). Problematisch wird es, wenn die heutige Informationsflut in die falsche Richtung beeinflusst. *„Im Oktober 2014 gab es in allen relevanten Medien wieder einmal Horrormeldungen über das Abkühlen der Wirtschaft: der schlimmste Rückgang seit 2009. (...). Die Situation (war) in Deutschland recht stabil, die Arbeitslosenzahl sank sogar. Das Wirtschaftwachstum kletterte in Deutschland gegenüber dem Vorjahr von 0,4% auf 1,3% - eine Steigerung, die es viele Jahre nicht mehr gegeben hatte. Aber weil Experten eine noch höhere Steigerung auf 2,0% vorhergesagt hatten, kehrte sich die Betrachtung im Oktober 2014 ins Gegenteil um. Die Entwicklung war positiv, nur die Experten hatten sich getäuscht. Und die Meldungen darüber in der Medien erweckten einen bedrohlichen Eindruck."*
(Christmann, 2015, S. 11).

Während der Corona-Krise wurden über die Mainstream-Medien nahezu stündlich Horrormeldungen verbreitet. Immer mehr Menschen seien infiziert. Überall wären die Krankenhäuser überlastet, die Ärzte am Limit. Immer mehr Menschen wären am neuen Coronavirus verstorben. Es wurde nur noch über das neue Coronavirus gesprochen. Wir fürchten, was viel thematisiert wird (Christmann, 2015). Daher war es nicht verwunderlich, dass immer mehr Menschen Angst vor diesem Virus empfanden und das Risiko dementsprechend als sehr hoch einschätzten. Alle anderen Risiken in Verbindung mit Atemwegerkrankungen, Viren, Krankheit und Tod traten in den Hintergrund. Allerdings versterben beispielsweise am Influenzavirus weitaus mehr Menschen als am neuen Coronavirus. Vor dem Influenzavirus hat allerdings kaum jemand Angst.

An diesem versterben in Deutschland jährlich zwischen 7.000 bis 15.000 Menschen, während einer schweren Grippewelle sogar 25.000 - 30.000. Diese

Zahlen beruhen auf Schätzungen des RKI auf Grund der Übersterblichkeit in dieser Periode. Interessant ist die Grippewelle 2019 /2020. Diese endete laut RKI mit der 12. KW 2020, ungewöhnlich früh. Zeitgleich stieg die „Coronainfektion". Eine starke Übersterblichkeit gab es in Deutschland nicht. Soll das bedeuten, dass es in der Grippewelle 2019/20 kaum Grippetote gegeben haben soll? Schließlich können die knapp 9.000 „Coronatote" bis Ende Juni nicht doppelt gezählt werden. Die Situation in Deutschland glich insgesamt der einer moderaten Grippewelle. Es gab insgesamt weder mehr Atemwegerkrankte, noch mehr Tote, sondern weniger. Hätte man nicht auf das Coronavirus getestet, so wäre dieser gar nicht aufgefallen. Schließlich wurden die „Grippetoten" in der Vergangenheit auch nur geschätzt. Die gemeldeten Todesfälle mit Influenza-Infektion machen nämlich nur einen Bruchteil der Gesamtzahl aus. Der Rest wird geschätzt. Ob dieser Rest tatsächlich komplett am Influenzavirus oder etwas anderem gestorben ist, ist nicht sicher. Es wird auf Grund der Übersterblichkeit in dieser Zeit und den Symptomen der Patienten angenommen. Diese Symptome können aber auch andere Viren verursachen. Auf andere Viren wurde bisher aber nie explizit getestet. Die genaue Vorgehensweise kann den „Influenza-Monatsbericht(en)"[157] und den „Bericht(en) zur Epidemiologie der Influenza in Deutschland"[158] des RKI entnommen werden.

Weder in Europa, noch in Deutschland kam es auf Grund der „Corona-Pandemie" zu einer anderen Übersterblichkeit als in den Vergleichszeiträumen der Vorjahre (vgl. Kapitel 6.5.2 „Übersterblichkeit und COVID-19"). Für die anderen Länder müsste das auch noch überprüft werden. In Deutschland gab es sogar weniger Tote als in den Vergleichszeiträumen. Die „Coronatoten" können nicht doppelt gezählt werden und nun auch noch „Grippetote" sein. Dadurch wird der Wert für die „Grippetoten" so tief wie noch nie. Die logische Schlussfolgerung ist, dass die „Corona-Pandemie" nicht aufgefallen wäre, wenn diese nicht ausgerufen worden und speziell nach Coronaviren getestet worden wäre. Eine andere Erklärung ist, dass das Influenzavirus 2019 / 2020 fast keinen Einfluss hatte. Dann müsste aber eine wissenschaftliche Erklärung dafür gefunden werden, warum das so gewesen sein sollte, da dies jeder Erfahrung der letzten Jahrhunderte widersprechen würde. Als dogmatischer Glaubenssatz mag dies von den „Zeugen Covids" auch ohne wissenschaftliche Fundierung angenommen werden.

Wie mit Information in die falsche Richtung beeinflusst wurde, sehen wir uns exemplarisch an einem Artikel von ntv vom 12.04.2020 mit der Überschrift *„Wie Trump die Virus-Krise anheizte"*, an.[159] Nebenbei bemerkt, ist dies auch ein weiteres Beispiel für die operante Konditionierung. US-Präsident Trump ging in der Corona-Krise nämlich zunächst auch einen „Sonderweg".

Den Lesern des Artikels wurde eine Graphik präsentiert, mit welcher bewiesen werden sollte, dass die Zustände in den USA schlimmer seien als in allen anderen Ländern. Als Schuldiger wurde US-Präsident Trump ausgemacht, der „die Situation nicht ernst genommen hat". „Nicht ernst genommen" bedeutet, dass er nicht sofort freiheitsbeschränkende Maßnahmen für seine Bürger angeordnet hatte. Leider lag die Freigabe von ntv zur Nutzung dieser Graphik bis zum Drucktermin dieses Buches noch nicht vor. Daher soll Abbildung 18 einen Eindruck vom Original geben.

Abbildung 18:
Vergleichende Fallzahlen positiv Getesteter in absoluten Zahlen (12.04.2020)

Auf den ersten Blick ist die Graphik tatsächlich erdrückend, besonders für Laien. Doch betrachten wir sie mal genauer. Der Hinweis in der Originalgraphik im Zusammenhang mit der Anzahl der Infizierten *„Für Frankreich gibt es erst seit dem 3. April 2020 offizielle Angaben zur Zahl der genesenen Patienten."* ist verwirrend aber sehr wichtig. Dieser Hinweis deutet nämlich darauf hin, dass es sich zumindest für die Zahlen Frankreichs nicht um die Zahlen der „Infizierten", sondern um die Zahlen der „Erkrankten" handelt. Nur so macht der Rückgang am 03.04. Sinn. Diese Personen wurden wieder gesund, fielen also aus der Statistik heraus. Wenn wir uns die Zahlen der Infizierten aus Kapitel 4.2 als Vergleich heranziehen, welche ebenfalls vom 12.04.2020 stammen, wird offensichtlich, dass dies auch für die Angaben von Spanien und Italien gilt. Dann wäre aber die Überschrift falsch. Infizierte werden dann mit Erkrankten gleichgesetzt, was falsch ist, da nicht jeder Infizierte, sprich positiv Getesteter, auch krank wird. Dies ist ein gutes Beispiel dafür, wie während der Corona-Krise die Bevölkerung durch Vermischen von Begriffen verunsichert wurde.

Daher versteckt sich in dieser Graphik eine Manipulation. Für die USA wird nämlich die Anzahl der Infizierten angegeben, für die anderen Länder die Anzahl der Erkrankten. Es werden Äpfel mit Birnen verglichen. Die Anzahl der Infizierten in den anderen Ländern war nämlich höher (vgl. Kapitel 4.2). Dadurch wurde der Eindruck, dass es in den USA viel schlimmer sei, sowohl durch die reinen absoluten Fallzahlen, als auch graphisch, erhöht. Möglich, dass in den USA nahezu nur Erkrankte getestet wurden, anders als in den anderen Ländern, und diese Manipulation daher zufällig zustande gekommen ist. Dann hätte aber nach wissenschaftlichem Standard darauf hingewiesen werden müssen. Das hier gezeigte Verhalten der Verantwortlichen bei ntv kann mindestens als grob fahrlässig eigestuft werden.

Betrachten wir uns die Graphik trotz der Manipulation und die USA, um welche es in diesem Artikel geht, genauer. Ist aus dieser Graphik ablesbar, dass die USA zu diesem Zeitpunkt viel stärker betroffen waren, als die Länder China, Italien, Frankreich und Spanien? Auf den ersten Blick erscheint es so.

Die absoluten Zahlen deuten daraufhin. Auf das Problem der absoluten Zahlen wurde bereits in Kapitel 4.1 eingegangen. Die einzige Aussage, die möglich ist, ist, dass die USA mehr infizierte Personen hatte. Weder die Frage, wie diese Zahl zustande kam (wurde mehr getestet als in den anderen Ländern?), noch welche tatsächliche Aussagekraft diese Zahl hat, kann mit diesen Angaben beantwortet werden.

Um weitere Aussagen treffen zu können, muss man sich also die relativen Zahlen ansehen. Hierbei setze ich die angegebenen Zahlen der Infizierten, bzw. Erkrankten in Relation zur Grundgesamtheit, sprich zur Bevölkerungszahl der jeweiligen Länder. Als Basis für die Bevölkerungszahl wähle ich das statistische Bundesamt.[160] Der Datenstand ist August 2019. Die tatsächlichen aktuellen Bevölkerungszahlen dürften etwas höher sein. Dieses Vorgehen ist auf Grund der verschiedenen Zahlengrundlagen eigentlich falsch und aus methodischen Gründen widerstrebt mir dieses unwissenschaftliche Vorgehen. Trotzdem führe ich diesen Schritt durch, um herauszufinden, ob aus diesen ungleichen Zahlenangaben überhaupt eine Aussage in die gewünschte Richtung möglich ist. Grundsätzlich muss bei den ganzen Zahlenangaben geprüft werden, in wie weit diese tatsächlich vergleichbar sind. Nur wenn überall gleich häufig, nach denselben Vorgaben und mit denselben Testverfahren getestet wird, sind die Zahlen überhaupt vergleichbar.

Es ergibt sich aus den Zahlen von ntv:

Spanien: 86.656 / 46.724.000 = 0,19%
Italien: 102.253 / 60.431.000 = 0,17%
Frankreich: 53.824 / 66.987.000 = 0,08%
USA: 475.656 / 327.167.000 = 0,15%

Aus diesen Zahlen ist eindeutig zu sehen, dass die Situation in den USA bezüglich der Infektionsrate zu diesem Zeitpunkt nicht schlimmer war, als in den anderen im Text angegebenen Ländern. Aus diesen Zahlen kann höchstens eine ähnliche Situation abgeleitet werden. Nehmen wir aber wissenschaftlich korrekt die richtigen Zahlen als Grundlage her (vgl. Kapitel 4.2), so waren die USA zu diesem Zeitpunkt tatsächlich weniger stark betroffen als Spanien, Italien oder Frankreich. Also das genaue Gegenteil von dem, was die Journalisten vermitteln wollten, war tatsächlich der Fall!

Man kann ja sogar noch weiter argumentieren. Selbst diese Zahlen legen nämlich Nahe, dass die von Italien, Frankreich, Spanien und auch Deutschland durchgeführten Maßnahmen überhaupt keinen Effekt auf die Eindämmung des neuen Coronavirus hatten. Wenn nämlich die USA zunächst kaum etwas gemacht hatten, die Staaten Italien, Frankreich und Italien aber sehr früh und sehr gravierende, die bürgerlichen Freiheitsrechte einschränkende Maßnahmen durchführten, weswegen waren die Zahlen dann ähnlich?

Überhaupt muss auf Grund dieser Zahlen die Frage gestellt werden, in wie weit die von den Regierungen durchgeführten Zwangsmaßnahmen überhaupt verhältnismäßig waren. Nur ein Bruchteil eines Prozents der Bevölkerung war mit dem neuen Coronavirus infiziert, genauer gesagt, darauf positiv getestet worden. „Die Zahl der Infektionen während einer Grippewelle - nicht jeder Infizierte erkrankt - wird auf 5 bis 20 Prozent der Bevölkerung geschätzt, in Deutschland wären das 4 bis 16 Millionen Menschen." [161]

5.2.7 Wahn

„Wer wähnt, geht von irrigen Vermutungen aus, die er selbst in die Welt setzt oder die er ungeprüft von anderen übernimmt. Statt wahrzunehmen, was wahrnehmbar ist, entwirft der Wahnkranke Vorstellungsbilder, die er zur Realität erklärt." [162] Nicht jeder Wahn muss inhaltlich falsch sein. Ein Wahn ist die krankhaft entstandene Fehlbeurteilung der Realität. Ihm liegt ein realer Reiz zugrunde, der fehlinterpretiert wird. „Außerhalb der wahnhaften Reaktionen kann durchaus eine geordnet erscheinende Persönlichkeit bestehen bleiben (Affekt, Sprache und Verhalten erscheinen normal)." [163] Das heißt, dass ein Wahnkranker in seinem übrigen Denken durchaus folgerichtig urteilen kann. In Abhängigkeit vom lebensbestimmenden Inhalt des Wahns können Misstrauen, Verkennungen, Furcht, Depressivität, Reizbarkeit, Aggressivität und situationsbedingte Fehlhandlungen, die durch entsprechende Korrekturen, Vorhaltungen oder ausufernde Dispute nur noch verstärkt werden können, den Wahn begleiten.

Der Krankheitsgewinn eines Wahns liegt in der Illusion, Gewissheit zu haben. Wissen wird als Macht empfunden. Daher vermittelt auch das vermeintliche Wissen des Wahns ein Gefühl persönlicher Sicherheit. Unsicherheit und Angst sind also Risikofaktoren, die einen Wahn auslösen können. Umso weiter ein Wahn fortgeschritten ist, umso länger er dauert, desto schwieriger wird es für die betroffene Person diesen auch wieder abzulegen. „Je schwerer der Irrtum ist und je länger er behauptet wird, desto mehr Mut bräuchte der Kranke, sich den Irrtum einzugestehen und sich dadurch zusätzliche Verunsicherung zuzumuten." [164] Das ist das Problem. Unsicherheit und Angst lösten den Wahn wahrscheinlich aus. Der Wahn gibt Sicherheit. Wenn dieser nun abgelegt wird, entsteht ja wieder Unsicherheit und Angst. Das ist der Grund, weswegen ein Wahnkranker auf den Inhalten seines Wahns beharrt, ungeachtet der tatsächlichen Faktenlage der Realität. Der Wahninhalt ist durch kein Argument zu korrigieren und durch keinen vorgelegten Beweis zu widerlegen. Ein Wahn ist nicht auf schizophrene Psychosen beschränkt, sondern kann ein breites Spektrum seelischer, psychosozialer und körperlicher Beeinträchtigung abdecken.

5.2.7.1 Wahnhafte Störung (F22.0)

Die wahnhafte Störung ist den meisten Menschen besser unter dem Begriff „Paranoia" bekannt. Diese ist durch die Entwicklung eines einzelnen Wahns oder mehrerer aufeinander bezogener Wahninhalte, die im Allgemeinen lange, manchmal lebenslang, andauern, charakterisiert. Als häufige Verhaltensweisen werden Überempfindlichkeit, übertriebene Vorsicht, Verschlossenheit, Streitsucht, Feindseligkeit und/oder Humorlosigkeit bezeichnet.[165] Das macht den paranoiden Stil aus, die Paranoia. Charakterisiert wird sie durch eine wahnhafte Interpretations-Störung, bezüglich der subjektiven Wahrnehmung. Ferner durch Verzerrungen des Realitäts-Urteils und durch Auffälligkeiten des affektiven (Gemüts-) Erlebens.[166]

Ein häufiger Wahninhalt ist der Krankheitswahn oder hypochondrischer Wahn. Darunter versteht man die Überzeugung, unheilbar krank oder dem Siechtum oder Tode verfallen zu sein. Dieser Wahn ist entweder auf spezielle Krankheiten (z.B. Krebs) gerichtet oder existiert eher diffus.[167]

5.2.7.2 Induzierte wahnhafte Störung (F24)

Bei der induzierten wahnhaften Störung handelt sich um eine wahnhafte Störung, die von zwei Personen mit einer engen emotionalen Bindung geteilt wird. In der Regel steht die betroffene Person in einem emotional engen, möglicherweise auch abhängigen Verhältnis zur dominierenden Person. „Vielfach handelt es sich um nahestehende Angehörige, die so von der erkrankten Person beeinflusst werden, dass sie letztlich kritiklos den Wahn oder sogar das Wahnsystem teilen. Oft werden die Wahninhalte sogar noch weiter ausgebaut und die Betroffenen bestärken sich wechselseitig in ihrem Wahn."[168] Die betroffene Person übernimmt einen Wahn einer anderen Person, die unter diesem Wahn leidet. Es kann auch vorkommen, dass ein gemeinsamer Wahn mehr als zwei Leute umfasst.[169]

5.2.7.3 Massenwahn, Kollektiver Wahn

„Der Irrsinn ist bei Einzelnen etwas Seltenes, — aber bei Gruppen, Parteien, Völkern, Zeiten die Regel." (Friedrich Nietzsche).

„Wenn wir von ‚Zeitströmung', ‚herrschender Meinung', ‚allgemeiner Ansicht' sprechen, wenn wir Aussagen machen oder hören, die mit ‚bekanntlich' beginnen oder die ‚man sagt', so betreten wir damit schon den Herrschaftsbereich des Massenwahns, das heißt einer Denkweise, die sich vom Schlüsse ziehen des einzelnen, selbstständigen Kopfes wesentlich unterscheidet." (Baschwitz, 1923, S.1)

Wie bereits erklärt, basiert ein Wahn auf einer irrigen Vermutung, Vorstellungsbilder werden zur Realität erklärt, auf einer Fehlbeurteilung der Realität. Von einem kollektiven Wahn ist die Rede, wenn der Wahninhalt von einer Menge an Personen bis hin zu ganzen Völkern als Realität angesehen wird. Solche kollektive Wahnzustände waren in der Menschheitsgeschichte immer mit Leid und / oder Tod verbunden. Einige Massenwahne dauerten mehrere Jahrhunderte an.

Die Christenverfolgungen im Römischen Reich in den ersten drei Jahrhunderten basierten zum Einen auf der Weigerung der Christen den Kaiserkult zu leisten, sowie den römischen Göttern Opfer darzubringen. Wie Opposition ein System bedroht, wird in den Kapiteln 14 „Konformität – Das Asch-Experiment" und 17 „Gehorsamsbereitschaft – Das Milgram-Experiment" beschrieben. Zum Anderen beruhten die Verfolgungen auf verschiedene Massenwahne. Die erste organisierte Verhaftung von Christen unternahm Kaiser Nero im Jahre 64 in Rom. Der Kaiser geriet unter Verdacht, das Feuer in Rom selbst gelegt zu haben. Um diese Gerüchte im Keim zu ersticken, erklärte er die Christen zu Urhebern der Katastrophe und setzte diese irrige Annahme, in diesem Fall eine bewusste Lüge, selber in die Welt. Die römischen Bürger übernahmen diesen Wahninhalt ungeprüft. Auf Grund der Verfolgungen durch die Staatsmacht, waren die Christen gezwungen, sich im Geheimen zu treffen.

„Dies weckte Argwohn bei der Bevölkerung. Mit der Zeit wurden daraus wilde Gerüchte über schändliche Rituale und Orgien sowie abscheuliche Verbrechen, die die Christen da angeblich im Verborgenen verüben. Die Christiani, so die irrige Annahme, treiben Zauberei, töten Kinder und planen den Umsturz der staatlichen Ordnung." [170] Denunziationen und Ermordungen der Christen waren die Folge. Ein anderer Wahninhalt war der des Kaisers Dioletian (284-305 n. Chr.). Hintergrund der Verfolgungen war die Angst vor der Schwächung des römischen Heeres durch Christen, die den Soldatendienst verweigerten. [171] Gallerius erwirkte erst 311 n. Chr. ein Toleranzedikt. Die Christenverfolgung sollte aufhören. Kaiser Konstantin gewährte dem Christentum 313 mit dem Mailänder Edikt Religionsfreiheit. Im Jahr 380 wurde es zur Staatsreligion.

Die Kreuzzüge zwischen 1095 und 1223 wurden von der irrigen Annahme geleitet, dass es Gottes Wille sei, Jerusalem auch durch das Ermorden der „Ungläubigen" christlich zu machen. Die katholische Kirche bekehrte auch die Völker Europas „mit Flamme und Schwert". Dies steht allerdings komplett im Gegensatz zur christlichen Lehre.

Die Hexenprozesse vom 13. bis zum 18. Jahrhundert hatten ihren Grund in der irrigen Annahme, dass diese „Hexen" für alles Unheil (schlechte Ernten, schlechtes Wetter, Krankheiten usw.) verantwortlich seien.

In allen Hauptstädten Europas schrien 1914 die patriotisch aufgewallten Massen nach Krieg, in der irrigen Annahme, dass dieser Wohlstand und Frieden für sie bringen würde.

In der irrigen Annahme, dass ein außerirdisches UFO sie in ein Paradies bringen würde, begingen im März 1997 39 Mitglieder der Sekte „Heaven's Gate" Selbstmord.

In der irrigen Annahme, die NATO würde eine humanitär Katastrophe im Kosovo abwenden, unterstütze der Großteil der deutschen Bevölkerung den Angriffskrieg gegen Serbien. Dieser Wahninhalt wurde von der NATO selber in die Welt gesetzt und fand ihren Höhepunkt in der Lüge, Serbien hätte im Norden von Prishtina ein Konzentrationslager eingerichtet. [172] Allerdings: „Die "humanitäre Katastrophe", der Grund für die deutsche Beteiligung am Krieg, findet sich also in den internen Berichten der deutschen Regierung nicht wieder." [173] Die humanitäre Katastrophe begann erst nach Kriegsbeginn durch den Angriff der NATO. Wie argumentierte der damalige Bundesverteidigungsminister Rudolf Scharping ob dieser Tatsache aber? *„Mich elektrisiert ein Hinweis, dass offenbar Beweise dafür vorliegen, dass das jugoslawische Vorgehen einem seit langem feststehenden Operationsplan folgt."* [174] Also hat Jugoslawien nur darauf gewartet, dass die NATO zu bombardieren anfängt, damit eine humanitäre Katastrophe ausbricht? Der Wahninhalt ist durch kein Argument zu korrigieren und durch keinen vorgelegten Beweis zu widerlegen. Pikant ist dabei, dass der „Hufeisenplan", auf den sich Scharping berufen hatte, gar nicht in Belgrad, sondern in Bonn geschrieben wurde.

Auch der Irakkrieg 2003 basierte auf einer Lüge. Dennoch glaubte die Mehrheit der US-Bevölkerung, dass der Irak Massenvernichtungswaffen hätte, obwohl Beweise dagegen sprachen. Wieder ein Krieg, unterstützt durch eine irrige Annahme.

Auch die Corona-Krise 2020 ist ein Beispiel eines Massenwahnes. Millionen von Menschen weltweit glaubten an die theoretischen Modelle eines außerordentlich gefährlichen Virus, an dem außergewöhnlich viele Menschen erkranken und sterben würden. Im Laufe der Wochen und Monate wurden immer mehr Daten gesammelt, welche diesen Wahninhalt widerlegten (vgl. Kapitel 4 und 6). Allerdings verbreiteten die Mainstream-Medien, unter Zuhilfenahme von Manipulationen, sowie die verantwortlichen Politiker diesen Wahninhalt immer weiter. Hierbei ist die Fragestellung interessant, ob diese auch unter dem Massenwahn litten oder bewusst falsch informierten. Ein großer Teil der Bevölkerung hielt im Sinne des Krankheitsgewinns an diesem Wahn fest.

5.2.8 Hysterie

Für „Hysterie" gibt es keine einheitliche Definition. Daher werden verschiedene Aspekte dieses Begriffes etwas beleuchtet.

5.2.8.1 Psychoanalytisches Verständnis

Eine unsichere, undurchschaubare und unberechenbare Situation führt zum Gefühl der Angst. Hat der Mensch keinen direkten Einfluss auf diese Situation, folgt das Gefühl ohnmächtig zu sein. Es wird auf primitive Abwehrmechanismen zurückgegriffen. Flucht, Verleugnung, oder hysterische Übertreibung, als wenn er dadurch die Gefahr bannen könnte. Das entspricht dem magischen Denken eines Kindes. Hysterie verstärkt die Angst wiederrum.[175]

Während der Corona-Krise konnte der Abwehrmechanismus der hysterischen Übertreibung gut beobachtet werden. Politiker sprachen von einem „Kriegszustand". Massivste Maßnahmen wurden durchgeführt. Immer mehr Bürger tätigten Hamsterkäufe, trugen Mundschutz und sogar Gummihandschuhe, ja sogar Tauchermasken. In ihrem Wahn beschädigten einige Menschen Fahrzeuge mit Nummernschildern aus Kreisen, in welchen ein „Coronavirus-Ausbruch" stattgefunden hatte. Als ob dadurch die Gefahr gebannt werden könnte…

5.2.8.2 Hysterische Persönlichkeitsstruktur

Zur hysterischen Persönlichkeitsstruktur gehören narzisstische (übersteigertes Bedürfnis nach Bewunderung), egozentrische (ichbezogene) und geltungsbedürftige Einstellungen mit überzogener Selbst-Darstellung und einem infantilen (kindlichen) Bedürfnis nach ständiger Anerkennung.[176]

Während der Corona-Krise konnten sich die Politiker für ihr Auftreten und konsequentes Handeln bewundern lassen. In theatralischen Fernsehansprachen machten sie stets auf den Ernst der Lage aufmerksam und darauf, dass sie alles unternehmen würden, um ihr Volk vor der „großen Gefahr" zu schützen. Das tägliche Lob der Mainstream-Medien für ein schnelles, „richtiges" Handeln blieb nicht aus. Regierungen, welche anders handelten wurden dagegen offen angefeindet.

Auch Einzelpersonen konnten geltungsbedürftig zeigen, welche braven und treuen Bürger sie doch wären. Dem Aufruf des baden-württembergischen CDU-Innenminister Thomas Strobl, sich gegenseitig zu überwachen und Verstöße gegen die Corona-Rechtsverordnung oder den Verdacht auf Verstöße und Beobachtungen bei der Polizei zu melden[177], gingen einige gerne und eifrig nach. Das Zurechtweisen anderer Personen, welche sich angeblich nicht so ganz an die Regeln hielten, war eine andere Form sich wichtig fühlen zu können. Das theatralische Tragen von Mundschutz, alleine im Auto fahrend oder der keimschleudernden Gummihandschuhe sind auch hiermit erklärbar. Bei unsachgemäßem Gebrauch können Masken aber gefährlich werden. Weltärztepräsident Frank Ulrich Montgomery kritisierte die am 27.04.2020 bundesweit eingeführte Maskenpflicht. „Im Stoff konzentriere sich ein Virus, beim Abnehmen berühre man die Gesichtshaut, schneller könne man sich kaum infizieren." [178] Die Anerkennung durch Leitmedien und Politiker war aber in all diesen Fällen gewährleistet.

5.2.8.3 Histrionische Persönlichkeitsstörung (F60.4)

Nach der ICD-10-Klassifikation psychischer Störungen gehören u.a. folgende Eigenschaften oder Verhaltensweisen zum Störungsbild
(vier müssen erfüllt sein):

1. dramatische Selbstdarstellung, theatralisches Auftreten oder übertriebener Ausdruck von Gefühlen

2. Suggestibilität, leichte Beeinflussbarkeit durch andere Personen oder durch äußere Umstände

3. oberflächliche, labile Affekte

4. ständige Suche nach aufregenden Erlebnissen und Aktivitäten, in denen die betreffende Person im Mittelpunkt der Aufmerksamkeit steht

Hier nur einige ergänzende Anmerkungen zu dem bereits zur hysterischen Persönlichkeitsstruktur Ausgeführten.

Besonders über youtube konnten sich viele Selbstdarsteller in Szene setzen und in dramatischen Botschaften ihre Gefühle übertrieben zum Ausdruck bringen. „Hilferuf aus Corona-Quarantäne", „Tränen-Appell an Deutschland" usw. Die Suggestibilität und leichte Beeinflussbarkeit durch andere Personen und durch die äußeren Umstände waren gegeben. Politiker glaubten den katastrophierenden Warnungen und theoretischen Modellen der WHO und einigen wenigen, ausgewählten „Experten". Die Bürger glaubten diesen, sowie den angstschürenden Medien ebenfalls. Dass die Medien hierbei bewusst manipulativ agierten ist in den vorhergegangenen Kapiteln bereits eingehend nachgewiesen worden und wird in weiteren Kapiteln untermauert. Politiker und „Experten" liebten das Rampenlicht der Medien. Und wo konnte eine Person besser im Mittelpunkt der Aufmerksamkeit stehen, wenn nicht beim Zurechtweisen anderer Personen im Supermarkt?

5.2.8.4 Hysterische Neurose, Angsthysterie

In der ICD-10-Klassifikation psychischer Störungen gibt es den Begriff „hysterische Neurose", den es noch im ICD-9 (300.1) gab, nicht mehr. Diese Störung wird im ICD-10 in verschiedene Störungsbilder aufgeteilt.

Die Dissoziativen Störungen (Konversionsstörungen) (F44) sind durch einen teilweisen oder völligen Verlust der normalen Integration der Erinnerung an die Vergangenheit, des Identitätsbewusstseins, der Wahrnehmung unmittelbarer Empfindungen sowie der Kontrolle von Körperbewegungen verbunden. Diese Störungen werden als ursächlich psychogen (psychisch verursacht) betrachtet und stehen in enger zeitlicher Verbindung mit traumatisierenden Ereignissen, unlösbaren oder unerträglichen Konflikten oder gestörten Beziehungen.

Auch die somatoformen Störungen (F45), außer die hypochondrische Störung (F45.2), waren der hysterischen Neurose zugeordnet. Hierbei werden körperliche Symptome wiederholt dargeboten. Gleichzeitig bestehen hartnäckige Forderungen nach medizinischen Untersuchungen trotz wiederholter negativer Ergebnisse und Versicherung der Ärzte, dass die Symptome nicht körperlich begründbar sind.

Auch die bereits beschriebene histrionische Persönlichkeitsstörung (F60.4) zählte zur hysterischen Neurose.

In der ICD-10-Klassifikation psychischer Störungen wird der Begriff „Angsthysterie" als sonstige spezifische Angststörungen (F41.8) geführt. Interessant hierbei ist, dass die Begriffe „Angst" und „Hysterie" zusammen vorkamen. Wie bereits beschrieben, kann Angst nämlich zu Hysterie führen.

5.2.8.5 Massenpanik - Massenhysterie

Die Begriffe „Massenpanik" und „Massenhysterie" werden oft synonym verwendet, was allerdingst nicht ganz richtig ist. Beide Phänomene basieren auf Angst, welche die Massen ergreift. Verantwortlich für das Entstehen einer Massenpanik, bzw. Massenhysterie sind die im Kapitel 5.2.5.2 „Angst durch Beobachtung" beschriebenen Spiegelneuronen.

Massenpanik

Streng genommen ist der Begriff „Panik" nicht ganz zutreffend. Das wesentliche Kennzeichen der Panik ist nach ICD-10 zwar wiederkehrende, schwere Angstattacken, diese beschränken sich aber nicht auf eine spezifische Situation oder besondere Umstände. Oft entsteht sekundär auch die Furcht zu sterben, vor Kontrollverlust oder die Angst, wahnsinnig zu werden. Charakteristisch sind häufig ziellose Fluchtreaktionen.[179]

Meistens wird der Begriff Massenpanik benutzt, um ein Unglück mit einer großen Zahl von Beteiligten auf engem Raum zu bezeichnen. Die Ursache einer Massenpanik können entweder echte oder aber vermeintlich bedrohliche äußere Umstände oder das Verhalten einzelner Menschen innerhalb einer Menschenmasse sein. Echte bedrohliche Umstände sind beispielsweise ein Brand oder ein Amoklauf.

Als Beispiel einer Massenpanik, die durch vermeintlich bedrohliche äußere Umstände hervorgerufen wurde, wird gerne das Radiohörspiel „Krieg der Welten" vom 30.10.1938 in den USA genannt. Die Radiosender des CBS-Netzwerks unterbrachen das Programm plötzlich für eine Eilmeldung. „Auf dem Planeten Mars habe es Explosionen gegeben, Gaswolken bewegten sich auf die Erde zu. Dann wieder Tanzmusik. Wenig später die nächste Eilmeldung: Sonderbares Flugobjekt in New Jersey gesichtet. Und wieder Musik. Kurz danach berichtet ein Reporter live, wie ein Außerirdischer seiner Kapsel entsteigt und mit einem Feuerstrahl alles umnietet. Fliehende Menschen, Schreie, und … Ende der Übertragung." [180] Ob es daraufhin tatsächlich zu einer Massenpanik kam oder nicht, ist heute umstritten. „Neuere Forschungen haben aber ergeben, dass die Panik längst nicht so verbreitet war wie in vielen Zeitungen damals dargestellt." [181] „Inzwischen weiß man, dass das auf CBS gesendete Hörspiel des damals erst 23-jährigen Orson Welles überhaupt nur von einer Minderheit gehört wurde. Vor allem eine beim Konkurrenzsender NBC laufende populäre Comedy-Sendung reduzierte das potenzielle Publikum der Fake-Reportage von der Mars-Invasion." [182] Die Redakteure der Zeitungen produzierten demnach in den folgenden Tagen "fake news"! Nach A. Brad Schwartz, Geschichtsforscher an der Princeton University, mussten die Zeitungen im Wettkampf um Leser und insbesondere gegen die Konkurrenz des jungen Mediums Radio sich mit reißerischen Meldungen überbieten (Schwartz, 2015).

Die Loveparade 2010 in Duisburg mit mehr als 600 Verletzten und 21 Toten ist ein Beispiel dafür, wie das Verhalten zunächst einzelner Menschen innerhalb einer Menschenmasse zu einer Massenpanik werden kann.[183] Wenn eine Person panisch reagiert, weil sie sich bedroht fühlt, kann sie durch ihr Verhalten andere Menschen anstecken, die dann ebenfalls panisch reagieren.

Massenpanik und Massenhysterie kann auch bewusst und gewollt ausgelöst werden. Ein Beispiel sind die Milzbrandinfektionen in den USA, die durchaus und offensichtlich vom Täter gewollt eine Massenpanik auslösten. Der Guardian berichtete 2002 über epidemieartig sich ausbreitende Hautausschläge in mehr als zwei Dutzend Grundschulen der USA. Die Hautausschläge traten zu Dutzenden innerhalb von Stunden auf, verschwanden beim Verlassen der Schule, um dann bei Wiederbetreten wieder aufzutreten. Ein Auslöser soll das „Geschenk" von Koranbüchern durch reiche Saudis an amerikanische Schulen nach dem 11. September in Zeiten der Milzbrandangst gewesen sein. Die Serie begann am Tag der ersten Berichterstattung über die Milzbrandfälle. Entgegen aller Aufklärung schürten lokale Zeitungen und Fernsehsender die Panik mit Berichten über den „mystery rash".

Nicht das neue Coronavirus, sondern die überzogenen Maßnahmen der Regierungen führten während der Corona-Krise zu Verhaltensweisen, die auf einer Massenpanik basierten. In Süditalien kam es zu Plünderungen und zum Aufruf zur Revolution.[184] Daraufhin wurde mit verstärkter Polizeipräsenz die Situation gewaltsam wieder unter Kontrolle gebracht. Hintergrund war die reine Existenzangst vieler Bürger Italiens. Ohne Einkommen hatten viele Familien kein Geld mehr für das Nötigste.

Auch in Deutschland waren mildere Formen zu sehen. Hamsterkäufe, Schlägereien um Toilettenpapier in Supermärkten. Auch hier war nicht die Angst vor dem neuen Coronavirus ausschlaggebend, sondern die Angst, dass die Versorgung nicht mehr gewährleistet sein könnte. Diese Angst basierte auf den Maßnahmen der Regierung.

Massenhysterie

Massenhysterie sind die hysterischen Abwehrmechanismen der Masse auf massenhaft verbreitete Angst. Die ständige Präsenz des Themas kann das Risiko einer Massenhysterie erhöhen.

Die Hexenprozesse vom 13. bis zum 18. Jahrhundert mit bis zu 60.000 Opfern[185] im frühneuzeitlichen Europa sind ein Beispiel dafür. Die geschürte und sich ausbreitende Angst vor Zauberei als Ursache von Krankheiten, Beschwerden jeder Art, Elend und Not in schwieriger Zeit war die Ursache dieser Massenhysterie. Diese Angst basierte auf dem bereits beschriebenen Massenwahn. In hysterischer Übertreibung wurde denunziert, gefoltert und gemordet. Dabei glaubten die Menschen, dass sie damit der Seele der Hexe etwas Gutes tun würden und hatten gleichzeitig den frommen Wunsch damit das Übel auszurotten.

Auch ein Ausbruch von plötzlich massenhaft auftretenden psychogenen Krankheiten oder Symptomen kann massenhysterisch bedingt sein. In Japan wurden Ende 1997 bei Kindern epileptische Anfälle durch den Zeichentrickfilm „Pocket Monster" ausgelöst. (Takada H. et al, 1999). Nur bei einem zu vernachlässigenden Prozentsatz lagen tatsächliche medizinische Probleme vor. Die bei weitem überwiegende Zahl der Kinder war nach den Ergebnissen der Nachuntersuchungen Opfer einer Massenhysterie, die durch die Sensations-Berichte in den Medien angeheizt worden war. Dissoziative Krampfanfälle (F44.5) ähneln nämlich bezüglich ihrer Bewegungen epileptischen Anfällen.

Dass auch lediglich Gerüchte zu massenhaften hysterischen Symptomen führen können, zeigten Wong et al. (1982). In Hong Kong erkrankten 1982 insgesamt 413 Schüler an Symptomen eines angeblichen Giftgases, das gleichzeitig zwei verschiedene geografische Standorte betraf und die Bewohner der Nachbarschaft nicht beeinflusste. Die Symptome waren hauptsächlich subjektiv und fast alle wurden am selben Tag aus dem Krankenhaus entlassen. Mit großem Untersuchungsaufwand wurde eine reale Vergiftung ausgeschlossen, die Symptome waren psychologischer Natur. Die Epidemie war eingeleitet worden nachdem das Gerücht aufgekommen war, dass eine Bedrohung mit Giftgas an einer anderen Schule stattgefunden habe. Das hatten die Lehrer mit ihren Schülern besprochen. Die weitere Ausbreitung geschah wohl ausschließlich unter den Schülern. Peer-Einflüsse waren wichtiger als die eigenen früheren Erfahrungen eines Individuums.

Massenhysterien haben häufig ihr Thema in Gesundheitsbefürchtungen, weil Ängste vor Krankheit allgemein weit verbreitet sind. Noyes et al (2000) zeigten, dass Ängste vor Krankheit und medizinischer Versorgung in der Allgemeinbevölkerung weit verbreitet sind. Insbesondere ein niedrigerer sozioökonomischer Status (geringes Einkommen und geringe Bildung) sowie Erfahrungen mit Krankheiten sind mit diesen Ängsten verbunden.

„Nachrichten im Fernsehen oder Zeitungen entwickeln oft ein Eigenleben, und verursachen große Wellen von Medieninteresse für eine bestimmte Story oder ein Thema. Im Englischen wird dafür oft der Terminus 'media-hype' verwendet." [186] In wie weit Berichte und Medienaufmerksamkeit ansteckend sind, zeigten Frueh et al (2005). Nicht traumatisierte Soldaten wurden zu Traumaopfern. Eine bedeutende Anzahl behandlungssuchender Veterans-Affairs-Patienten bezüglich Posttraumatischer Belastungsstörung (PTBS) konnte ihre Kampfbeteiligung in Vietnam falsch darstellen. Nur 41% der Vietnamveteranen die über Belastungsstörungen durch den Kriegseinsatz berichteten hatten nach einem Vergleich mit den Militärakten einen in der Diagnostik berichteten Gefechtseinsatz hinter sich, in dem sich die Traumen ereignet haben könnten. „In unserer modernen Zeit fühlen sich sehr viele Menschen durch eine Vielzahl unsichtbarer Risiken bedroht, die sie nur aus ihrem Wissen aus Zeitungen, Fernsehen, und Internet kennen. Sie haben damit alle nur ein soziales Konstrukt dieser Risiken, das von der Art der Gefahr her, und vom Ausmaß her in Medien fast beliebig manipulierbar ist. Verschleierung wie Dramatisierung sind für den Laien kaum beurteilbar".[187]

In der heutigen Zeit spielen die sozialen Medien eine immer wichtigere Rolle. Insbesondere bei den jüngeren Generationen lösen sie die traditionellen Medien bezüglich Informieren und Meinungsbildung ab.[188]. Wie in diesem Kapitel bereits beschrieben, reichen bereits Gerüchte aus, um eine Massenhysterie hervorzurufen. Die verstärkenden Effekte der traditionellen Medien haben natürlich auch bei den sozialen Medien Gültigkeit. Zusätzlich kommt der sogenannte „Freakout" hinzu. „Zum Freakout kommt es, wenn ein Mensch sich dem anschwellenden Beschwören größter Gefahren durch eine Gruppe nicht rechtzeitig entziehen kann oder will." [189] Wie beim Prinzip der „Stillen Post" wird eine kleine Aussage einer Person durch die anderen immer mehr aufgebauscht, bis aus „einer Mücke, ein Elefant" geworden ist. Im Kern steht das Gefühl, einer Gefahr ausgeliefert zu sein, deren Größe sich daran bemisst, wie laut man sie beschreit. „Die Verzweiflung der Betroffenen nimmt in dem Maße zu, in dem sie

Meldungen lesen, die neue Dimensionen der Gefahr beschwören. Ob die stimmen, ist erst mal egal. Dazu kommt das Gefühl, erfolglos zu sein: Wuttwittern gegen Trump hat vor der Präsidentenwahl nicht geholfen, es hat nach der Wahl nicht geholfen, ihn zu mäßigen, und es hilft immer noch nicht. Aber sie machen weiter, um halt irgendwas zu tun. Millionen Leute, die sich gestresst fühlen, bauen zusammen eine riesige Stresserzeugungsmaschine." [190] Stress allerdings verstärkt eine bereits vorhandene Angst.

Während der Corona-Krise kam es zu einer Massenhysterie, das Thema war „Gesundheitsbefürchtungen". Hysterische Übertreibungen waren beispielsweise das Anzeigen von Personen, welche sich nicht an die Corona-Regeln hielten. Auch das Zurechtweisen dieser Personen in Supermärkten oder während Spaziergängen, sowie das Beschädigen von Fahrzeugen gehörten dazu. Die meisten dieser Personen waren tatsächlich im Glauben etwas Gutes zu tun und das Übel auszurotten. Sie wollten dabei ja nur helfen und „Verantwortung übernehmen". „In der panischen Affektlage des momentanen Diskurses heizen die Katastrophenszenarien die gesellschaftliche Stimmung in einer Weise auf, dass fast alle Maßnahmen unkritisch akzeptiert (und teils sogar eingefordert) werden." [191]

Das massenhafte Überrennen von Corona-Teststationen und Krankenhäusern von Personen, welche keine oder keine organisch, bzw. viral bedingten Symptome hatten, gab es in ganz Deutschland. Viele hatten Symptome an sich bemerkt, die allerdings hysterisch, in diesem Fall Massenhysterisch bedingt waren. Atembeschwerden - Corona, Mundtrockenheit - Corona, Schwächegefühle - Corona. Allerdings sind das typische Symptome, die bei Angst auftreten. Kaum wurde berichtet, dass ein mögliches Symptom des neuen Coronavirus der Verlust des Geschmacks- und Geruchssinn sei, berichteten mehr Menschen, dass sie nichts mehr schmecken oder riechen könnten. Allerdings gab es hierfür weder eine organische, noch eine virale Ursache. Das war hysterisch bedingt.

Eine sehr große Rolle spielten die Mainstream-Medien, welche gleichgeschaltet über fast nichts anderes berichteten als über Corona. Mit sich immer mehr überbietenden „Berichten" von immer katastrophaleren Zuständen wurde dramatisierend ein 'media-hype' ausgelöst.

Auch in den sozialen Medien schlug sich die Corona-Krise nieder. Zum Einen gab es hitzige und beleidigende Diskussionen über die Gefährlichkeit des Virus selber. Weiter waren die Maßnahmen der Regierungen ständiges Diskussionsthema. Hinzu kamen verschiedenste Theorien und Verschwörungstheorien, welche im Zusammenhang mit der Corona-Krise standen. Vom Ursprung des Virus selber, bis zu möglichen sonstigen Ziele von wem auch immer, die verschleiert werden sollen. Der Phantasie war kaum eine Grenze gesetzt. Der „Freakout" ist in jeder dieser Diskussionen erkennbar. Welche Folgen dieser genau hatte, ist erst später abschätzbar. Verzweiflung und das Gefühl erfolglos zu sein, sind typische Gefühle, die eine Depression wahrscheinlicher machen. Es ist interessant, in wie weit ein Anstieg von depressiven Störungen und Angststörungen während, aber besonders nach der Corona-Krise messbar vorhanden sein wird. Auch die Suizidrate ist in diesem Zusammenhang von Interesse. Das sind Störungen, welche beträchtliche Folgen für die Unternehmen und die Volkswirtschaft haben. Ein wichtiger Auslöser für psychische Erkrankungen ist Stress. „Zu den häufigsten Krankheitsbildern zählen Angststörungen, Depressionen und Störungen durch Alkohol- oder Medikamentengebrauch." [192] Allerdings liegen Suchterkrankungen oft Angststörungen oder Depressionen zu Grunde. Um den Problemen der Welt zu entfliehen, flieht man in eine substanzinduzierte Scheinwelt. Medikamentenmissbrauch beruht auch oft auf einer vorhergehenden reinen medikamentösen Behandlung von Angststörungen oder Depressionen. Beispielsweise werden die hoch abhängig machenden Benzodiazepine, auch Tranquilizer genannt, gerne bei Angststörungen verschrieben. Unter dem Markennamen „Valium" dürften das die Meisten besser kennen. Mehr zu diesen Themen im Kapitel 6.3 „Risikowahrnehmung".

5.2.9 Angst als gesellschaftliches Phänomen

„In Befragungen wird deutlich, dass wir im „Zeitalter der Angst" leben. In Untersuchungen über die Angstmotive der Deutschen hat das Meinungsforschungsinstitut Emnid festgestellt, dass die Ängste von Jahr zu Jahr zunehmen." [193] Die Angst vor "Überforderung des Staates durch Flüchtlinge" (56%), "Spannungen durch Zuzug von Ausländern" (55%) und "Gefährlichere Welt durch Trump-Politik" (55%) führten die Angst-Hitliste 2019 der R+V-Panelstudie an.[194] Die Inhalte der Ängste verändern sich von Jahr zu Jahr und es sind alles „Ängste der Zeit". Sehr gut ist das an der Angst-Hitliste seit 2005 zu sehen, wo sich erst die wirtschaftlichen Ängste mit den Ängsten vor den Folgen der Finanzkrise an der Spitze abwechselten, denen dann Ängste vor dem Terrorismus und vor Trumps Politik folgten. Das ist ein Hinweis darauf, wie mediale Berichterstattung über Ängste und Angstmachen funktioniert. Dieser ständige Wechsel der Angstinhalte nennt der britische Risikoforscher Bill Durodié "Rolling fear".[195]

Angst wirkt immer persönlich und gesellschaftlich, lokal und global zugleich. Ein besonderes Phänomen ist, dass Befürchtungen und Ängste gruppenbildend wirksam sind. Sie sind die entscheidende Motivation, um sich zusammenzufinden.[196] Nach Bude (2014) ist Angst das Prinzip, das absolut gilt, wenn alle Prinzipien relativ geworden sind. Wie dieses Phänomen zur Lenkung von Massen eingesetzt werden kann, wird unter Anderem in den Kapiteln 14 „Konformität – Das Asch-Experiment" und 17 „Gehorsamsbereitschaft – Das Milgram-Experiment" näher beschrieben.

Ängste haben oft einen konkreten Anlass, die Reaktion ist aber, wie bereits beschrieben, meist übertrieben bis irrational. Oft verselbständigt sich die Besorgnis und wendet sich immer neuen Schrecken zu, es kommt zu „Angstwellen". Diese schaukeln sich hoch und erfassen immer mehr Menschen. Der Eindruck entsteht, dass alle nur noch über das eine reden würden. Bei

Angst als soziales Phänomen dürfte die bereits beschriebene Angst durch Beobachtung (Kapitel 5.2.5.2) eine entscheidende Rolle spielen.

Prof. em. Dr. Jakob Tanner, Sozialhistoriker der Universität Zürich, meint zu kollektiven Ängsten: *„In allen Fällen von kollektiven Ängsten, die ich kenne, ist politische Macht im Spiel. (…) Das war bei der Massenhysterie im Ersten Weltkrieg so und auch bei der Angst vor der Atombombe im Kalten Krieg."* Immer gehe es auch um die Instrumentalisierung von Gefühlen und damit um Herrschaftsausübung. Wer Angst hat, muckt nicht so schnell auf und unterstützt die Politiker, die versprechen, das Problem zu lösen.[197]

Während der Corona-Krise war, wie bereits nachgewiesen, eine Massenhysterie gegeben. Die neue Angst war das neue Coronavirus. In den Mainstream-Medien wurde stündlich darüber berichtet, Menschen bekamen Angst. Diese Angstwelle erfasste immer mehr Menschen und es wurde überall fast nur noch über dieses Virus und die Krankheit gesprochen. Auch war diese Angst gruppenbildend. Es bildeten sich schnell zwei Lager aus. Diejenigen, welche den Medien und Politikern alles glaubten und diejenigen, welche die Informationen kritisch hinterfragten. Zwischen diesen beiden Gruppen kam es rasch bis zur offenen Feindschaft. Ganz offensichtlich waren auch politische Motive hinter der Corona-Hysterie gegeben. Es wurde über keine anderen Themen und Probleme mehr gesprochen, obwohl diese nicht verschwunden waren. Ukrainekonflikt, Syrienkrieg, Umwelt, Flüchtlingskrise usw. Die Regierungsparteien, welche in Umfragetiefs gehangen hatten, bekamen neuen Aufwind. Angstgefühle wurden von den Mainstream-Medien und den Regierungen bewusst geschürt. Innerhalb weniger Tage wurden den Bürgern sämtliche Grundrechte genommen. Die Bevölkerung hatte Angst und muckte nicht auf. Sie unterstützte die Politiker, die versprachen, das Problem zu lösen.

6. Risikowahrnehmung und Risikoeinschätzung

6.1 Wahrnehmung

6.1.1 Definition

Wahrnehmung kann definiert werden als ein komplexer Prozess der Informationsgewinnung durch die Verarbeitung von Reizen. Die Wahrnehmung kommt zustande, indem unsere Sinnesorgane Impulse aufnehmen und sie zur weiteren Verarbeitung ins Gehirn transportieren. Pro Sekunde werden ca. 11 Millionen Sinneseindrücke in unserem Gehirn verarbeitet. Es handelt sich hierbei sowohl um innere, aus dem eigenen Körper kommende, als auch um äußere, aus der Umwelt kommende, Reize. Zur äußeren Wahrnehmung gehören Fühlen, Sehen, Hören, Riechen und Schmecken, aber auch die Wahrnehmung von Gesichtern und Körperbewegungen und der durch sie vermittelten affektiven Ausdrücke und Signale, sowie die Wahrnehmung der Sprache und die Wahrnehmung der Zeit. Zur inneren Wahrnehmung gehören die Wahrnehmung des eigenen Körpers und seiner Teile sowie ihrer relativen Lage zueinander und zur Umgebung, die Wahrnehmung von Schmerzen und die Wahrnehmung der Affekte (Gefühle).

Nur etwa 40 der ca. 11 Millionen Sinneseindrücke pro Sekunde nehmen wir bewusst wahr.[198] Der Grund für diese starke Filterung an Informationen ist ganz einfach ein Schutzmechanismus in unserem Gehirn. Die vollständige Verarbeitung aller dieser Eindrücke würde nämlich zu einer Überbelastung führen. Würde der Organismus alle Reize mit der gleichen Priorität verarbeiten, wäre aufgrund eines sensorischen Reizüberangebots ein geordnetes Handeln unmöglich. Der Hauptteil der Informationen wird aber in unserem Unterbewusstsein gespeichert.

Alle Eindrücke, die unsere Sinneszellen aufnehmen, werden mit einem Gefühl verbunden. Wenn wir sehen, hören, riechen, fühlen und schmecken, entsteht in unserem Gehirn ein Reiz. Als Antwort auf diesen Reiz kommt es zu einer Reaktion in unserem Körper. Wir empfinden etwas. Der Mensch strebt danach, das Angenehme zu erreichen und das Schmerzhafte zu vermeiden. Unsere Realität ist von diesen beiden Gefühlen geprägt.

6.1.2 Subjektivität der Wahrnehmung

Die Wahrnehmung dient nicht dem Erkennen der „physikalischen Realität", sie ist kein physikalisches Messinstrument.[199] Durch die Wahrnehmung orientieren wir uns in unserer Umwelt. Eigenes Verhalten wird oftmals aufgrund dieser Orientierung an die Umwelt angepasst. Die Reizverarbeitung erfolgt nach subjektiven Kriterien. Jeder nimmt aufgrund individueller Erfahrungen und vorheriger Lernprozesse individuell wahr.[200] „Wahrnehmung ist ein psychophysiologischer Prozess. Sie entsteht nicht in den Sinnesorganen, sondern im Hirn." Steigerwald (1997, 29). Bei den Wahrnehmungsprozessen werden eintreffende Informationen von den Sinnesorganen ausgewählt, geordnet und interpretiert. Sensorische Inputs werden mit Erwartungen abgeglichen und wenn es passt, dann glauben wir daran. Der Begriff „Konstruktivismus" besagt, dass Menschen ihr Wissen um die Welt auf Grund ihrer Erfahrungen selbstkonstruieren.

Die wahrgenommenen Informationen aus den Sinnesorganen werden über die Nerven ins Gehirn transportiert, wo sie zusammengesetzt werden. Diesen Fragmenten werden anschließend, aufgrund vorheriger Erfahrungen und Lernprozessen, Bedeutungen zugewiesen. Sie ergeben einen sinnhaften Zusammenhang. Das menschliche Gehirn konstruiert stets aktiv seine Wirklichkeit und fügt selbständig nichtvorhandene Informationen hinzu, um dem Wahrgenommenen einen Sinn zu geben (vgl. Abbildungen 9 und 19). „Eine der grundlegenden Eigenschaften des normalen Wahrnehmungsprozesses beim Menschen besteht darin, daß wir dazu tendieren, Mehrdeutigkeiten und Ungewißheiten über die Umgebung in eine klare Interpretation zu übersetzen, die es uns erlaubt, voll Vertrauen auf die Richtigkeit unserer Wahrnehmung zu handeln." Zimbardo & Gerrig (1999, S.111).

Abbildung 19: Das Gehirn fügt nichtvorhandene Information aktiv hinzu

Wahrgenommenes wird durch vorhandenes Wissen in einen sinnhaften Kontext gesetzt. Mit grundlegenden Kenntnissen der englischen Sprache liest man „THE FAKE". Dasselbe Symbol wird also einmal als 'H' und ein anderes Mal als 'A' interpretiert.

Eine wichtige Einflussgröße auf die Wahrnehmung ist die Aufmerksamkeit. Auf diese wird in Kapitel 8 näher eingegangen. Hier, in diesem Zusammenhang reicht der Hinweis, dass wir uns nur auf ein Merkmal konzentrieren können.[201] Das Gehirn koordiniert die von den Sinnesorganen stammenden Informationen so, dass nur die gewünschten und benötigten Informationen in das Bewusstsein gelangen. Unbedeutende Reize werden automatisch aussortiert und gelangen nicht zur Verarbeitung ins Gehirn. „Die Wahrnehmung wird also von der aktuellen Interessenslage gelenkt und geprägt. Das Individuum setzt sich selbst Schwerpunkte, um nur die relevanten Reize zu verarbeiten." [202]

„Das menschliche Gehirn kann keine Differenzierung zwischen äußeren und inneren Wahrnehmungen vornehmen, da beide im Endeffekt als elektrische Impulse im Gehirn verarbeitet werden. Durch diese Verarbeitung entsteht die Wahrnehmung. Relevant ist diese Tatsache bei negativen Gedanken, da diese Gedanken oder Erinnerungen die gleiche Qualität und Intensität wie reale Situationen einnehmen können." [203]

6.1.3 Einfluss von Emotionen anderer

Der Mensch nimmt am liebsten Gesichter anderer Menschen wahr. Bereits Neugeborene schauen lieber Figuren an, die Gesichtern ähneln, als andere Figuren.[204] Dies dient dazu, bekannte Personen blitzschnell zu erkennen und diese von Unbekannten unterscheiden zu können. Menschheitsgeschichtlich gesehen stellten Fremde eher eine Gefahr dar als Bekannte.

Auf Gesichtern ist zudem die Gefühlslage einer anderen Person am ehesten abzulesen. Alpers & Gerdes (2007) zeigten, dass der Mensch bei Gesichtern bevorzugt emotionale Gesichter wahrnimmt. „Die bevorzugte Wahrnehmung emotionaler Informationen ermöglicht es uns, schnell und effektiv auf bedeutsame Ereignisse zu reagieren." [205] Es kann von Vorteil sein, aggressive Personen in einer Menschenmenge schnell zu erkennen und sich in dieser Situation nicht von belanglosen Geschehnissen ablenken zu lassen. „Die Welt, wie wir sie sehen, ist nicht objektiv. Was wir sehen, wird dadurch beeinflusst, welche Bedeutung die verschiedenen Dinge für jeden Einzelnen von uns haben. Und Emotionen haben offensichtlich für uns Alle eine große Bedeutung." [206]

Während der Corona-Krise waren die Menschen mit besorgten und verängstigten Gesichtern der Politiker, Journalisten und ihrer Mitmenschen konfrontiert. Die Menschen, welche einen ruhigen Gesichtsausdruck hatten, wurden weniger wahrgenommen. Dadurch verstärkte sich die subjektive Wahrnehmung der Angst. Hinzu kam, dass immer mehr Menschen begannen Gesichtsmasken zu tragen. Ein eindeutiges Lesen der Gefühle dieser Personen war nicht mehr möglich. Allerdings war zunächst klar, dass es sich dabei um Personen handelte, welche Angst vor dem neuen Corona-Virus hatten. Als dann die Maskenpflicht für alle eingeführt wurde, verstärkte sich die subjektive Angstwahrnehmung noch einmal. Schließlich hatte man ja vorher die Lernerfahrung gemacht, dass diese Masken von Menschen mit Angst getragen wurden. Hier noch einmal der Verweis auf die in diesem Buch bereits angesprochenen Spiegelneurone.

6.1.4 Einfluss von Angst

Angst und Wahrnehmung sind eng miteinander verbunden. Wer Angst hat, sieht eine andere Realität. An Patienten mit Spinnenphobie zeigten Alpers & Gerdes (2014), dass diese das Bild einer Spinne schneller wahrnehmen und sich länger darauf konzentrieren, als Menschen ohne Spinnenangst. 21 spinnenphobische Patienten und 20 nicht ängstliche Kontrollpersonen betrachteten Bilder von Spinnen oder Blumen, die jeweils unter Bedingungen binokularer Rivalität (jedem Auge wird gleichzeitig ein anderes Bild gezeigt)mit einem neutralen Muster gepaart waren. Spinnenphobische Patienten berichteten häufiger, dass sie Spinnenbilder als erste Wahrnehmung sahen, und die Gesamtdauer des Sehens von Spinnenwahrnehmungen war bei Patienten signifikant länger als bei nicht ängstlichen Teilnehmern. Daher erhielt der Versuch den Titel: *„Man sieht, was man fürchtet".*

Angst führt zu einer verzerrten oder veränderten Wahrnehmung der Welt. Es werden nur bestimmte Reize ausgewählt und beachtet, und zwar solche, die das Gefühl der drohenden Gefahr verstärken. Auf die gleiche Weise werden Informationen falsch interpretiert und man erinnert sich im Nachhinein mehr an angsteinflößende als an andere Umstände.[207] Es handelt sich hierbei grundsätzlich um eine kognitive Verzerrung. Weitere kognitive Verzerrungen werden in Kapitel 9 erklärt.

Beispielsweise erkennt jemand, der in Beziehungen zu anderen Menschen ängstlich ist, an anderen Personen nur einzelne Aspekte ihres Ausdrucks und Verhaltens. „Er wird besonders aufmerksam gegenüber Gesten der Zurückweisung sein, so minimal diese auch sein mögen. Ein Schweigen könnte dahingehend interpretiert werden, dass jemand nicht mit ihm sprechen will oder ihn nicht leiden kann. Signalen der Akzeptanz oder des Interesses wird dagegen kein großer Wert zugeschrieben, es sei denn, sie sind außergewöhnlich gut sichtbar." [208]

Verzerrte Wahrnehmungen können entweder die Reize selber, oder die physiologischen Reaktionen des eigenen Körpers, oder das eigene Denken oder alles gleichzeitig betreffen. Die Reize wurden bereits angesprochen.

Bei der verzerrten Wahrnehmung der physiologischen Reaktionen des Körpers geht es darum, dass seine Funktionen und Reaktionen als Gefahrensignale erkannt werden. Hier noch einmal der Hinweis: Angst und Stress führen zu den gleichen körperlichen Reaktionen. Bei der Verzerrung der Gedanken wird als Risiko oder Bedrohung wahrgenommen, was in den eigenen Gedanken stattfindet.

Angst hat also einen sehr großen Einfluss auf die Wahrnehmung. Daher ist es nicht verwunderlich, dass während der Corona-Krise die Wahrnehmung von Millionen von Menschen verzerrt war. Hinweisreize auf den Angstinhalt „Coronavirus" wurden eher wahrgenommen und länger betrachtet. Verstärkt wurde dieser Effekt u.a. durch die einseitige Berichterstattung der Medien. Dass es auch eine große Anzahl von ernst zu nehmenden, seriösen und hoch angesehenen Wissenschaftlern und Spezialisten der unterschiedlichsten Fachrichtungen gab, die sich sehr kritisch zu den freiheitsbeschränkenden Maßnahmen der Regierung äußerten und diese so als unnötig erachteten, kann im Anhang nachgelesen werden. Diese wurden aber von der Mehrheit der Bevölkerung zunächst kaum wahrgenommen. Dass die verantwortlichen Politiker diese nicht wahrgenommen hätten, kann nahezu ausgeschlossen werden. Diese Wissenschaftler äußerten sich oft genug öffentlich zu Wort und es kann von den verantwortlichen Führungspersonen erwartet werden, dass sie sich mit diesen Erkenntnissen auseinandersetzen. Es ist sehr unwahrscheinlich dass die Politiker auf Grund der Effekte von Angst auf die Wahrnehmung, diese renommierten Wissenschaftler nicht wahrgenommen hatten.

6.2 Risiko

In den unterschiedlichen Fachdisziplinen wird der Begriff „Risiko" unterschiedlich definiert. Den meisten gemeinsam ist aber, dass es sich bei einem Risiko um ein Ereignis oder eine Entscheidung mit unbestimmtem Ausgang handelt.[209] Es herrscht also Unsicherheit vor und es folgt eine Konsequenz. Wie bereits in Kapitel 5 dargelegt wurde, kann Unsicherheit zu Angst führen.

Statistisch ausgedrückt ist Risiko eine Streuung um einen Erwartungs- oder Zielwert.[210] Je größer die Streuung, desto größer das Risiko. Diese Streuung muss allerdings nichts Negatives sein. Ein höherer Gewinn eines Unternehmens, das vom Zielwert stark abweicht wird niemand als etwas Negatives sehen. In der Umgangssprachewird der Begriff „Risiko" allerdings verwendet, wenn ausschließlich die Möglichkeit negativer Folgen besteht.

Psychologisch gesehen ist Risiko ein Konstrukt unserer Wahrnehmung, da die Realität permanent durch die Wahrnehmung erschaffen wird. Unsere Wahrnehmung und damit das Risikokonstrukt wird bestimmt durch unser Wissen, unsere Emotionen, Moralvorstellungen, Moden, Urteile und Meinungen.

6.3 Risikowahrnehmung

Risikowahrnehmung ist die Wahrnehmung von Gefährdungen oder Risiken und deren potentiellen Folgen. Jeder Mensch konstruiert permanent seine subjektive Wirklichkeit durch seine Wahrnehmung. Daher ist unsere höchst individuelle Risikowahrnehmung davon abhängig, was unsere Sinne zu einem Gesamtbild verdichten. Des Weiteren basiert Risikowahrnehmung auf Hypothesen. Dadurch werden häufig für gleiche Risiken unterschiedliche Vermutungen und Theorien aufgestellt.[211] Der Einfluss der Angst auf die Verzerrung der Wahrnehmung wurde bereits angesprochen.

Während der Corona-Krise wurde die Risikowahrnehmung der Bevölkerung überwacht und regelmäßig überprüft. Je länger die freiheitsbeschränkenden Maßnahmen andauerten und je mehr eindeutige Ergebnisse verschiedenster renommierter Wissenschaftler und Forscher bewiesen, dass das neue Corona-Virus nicht annähernd so gefährlich war, wie von Politik und Medien propagiert, desto weniger wurde das neue Coronavirus als Risiko von der Bevölkerung wahrgenommen, insbesondere bei jungen und gebildeten Leuten, und damit sank auch die Akzeptanz der Maßnahmen in der Bevölkerung. Durchgeführt wurde diese Überwachung von der Universität Erfurt, in Zusammenarbeit mit der Bundeszentrale für gesundheitliche Aufklärung, Robert-Koch-Institut, Leibniz-Zentrum für Psychologische Information und Dokumentation, Science Media Center, Bernhard-Nocht-Institut für Tropenmedizin, Y Global Health, Deutsches Evaluierungsinstitut der Entwicklungszusammenarbeit, Leibnitz-Institut für Resilienzforschung und das Universitätsklinikum Hamburg-Eppendorf (Abb. 20).

Abbildung 20: Deutschland COVID-19 Snapshot MOnitoring (COSMO Deutschland): Überwachung von Wissen, Risikowahrnehmung, präventivem Verhalten und öffentlichem Vertrauen in den aktuellen Ausbruch von Coronaviren in Deutschland [212]

Zu denken sollte der Hinweis geben, was das Ziel dieses Gemeinschaftsprojekts war: *„Ziel dieses Projektes ist es, wiederholt einen Einblick zu erhalten, wie die Bevölkerung die Corona-Pandemie wahrnimmt: wie sich die "psychologische Lage" abzeichnet. Dies soll es erleichtern, Kommunikationsmaßnahmen und die Berichterstattung so auszurichten, um der Bevölkerung korrektes, hilfreiches Wissen anzubieten und Falschinformationen und Aktionismus vorzubeugen."* [213]

Nicht also die objektive, wissenschaftliche Beobachtung und Auswertung war also das Ziel, sondern Kommunikation und Berichterstattung so auszurichten, dass das neue Coronavirus als Gefahr wahrgenommen blieb. Mit „korrekte(m), hilfreiche(m) Wissen" war gemeint, das Katastrophenszenario aufrecht zu erhalten. Die Bevölkerung sollte unter allen Umständen weiter daran glauben. „Falschinformationen" waren alle wissenschaftlichen Studien, welche diesem Wahninhalt widersprachen. Dieses Vorgehen einer Universität ist als absolut kritisch anzusehen, da dies allen wissenschaftlichen Gepflogenheiten widerspricht. Wissenschaftliche Forschung hat nämlich unvoreingenommen statt zu finden und nicht eindeutig tendenziös.

Betrachten wir uns ein Beispiel der wöchentlich durchgeführten Umfragen und die daraus gezogenen Folgerungen. Bis zum 27.04 2020 sank die Akzeptanz der freiheitsbeschränkenden Maßnahmen in der Bevölkerung, der neue Corona-Virus wurde als weniger gefährlich wahrgenommen. Betrachten wir, was das Projekt daraus machte und riet.

Die Wirksamkeit der Maßnahmen wurde bereits von verschiedenen Wissenschaftlern widerlegt (vgl. Kapitel 4.6.4). Der angenommene exponentielle Verlauf wurde widerlegt (z.B. Prof. Isaac Ben-Israel, vgl. Kapitel 6.5.3).

„Empfehlung: Die gemeinsam durch die Maßnahmen erzielte Erfolge sollten weiter betont werden.

Empfehlung: Die epidemiologische Konsequenz von Ausnahmen oder Nicht-Einhaltung der Maßnahmen sollte verdeutlicht werden (z.B. durch Visualisierung)."

Es sollte also offen gelogen werden, da bereits wissenschaftlich nachgewiesen war, dass die Maßnahmen unnötig gewesen waren. Die Manipulations-möglichkeiten mittels Visualisierung wurden in Kapitel 4.7 „Grenzwerte und Graphiken" dargestellt.

Die Akzeptanz für die sozialen Beschränkungen nahm ab.

„Empfehlung: Der nach unten weisende Trend (z.B. öffentliche Orte vermeiden) könnte zum Problem werden und muss beobachtet werden.

Empfehlung: Der soziale Nutzen der Maßnahmen und der Schutz Schwacher sollte (weiterhin) stark betont werden."

Das Vertrauen in die Politik war zwar noch hoch, sank aber etwas ab.

„Vertrauen in die Behörden ist ein wichtiger Einflussfaktor für die Akzeptanz vieler Maßnahmen (z.B. auch Akzeptanz einer Tracing-App, einer möglichen Impfung gegen COVID-19 (Welle 7), der Beibehaltung der Maßnahmen etc.) und daher besonders schützenswert.

Empfehlung: Transparente Kommunikation ist weiterhin wichtig, um das Vertrauen aufrecht zu erhalten

Empfehlung: Gemeinsam erzielte Erfolge sollten betont werden, um das Vertrauen aufrecht zu erhalten"

Das Tragen von Masken wurde in vielen Bundesländern verpflichtend Das Tragen der Masken in der Bevölkerung stieg an.

*"Welle 7 hat gezeigt: Der **Schutz anderer** scheint bei der Wahl der Maske ein Kriterium zu sein.*

Empfehlung: Die Beschränkungen des Schutzes durch Masken sollte weiter deutlich kommuniziert werden."

Die Bereitschaft zur Nutzung einer Tracing-App sank.

"Die Bereitschaft zur Nutzung einer Tracing-App sinkt leicht über die vergangenen Wochen und der Anteil derer, die sie nicht herunterladen würden, wächst.

Empfehlung: Vertrauen sollte durch größere Transparenz gestärkt werden."

Die Bevölkerung sollte bereit sein, Gelder zur Corona-Bewältigung in anderen Ländern bereitzustellen.

"10% haben bereits gespendet, 28% sind (eher) bereit zu spenden, um zur Corona-Bewältigung in anderen Ländern beizutragen.
Die Zusammenarbeit mit anderen Ländern ist erwünscht, eine finanzielle Unterstützung anderer EU-Staaten wird jedoch kritisch gesehen.

Empfehlung: Da die Sorge um Ungleichheit offensichtlich hoch ist, könnte die Bekämpfung von Ungleichheit ein wichtiger Faktor in der Kommunikation werden."

6.3.1 Gesundheitliche Risiken der freiheitsbeschränkenden Maßnahmen

Während der kollektiven Psychose rund um Covid-19 ängstigten sich viele Menschen, nahmen andere Risiken kaum wahr und blendeten sie damit aus. Aufgrund der freiheitsbeschränkenden Maßnahmen kam es aber zu weitreichenden anderen Folgen, die lange nachwirken werden und wahrscheinlich insgesamt viel gravierender sind, als das Risiko durch das neue Coronavirus selber. Diese werden im Folgenden auszugsweise betrachtet.

Wie bereits erwähnt, ist Risiko ein Konstrukt unserer Wahrnehmung, welche durch Emotionen beeinflusst wird. Die Emotionen der Menschen wurden durch die Mainstream-Medien täglich mit Angst gefüttert. Auch die meisten politischen Entscheidungsträger waren wahrscheinlich davon betroffen. In Kapitel 5 wurde der Einfluss von Angst näher erklärt. Entscheidungen wurden daher nicht basierend auf rationalen Daten und Fakten getroffen, sondern basierend auf einer eher emotional und subjektiv getriebenen Wahrnehmung der Realität.

6.3.1.1 Risiko Alkoholkonsum

In Deutschland stieg während der Corona-Krise der Verkauf von Alkohol signifikant an. „Im Zeitraum von Ende Februar bis Ende März kauften die Deutschen 34 Prozent mehr Wein als im gleichen Zeitraum 2019. Auch klare Spirituosen wie Gin oder Korn waren begehrt, hier betrug die Steigerung 31,2 Prozent. Der Verkauf von Alkoholmischgetränken wuchs sogar um 87,1 Prozent (...) Das gilt auch für Sherry und Portwein, deren Absatz um 47,5 Prozent anstieg." [214] Dabei zählt Alkoholkonsumweltweit zu den führenden Gesundheitsrisiken. Jedes Jahr versterben 2,2 Prozent der Frauen und 6,8 Prozent der Männer an alkoholbedingten Erkrankungen. Insgesamt steht der Alkohol auf Platz sieben der Todesursachen. Tödliche Folgen des Alkoholkonsums sind vor allem Tuberkulose, Straßenunfälle sowie Selbstverletzungen. Ab dem Alter von 50 Jahren sind alkoholbedingte

Todesfälle verstärkt auf Krebserkrankungen zurückzuführen.[215] In Deutschland sterben pro Jahr ca. 15.000 Menschen an den Folgen von Alkohol. Im Jahr 2012 kamen auf Grund von Alkohol bei Verkehrsunfällen 3827 Menschen zu Tode. Die häufigste Todesursache bei Alkoholikern war mit 7812 Fällen Leberschädigungen. Am zweithäufigsten war die Bauchspeicheldrüse betroffen. Aber auch Herzmuskel, Lunge oder Nervensystem können so stark geschädigt werden, bis sie versagen.[216] Weltweit gab es beispielsweise im Jahr 2016 drei Millionen Todesfälle, die auf Alkohol zurückzuführen waren.[217]

6.3.1.2 Somatische Gesundheitsrisiken

Der Mensch ist grundsätzlich ein soziales Wesen. Soziale Isolation und Einsamkeit führen zu einem früheren Versterben und beinhalten große Risiken sowohl für körperliche, als auch für psychische Erkrankungen. „Alleinsein" und „Einsamsein" sind nicht dasselbe. Alleinsein beschreibt einen physischen Zustand, während Einsamkeit ein Befinden, eine Gefühlslage ausdrückt.[218] Im Zusammenhang mit der sozialen Isolation sind Stimmungsveränderungen, Psychische Belastung (Belastungsstörung), emotionale Unruhe, Stress, schlechte Stimmung, Reizbarkeit, Schlaflosigkeit, posttraumatische Symptome, Wut, emotionale Erschöpfung oder mit dem Virus einhergehende Ängste typisch.[219] Einsamkeit erhöht die Wahrscheinlichkeit für Depressionen und Angsterkrankungen, sowie für Herzinfarkt, Schlaganfall, Krebs und Demenz.[220]

Elovainio et al. (2017) zeigten, dass ein Mensch, der in der Mitte des Lebens kaum positive soziale Kontakte pflegen kann, einem um 74 % erhöhtem Risiko ausgesetzt ist, das 70. Lebensjahr nicht zu erreichen. Wer sich umgeben von Menschen lediglich einsam fühlt, hat „nur" um ein bis zu 37 % höheres Risiko das 70. Lebensjahr nicht zu erreichen, als Menschen mit hinreichenden Sozialbeziehungen. Männer sind nahezu gleich davon betroffen wie Frauen.

Im Zusammenhang mit der westafrikanischen Ebola-Epidemie von 2014-2016 wurde in mehreren Studien versucht, die indirekten Auswirkungen der Ebola-Epidemie auf die Mortalität zu quantifizieren. Es wurde festgestellt, dass mehr Menschen an indirekten Auswirkungen starben als an dem Virus selbst.[221] Wenn wir auf uns allein gestellt sind, schüttet der Körper u.a. vermehrt das Stresshormon Cortisol aus. „Bei einsamen Menschen, zeigen zahlreiche Untersuchungen, dass der Spiegel dieses Hormons im Blut auch dauerhaft erhöht ist. Auch der Blutdruck und Blutzuckerspiegel erhöhen sich, das Immunsystem ist geschwächt. (...) Cortisol ist eine Art Marker für das Immunsystem. Bei sozialen Interaktionen steigt die Anzahl so genannter Killer-Zellen, die unter anderem verhindern können, dass Krebs entsteht. Cortisol aber schwächt die Bildung von Killer-Zellen." [222] Krebserkrankungen sind mit rund 26 Prozent die zweithäufigste Todesursache weltweit. Im Jahr 2018 verstarben weltweit rund 9,56 Millionen Menschen an Krebserkrankungen.[223] In Deutschland verstarben daran im Jahr 2017 227.600 Menschen.[224] In den reichen Ländern starben 2019 die Menschen fast doppelt so häufig an Krebs (55%) wie an Herz-Kreislauf-Erkrankungen (23%). In den einkommensschwachen Gebieten waren kardiovaskuläre Todesfälle (43%) dagegen fast dreimal so häufig wie Krebstodesfälle (15%).[225] Maruthappu et al. (2016) zeigten, dass die erhöhte Arbeitslosigkeit 2008-2010 auf Grund der Weltwirtschaftskrise zu zusätzlichen Krebstoten geführt hat.

Valtorta et al. (2016) fanden heraus, dass sich bei Erwachsenen infolge realer oder auch gefühlter Isolation die Gefahr für einen Herzinfarkt oder für einen Schlaganfall um bis zu 30 % erhöhen kann. Ein ungewollt unzureichendes Sozialleben schadet der Herz- und Gefäßgesundheit damit ähnlich stark wie negativer Stress. Herz-Kreislauf-Erkrankungen sind die Todesursache Nummer eins. Im Jahr 2015 starben weltweit über 18 Millionen Menschen an den Folgen von Herz-Kreislauf-Erkrankungen.[226] Mehr als vier Millionen Menschen in Europa sterben jährlich an einem Herzinfarkt oder Schlaganfall.[227] Im Jahr 2017 starben in Deutschland 344.500 Menschen an Herz-Kreislauf-Erkrankungen und 12.587 Menschen am Schlaganfall, nicht als Blutung oder Infarkt bezeichnet.[228]

6.3.1.3 Psychische Gesundheitsrisiken

Durch die freiheitsbeschränkenden Maßnahmen der Regierung kam es zu einer Zunahme an psychischen Störungen. Laut Daten einer repräsentativen Umfrage der Donau-Universität Krems, hat sich die Häufigkeit depressiver Symptome vervielfacht. Auch Schlafstörungen und Angstsymptome kamen vermehrt vor.[229] Die Geschäftsführerin der Ludwig Boltzmann Gesellschaft, Claudia Lingner äußerte am 09.05.2020 dem ORF gegenüber dazu: *„Wir gehen davon aus, dass die Corona-Krise einen ungeahnten Einfluss auf die Psyche der Menschen hat, vor allem auch bei Personengruppen, die bis dato nicht gefährdet waren, psychisch zu erkranken.“* [230] Auch nach Ende der freiheitsbeschränkenden Maßnahmen werden Ängste und Sorgen das tägliche Leben vieler Menschen auch künftig weiter belasten. „Wenn das Gehirn dauernd im „Angst-Modus" ist, wird die eigene Wahrnehmung womöglich auch mehr auf Dinge gelenkt, die die Ängste bestätigen. So kann es zum Beispiel passieren, dass schon ein harmloses Husten als „Gefahr" wahrgenommen wird." [231] Public-Health-Experte Martin Sprenger warnte zeitgleich vor möglichen künftigen psychischen Belastungen wie Alpträumen und Angststörungen.[232]

Auf Grund von Psychischen und Verhaltensstörungen verstarben im Jahr 2017 in Deutschland 52.637 Menschen.[233] Zu den häufigsten psychischen Krankheitsbildern zählen Angststörungen, Depressionen und Störungen durch Alkohol- oderMedikamentengebrauch.[234] Depressionen und Angsterkrankungen sind die häufigsten psychischen Störungen, die im Zusammenhang mit Einsamkeit stehen.

Jacobi et al. (2014) fanden heraus, dass in Deutschland insgesamt 8,2 %, d. h. 5,3 Mio. der erwachsenen Deutschen (18 – 79 Jahre) im Laufe eines Jahres an einer unipolaren oder anhaltenden depressiven Störung erkranken. Kinder und Jugendliche, sowie Menschen über 79 Jahre wurden in dieser Studie nicht erfasst.

Über 60 Prozent der depressiv erkrankten Menschen leiden noch an einer weiteren psychischen Erkrankung. Besonders häufig sind Angst- oder Suchterkrankungen.[235] Die Suizidrate ist bei depressiv erkrankten Menschen im Vergleich zur Durchschnittsbevölkerung deutlich erhöht. „Während die Suizidrate in der Durchschnittsbevölkerung unter 0,5 Prozent liegt, sterben durch Suizid 2,2 Prozent der depressiven Patienten, die ambulant, und vier Prozent, die stationär behandelt wurden. Fast jeder zwölfte depressive Patient, der aufgrund von Suizidversuchen oder -gedanken in stationärer Behandlung war, stirbt durch Suizid." [236] Weltweit versterben jährlich über 800.000 Menschen an Suizid, alle 40 Sekunden ein Mensch.[237] In Deutschland versterben jährlich ca. 10.000 Menschen durch Suizid.[238]

Auch für die Volkswirtschaft haben psychische Störungen und die Depression gravierende Auswirkungen. Aus dem DAK-Gesundheitsreport 2019 geht hervor, dass ca. 15 % aller Arbeitsunfähigkeitstage auf psychische Erkrankungen zurückzuführen sind. Psychische Erkrankungen weisen im Vergleich zu körperlichen Erkrankungen überdurchschnittlich lange Fehlzeiten auf (33,7 Tage pro Krankschreibungsfall; zum Vergleich: Herz-Kreislauf-Erkrankungen: 21,8 Tage; Muskel-Skelett-Erkrankungen: 18,7 Tage; Atemwegerkrankungen: 6,9 Tage). Am häufigsten fehlen Arbeitnehmer mit der Diagnose Depression.[239] Das Bundesministerium für Gesundheit schätzt die pro Jahr durch depressive Erkrankungsfälle anfallenden Arbeitsunfähigkeitstage auf etwa 11 Millionen.[240]

Die Gruppe der Angststörungen ist die häufigste psychische Störung. An den verschiedensten Angststörungen leiden nach Jacobi et al. (2014) 15,3% der Deutschen, das sind 9,8 Millionen Menschen.

Menschen mit generalisierter Angststörung (F41.1) leiden unter einem ständigen Gefühl von Besorgtheit und Anspannung in Bezug auf alltägliche

Ereignisse und Probleme. Dabei beziehen sich die Sorgen auf verschiedene Bereiche, um die sich andere Menschen auch Sorgen machen, z.B. darauf, dass sie selbst oder die Angehörigen schwer erkranken oder einen Unfall haben könnten. Menschen mit generalisierter Angststörung sorgen sich jedoch übermäßig, auch wenn keine besondere Gefahr besteht. Sie können ihre Sorgen außerdem kaum oder gar nicht kontrollieren.

Phobische Störung (F40) sind eine Grupe von Störungen, bei denen Angst ausschließlich oder überwiegend durch eindeutig definierte, eigentlich ungefährliche Situationen hervorgerufen wird. Allein die Vorstellung, dass die phobische Situation eintreten könnte, erzeugt meist schon Erwartungsangst. Es handelt sich also um eine ungerechtfertigte Angst vor Objekten, z. B. Spinnen, Hunden, anderen Menschen oder bestimmten Merkmalen einer Situation, z. B. Höhe, öffentliche Plätze, weite Reisen oder öffentliche Verkehrsmittel.

Spezifische Phobien (F40.2) beziehen sich vor allem auf bestimmte Objekte, wie bestimmte Tiere, Höhe, Zahnarztbesuch, Anblick von Verletzungen, usw.

Die Soziale Phobie (F40.1) ist die Furcht vor prüfender Betrachtung durch andere Menschen, die zur Vermeidung sozialer Situationen führt. Die Symptome können sich bis zu Panikattacken steigern. Dazu gehört die Angst, im Mittelpunkt der Aufmerksamkeit zu stehen, sich peinlich oder erniedrigend zu verhalten, usw.

Die Agoraphobie (F40.0) ist die Angst vor Menschenmengen, öffentlichen Plätzen, der Nutzung öffentlicher Verkehrsmittel, dem Betreten von Kaufhäusern oder Geschäften, dem Verlassen des Hauses usw. Eine Agoraphobie steht häufig in Verbindung mit einer Panikstörung.

Das wesentliche Kennzeichen einer Panikstörung (F41.0) sind wiederkehrende schwere Angstattacken (Panik). Diese beschränken sich aber nicht auf eine spezifische Situation oder besondere Umstände. Oft entsteht sekundär auch die Furcht zu sterben, vor Kontrollverlust oder die Angst, wahnsinnig zu werden.

6.3.1.4 Risiko Medikamente

Auf die Risiken eines erhöhten Alkoholkonsums wurde bereits eingegangen. Betrachten wir uns also das Thema „Medikamente" näher. Sowohl Alkohol-, als auch Medikamentenmissbrauch zählen zu den psychischen Störungen durch psychotrope Substanzen. Medikamente sollen zur Übersichtlichkeit gesondert betrachtet werden.

Mit Verkündung der Ausgangsbeschränkungen stieg in der ersten Corona-Virus- Woche in Österreich ab dem 12. März der Absatz an Psychopharmaka um 100% im Vergleich zum Vorjahreszeitraum.[241] Täglich suchten laut PHAGO statt 400.000 bis zu 700.000 Menschen die Apotheken auf. In der Woche darauf war immer noch eine erhöhte Nachfrage an Psychopharmaka von plus 25 Prozent zu verzeichnen gewesen. Dieser Effekt kann zum Einen durch die Bevorratung dieser Medikamente von bereits psychisch kranken Patienten zustande gekommen sein. Zum Anderen führten die freiheitsbeschränkenden Maßnahmen der Regierung aber auch zu psychischen Neuerkrankungen von bisher gesunden Menschen, wie bereits beschrieben.

Studien von Prof. Jürgen Frölich, Leiter des Instituts für klinische Pharmakologie an der Universität Hannover, ergaben, dass in Deutschland jährlich etwa 58.000 Menschen durch die Nebenwirkungen von Medikamenten versterben.[242] Neben den Toten an Medikamentennebenwirkungen sind der Medikamentenmissbrauch und die -abhängigkeit große Themen. Nach ICD-10 setzt die Diagnose eines schädlichen Gebrauchs (Missbrauchs) (F1x.1) von Arzneimitteln den Nachweis körperlicher oder psychischer Schädigungen infolge des Substanzkonsums voraus. Zu den diagnostischen Kriterien eines Abhängigkeitssyndroms (F1x.2) gehören u. a. ein starkes Verlangen nach Substanzkonsum, Kontrollverlust, Aufrechterhaltung des Konsums trotz Schädigung sowie Toleranzentwicklung und das Auftreten körperlicher Entzugssymptome.

Soyka et al. (2005) kommen in ihrer Untersuchung auf 1,9 Mio. medikamentenabhängige Menschen in Deutschland. Bezüglich der Zahl der Menschen, welche Medikamente missbrauchen, gibt es keine genaueren Zahlen. Zum Vergleich sollen hier die 240.000 Cannabisabhängige und 175.000 Abhängige von anderen illegalen Substanzen genannt werden. Hier haben wir ein weiteres gutes Beispiel einer verzerrten Risikowahrnehmung. Über Drogentote und Drogenabhängige wird oft in den Medien berichtet. Über Medikamentenabhängige oder gar Medikamententote so gut wie überhaupt nicht. Ich weiße darauf hin, dass es sich hier um Zahlen von 2005 handelt.

„Auf psychologischer Ebene lassen sich fünf Hauptmotive identifizieren, die zu einem Missbrauch von Medikamenten bzw. zu einer Abhängigkeit führen:

a) Beseitigung (primärer) negativer psychischer Symptome
Das häufigste Motiv für eine Medikamenteneinnahme ist der Wunsch, negative psychische Symptome wie Schmerzen, Schlafstörungen, Ängste oder Depressionen zu beseitigen.

b) Beseitigung sekundär bestehender psychischer Probleme
Besonders bei Schmerzmitteln findet sich häufig eine Konstellation folgender Art: Die Betroffenen haben bereits längere Zeit psychische Probleme, die nichtadäquat behandelt wurden. Davon unabhängig entwickelt sich zum Beispiel durch einen Unfall oder eine Krankheit ein Schmerzsyndrom, das mit Opiaten behandelt werden muss. Die stimmungsaufhellende Wirkung führt dazu, dass die Betroffenen diese Substanzen weiter einnehmen, unter Umständen auch dann noch, wenn die Schmerzen schon lange nicht mehr bestehen.

c) Suche nach euphorisierender Wirkung

Ein dritter Hintergrund für die Einnahme von Medikamenten bezieht sich wiederum vor allem auf opiathaltige Schmerzmittel, insbesondere die nicht-retardierten Formen. Schnell anflutende opiathaltige Schmerzmittel (insbesondere Tropfendarreichung) führen zu einer leicht euphorisierenden Wirkung, ähnlich dem "Kick" bei Heroin. Diese Wirkung wird dann im Weiteren immer häufiger gesucht. Durch die leichte Injizierbarkeit besteht ein weiteres Missbrauchs-Risiko.

d) direkte Leistungssteigerung

Amphetamine und frei verkäufliche Schmerzmittel - vor allem koffeinhaltige Mischpräparate - werden zur unmittelbaren Leistungssteigerung eingesetzt. Aber auch Monopräparate wie Paracetamol oder Acetylsalicylsäure führen bei manchen Anwenderinnen und Anwendern zu einem Gefühl von "klarem Kopf" und "vermehrter Leistungsfähigkeit".

e) indirekte Leistungssteigerung

Bei der indirekten Leistungssteigerung geht es darum, durch Medikamente abschalten zu können, zur Ruhe zu kommen, schlafen zu können, um trotz Anspannung und Überforderung am nächsten Tag wieder fit zu sein. Dies funktioniert vor allem mit den Schlaf- und Beruhigungsmitteln aus der Gruppe der Benzodiazepine und Non-Benzodiazepine, mit Barbituraten, aber auch mit den schlafanstoßenden Antidepressiva." [243]

Es sind also vor allem psychoaktive Medikamente, welche missbraucht werden und zudem ein hohes Suchtpotential aufweisen. Diese sind: [244]

Barbiturate

Barbiturate sind Wirkstoffe mit beruhigenden, schlaffördernden und krampflösenden Eigenschaften, die vor allem in der Vergangenheit für die Behandlung von Unruhe- und Erregungszuständen, bei Schlafstörungen und Epilepsien eingesetzt wurden. Sie haben heute kaum mehr Bedeutung, da sie durch die Benzodiazepine abgelöst wurden. Sie können eine größere Euphorie als Benzodiazepine auslösen. Insbesondere bei relativ geringen Dosierungen werden Patienten lebhafter und wacher. Einige Vertreter sind noch im Handel. Beispielsweise Phenobarbital (Aphenylbarbit®) oder Primidon (Mysoline®).[245]

Benzodiazepine und deren Analoga

Diese werden als Schlaf- oder Beruhigungsmittel eingesetzt, oder bei Spannungs-, Erregungs- und Angstzuständen. Aufgrund ihrer entspannenden Wirkung werden sie auch als Tranquilizer bezeichnet. Die bekanntesten Medikamente aus dieser Gruppe dürften Diazepam (Valium®, Stesolid®) und Lorazepam (Temesta®) sein. Die typischen Endungen der Benzodiazepine sind „-azepam" und „-azolam".[246] In therapeutischen Dosen kann nach zwei bis vier Monaten eine Abhängigkeit entstehen, in sehr hohen Dosen schon nach etwa vier Wochen.

Opiate und Opioide

Opioide sind natürliche, aus dem Opium gewonnene oder (halb)synthetisch herstellte Arzneimittel mit schmerzlindernden, dämpfenden, beruhigenden und psychotropen (euphorisierenden) Eigenschaften. Hauptsächlich werden sie gegen Schmerzen, gegen Husten und in der Anästhesie eingesetzt. Es gibt hier eine Vielzahl an Wirkstoffen und Medikamentenbezeichnungen. Als Beispiele sollen hier Codein (zahlreiche Arzneimittel), Fentanyl (z.B. Durogesic®), Heroin (Diaphin®), Methadon (z.B. Ketalgin®), Morphin (z.B. MST Continus®),Tilidin (Valoron®) und Tramadol (Tramal®) genannt werden. Auch das nicht-verschreibungspflichtigen Hustenmittel Dextromethorphan gehört hierzu.

Stimulanzien

„Psychostimulanzien (z. B. Medikamente für ADHS) sind Substanzen, die eine anregende Wirkung auf den Organismus haben. Sie erhöhen die Aktivität oder die Geschwindigkeit der Nervenzellen und wirken dadurch antriebssteigernd und kurzfristig leistungs- und konzentrationssteigernd. (...) Viele Psychostimulanzien gehören zur Gruppe der Amphetamine. (...) Durch die starke „Belohnungswirkung" des Botenstoffs Dopamin bergen viele Psychostimulanzien die Gefahr einer Abhängigkeit. Zu den Psychostimulanzien gehören z. B. auch Nikotin, Rauschmittel wie Kokain, Speed oder Ecstasy, aber auch Genussmittel wie Kaffee." [247]

Kopfschmerz- und Migränemittel

Arzneimittel aus dieser Gruppe können auf Dauer medikamentenverursachten Kopfschmerz auslösen und sollten daher höchstens drei Tage hintereinander und maximal fünfzehn Tage im Monat angewendet werden.

6.3.1.5 Risiko Impfung

Wenn Erreger (Bakterien, Viren oder Keime) in unseren Körper eingedrungen sind, so reagiert unser Immunsystem. Bestimmte Zellen des Immunsystems erkennen die Eindringlinge und greifen sie an. Das Immunsystem hat ein Gedächtnis. „Wiederholen sich Infektionen mit demselben Erreger, ist der Körper darauf vorbereitet und kann sie schneller und effektiver bekämpfen. Denn der Körper bildet nach jedem Erstkontakt mit einem Erreger spezielle Abwehrstoffe aus, die sogenannten Antikörper, die sich dann gegen den Krankheitserreger richten." [248] Ob ein Mensch krank wird, also Symptome ausbildet, ist alleine von seinem Immunsystem abhängig. Eine Infektion mit einem Erreger ist also unproblematisch, wenn das Immunsystem stark genug ist. Wir infizieren uns ständig mit verschiedensten Erregern und merken das oft gar nicht, da wir keine Symptome, sprich Krankheiten ausbilden. Daher ist es meistens unerheblich, ob eine Person positiv auf einen bestimmten Erreger getestet wird, da sie nicht krank ist. Gesunde Personen wurden bis zur Corona-Krise normalerweise nicht auf irgendwelche Erreger getestet. Eine Testung macht nur bei Kranken Sinn um den wahrscheinlichen Krankheitserreger ausfindig zu machen. Oft sind für dieselben Symptome verschiedene Erreger verantwortlich, die auch gleichzeitig vorkommen können. Eindeutige Zuordnungen sind in der Realität daher nicht so einfach. In der Praxis wird auf einzelne, bestimmte Erreger getestet. Beispielsweise auf Influenza-Viren, obwohl auch andere Erreger die gleichen Symptome hervorrufen. In Kapitel 4.3 „Erwartungswert" wurde bereits beschrieben, dass bei Patienten mit einer Pneumonie (Lungenentzündung) als Entlassungsdiagnose in deutschen Krankenhäusern in etwa 75% J18 (Pneumonie, Erreger nicht näher bezeichnet) angegeben wird.

Bei einer Impfung nutzt man das Prinzip der körpereigenen Abwehr. Der Impfstoff enthält abgeschwächte Krankheitserreger, gegen die das Immunsystem entsprechende Abwehrstoffe bildet. Kommt es später zu einem tatsächlichen Kontakt mit dem Krankheitserreger, kann der Körper die eigene Abwehr schneller ankurbeln. Gegen einen bestimmten Erreger immun zu sein bedeutet nicht, dass er nicht in den Körper eindringen könnte, sondern, dass er nicht krankheitsauslösend ist, da das Immunsystem schnell genug auf ihn reagiert. Der Erreger bekommt dann nicht die Möglichkeit sich im Körper weiter reproduzieren zu können und wird abgetötet. Daher ist es auch nach einer Impfung möglich; zu Beginn einer Infektion in der Zukunft auf diesen Erreger positiv getestet zu werden, was allerdings völlig unproblematisch ist.

Der Normalfall einer Immunisierung ist die aktive Impfung. Dabei erzeugt man eine Immunreaktion durch die Gabe eines Krankheitserregers. Das können sowohl abgetötete als auch lebende Erreger sein. Es wird also künstlich eine abgeschwächte Form der Krankheit erzeugt, um das Immunsystem zur

Bekämpfung und zur Bildung von Antikörpern anzuregen. Abgeschwächte Lebendimpfstoffe werden etwa bei der Masern-, Mumps-, Röteln- und Windpockenimpfung eingesetzt. Totimpfstoffe werden bei der Impfung gegen Grippe (Influenza), Keuchhusten (Pertussis) und Kinderlähmung ("Polio") verwendet.[249]

Bei der passiven Impfung werden direkt Antikörper, die der Körper dann nicht selbst produzieren muss, gespritzt. "So ist es möglich, Infektionen sofort zu behandeln, etwa wenn der Verdacht besteht, dass der Körper schon mit einem Erreger infiziert ist. Angewendet wird die passive Impfung zum Beispiel bei einer drohenden Tollwut-Infektion nach dem Biss eines Tieres, oder wenn Schwangere einem gefährlichen Erreger ausgesetzt waren und das Baby geschützt werden soll." [250]

Impfungen haben Nebenwirkungen. "Typische Beschwerden nach einer Impfung sind laut Robert Koch-Institut (RKI) Rötungen, Schwellungen oder Schmerzen an der Impfstelle. Auch Fieber, Kopf- und Gliederschmerzen oder Unwohlsein sind möglich, aber meist nach wenigen Tagen verschwunden." [251] Es kann sich eine "Impfkrankheit" ein bis drei Wochen nach der Verabreichung abgeschwächter Lebendimpfstoffe ausprägen, d.h. ein leichter Verlauf der Krankheit, gegen die geimpft wurde.

Neben den leichten Nebenwirkungen kann es aber auch zu unerwarteten Wirkungen und Impfschäden kommen. Beim Impfschaden handelt es sich um einen rechtlichen und nicht um einen medizinischen Begriff. "Das Infektionsschutzgesetz (IfSG) definiert einen Impfschaden als gesundheitliche und wirtschaftliche Folge einer über das übliche Ausmaß einer Impfreaktion hinausgehenden gesundheitlichen Schädigung durch die Schutzimpfung." [252]
Die Zahl der anerkannten Impfschäden in Deutschland fällt gering aus. In den Jahren 2005 - 2009 gingen über 10 600 Hinweise auf mögliche Nebenwirkungen beim Paul-Erich-Institut, Bundesinstitut für Impfstoffe und biomedizinische Arzneimittel, ein. 183 Fälle endeten tödlich, 213 erlitten bleibende Schäden, anerkannt wurden 169. Natürlich muss man diese Zahlen

ins Verhältnis setzen. Ärzte in Deutschland rechneten im gleichen Zeitraum 211,2 Millionen Impfdosen ab.[253]

„Vom Labor bis in die Praxis kann es bei neuen Impfstoffen 10 oder sogar 15 Jahre dauern. (...) Die eigentliche Entwicklung vieler Impfstoffe gelingt dabei oft überraschend schnell. (...) Binnen vier Wochen können Wissenschaftler genügend dieser Hüllproteine herstellen, die als Antigene die Trainings- und Angriffsfläche für das Immunsystem darstellen. Doch bevor sie zum Einsatz kommen, müssen die Impfstoffe getestet werden: zuerst in Tierversuchen und anschließend in klinischen Studien beim Menschen." [254] Es muss nämlich verhindert werden, dass diese Impfstoffe zu vermehrten Impfschäden führen. Ansonsten schaden sie, anstatt zu helfen.

Zu gravierenden Impfschäden mit schweren Erkrankungen und Sterblichkeit kam es in der Vergangenheit immer wieder. Besonders in Ländern der sogenannten Dritten Welt, die von Impfherstellern als große Versuchslabore missbraucht werden.

Andersen et al. (2017) wiesen nach, dass in einer städtischen Gemeinde in Guinea-Bissau in den frühen 1980er Jahren, die Einführung von Diphtherie-Tetanus-Pertussis (DTP) und oralem Polio-Impfstoff (OPV)mit einer erhöhten Mortalität verbunden war. Bei Kindern im Alter von 3 bis 5 Monaten war die Gabe von DTP (± OPV) mit einem Mortalitätsrisikoverhältnis (HR) von 5,00 (95% CI 1,53-16,3) im Vergleich zu noch nicht mit DTP geimpften Kindern assoziiert. Es war also 5x höher. Die Gesamtmortalität von Kindern nach 3 Monaten stieg nach Einführung dieser Impfstoffe an (HR = 2,12 (1,07-4,19).

Indische Ärzte machen die Gates-Kampagne für eine verheerende, nicht durch Polio ausgelöste Epidemie der akuten schlaffen Lähmung (NPAFP) verantwortlich, die zwischen 2000 und 2017 490.000 Kinder über die erwarteten Raten hinaus gelähmt hat. Im Jahr 2017 lehnte die indische Regierung Gates Impfprogramm ab und forderte Gates und seine Impfpolitik auf, Indien zu verlassen. Bereits 2012 titelte der Spiegel: *„Inder wollen keine Versuchskaninchen mehr sein",* nachdem es zu immer mehr schweren

Erkrankungen und Todesfällen kam, die auf Impfungen zurückzuführen waren.[255] „2009 wurden mehreren Tausend Schülerinnen in Indien das Merck-Produkt Gardasil sowie Cervarix von Glaxo Smith Kline verabreicht. Zahlreiche Mädchen wurden später krank, sieben starben. Die Studie war von der Organisation Path durchgeführt worden, die ihrer eigenen Webseite zufolge "Innovation vorantreibt, um Leben zu retten". Path nennt die Bill & Melinda Gates-Stiftung einen ihrer wichtigsten Partner seit 1998."[256]

Im Jahr 2017 kam es zu vermehrten Polio-Erkrankungen wegen der Impfungen. So meldete die Weltgesundheitsorganisation im Juni 2017fünfzehn Fälle von Kindern, die in Syrien durch impfstoffbedingte Formen von Polio gelähmt waren. „Diese Fälle kommen zu zwei anderen von Impfstoffen abgeleiteten Polio-Fällen Anfang dieses Jahres in Syrien und vier in der Demokratischen Republik Kongo hinzu."[257] Allerdings gab es da bereits 29 Kinder im Kongo, die daran erkrankt waren.[258] Dieses Beispiel zeigt, dass die offiziellen Verlautbarungen zu diesem Thema sehr mit Vorsicht zu genießen sind. „In Syrien könnten weitere Fälle auftauchen", sagte Michel Zaffran, Direktor für die Ausrottung der Kinderlähmung bei der Weltgesundheitsorganisation, im Juni 2017 [259] Insgesamt gab es 98 Fälle von Polio aus Impfstoffen, zum Vergleich zu 29 Fällen der Wildversion.[260] D.h. wegen der Impfung erkrankten über 3x mehr Kinder an der Krankheit, als durch die natürlich vorkommende Krankheit selber. „Die beängstigendsten Epidemien im Kongo, in Afghanistan und auf den Philippinen stehen alle im Zusammenhang mit Impfstoffen. Tatsächlich waren bis 2018 70% der weltweiten Poliofälle Impfstämme."[261]

Diese wenigen Beispiele reichen aus, um die Gefahr zu veranschaulichen, welche von insbesondere ungeprüften Impfstoffen ausgehen kann. Schon recht früh wurde insbesondere von Prof. Drosten und den Politikern verlautbart, dass es eine Impfung gegen das neuen Corona-Virus geben solle.

Im Übrigen sind es die gleichen Charaktere, welche auch 2009 bei der erfundenen Pandemie „Schweinegrippe" diese Rollen gespielt haben und eine

Epidemie mit Millionen von Kranken zusammenphantasierten. „Irgendwo auf dem Globus gibt es eine Handvoll Grippekranke. Dann wird ein neuer Grippeerreger entdeckt und als so furchterregend beschrieben, dass umgehend eine globale Pandemie befürchtet wird. Anschließend wird angeblich fieberhaft ein passender Impfstoff entwickelt und für viele Milliarden an die zahlungskräftigen Regierungen dieser Welt verhökert." [262] Sehr empfehlenswert ist hier die arte Dokumentation aus dem Jahr 2009 „Profiteure der Angst".[263] Die Definition einer „Pandemie" wurde Anfang Mai 2009 geändert. Bis Anfang Mai 2009 war auf der WHO-Internetseite zu lesen, dass eine Pandemie die Ausbreitung eines neuen Influenzavirus, das – so wörtlich – *„zu weltweiten Epidemien mit enormen Zahlen von Toten und Kranken führt"*, sei. Diese Definition wurde abgeändert. Nun kommt es nicht mehr darauf an, ob ein Virus tödlich ist, sondern lediglich darauf, dass es sich rasend schnell verbreitet. Daher sei „Die Ausrufung der weltweiten Ausbreitung der Schweinegrippe (sei) zurecht erfolgt, heißt es in einer schriftlichen Erklärung der WHO." [264]

Allerdings nahm kaum jemand irgendwelche erfundene Vogel- oder Schweinegrippen-Pandemien ernst. Es ließen sich trotz angestrengter Panikmache der Mainstream - Medien bedeutend weniger Menschen impfen als erhofft. Drosten damals: *„Bei der Erkrankung handelt es sich um eine schwerwiegende allgemeine Virusinfektion, die erheblich stärkere Nebenwirkungen zeitigt als sich irgendjemand vom schlimmsten Impfstoff vorstellen kann."* [265]

Betrachten wir uns die gesundheitlichen Folgen der damaligen Schweinegrippeimpfung. Pandemrix war im September 2009 in der Europäischen Union zum Schutz gegen den Virusstamm H1N1A/v zugelassen worden. Epidemiologische Studien ermittelten einen Zusammenhang mit dem Impfstoff Pandemrix und der Erkrankung an Narkolepsie. Für Narkolepsie-Patienten gibt es keine Heilung, manche schlafen bis zu 40 Mal am Tag ein. Geimpfte können auch Jahre nach der Impfung noch an einer Narkolepsie erkranken.[266] Bei Pandemrix wurden pro eine Millionen Geimpfte 75,8 schwere Nebenwirkungen gemeldet.[267]

Auf die direkten finanziellen Folgen für die Bundesländer wird in Kapitel 6.4 eingegangen. Allerdings muss ein Staat, der seinen Bürgern eine Impfung dringend nahelegt, auch für die negativen Folgen dieser Empfehlung einstehen.[268] Das ist der große Vorteil für die Impfhersteller. Sie haften nicht dafür. Letzen Endes haften die Bürger, welche sich in diesem Fall impfen lassen, selber für eintretende Impfschäden. Schließlich zahlen sie die Steuern, mit welchen der Staat dann haftet. „In Finnland beantragten 342 Menschen eine Entschädigung, 244 Anträge wurden bewilligt. Insgesamt wurden 22 Millionen Euro gezahlt. (...) In Frankreich sind etwa 90 Narkolepsie-Fälle als Folge der Pandemrix-Impfung bekannt. Die Höhe der Entschädigungszahlungen liege zwischen 70.000 bis 300.000 Euro, in drei besonders schweren Fällen bei 600.000 bis 650.000 Euro. Für Deutschland hat das zuständige Paul-Ehrlich-Institut 51 Verdachtsfälle erfasst" (Stand: 2015).[269] „Schweden will mehr als 300 anerkannte Opfer mit jeweils bis zu einer Million Euro entschädigen." [270]

Trotz dieser Vorerfahrungen von 2009 forderten Politiker während der Corona-Krise eine Impfpflicht. Wie 2009 sollten aufgrund der Eile die Standards stark herabgesetzt werden, damit der Impfstoff schnell auf den Markt kommen konnte. Bereits 2009 hatte der Impfstoff-Hersteller GlaxoSmithKline früh brisante Informationen zu Nebenwirkungen des in Europa eingesetzten Impfstoffs Pandemrix einfach ignoriert.[271] Wie bereits beschrieben, haftet der Hersteller nicht bei Folgeschäden, wenn die Impfung vom Staat empfohlen wird.

In der Telefonschaltkonferenz der Bundeskanzlerin mit den Regierungschefinnen und Regierungschefs der Länder am 15. April 2020, wurde unter Punkt 17 eine Impfung als einziger Weg zur Rückkehr zum normalen Alltag beschlossen:

„Eine zeitnahe Immunität in der Bevölkerung gegen SARS-CoV-2 ohne Impfstoff zu erreichen, ist ohne eine Überforderung des Gesundheitswesens und des Risikos vieler Todesfälle nicht möglich. Deshalb kommt der

Impfstoffentwicklung eine zentrale Bedeutung zu. Die Bundesregierung unterstützt deutsche Unternehmen und internationale Organisationen dabei, die Impfstoffentwicklung so rasch wie möglich voranzutreiben. Ein Impfstoff ist der Schlüssel zu einer Rückkehr des normalen Alltags. Sobald ein Impfstoff vorhanden ist, müssen auch schnellstmöglich genügend Impfdosen für die gesamte Bevölkerung zur Verfügung stehen.“ [272]

Wie in Kapitel 4.6.4.2„Reproduktionsrate“ gezeigt, lag zu diesem Zeitpunkt der Reproduktionsfaktor bereits seit knapp einem Monat bei 1 und darunter, die Neuinfiziertenrate sank bereits seit über einem Monat. Das alles vor irgendwelchen Maßnahmen der Regierung. Der bayerische Ministerpräsident Markus Söder erklärte am 23.04.2020, dass er für eine Impfpflicht offen wäre. Auch Grünen-Chef Robert Habeck befürwortete die Pflicht.[273]

Bundesgesundheitsminister Jens Spahn rechnete nicht damit, dass bei Vorliegen eines Impfstoffs gegen das Coronavirus auch eine Impfpflicht kommen müsste. *„Überall da, wo wir durch Bereitschaft und gutes Argumenttieren zum Ziel kommen, braucht es aus meiner Sicht keine Pflicht.* Er hoffe, dass nun auch Impfdebatten aus der Zeit vor der Corona-Krise *„vielleicht in einem neuen Licht“* gesehen würden.[274]

Wie eingangs dieses Kapitels erwähnt, wurde die psychologische Stimmung in der Bevölkerung ständig überwacht. Auch was zu tun sei, um „Impfdebatten in einem neuen Licht“ sehen zu lassen wurde ausgearbeitet.

Was aber, wenn sich aufgeklärte, mitdenkende Bürger allerdings genauso verhalten sollten wie 2009? Hier ließen sich die Politiker einen Trick einfallen. Die Impfpflicht mit Gewalt durchzusetzen dürfte wohl ein schwieriges Unterfangen werden. Am 29.04.2020 wurde ein Gesetzesentwurf beschlossen, einen Corona-Immunitätsausweis einzuführen.[275] Spahn meinte, dass es eine „Chance“ sei, dass Bürger „unbeschwerter“ bestimmten Tätigkeiten nachgehen könnten. Bürger, die „krankheitsverdächtig“ sind, können nach dem Infektionsgesetz, dazu verpflichtet werden, in Quarantäne zu gehen oder „bestimmte Orte oder öffentliche Orte nicht oder nur unter bestimmten

Bedingungen zu betreten". „Künftig soll es möglich sein, in diesem Fall den Immunitätspass vorzulegen, um eine Ausnahmegenehmigung zu bekommen."[276] „In Nordrhein-Westfalen soll unterdessen bereits in zwei bis drei Wochen ein digitaler Immunitätsausweis erprobt werden. Test-Patienten werden dann mithilfe einer App einen Nachweis für ihr Corona-Testergebnis verschlüsselt in einer Datenbank abspeichern. Flughäfen, Infrastrukturunternehmen und Behörden könnten dann den Teststatus der Person digital überprüfen." [277]

Normales Leben also nur noch bei Immunitätsnachweis. Und jede Person ist ja dann selber schuld, wenn sie kein normales Leben führen kann - sie braucht sie ja nur impfen zu lassen. Und das tolle dabei: das kann jedes Jahr wiederholt werden, da sich Viren natürlicherweise jedes Jahr verändern. Nach heftigem Widerstand verschiedenster Seiten bat Spahn den Deutschen Ethikrat darum, zu dem Thema eine Stellungnahme abzugeben und legte den Gesetzesentwurf vorerst auf Eis.[278]

Am 12.04.2020 gab Bill Gates öffentlich bekannt, dass er den Corona - Impfstoff 7 Milliarden Menschen verabreichen wolle. Dabei räumte ihm die tagesthemen der ARD 15 Minuten bester Sendezeit ein, in welcher er sein Impfprogramm und sich selber propagieren konnte.[279] Die Virologie der Berliner Charité wurde in Sachen Covid-19 von der Bill und Melinda Gates Stiftung gefördert.

Nach den USA (15,2%) ist die Bill und Melinda Gates Stiftung der größte Geldgeber der WHO mit 12,1%. Auf Platz drei folgt die GAVI Impfallianz mit 8,2%.[280] Bei dieser Allianz war die Bill und Melinda Gates Stiftung einer der Gründungspartner und ist wichtiger Geldgeber.[281] *Die Frist für die Millenniumsentwicklungsziele läuft ab und Gavi denkt bereits an den nächsten Schritt: Wir wollen jedes Kind mit Impfungen erreichen*[282] schrieb GAVI bereits im August 2014. Das Setzen von Impfstoffen auf die politische Agenda von Staaten ist das Hauptziel der GAVI Impfallianz.[283] Bis zum Jahr 2025 benötigt

GAVI 7,4 Milliarden US-Dollar, weswegen bereits 2019 eine Geberkonferenz in Großbritannien für den Sommer 2020 geplant wurde.[284]

Diese fand Anfang Juni statt und es wurden 7,8 Milliarden Euro (8,8 Milliarden US-Dollar) für die Impf-Allianz Gavi gesammelt. „Deutschland beteiligt sich mit 600 Millionen Euro an der Impfallianz, wie Bundeskanzlerin Angela Merkel in einer Videobotschaft ankündigte." [285] An dem Treffen nahmen Vertreter aus mehr als 50 Ländern und Einzelpersonen wie der Microsoft-Gründer Bill Gates teil. Dass der ursprünglich veranschlagte Betrag bis zu Jahr 2025 bereits nun übererreicht war, hatte GAVI sicher auch der Corona-Krise zu verdanken. Schließlich war Impfung „in".

Bereits Anfang Mai fand eine internationale Geberkonferenz für einen Corona-Impfstoff statt. Dabei waren 7,4 Milliarden Euro für die Suche nach Impfstoffen und Medikamenten zusammengekommen. „Mit einem Beitrag von einer Milliarde Euro trägt die EU-Kommission selbst einen Großteil bei. Bundeskanzlerin Angela Merkel sagte für Deutschland 525 Millionen Euro zu."[286] Größter Nettozahler in der EU ist Deutschland.[287] Besonders interessant hierbei ist folgende Tatsache. Die Staaten finanzieren Impfstoffhersteller bei der Entwicklung eines Impfstoffes, den diese Hersteller den Staaten dann verkaufen. Sollte es dann zu Impfschäden kommen, haften nicht die Hersteller, sondern die Staaten, wie bereits erläutert. Anders gesagt. Die Bürger, da Steuerzahler, finanzieren die Forschung und Entwicklung eines Impfstoffes, den sie dann selber kaufen und bezahlen und bei Schäden auch noch selber haften. Zusätzlich überlegt man, ob man die Bürger zwangsverpflichtet, diesen Impfstoff zu konsumieren. Und das alles wird mit einer „Gefahr" begründet, welche wissenschaftlich, objektiv gesehen, so gar nicht vorhanden ist.

Insgesamt sind 77% der Einnahmen der WHO zweckgebundene Spenden, teilweise von den Mitgliedstaaten und von privaten Stiftungen oder von Pharma-Unternehmen. Das bedeutet, dass die WHO das Geld für Programme ausgeben muss, welche diese Geldgeber vorgeben. Also welche Forschung gefördert wird, welche medizinischen Maßnahmen ergriffen werden und in welchem Land.

Thomas Gebauer, Gesundheitsexperte von Medico International, kritisiert daher, dass die Geber darum bemüht sind, ihre eigenen Interessen zur Geltung zu bringen. *„Sie wollen nicht unbedingt breitenwirksame Gesundheits-Förderungsprogramme finanzieren, sondern sie wollen einzelne Krankheiten bekämpfen. Damit steht man dann, wenn es erfolgreich ist, gut in der Öffentlichkeit dar."* [288]

Am 15.04.2020 kündigte US-Präsident Trump den Stopp von US-Zahlungen an die Weltgesundheitsorganisation an.[289] Am 16.05.2020 forderte der Präsident von Madagaskar, Andry Rajoelina, alle afrikanischen Nationen auf, aus der WHO auszutreten. Er stellte klar, dass Afrika längst ein Medikament gegen Covid-19 gefunden hat. Europa weigere sich dies anzuerkennen, weil es glaubt eine Monopolstellung auf Intelligenz zu haben. *„Vor diesem Hintergrund lade ich alle afrikanischen Nationen ein, aus den internationalen Organisationen auszutreten, damit wir unsere (eigene Organisation – d. Red.) aufbauen können."* [290]

Mit besonderer Skepsis sind die neuartigen Impfmethoden zu betrachten, welche auch während der Corona-Krise getestet wurden. Hierbei handelte es sich um genetische Modifizierungen des Menschen. Die genaue Übersicht diesbezüglich ist auf der Internetseite der WHO zu finden.[291] Dabei gibt es zwei Methoden.

Bei der DNA-Impfung erfolgt die Integration von einem Abschnitt Fremd-DNA, der für ein spezielles Polypeptid codiert. „Nach Einschleusen der Fremd-DNA in eine Zelle des Empfängers wird dort das gewünschte Polypeptid exprimiert. (…) Anschließend erfolgt eine Präsentation der Peptide an MHC-Klasse I auf der Wirtszelle. Diese werden vom Immunsystem als fremd erkannt, weswegen eine Immunreaktion folgt." [292]

Auch bei der Impfung mit Rekombinante RNA wird diese in die menschlichen Zellen eingebracht. Dort verändert sie die genetischen Prozesse. Genetische Modifizierung beschränkt sich aber nicht auf eine direkte Veränderungen der DNA.

Genetische Modifizierungen beinhalten stets das Risiko, dass diese auch die Keimzellen miteinbeziehen könnten. Daher müssen sich die Teilnehmer an der klinischen Erprobung der neuen genetischen Impfstoffe verpflichten, strenge Maßnahmen der Schwangerschaftsverhütung einzuhalten.[293]

„Über 80% möchten keine gentechnisch veränderten Lebensmittel kaufen. Deshalb gibt es grundsätzlich keine gentechnisch veränderten Lebensmittel in den Regalen."[294] In Deutschland werden seit 2012 keine gentechnisch veränderten Pflanzen kommerziell angebaut. Tiere dürfen in Deutschland nicht mit gentechnisch veränderten Futtermitteln gefüttert werden. Das Europäische Recht schreibt grundsätzlich eine Kennzeichnungspflicht vor, wenn ein Lebensmittel mehr als 0,9 Prozent gentechnisch veränderte Bestandteile enthält. Was ist aber mit dem Menschen selber? Darf dieser durch Impfung gentechnisch verändert werden?

Die Antwort ist laut Gesetz eindeutig ja. Im *„Gesetz zur Regelung der Gentechnik"* ist unter§ 3 *„Begriffsbestimmungen"* zu lesen:

Im Sinne dieses Gesetzes sind
gentechnisch veränderter Organismus
ein Organismus, **mit Ausnahme des Menschen***, dessen genetisches Material in einer Weise verändert worden ist, wie sie unter natürlichen Bedingungen durch Kreuzen oder natürliche Rekombination nicht vorkommt; (…)*
(GenTG §3, Abs.3) [295]

Eine Gen-Impfung ist für Menschen also zulässig. Wenn schon über 80% der deutschen Bevölkerung keine gentechnisch veränderten Lebensmittel möchte, wie hoch ist dann die Wahrscheinlichkeit, dass sie sich durch Impfung freiwillig selber gentechnisch verändern lässt? Zur richtigen Beantwortung dieser Frage bedarf es zwei Voraussetzungen. Erstens muss die Bevölkerung über die Art dieser Impfung informiert werden. Zweitens muss sie in der Lage sein, rational nachdenken zu können, d.h. sie darf sich nicht in einer Atmosphäre der Angst befinden.

6.3.1.6 Schlussfolgerung

Die gravierenden freiheitsbeschränkenden Maßnahmen während der Corona-Krise wurden mit dem Argument verteidigt, dass ein unkontrollierter, starker Anstieg an Erkrankten durch das neue Coronavirus das Gesundheitssystem überlasten könnte und es dadurch zu mehr Toten kommen könnte. Wie bereits erwähnt, basierte das alles auf theoretischen Modellberechnungen, von Personen, die sich in der Vergangenheit immer schon geirrt hatten.

Wie aus diesem Kapitel deutlich wird, können diese Maßnahmen selber allerdings zu tatsächlichen schwerwiegenden, langanhaltenden Gesundheitsrisiken führen. In wie weit diese dann zu einer Belastung oder gar Überlastung des Gesundheitssystems führen, bleibt abzuwarten. Insbesondere wird dies dadurch verstärkt werden, da während der Corona-Krise die Krankenhäuser deutschlandweit nur eine geringe Auslastung hatten, da sie für die von den „ernst zunehmenden" Wissenschaftlern vorausgesagten Massen an Corona-Patienten Kapazitäten freihalten mussten. Die prognostizierten Zahlen gab es nie, die Intensivstationen waren so leer wie noch nie. Planbare Behandlungen wurden verschoben, Operationen abgesagt. Planbare Operationen wie Bypässe oder Gelenkersatz lassen sich aber nicht unbegrenzt aufschieben, ohne einen Rückstau zu verursachen. Selbst notwendige Behandlungen blieben auf der Strecke. Deutschlandweit mussten Kliniken Ärzte und Pflegepersonal in Kurzarbeit schicken.[296] Der Präsident der Deutschen Krankenhausgesellschaft (DKG), Dr. Gerald Gaß, warnte Mitte April 2020: *„Wir haben aus Kliniken besorgniserregende Rückmeldungen, dass die Einweisungen wegen Verdachts auf Herzinfarkt und Schlaganfall deutlich zurückgegangen sind. Und das liegt nicht daran, dass es weniger Verdachtsfälle gibt, sondern, dass Patienten aus Angst sich gar nicht beim Rettungsdienst melden. Auch der Umstand, dass viele niedergelassene Fachärzte ihre Praxen nicht in vollem Umfang betreiben führt mutmaßlich dazu, dass Erkrankungen verschleppt und zu spät erkannt werden."* [297] Das heißt, dass auf Grund der

Maßnahmen, nicht auf Grund des neuen Coronavirus, Patienten litten, schwer erkrankten und verstarben. Und auch auf Grund der Maßnahmen, nicht auf Grund des Virus, war eine Überlastung der deutschen Krankenhäuser absehbar.

Bereits während der Corona-Krise kam es auch zu vielen Arzt- und Krankenhausbesuchen aufgrund der Maßnahmen selber. Als Beispiel soll hier nur ein Fall aus Landshut genannt werden. Ein kleines Mädchen wurde mit Sturzverletzungen in der Kinder- und Jugendpsychiatrie in Landshut aufgenommen. Sie stürzte aus dem 2. Stock, als sie versucht hatte sich mit zusammengeknoteten Bettlaken nach draußen abzuseilen. Ihre Eltern hielten sich in hysterischer Übertreibung strikt an die Ausgangsbeschränkungen und ließen auch das Kind nicht nach draußen...

Insbesondere vor der Einführung einer teilweisen Impfpflicht ist zu warnen. Andere freiwillige Impfungen können so weniger wichtig erscheinen oder von impfkritischen Personen häufiger weggelassen werden. Bei jeder Impfung gilt es die Gefährlichkeit der Krankheit gegen die potentiellen Impfnebenwirkungen, Impfschäden und alternative Behandlungsmethoden abzuwägen. Insbesondere muss die Bevölkerung transparent über Art der Impfung, ihre Nebenwirkungen und evtl. Folgeschäden aufgeklärt werden. Eine Impfdiktatur darf es in einem demokratischen, freiheitlichen Rechtsstaat nicht geben.

6.3.2 Wirtschaftliche Risiken der freiheitsbeschränkenden Maßnahmen

Die wirtschaftlichen Risiken und Folgen der freiheitsbeschränkenden Maßnahmen während der Corona-Krise kann ein Wirtschaftswissenschaftler besser einschätzen. Dies ist auch nicht das Hauptanliegen dieses Kapitels. Die hier kurz angesprochenen Risiken haben allerdings einen großen Effekt auf die Gesundheit und die Psyche der Menschen.

Auf Grund der Maßnahmen kam es weltweit zu einer Rezession. Die Schwere dieser Rezession ist direkt abhängig von der Dauer der Maßnahmen. Doch schon während der Corona-Krise kam es zu drastischen Veränderungen in vielen volkswirtschaftlichen Bereichen.

Der deutsche Leitindex, in dem die 30 größten Unternehmen an der Frankfurter Börse zusammengefasst sind, verlor innerhalb von nur drei Wochen rund 5.000 Punkte – ein Minus von mehr als 35 Prozent. Seit seiner Gründung 1988 ging es mit dem Deutschen Aktienindex (Dax) noch nie so schnell und so steil abwärts (vgl. Abb. 21).

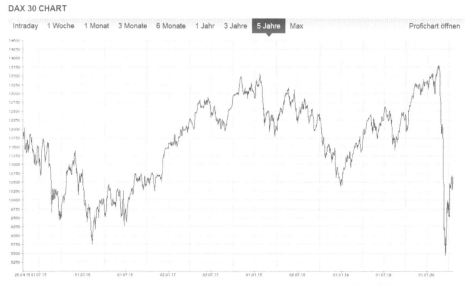

Abbildung 21: DAX, Stand 20.04.2020 (5-Jahresverlauf)   *Quelle: finanzen.net GmbH* [298]

Bis Ende März 2020 wurde der Lufthansa-Betrieb auf fünf Prozent der Flüge reduziert. Mehrere Airlines wie easyJet, Austrian und Air Baltic hatten ihren Betrieb vorerst vollständig eingestellt. Die ohnehin angeschlagene Fluggesellschaft Alitalia wurde verstaatlicht, damit sie nicht pleite ging. Der Flugverkehr über Deutschland und weltweit brach drastisch ein (vgl. Abb. 22). „Rund 330.000 Frauen und Männer sind direkt bei den Fluggesellschaften, in der zivilen Luftfahrtindustrie, an den Flughäfen und bei der Flugsicherung beschäftigt. Hinzu kommen rund 354.000 Arbeitsplätze bei Unternehmen, die von Aufträgen aus der Luftfahrt abhängen, zum Beispiel in der Bauwirtschaft und in der Nahrungsmittelindustrie." [299] Die Deutsche Lufthansa musste mit bis zu 9 Milliarden Euro staatlicher Hilfe gerettet werden.[300] Der Großaktionär Thiele kündigte dann am 29.06.2020 einen Stellenabbau an, welchen er als „Personalkostenreduzierung" umschrieb.[301]

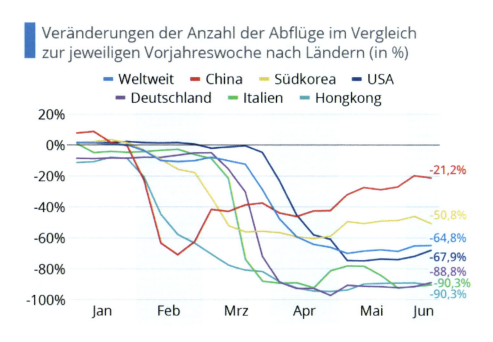

Abbildung 22: Verlauf Flugverkehr bis Mitte Juni

Quelle: statista.com [302]

Bis zum 27.03.2020 haben 470.000 Betriebe Kurzarbeit bei der Bundesagentur für Arbeit angezeigt.[303] Diese Zahl stieg weiter. Zum 13.04.2020 waren es bereits 725.000 Betriebe.[304] Hier kam es tatsächlich zu einem „rasanten Anstieg" (vgl. Abb. 23). Die Kurzarbeit-Anzeigen kamen aus allen Wirtschaftszweigen. Besonders stark betroffen war der Handel sowie das Hotel- und Gaststättengewerbe. Während der Finanzkrise der Jahre 2008 und 2009 waren es in der Spitze über 55.000 Betriebe vor allem in der Industrie, die Kurzarbeit anzeigen mussten. Betroffen waren rund 1,14 Millionen Menschen.[305]Die Bundesregierung rechnete Mitte März 2020 damit, dass allein aus konjunkturellen Gründen voraussichtlich 2,35 Millionen Menschen auf Kurzarbeitergeld angewiesen sein würden.[306] Bei Kurzarbeit erhalten sozialversicherungspflichtige Arbeitnehmer 60% ihres Nettoeinkommens (67% bei Arbeitnehmern mit Kindern). Selbständige, Soloselbständige und Freieruflicher fallen hier nicht darunter.

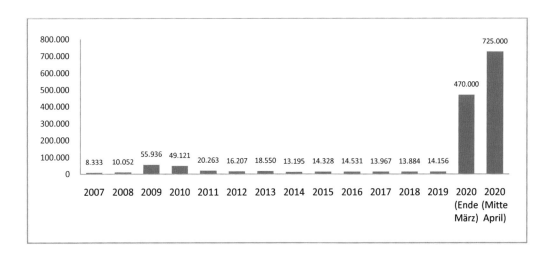

Abbildung 23: Anstieg Kurzarbeit März / April 2020

Quelle für die Jahre 2007 – 2019: statista.com [307] / eigene Darstellung

Am 31.03.2020 schrieb das Institut für Arbeitsmarkt- und Berufsforschung bezüglich der Arbeitslosenzahlen: „Die konjunkturnähere Arbeitslosigkeit im Rechtskreis des SGB III verzeichnete einen deutlichen Anstieg, was dem Druck durch die Beeinträchtigung des Außenhandels auf die bereits schwache Industrie geschuldet sein könnte. Der Ausblick auf die kommenden Monate lässt erwarten, dass der Arbeitsmarkt stark unter Spannung gerät. Das IAB-Arbeitsmarktbarometer verzeichnete im März den stärksten Rückgang seit seinem Bestehen." [308] Am 23.04.2020 planten fast ein Fünftel der deutschen Unternehmen dem Ifo-Institut zufolge im Zuge der Virus-Krise einen Stellenabbau. 18 Prozent der Firmen wollten Mitarbeiter entlassen oder befristete Verträge nicht verlängern. Fast 50 Prozent der Firmen würden Kurzarbeit fahren.[309]

Die Zahl der Arbeitslosen ist in Deutschland im Mai wegen der freiheitsbeschränkenden Maßnahmen im Vergleich zum April noch einmal um 169.000 auf 2,813 Millionen Menschen angestiegen. Die Arbeitslosenquote kletterte um 0,3 Punkte auf 6,1 Prozent. „Im Vormonat April waren mehr als 300.000 Menschen wegen der Corona-Krise in die Arbeitslosigkeit gegangen. Normalerweise erlebt der Arbeitsmarkt sowohl im April als auch im Mai einen Frühjahrsaufschwung, die Zahl der Arbeitslosen geht um diese Jahreszeit saisonbedingt üblicherweise nach unten." [310] Weiter wurde im Mai von den Unternehmen für weitere 1,06 Millionen Menschen Kurzarbeit angezeigt. Diese kamen zu den bereits zuvor getätigten Anzeigen für 10,66 Millionen Menschen hinzu. Betroffen waren also 11,72 Millionen Menschen. Dies war zu diesem Zeitpunkt der höchste jemals gemessene Wert.

Auch im Juni stiegen die Arbeitslosenzahlen weiter. Sie stieg von Mai auf Juni um 40.000 auf 2,853 Millionen. Das waren 637.000 mehr als vor einem Jahr. Die Arbeitslosenquote legte von Mai auf Juni um 0,1 Prozentpunkte auf 6,2 Prozent zu. Für die Jahreszeit üblich ist im Juni ein Rückgang der Arbeitslosenzahl.   Arbeitslosigkeit hat verschiedenste Auswirkungen sowohl für die betroffene Person, als auch für die Gesellschaft. Hier sollen nur die für diese Arbeit wichtigsten möglichen Folgen aufgezeigt werden. Bis Ende Juni haben die Betriebe für mehr als 12 Millionen Menschen Kurzarbeit angemeldet. Zu den 11,8 Millionen im März, April und Mai kamen im Juni noch einmal Anzeigen für 342.000 Menschen hinzu.[311] Für die betroffene Person kann Arbeitslosigkeit u.a. folgende mögliche Auswirkungen haben: [312]

- finanzielle Einbußen und evtl. Verarmung
- psychische Folgen wie Selbstzweifel, Hoffnungslosigkeit und Resignation
- gesundheitliche Probleme wie Depressionen, Bluthochdruck, erhöhte Blutfettwerte, Suchterkrankungen, erhöhtes Herzinfarktrisiko etc.
- erhöhtes Sterblichkeitsrisiko
- Verlust des gesellschaftlichen Ansehens
- Abbruch von sozialen Kontakten
- gesellschaftliche und kulturelle Isolation
- Diskriminierung
- erhöhte Suizidgefahr
- keine Möglichkeit der Selbstverwirklichung über die Arbeit

Für eine Gesellschaft bedeutet Arbeitslosigkeit, dass sich das Bruttoinlandsprodukt und die Steuereinnahmen verringern, während gleichzeitig Sozialkosten wie die Zahlung von Arbeitslosengeld und Arbeitslosenhilfe steigen. „Zudem kann eine hohe Arbeitslosenquote den sozialen Frieden und die politische Stabilität eines Landes gefährden. Denn mit steigender Arbeitslosigkeit geht mitunter auch eine steigende Armut einher, die eine erhöhte Kriminalität und einen zunehmenden Unmut der Bevölkerung hervorrufen kann. Dies kann den Nährboden für extremistische politische Strömungen bieten." [313]

Maruthappu et al. (2016) zeigten dass die erhöhte Arbeitslosigkeit 2008-2010 auf Grund der Weltwirtschaftskrise zu zusätzlichen Krebstoten geführt hat.

Die Zahl der zusätzlichen Krebsopfer in den Mitgliedsländern der Organisation für Wirtschaftliche Entwicklung und Zusammenarbeit (OECD) schätzen die Forscher auf 260.000. Rechnet man die Zahl hoch, könne man weltweit von mehr als 500.000 zusätzlichen Todesopfern durch Krebs ausgehen. Allein in der EU seien schätzungsweise 160.000 Menschen zusätzlich an Krebs gestorben.[314]

Diese wenigen Beispiele reichen aus, um schlussfolgern zu können, dass die wirtschaftlichen Folgen der gravierenden freiheitsbeschränkenden Maßnahmen der Regierungen sowohl direkten, als auch indirekten Einfluss auf das Gesundheitssystem haben, welches sie ja mit diesen Maßnahmen entlasten wollten.

Zum Einen nahmen sowohl die somatischen als auch die psychischen Erkrankungen zu. D.h. das Gesundheitssystem hat mehr erkrankte Menschen zu versorgen. Dies sogar mittel- bis langfristig.

Zum Anderen stehen dem Gesundheitssystem weniger finanzielle Mittel zur Verfügung. Auf der einen Seite gibt es weniger Einnahmen, da die Beiträge zur Kranken- und Pflegeversicherung sinken. Sowohl durch ein niedrigeres Einkommen durch die Kurzarbeit, als auch durch den vollständigen Wegfall der Beitrage durch höhere Arbeitslosigkeit. Auf der anderen Seite kommen zusätzliche Kosten auf Grund der Behandlung einer Vielzahl zusätzlich mittel- bis langfristig Erkrankter hinzu. Die Staaten werden dies kaum kompensieren können. Sie haben ja weniger Steuereinnahmen und höhere Ausgaben durch Hilfs- und Konjunkturprogramme, sowie höhere Sozialausgaben zur Finanzierung der Kurzarbeiter und Arbeitslosen.

Das wird wahrscheinlich zu weiteren Einsparungsmaßnahmen im Gesundheitssystem führen. Noch weniger Krankenhäuser und medizinisches Fachpersonal. Es treffen dann mehr Kranke auf weniger Behandlungskapazitäten. Das Gesundheitssystem wird dann tatsächlich überlastet sein.

6.3.3 Risiko häusliche Gewalt

Für Menschen bedeuten unfreiwillige soziale Isolation, Furcht um die Gesundheit oder Sorgen um die berufliche Zukunft Überforderung und Stress. Wie in Kapitel 5 bereits beschrieben, sind Stress und Angst miteinander verbunden. Stress und Angst führen zu einer Zunahme innerer Spannung und aggressiver Verhaltensweisen. Besonders Menschen, die Schwierigkeiten haben mit Frustrationen umzugehen, stoßen schnell an ihre Grenzen. Die Psychologie spricht hier auch von einer niedrigen Frustrationstoleranz. Diese Menschen geraten schnell aus der Fassung, werden ärgerlich oder reagieren entmutigt oder deprimiert.[315] Je länger nun eine unsichere, angstmachende Situation aufrechterhalten wird, desto wahrscheinlicher ist ein gewalttätiges Verhalten.

Dieses Verhalten dient dazu, durch Ängste und Stress bedingte Spannungen abzubauen. Es kann entweder gegen sich selbst gerichtet sein, in Form von Selbstverletzungen oder Suizidhandlungen. Dabei werden Aggressionen, die sich auf andere beziehen, gegen sich selbst gerichtet. Das kommt insbesondere bei Menschen vor, welche eher zur Depression neigen und / oder eine große Hemmung haben, ihre auf andere bezogene Aggression auszuagieren. Die meisten Menschen, die einen Selbstmordversuch ausüben oder Handlungen vollführen, bei denen der Tod beabsichtigt oder in Kauf genommen wird, wollen nicht wirklich sterben. Sie sind verzweifelt und wissen nicht mehr weiter. Es sind meistens „Hilferufe", die aber auch tödlich enden können. Selbstaggressives Verhalten zeigt sich auch in Formen gesundheitlichen Risikoverhaltens wie Alkohol- und Drogenmissbrauch. Hier wird versucht, der Realität durch den Rausch zu entfliehen.

Die andere Form aggressiven und gewalttätigen Verhaltens ist nach außen gerichtet. Dies kann entweder durch Ausagieren der Aggression direkt gegen die aggressionsauslösende Person oder Sache geschehen. Weitaus häufiger ist aber die Verschiebung. Dabei werden die Impulse von einer Person oder

Sache, der sie ursprünglich gelten, auf eine andere verschoben, so dass die ursprünglich gemeinte Person oder Sache unberührt bleibt. Das geschieht hauptsächlich dann, wenn die tatsächlich gemeinte Person bzw. Sache nicht angreifbar ist, oder sich eine Person nicht traut, gegen die ursprüngliche Person oder Sache vorzugehen. Wir können das beispielsweise am Phänomen sehen, wenn eine Person Ärger mit dem Chef hatte, sich aber nicht traut sich mit ihm auseinanderzusetzen, und diesen Ärger dann zu Hause gegen seine Frau oder seine Kinder richtet, die mit der eigentlichen Sache nichts zu tun haben. Diese Aggressionen richten sich also stets gegen Schwächere.

Weltweit kam es wegen der freiheitsbeschränkenden Maßnahmen der Regierungen zu einer Zunahme von häuslicher Gewalt, insbesondere gegen Frauen und Kinder. Hier nur einige Beispiele. In Großbritannien stieg die Rate ermordeter Frauen und Kinder in den ersten drei Wochen der Ausgangssperre um 320%. Die Anrufe bei der englischen Notzentrale für häusliche Gewalt, National Domestic Abuse Helpline, stieg von etwa 270 Anrufe am Tag auf täglich 400 Anrufe. „Seit Beginn der Corona-Krise ist die Nachfrage auf der Website der Hilfsorganisation um 700 Prozent gestiegen." [316] 30 Prozent mehr häusliche Gewalt in Frankreich. Fast 20 Prozent mehr Anrufe beim bundesweiten Hilfetelefon in Deutschland und 40 Prozent mehr beim argentinischen.[317] „Aus China wurde bereits berichtet, dass es nach Wochen strenger Isolationsmaßnahmen dreimal so viele Fälle an häuslicher Gewalt gab wie üblich." [318]

In Deutschland wurden nach einer Studie der Technischen Universität München 3% der Frauen in Deutschland in der Zeit der strengen Kontaktbeschränkungen zu Hause Opfer körperlicher Gewalt, 3,6% wurden von ihrem Partner vergewaltigt. In 6,5 % aller Haushalte wurden Kinder gewalttätig bestraft.[319] Rechnen wir diese Zahlen um. In Deutschland leben 41 Millionen Frauen.[320] Rund 20,8 Millionen Paare lebten 2017 in Deutschland zusammen.[321] Das ist die aktuellste Zahl. Wir benutzen diese. Das heißt, ca. 62.400 Frauen wurden während und auf Grund der freiheitsbeschränkenden Maßnahmen

Opfer körperlicher Gewalt, knapp 75.000 vergewaltigt. 41,4 Millionen Haushalte gibt es in Deutschland, davon 11,4 Mio. Haushalte mit Kindern, alleinerziehende sind hier nicht berücksichtigt.[322] Ob in der Studie tatsächlich alle Haushalte gemeint sind oder nur die mit Kindern ist unklar. Betrachten wir uns, das Beste hoffend, nur die mit Kindern. Darunter sind Haushalte mit mehreren Kindern. Das heißt auch die körperliche Gewalt gegen Kinder ging während der Kontaktbeschränkungen und auf Grund von diesen, leicht in die Million. Der Kinderarzt Oliver Berthold äußerte am 15.05.2020 *„Wir werden teilweise wegen Verletzungen kontaktiert, die sonst nur bei Zusammenstößen mit Autos auftreten. Da geht es um Knochenbrüche oder Schütteltraumata."* Betroffen seien besonders Kleinstkinder, die noch nicht selbst laufen können. *„Da liegt der Verdacht nahe, dass den Kindern massive Gewalt zugefügt wurde." (…) Diese klare Nebenwirkung der Lockdown-Maßnahmen war zu erwarten(…)"* [323] Kinderärztepräsident Thomas Fischbach betonte: *„Der rein virologische Blick auf die Lage ist nicht ausreichend."* Gerade für Kinder sei der soziale Kontext von existenzieller Bedeutung. *„Das dauerhafte Einsperren der Kinder führt zu innerfamiliären Konflikten".* [324]

Kinder sind hierbei einer doppelten Gefahr ausgesetzt. Für diese besteht nicht nur das Risiko, direkt Gewalt zu erfahren, sondern auch als Zeugen häuslicher Gewalt indirekt Gewalt zu erleben. Hamblen & Barnett (2009) zeigten, dass Kinder, die Zeugen von Gewalt gegen ein Elternteil wurden, mit nahezu hundertprozentiger Wahrscheinlichkeit eine posttraumatische Belastungsstörung entwickeln. Neben der Gefahr körperlich geschädigt zu werden, ist eine psychische Schädigung durch häusliche Gewalt nahezu sicher. Und diese psychische Schädigung ging aufgrund der freiheitsbeschränkenden Maßnahmen der Regierung in die Million.

Zudem sanken die Chancen der Betroffenen während den Kontakt-beschränkungen, Hilfsangebote zu erreichen und die Wahrscheinlichkeit, vom Täter entdeckt zu werden, stieg. „Dies könnte wiederum dazu beitragen, dass sich die Abhängigkeit der Betroffenen zusätzlich erhöht und weitere

Ohnmachts- und Schuldgefühle auslösen."[325] Die Kontrollfunktion von Kindergärten, Schulen, kinderärztlichen Kontrolluntersuchungen, Vereinen usw. fielen wegen den freiheitsbeschränkenden Maßnahmen weg. Es wurde versucht, diesem mit einem Codewort entgegenzuwirken. „Maske 19" wurde zu einem Codewort für Apotheker in mehreren Ländern.[326] Apotheker waren angehalten, die Polizei zu alarmieren, wenn Frauen das Codewort „Maske 19" verwenden.

Dass aufgrund der freiheitsbeschränkenden Maßnahmen die Scheidungsrate signifikant zunahm ist nicht verwunderlich.[327] Als die Ausgangsbeschränkungen in der Millionenstadt Wuhan gelockert wurden, explodierten die Scheidungsanträge. Ein Grund für diese „Corona - Scheidungen" war die bereits erwähnte Zunahme der häuslichen Gewalt. Ein anderer Grund war, dass Paare gezwungen waren, von einem auf den anderen Tag mehr Zeit als gewöhnlich miteinander zu verbringen. Dabei kam es zu vermehrten Streitereien, welche die Beziehungen letzt endlich auseinandergehen ließen.

6.3.4 Risiko Sozialer Unfrieden

Eine soziale Unruhe wird mit Aufstand, Meuterei oder Revolte definiert.[328] Ausgangspunkt für soziale Unruhen sind oft Armut und fehlende Aussichten auf Besserung. In ihrer Risikoanalyse zum Bevölkerungsschutz aus dem Jahr 2012 geht die Bundesregierung davon aus, dass in Zusammenhang mit einer Pandemie auch eine zunehmende Verunsicherung und das Gefühl, durch die Behörden und das Gesundheitswesen im Stich gelassen zu werden, aggressives und antisoziales Verhalten fördern.[329]

Wie bisher beschrieben, nahmen durch die freiheitsbeschränkenden Maßnahmen die Sorgen um die Wirtschaftskraft Deutschlands zu und blieben stabil hoch. Auch die Befürchtung, dass die Corona-Pandemie die soziale

Ungleichheit verstärkt, war vorhanden.[330] Hierbei ist natürlich nicht die „Pandemie" durch das neue Coronavirus gemeint, sondern die freiheitsbeschränkenden Maßnahmen der Regierung. Hinzu kam das immer weiter auseinanderdriften der Bevölkerung in der Akzeptanz der freiheitsbeschränkenden Maßnahmen, je länger diese anhielten. Das alles bot einen Nährboden für sozialen Unfrieden und barg die Gefahr von Gewaltausbrüchen.

Am 15.04.2020 warnte der Internationale Währungsfonds (IWF) vor sozialen Unruhen wegen der „Coronavirus-Pandemie". Natürlich waren damit die freiheits-beschränkenden Maßnahmen der Regierungen gemeint. Das Virus selber kann ja keine sozialen Unruhen auslösen, er ist ja psychotrop. „In einigen Ländern könne es "neue Proteste" geben, wenn Maßnahmen zur Abfederung der Covid-19-Krise als unzureichend empfunden würden. (…) Zu Unruhen könne es auch kommen, wenn der Eindruck entstehe, die Hilfen kämen "auf unfaire Weise" eher großen Unternehmen zu Gute als der Bevölkerung. (…) Der Bericht verweist auf soziale Unruhen in den vergangenen Jahren, die aus Unmut über wirtschaftspolitische Maßnahmen entstanden, etwa in Ecuador, Chile, Haiti, im Iran und in Frankreich mit der "Gelbwesten"-Bewegung." [331]

Die Kreditwürdigkeit Südafrikas sank aufgrund des Lockdowns Ende April 2020 auf "Ramsch"-Niveau, internationale Investoren zogen Gelder ab und in der Bevölkerung, wuchs die Unruhe. In Kapstadt ging die Polizei am 14.04.2020 mit Gummigeschossen und Tränengas gegen Bewohner von Armenvierteln vor, die gegen einen schlechten Zugang zu Lebensmittelhilfen protestierten.[332] „In seiner Rede vom 22. April 2020 hat Präsident Cyril Ramaphosa ein 25 Milliarden-schweres Konjunkturpaket angekündigt (10 % des BIP), um das wirtschaftliche Überleben Südafrikas und seiner Bewohner zu sichern." [333]

Bereits Ende März 2020 drohten Menschen in Süditalien mit einem „Sturm auf die Paläste". Der Geheimdienst warnte vor sozialen Unruhen, es gab versuchte von Plünderungen.[334] Ministerpräsident Conte gab per Erlass mit sofortiger Wirkung 4,3 Milliarden Euro frei. Das Geld sollte von den Kommunen an die Bedürftigsten verteilt werden, mit Einkaufsgutscheinen und Lebensmittelpaketen, aber auch durch Barmittel.

Ende Mai 2020 waren alleine in Madrid über 105.000 Menschen von Lebensmittelspenden abhängig. Hunderte Bewohner Madrids demonstrierten gegen die Regierung und ihre Coronavirus-Maßnahmen. Die spanische Polizei traute sich nicht gegen diese Demonstrationen vorzugehen, obwohl sie gegen die „Notstandsgesetze" verstießen. Sie bereitete sich auf soziale Unruhen wegen der Wirtschaftskrise vor.[335] Die Proteste gegen die Coronavirus-Maßnahmen nahmen in immer mehr spanischen Städten zu. Die Regierung Spaniens erließ daraufhin ein „Gesetz zur Sicherheit der Bürger", mit welchem die Demonstrationsfreiheit enorm eingeschränkt wurde. So sollten Delikte welche bisher vor dem Gericht verhandelt werden mussten, von den Polizisten geahndet werden können.[336]

Am 25.05.2020 kam der Afroamerikaner George Floyd bei seiner Verhaftung, nachdem er versucht hatte mit Falschgeld zu bezahlen, in Minneapolis durch massive Polizeigewalt ums Leben.[337] In mehr als 75 Städten der USA kam es daraufhin in den folgenden Tagen zu schweren Ausschreitungen. In New York Citybrannten Polizeiautos, in Los Angeles kam es zu Plünderungen.[338] Diese heftigen Gewaltausbrüche alleine dem Fall George Floyd zuzuschreiben, wäre aber falsch.

Polizeigewalt gegen Minderheiten ist in den USA traurige Realität. „Man geht davon aus, dass in den USA bis zu 1000 Angehörige von Minderheiten pro Jahr durch Polizeigewalt sterben."[339] Die Unruhen in Dutzenden US-Städten machten die tiefe soziale Ungleichheit Amerikas sichtbar. Der Lockdown wirkte nämlich wie ein Brandbeschleuniger, der die Ungleichheit der Gesellschaft deutlicher als zuvor zu Tage förderte. Dieser Lockdown stürzte den US-Arbeitsmarkt in die schlimmste Krise seit Jahrzehnten. Seit März bis Ende Mai stellten fast 41 Millionen Menschen Erstanträge auf Arbeitslosenhilfe.[340] Überdurchschnittlich oft betraf das in den USA Afroamerikaner und Latinos. „Sie, die einfachen Arbeiter, sind es vor allem, die ihren Job verloren haben. Die überwiegend weiße Mittelschicht wiederum hat es in den meisten Fällen lediglich ins Home-Office verschlagen, oft mit vollem Gehalt. Schonungslos offenbart die Pandemie Amerikas soziale Ungerechtigkeiten." [341]

Der „Anteil der Personen, die sich Sorgen über Unruhen und Plünderungen wegen der COVID-19/Corona-Pandemie machen", lag am 31.05.2020 in den USA bei 25%. Gut, das war nach dem Fall George Floyd, allerdings lag der Wert auch bereits am 24.03. 2020 bei 25%.[342]

Zudem stürmten bereits am 01.05.2020 bewaffnete Demonstranten das Parlamentsgebäude in Michigan und forderten das Ende des Notstandes in dem Staat. „Jeder US-Bürger habe das *"Recht, zu arbeiten, um seine Familie zu unterstützen, frei zu reisen, sich zu religiösen Gottesdiensten und anderen Zwecken zu versammeln, sich aus Protest gegen unsere Regierung zu versammeln und über die eigene medizinische Versorgung zu bestimmen"*, schrieb die Protestgruppe "Michigan United for Liberty" bei Facebook, die zu der Demonstration aufgerufen hatte." [343]

Diese wenigen aber eindrucksvollen Beispiele reichen aus, um auf die Gefahr des sozialen Friedens durch die freiheitsbeschränkenden Maßnahmen der Regierungen hinzuweisen. Diese Maßnahmen verbanden nämlich massivste wirtschaftliche Schäden und Arbeitslosigkeit mit der Wegnahme aller verfassungsgemäßen Freiheitsrechte der Bürger. Jeder Grund alleine für sich genommen birgt bereits sozialen Sprengstoff. Die Verbindung der beiden erhöht ihn. Der US-Ökonom und Professor an der Harvard University, Kenneth S. Rogoff, meinte am 17.03.2020*: „Wir erleben die erste wirklich globale Krise seit der Großen Depression 1929."* [344] Auch der Internationalen Währungsfonds (IWF)erwartete Anfang April 2020 die schwerste Wirtschaftskrise seit der Großen Depression 1929. Der Lockdown stürzte 170 der 189 Mitgliedstaaten des Internationalen Währungsfonds (IWF) in die Rezession.[345]

Im Januar 2020, war der IWF noch von einem Wachstum der Weltwirtschaft von 3,3 Prozent für dieses Jahr ausgegangen. Nun sagte die Organisation ein Schrumpfen um drei Prozent voraus. Insgesamt wird die Coronakrise laut den

IWF-Berechnungen weltweit neun Billionen US-Dollar kosten. Für Deutschland rechnete der IWF mit einem Rückgang des Bruttoinlandsprodukts um 7,0 %.[346]

6.4 Risikoeinschätzung

Risikoeinschätzung ist die „Bestimmung des wahrscheinlichen Ausmaßes eines Schadens und der Wahrscheinlichkeit seines Eintritts." [347] Um ein Risiko einschätzen zu können, muss man dieses zunächst wahrnehmen und als solches interpretieren. Zu dem bereits geschriebenen, verweise ich zusätzlich auf Kapitel 7 „Signal-Entdeckungs-Theorie".

„Laien wägen Risiken rein subjektiv ab (Wissen, Emotionen, Kultur etc.) und stellen sich beispielsweise folgende Fragen: "Fühle ich mich bedroht?" oder "Habe ich Angst?""[348]

Risikowahrnehmung und damit die Risikoeinschätzung unterliegen systematischen Verzerrungen:[349]

1) Sehr seltene Unfallereignisse werden überschätzt, sehr häufige unterschätzt.
 z.B. wenige Unfälle beim Bahnfahren gegenüber beim häufigen Autofahren

2) Je höher das Katastrophenpotential, desto höher wird die Gefahr eingeschätzt, unabhängig von der Häufigkeit des Auftretens der Gefahr.
z.B. wird Fliegen als gefährlicher wahrgenommen als Autofahren

3) Gefährdungen, denen man täglich ausgesetzt ist, oder Risiken, die man selbst gut kennt, werden als weniger bedrohlich eingeschätzt.
Neuartige Risiken werden höher bewertet.
Gleiches passiert, wenn wissenschaftliche Erkenntnisse vorliegen.

4) Risiken, durch die kurze Zeit früher ein Zwischenfall erfolgte, werden als bedrohlich eingeschätzt. Gleiches passiert, wenn durch Medien Aufmerksamkeit auf ein Ereignis gerichtet wird.

5) Wird ein Risiko freiwillig übernommen, wird es als weniger bedrohlich wahrgenommen.

6) Sind Schäden reversibel, werden sie als weniger gefährlich eingeschätzt.

7) Ist man persönlich bzw. sind Kinder oder persönlich bekannte Personen von einem Risiko betroffen, wird es als gefährlicher betrachtet.

8) Wenn ein Nutzen nicht erkennbar ist, oder wenn Nutzen und Risiko nicht gleichmäßig verteilt sind, wird das Risiko bedrohlich eingeschätzt.

9) Kann das Ereignis beeinflusst werden, wird es als weniger risikoreich empfunden.

Für die Corona-Krise kann auch mit diesen Punkten erklärt werden, weswegen das Risiko dieses Virus als so hoch eingeschätzt wurde:

1) Es handelte sich um ein relativ seltenes Ereignis. SARS war 2003, die Schweinegrippe 2009. Bei der Schweinegrippe gab es über Wochen dieselben Schlagzeilen wie während der Corona-Krise. Zahlreiche Schulen sind in Deutschland geschlossen worden. Die WHO hatte Millionen Tote prognostiziert. Am Ende fielen der Schweinegrippe in Deutschland rund 250 Menschen zum Opfer - deutlich weniger als in jeder Saison der gewöhnlichen Grippe. Der Impfstoff, den die Bundesländer damals noch hektisch gekauft hatten, musste vernichtet werden, weil ihn niemand mehr haben wollte. Ursprünglich wurden

Impfdosen im Wert von 400 Millionen Euro bestellt.[350] Die Länder blieben auf 283 Millionen Euro Kosten sitzen.[351] Die Kosten für die Vernichtung kann nur geschätzt werden. „Kritik übten die Länder an der fachlichen Beratung durch das für die Zulassung von Impfstoffen zuständige Paul-Ehrlich-Institut in Langen sowie das Berliner Robert Koch-Institut. Beide Bundesinstitute hätten die Ausbreitung der neuen Influenza mit großen Fallzahlen als „sehr wahrscheinlich" eingestuft." [352]

2) Das Katastrophenpotential wurde von den Massenmedien, Politikern und „Experten" als sehr groß propagiert. Das schürte Angst. Doch weswegen vertrauten Politik, Medien und Bevölkerung diesen „Experten"? Dieselben „Experten" hatten sich doch in der Vergangenheit stets geirrt. Hier soll an die Schweinegrippe mit ihren „Experten" und Medienberichten erinnert werden:

Die Schweinegrippe breitet sich immer schneller in Deutschland aus. In der 43. Kalenderwoche sind 3075 Personen neu erkrankt, wie das Robert-Koch-Institut (RKI) am Montag in Berlin mitteilte. In der 42. Kalenderwoche habe die Zahl der Neuerkrankungen noch bei 1860 gelegen. Insgesamt sind nach Angaben des RKI deutschlandweit bislang 29.907 Fälle der neuen Grippe registriert worden. "Die Welle hat begonnen", sagte der Präsident des RKI, Jörg Hacker. Der Leiter des Instituts für Virologie der Universitätsklinik Bonn, Prof. Christian Drosten sagte, es gebe eine drastische Zunahme der Erkrankungen in Süddeutschland. Er gehe davon aus, dass die Welle von Süden aus in einem Zeitraum von fünf bis sechs Wochen über Deutschland hinwegziehen werde. Nach RKI-Zahlen sind allein in Bayern seit Ausbruch der Pandemie im April fast 7500 Fälle registriert worden. Zwei Menschen starben im Freistaat an der Infektion. Drosten rief dringend dazu auf, sich gegen die Schweinegrippe impfen zu lassen. "Bei der Erkrankung handelt es sich um eine schwerwiegende allgemeine Virusinfektion, die erheblich stärkere Nebenwirkungen zeigt als sich irgendjemand vom schlimmsten Impfstoff vorstellen kann." [353]

3) Jeder Mensch ist zwar täglich verschiedensten Virenerkrankungen ausgesetzt, doch nimmt er dies kaum wahr. Nun wurde ein „neuer Coronavirus" propagiert, also etwas noch nicht da Gewesenes, etwas Neues. Viele hatten nun das Gefühl etwas Unbekanntem und Neuem ausgesetzt zu sein. Daher wurde das Risiko höher eingeschätzt. Auch lagen zu Beginn der Corona-Krise kaum wissenschaftliche Erkenntnisse zu diesem „neuen Coronavirus" vor. Also auf der virologischen Seite. Epidemiologen wurden ja nicht gefragt.

4) Zunächst brach kurz vorher die Viruserkrankung in China aus. Es gab einen Medien-Hype um das „neue Coronavirus". Kein Tag verging, an dem nicht stündlich darüber berichtet wurde. Dies auch noch in theatralischer und katastrophierender Art und Weise. Nicht einmal vor Manipulationen, von denen einige wenige in diesem Buch angesprochen werden, wurde zurückgeschreckt um die Auflagen zu steigern und die Bevölkerung in Angst und Schrecken zu versetzen.

5) Das Risiko am SARS-CoV-2 zu erkranken nahm niemand freiwillig auf sich. Zu groß war die Angst davor. Allerdings nimmt kein psychisch gesunder Mensch das Risiko an einem Virus zu erkranken freiwillig auf sich. Andere Viruserkrankungen wurden während der Corona-Krise nur ausgeblendet. Es gab quasi nur nach das „neue Coronavirus". Allerdings nehmen wir es hin, an verschiedensten anderen Viren zu erkranken, weil wir es müssen. Wir haben gelernt mit beispielsweise den gefährlichen HI- oder Influenza-Viren zu leben. Obwohl diese schwere Krankheiten auslösen und tödlich sein können.

Stellen wir uns mal eine Welt vor, in der die Menschen in ständiger Angst vor Viren leben würden. Viren sind die am häufigsten vorkommende Lebensform auf der Welt. Wären einzelne Viruspartikel so groß wie ein Sandkorn, dann würde allein ihre Menge die gesamte Erdoberfläche mit einer 15 Kilometer dicken Schicht bedecken. Säugetiere beherbergen weltweit mindestens 320.000 verschiedene Virustypen, die sich jedes Jahr verändern.[354]

Die Menschen leben in einer zig Millionen Jahre alten Wechselbeziehung mit Viren. „Der Mensch enthält nicht nur mehrere Prozent Viren-DNA in seinem Erbgut, sondern er trägt auch einige von Viren eingeschleuste Gene – die etwa das Immunsystem unterstützen, in der Schwangerschaft helfen oder für das Gehirn wichtig sind." [355] Neuere Forschungen sprechen davon, dass mindestens 43 Prozent des bekannten Humangenoms Viren oder unmittelbar von ihnen abgeleitete Einheiten wären.[356]

Wir Menschen dürften die schönste Nebensache der Welt nicht mehr machen. Beim Küssen und beim Geschlechtsverkehr werden ständig Viren übertragen.

6) Die meisten an Covid-19 erkrankten Menschen wurden auch wieder gesund. Allerdings wurde der Fokus der medialen Berichterstattung auf schwere Erkrankungen und Todesfälle, die nur einen Prozentteil der Erkrankten betrafen, gelenkt. Daher entstand das subjektive Gefühl, dass eine Erkrankung an diesem Virus irreversibel schwer und tödlich sei.

7) Bei 154.545 positiv Getesteten in Deutschland (Stand: 25.04.2020)[357] war es sehr unwahrscheinlich, dass die Mehrheit der Bevölkerung tatsächlich direkt von dem Risiko des neuen Coronavirus betroffen war. Allerdings war jeder persönlich von den Maßnahmen der Regierung betroffen, wodurch jeder gezwungen wurde, sich mit diesem Virus auseinanderzusetzen. Auch präsentierten Medien verschiedenste Prominente, welche entweder positiv getestet verstorben, erkrankt oder lediglich positiv getestet waren.[358] Hier wurde alles miteinander vermischt. Mark Blum, die Ehefrau von Tom Hanks, Pape Diouf, Johannes B. Kerner, Oliver Pocher, Plácido Domingo, Prinz

Charles Friedrich Merz, usw. Für fast jeden war etwas dabei. So konnte die Bevölkerung über diese berühmten Fälle sprechen und es entstand das subjektive Gefühl doch irgendwie persönlich davon betroffen zu sein.

8) Das neue Coronavirus wird von kaum jemandem als Nutzen angesehen. Das wird kein Virus und die mit ihm assoziierte Krankheit. Wie bereits beschrieben, haben Viren und Krankheiten aber durchaus einen Nutzen für die Gattung Mensch. Das sehen vielleicht Mediziner und Evolutionsbiologen so. Der erkrankte Mensch aber fühlt sich schlecht und leidet. Auch bittere Medizin wird zum Zeitpunkt der Einnahme als negativ empfunden, hat aber einen Nutzen.

9) Mit den politischen Maßnahmen sollte das Ereignis beeinflusst werden. Es wurde das Gefühl vermittelt, die Regierung hätte alles unter Kontrolle. Eine ängstliche Bevölkerung sehnt sich nach einer starken Regierung, die die Angstinhalte kontrollieren kann. Natürlich führte das zu neuen Umfragehochs für die Regierungsparteien. Auch führte das dazu, dass die Mehrheit der Bevölkerung die freiheitsbeschränkenden Maßnahmen nicht nur unterstützten, sondern sogar noch forderten.

6.5 "Normales" Risiko von Covid-19

Im Kapitel 4.5 „Stichprobe und Repräsentativität" wurde bereits die Frage der Gefahr des neuen Corona-Virus für die Allgemeinbevölkerung erörtert. Dort wurde insbesondere auf respiratorische Krankheiten eingegangen. Nun betrachten wir uns das "normale" Risiko von Covid-19 für die Gesamtbevölkerung.

Es geht in diesem Kapitel zum Einen um die Frage, wie viele Todesfälle durch COVID-19 ohnehin zu den "normalen" Risiken gehören, denen Menschen ausgesetzt sind. Weiter wird betrachtet, ob es eine andere „Übersterblichkeit" gab als in den Vergleichszeiträumen der vergangenen Jahre und ob die gemessene Übersterblichkeit tatsächlich alleine auf das Virus zurückzuführen ist. Zuletzt wird erörtert, in wie weit sich das Virus tatsächlich exponentiell und „sehr schnell" verbreitete.

6.5.1 Todesfälle und "normales Risiko"

Krankheit und Tod gehören zum Leben der Menschen. Weder wird das Corona-Virus an und für sich verschwinden, noch werden Menschen unsterblich sein. Betrachten wir uns weiterführend zu Kapitel 4.5 eine weitere Auswertung zu diesem Thema, hier für Großbritannien. Dieselben Ergebnisse wurden für alle Länder herausgefunden. Nick Triggle verglich auf BBC Online am 16.04. 2020 die normale Sterbensrate Großbritanniens mit der Sterbensrate SARS-CoV-2-positiv Getesteter.

In den Abbildungen 24 und 25 werden die Graphen des COVID-19-Risikos mit der Hintergrundmortalität aufgetragen. Um den Altersbereich bis 60 Jahren sichtbarer zu machen, wurde in Abbildung 25 eine logarithmisch skalierte Darstellung gewählt.

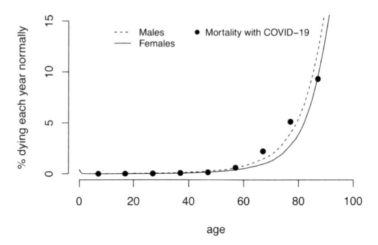

Abbildung 24: Vergleich des Sterblichkeitsrisikos mit COVID-19 überlagert mit dem Risiko der "normalen" jährlichen Mortalität (linear skaliert)

Quelle: RiskNET - The Risk Management Network[359]

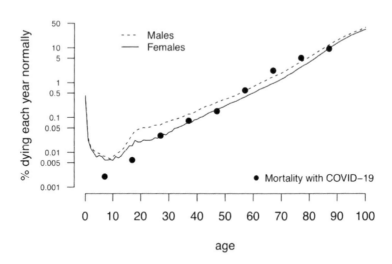

Abbildung 25: Vergleich des Sterblichkeitsrisikos mit COVID-19 überlagert mit dem Risiko der "normalen" jährlichen Mortalität (logarithmisch skaliert)

Quelle: RiskNET - The Risk Management Network[360]

Die Übereinstimmung der Kurven „COVID-19-Risiko" und „normale Hintergrundmortalität" ist bemerkenswert und zeigt, dass das Covid-Risiko einem ähnlichen Muster folgt, wie das "normale" Mortalitätsrisiko.

Gebrechliche und ältere Menschen sind am stärksten gefährdet, genauso wie sie es sind, wenn sie am Coronavirus leiden. Auch für Großbritannien wurde nämlich dasselbe Ergebnis herausgefunden, wie in allen anderen Ländern: neun von zehn Verstorbenen hatten bereits bestehende Krankheiten wie Herzkrankheiten und Atemprobleme, die sie ohnehin einem erhöhten Todesrisiko aussetzten.[361]

„Fast 10% der über 80-Jährigen werden im nächsten Jahr sterben, betont Prof. Sir David Spiegelhalter von der Universität Cambridge, und das Risiko, dass sie sterben, wenn sie mit dem Coronavirus infiziert sind, ist fast genau gleich. Das bedeutet nicht, dass es keine zusätzlichen Todesfälle geben wird, aber es wird eine "erhebliche Überschneidung" geben. "Viele Menschen, die an Covid-19 sterben, wären ohnehin innerhalb kurzer Zeit gestorben." (...) Prof. Neil Ferguson, Epidemiologe und Professor für mathematische Biologie, der sich auf die Ausbreitungsmuster von Infektionskrankheiten bei Menschen und Tieren spezialisiert hat, meint, dass es bis zu zwei Drittel sein könnten."[362] Die Erkrankung beschleunigt demnach eventuell das Sterben von Menschen, die bald sterben würden. Für das Gesamtjahr dürfte das Virus insgesamt keinen Einfluss haben, da die bereits Gestorbenen nicht mehr sterben können. Wie im folgenden Unterkapitel gezeigt wird, verstarben auf Europa bezogen noch nicht einmal mehr Menschen als in den Vergleichszeiträumen der Vorjahre.

6.5.2 Übersterblichkeit und COVID-19

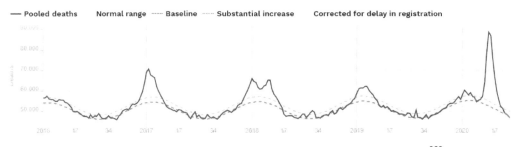

Abbildung 26: Sterblichkeit in Europa (Stand: 01.07.2020)   Quelle: euromomo [363]

Aus Abbildung 26 ist zu erkennen, dass es während der Corona-Krise, wie jedes Jahr während der sogenannten Grippesaison [364], in Europa zu einer Übersterblichkeit kam. Interessant war, ob es im Gesamtjahr 2020 tatsächlich signifikant mehr Tote auf Grund des Virus geben könnte, was Prof. Neil Ferguson bereits am 16.04.2020 nicht annahm. Der Kurvenverlauf zeigt zwar einen schnelleren Anstieg, aber auch ein schnelleres Abfallen im Vergleich zu den Vorjahren. Euromomo wies auf seiner Internetseite ausdrücklich darauf hin, dass es während der Corona-Krise zu verspäteten Meldungen kam. Dadurch wurde die Kurve verzerrt. Tatsächlich früher Verstorbene wurden zeitlich verzögert hinzuaddiert. Dadurch steigt die Kurve steiler und höher an, fällt aber genauso schneller wieder ab. Wären diese Tote rechtzeitig gemeldet worden, so würde der Graph früher und gleichmäßiger ansteigen, der Wendepunkt läge tiefer. Er hätte mehr Ähnlichkeit mit den Verläufen der Vorjahre. Wichtig ist zu verstehen, dass es sich bei dieser Darstellung um die Angabe absoluter Fallzahlen pro Woche handelt. Der Jahreswert ergibt sich aus dem Addieren aller Fallzahlen.

Vergleichen wir nun also die Zahlen für die Jahre 2017 – 2020 der Kalenderwochen 1 – 24, um herauszufinden, ob in Europa im Jahr der „Corona-Pandemie" überhaupt mehr Menschen verstorben sind als normal zu dieser Zeit. Diese Zahlen aus euromomo sind in Tabelle 2 wiedergegeben und aufsummiert.

Woche	2017	2018	2019	2020
1	69.172	66.067	58.914	58.237
2	70.692	64.751	61.263	60.321
3	67.769	64.183	61.313	59.172
4	67.126	61.826	61.475	58.211
5	66.315	60.836	62.142	59.189
6	61.878	61.113	62.199	57.223
7	60.053	62.601	60.440	57.016
8	57.822	62.706	58.939	54.782
9	55.952	65.320	58.181	55.556
10	54.268	65.188	56.372	55.919
11	52.312	61.035	54.974	57.470
12	51.431	58.489	52.765	64.460
13	51.197	57.128	51.967	77.367
14	50.634	55.494	52.874	88.581
15	50.291	53.759	51.642	87.758
16	52.957	51.640	52.205	77.236
17	52.433	48.766	51.314	67.535
18	50.706	47.677	50.135	59.854
19	49.945	47.948	50.267	56.216
20	49.534	47.797	49.830	52.374
21	49.226	47.895	49.421	51.511
22	47.461	47.216	48.785	48.922
23	46.393	46.748	48.598	47.047
24	49.393	46.661	48.502	46.217
Summe	**1.334.960**	**1.352.844**	**1.314.517**	**1.458.174**

Tabelle 2: Todeszahlen der Jahre 2017 – 2020 in absoluten Zahlen[365]

Trotz der verschiedenen Kurvenverläufe in den Jahren 2017 – 2020 sind die Todeszahlen in allen Jahren sehr ähnlich. Auf den ersten Blick könnte man zur Meinung gelangen, dass es im Jahr 2020 in dieser Zeitperiode zu mehr Toten gekommen wäre, als in den vorhergehenden Jahren, wenn man lediglich die absoluten Zahlen betrachtet. Allerdings muss bei dieser Einschätzung auch die zu Grunde liegende Bevölkerungszahl berücksichtigt werden. Es ist ja logisch, dass wenn die Bevölkerungszahl höher ist, dann auch mehr Menschen sterben, ohne dass sich an der Aussage etwas ändert. (vgl. hierzu Kapitel 4.2 „Relative Zahlen").

Statistische Daten zur Bevölkerungszahl hinken im Allgemeinen ein Jahr zurück. Für das Jahr 2020 können daher aktuell keine genauen Zahlen angegeben werden. Um ein einheitliches mathematisches Vorgehen zu gewährleisten, werden daher für alle Länder die Bevölkerungszahlen des Vorjahres herangezogen. Daher der Hinweis, dass die den Jahren zugeordneten Bevölkerungszahlen, tatsächlich den Bevölkerungszahlen des Januars des Vorjahres entsprechen. Diese können der Tabelle 3 entnommen werden.

Land	2017	2018	2019	2020
Belgien	11.311.117	11.351.727	11.398.589	11.455.519
Dänemark	5.707.251	5.748.769	5.781.190	5.806.081
Deutschland	82.175.684	82.521.653	82.792.351	83.019.213
Estland	1.315.944	1.315.635	1.319.133	1.324.820
Finnland	5.487.308	5.503.297	5.513.130	5.517.919
Frankreich	66.638.391	66.809.816	66.918.941	67.012.883
Griechenland	10.783.748	10.768.193	10.741.165	10.724.599
Großbritannien	65.379.044	65.844.142	66.273.576	66.647.112
Irland	4.726.286	4.784.383	4.830.392	4.904.240
Italien	60.665.551	60.589.445	60.483.973	60.359.546
Luxemburg	576.249	590.667	602.005	613.894
Malta	450.415	460.297	475.701	493.559
Niederlande	16.979.120	17.081.507	17.181.084	17.282.163
Norwegen	5.210.721	5.258.317	5.295.619	5.328.212
Österreich	8.700.471	8.772.865	8.822.267	8.858.775
Portugal	10.341.330	10.309.573	10.291.027	10.276.617
Schweden	9.851.017	9.995.153	10.120.242	10.230.185
Schweiz	8.327.126	8.419.550	8.484.130	8.544.527
Spanien	46.440.099	46.528.024	46.658.447	46.937.060
Ungarn	9.830.485	9.797.561	9.778.371	9.772.756
Summe	**430.897.357**	**432.450.574**	**433.761.333**	**435.109.680**

Tabelle 3: Bevölkerungszahlen 2016 – 2019 für die auf euromomo.eu berücksichtigten Länder[366]

Aus den Werten aus Tabelle 2 und 3 können nun die relativen Todeszahlen für den Zeitraum Kalenderwoche 1 – 24 für die auf euromomo.eu berücksichtigten und dargestellten Länder berechnet werden:

$$2017: 1.334.960 / 430.897.357 = 0,003; 0,3\%$$
$$2018: 1.352.844 / 432.450.574 = 0,003; 0,3\%$$
$$2019: 1.314.517 / 433.761.333 = 0,003; 0,3\%$$
$$2020: 1.458.174 / 435.109.680 = 0,003; 0,3\%$$

Es geht somit eindeutig hervor, dass es 2020 auf Grund der „Corona-Pandemie" zu keiner erhöhten Todesrate in Europa im Vergleich zu den Vorjahren gekommen ist. Die Todesrate unterschied sich nicht, sie war wie jedes Jahr. In diesem Zusammenhang soll noch einmal auf Kapitel 4.7.2 „Graphiken" verwiesen werden. Natürlich kann man sich nur bestimmte Bereiche heraussuchen und die anderen ausblenden, um eine Aussage vermeintlich zu stützen. Dieses Vorgehen ist unwissenschaftlich und manipulativ. Die Regierungen schützten allerdings wissenschaftliche Erkenntnisse zur Begründung ihrer freiheitsbeschränkenden Maßnahmen vor. Also muss man diese auch auf wissenschaftlicher Basis prüfen.

Doch sind alle diese zusätzlichen Toten am neuen Corona-Virus gestorben? Wie bereits in Kapitel 4.6.2 „Corona-Tote" dargelegt, wurden alle Verstorbene, welche positiv auf den neuen Corona - Virus getestet wurden, als „Corona-Tote" bezeichnet und erfasst. Der Virus könnte tatsächlich die Hauptursache sein, ein beitragender Faktor oder einfach vorhanden, wenn ein Mensch an etwas anderem starb. Zum Beispiel wurde ein 18-Jähriger in Coventry am Tag vor seinem Tod positiv auf das Coronavirus getestet und als jüngstes Opfer gemeldet. Das Krankenhaus veröffentlichte daraufhin eine Erklärung, wonach sein Tod auf einen anderen „signifikanten" Gesundheitszustand zurückzuführen und nicht mit dem Virus verbunden war.[367]

Betrachten wir uns eine Auswertung zu dieser Fragestellung aus Großbritannien von Anfang April 2020. Am 03.04.2020 wurden vom ONS (Office for National Statistics) 6000 zusätzliche Todesfälle identifiziert. Von 2500 dieser zusätzlichen Toten wurde nicht berichtet, dass sie Corona positiv gewesen waren. D.h. 42% der zusätzlichen Todesfälle waren nicht Corona positiv.[368] Experten haben vorgeschlagen, dass sie mit Menschen in Verbindung gebracht werden könnten, die davon abgehalten wurden, sich bei medizinischen Notfällen wie Schlaganfälle oder Herzinfarkte behandeln zu lassen.[369] Das heißt, diese Personen verstarben auf Grund der Maßnahmen der Regierung.

Wie auch aus Kapitel 6.3 „Risikowahrnehmung" abgeleitet werden kann, kam es auf Grund der freiheitsbeschränkenden Maßnahmen der Regierung zu zusätzlichen Toten und Kranken. Prof. Robert Dingwall von der Nottingham Trent University war bereits am 16.04. 2020 sicher, dass es zu den angesprochenen „Kollateralschäden" kommen würde.[370] Forscher der Universität Bristol sagten dazu, dass der Vorteil einer langfristigen Sperrung bei der Reduzierung vorzeitiger Todesfälle durch die verlorene Lebenserwartung aufgrund eines anhaltenden wirtschaftlichen Einbruchs aufgewogen werden könnte.[371] Francesco Checchi, Epidemiologe an der London School of Hygiene & Tropical Medicine, meinte, dass viele Menschen starben, weil sie nicht die richtige Pflege bekommen hatten, die sie gebraucht hätten.[372]

Dr. Steven Woolf, emeritierter Direktor des Zentrums für Gesellschaft und Gesundheit an der Virginia Commonwealth University, gab weiter zu bedenken, was passiert, wenn die Sterblichkeitsraten aufgrund der wichtigsten Todesursachen wie Herzkrankheiten, Krebs usw. um 10 Prozent steigen. Plötzlich erhält man sehr große Zahlen[373] (vgl. Kapitel 6.3.1.2 „Somatische Gesundheitsrisiken").

Dr. Steven Woolf berichtete zeitgleich ebenfalls über einen Anstieg von Drogentoten, bzw. Toten auf Grund erhöhten Medikamentenkonsums (vgl. Kapitel 6.3.1.4): *„Jetzt berichten meine Kollegen in der Suchtmedizin über einen Anstieg der Opioidüberdosierungen während dieser Pandemie."* [374]

Dr. Max Pemberton, Psychiater im Nationalen Gesundheitsdienst, warnte davor, durch die Regierungsmaßnahmen Millionen von Menschen mit gesundheitlichen Problemen langfristigen Schaden zuzufügen. Für die Zahl der 2500 zusätzlichen Toten gab er Herzinfarkt- und Schlaganfallopfer, die nicht schnell genug die Behandlung gesucht oder erhalten hatten, die sie brauchten, an. Weiter, Personen, deren Herzbypass oder Stentoperationen abgebrochen wurden, Personen mit Sepsis, Meningitis oder schweren Harnweginfektionen, die nicht rechtzeitig die benötigten Medikamente erhielten, weil sie sich sorgten in die Notaufnahme zu gehen oder Druck auf das Gesundheitswesen auszuüben. Bei Krebspatienten wurden Operationen, Chemotherapie und Strahlentherapie abgesagt. Auch bezüglich der bereits psychisch Erkrankten machte er sich große Sorgen und um die Menschen, die auf Grund der freiheitsbeschränkenden Maßnahmen erst psychisch krank werden. *„Die erschreckende Wahrheit ist, dass die Zahl der Todesfälle möglicherweise weitaus höher sein wird, wenn wir Patienten mit psychischer Gesundheit einbeziehen, die nicht die Hilfe erhalten, die sie benötigen."* [375]

In Frankreich verstarben bis zum 25.04.2020von den etwa 20.000 „Corona-Toten" mehr als 8.000 in Alten- und Pflegeheimen. „Die Weltgesundheits-organisation sagte auf einer Pressekonferenz am Donnerstag, bis zu 50 Prozent der Todesfälle in Europa könnten von Heimen herrühren." [376] Die Toten in französischen Alten- und Pflegeheimen wurden trotz Symptomen nicht in Krankenhäusern behandelt, sie wurden zum Tode verurteilt. Als Maßnahme wurden Palliativmedikamente gegeben, die ein friedliches Einschlafen ohne Schmerzen ermöglichten.[377] Es wurde nicht versucht diese Personen zu behandeln, und das obwohl die französische Regierung immer verlautbart hatte, dass das Gesundheitssystem und die Krankenhäuser, nicht überlastet gewesen seien. Diese Menschen starben, obwohl eine Behandlung möglich gewesen wäre. Auch alte Menschen in Seniorenheimen können COVID-19 überleben und wieder gesund werden.[378] Diese Menschen starben also nicht am neuen Corona-Virus, sondern an Palliativmedikamenten und fehlender Behandlung.

Ähnliches gilt für Schweden. Weit mehr als die Hälfte der Todesfälle bis Ende Mai wurden in Alten- und Pflegeheimen und unter Menschen, die zu Hause von Pflegediensten betreut wurden, gezählt.[379] Diese Menschen wurden also ebenfalls trotz freier Kapazitäten nicht in Krankenhäusern behandelt, sondern starben in den Altenheimen, bzw. zu Hause. Wieso wurden sie nicht in Krankenhäusern behandelt?

In Belgien wurden Tote in Pflegeheimen sogar ohne Tests oder Obduktion zu den Corona-Toten gezählt, wenn es dort einen Ausbruch gab.[380] Deshalb fallen die Zahlen der „Corona-Toten" in Belgien so hoch aus. Woran sie tatsächlich gestorben waren, wurde nicht einmal überprüft.

Dieses Muster trat also in vielen europäischen Ländern auf, die von der „Corona-Pandemie" besonders betroffen waren und die höchste Übersterblichkeiten aufwiesen.

In Spanien veröffentlichte El País Anfang April eine Studie, in der gezeigt wurde, dass sich die Sterblichkeitsraten in einigen Regionen fast verdoppelt hatten, wobei nur ein Bruchteil des Anstiegs offiziell auf COVID-19 zurückzuführen war.[381] Auch in Spanien starb ein Großteil in den Altenheimen und nicht in Krankenhäusern. Auch hier wurden viele Senioren nie getestet. Auch hier wurden diese Menschen nicht behandelt. Oft mussten diese Menschen sogar ohne Pfleger auskommen und starben ohne jegliche Hilfe.[382]

In der Region Mailand stammte fast die Hälfte der Opferzahl aus Altenheimen und Residenzen.[383] Diese Menschen wurden also ebenfalls nicht erst in Krankenhäusern behandelt.

Eine italienische Studie zeigte Anfang April, dass in einigen Regionen des Landes die Gesamtzahl der Todesfälle gegenüber den Vorjahren um das Sechsfache gestiegen ist. Bei diesen offiziell dem Coronavirus zugeschriebenen Todesfällen machte das neue Coronavirus allerdings kaum ein Viertel des Anstiegs aus.[384]

Mit der sogenannten „Fallsterblichkeit" lag die Lombardei an der Weltspitze.[385] Das Gesundheitssystem ganz Italiens ist „Krankenhaus-zentriert", besonders in der Lombardei. Jede Art von Diagnostik, alle Spezialisten, arbeiten nur in Großkrankenhäusern. In riesigen Wartesälen wartet man stundenlang auf den Termin. Im Anschluss wartet man dicht an dicht gedrängt vor dem Arztzimmer. Daher sind diese Krankenhäuser ideale Virenschleudern. „Tatsächlich kam es zu den ersten Massenansteckungen in drei Krankenhäusern der Lombardei: in Nembro, Alzano Lombardo und Codogno. (...) Die Region setzt mehr als jede andere auf wenige große, die Leistungen konzentrierende öffentliche Kliniken sowie auf privatwirtschaftlich organisierte Häuser, die sich auf finanziell attraktive Behandlungen des Leistungskatalogs konzentrieren." [386] Zudem ist in Italien das Krankenhaussystem allerorts privatisiert. „Von den 114 Milliarden Euro öffentlichen Mitteln, die der staatliche, regional organisierte Gesundheitsdienst pro Jahr ausgibt, geht die Hälfte an private, gewinnorientierte Krankenhäuser. Deren Leistungen aber konzentrieren sich auf teuer abzurechnende Einzelleistungen, sehr viel weniger auf die allgemeine Gesundheitsvorsorge, schon gar nicht auf Notfallmedizin." [387] Der Grund dafür liegt auch in massiver Korruption. „In den Großkrankenhäusern werden große Aufträge vergeben, wenige Personen verschieben da Riesensummen. Kein Korruptionsskandal in der öffentlichen Verwaltung Italiens ohne Krankenhaus-Beteiligung." [388]

Aus dem Bericht des italienischen Gesundheitsinstituts vom 23.04.2020 [389] ist weiter zu entnehmen, dass die mittlere Anzahl von Vorerkrankungen bei den im Krankenhaus verstorbenen Patienten 3,3 entsprach.

Interessant ist die Tatsache, dass 85% der in italienischen Krankenhäusern verstorbenen Patienten mit Antibiotika behandelt wurden. Das bedeutet, dass sie eine bakterielle Infektion hatten. Bei Covid-19 handelt es sich allerdings um eine virale Erkrankung. Wahrscheinlich infizierten sich die Patienten in den Krankenhäusern mit Bakterien und Keimen, wurden schwer krank und verstarben daran. Multiresistente Keime und Bakterien sind in den vergangenen Jahren zu einem immer größeren Problem geworden.

„Die Zahl der in Europa registrierten ernsthaften Infektionserkrankungen durch multiresistente Keime stieg in dem untersuchten Zeitraum von 2007 bis 2015 um beinahe das Dreifache von 230.000 auf über 670.000 Fälle im Jahr. Damit habe die Zahl der durch antibiotikaresistente Bakterien ausgelösten Krankheiten in Europa bereits die Größenordnung erreicht, wie wenn man die jährlich registrierten Infektionen echter Influenza, Tuberkulose und HIV zusammenzählt. „Infektionen durch antibiotikaresistente Bakterien bedrohen die moderne Gesundheitsversorgung", warnt ECDC-Studienchef Alessandro Cassini. Sein Team schätzt, dass drei Viertel der Infektionen mit antibiotikaresistenten Bakterien in Krankenhäusern oder anderen Gesundheitseinrichtungen passieren. (...) Das Infektionsrisiko ist demnach mit Abstand am größten in italienischen Gesundheitseinrichtungen. In Italien registriert die EU-Gesundheitsbehörde mit rund 11.000 Todesfällen die höchste Sterberate und mit über 200.000 Infektionen auch das gefährlichste Ansteckungsrisiko. Danach folgt Frankreich mit 125.000 Infektionen und 5500 Toten durch multiresistente Keime." [390]

„Deutschland liegt mit rund 55.000 Fällen und 2500 tödlich verlaufenen Infektionen, die unmittelbar auf resistente Keime zurückzuführen sind, an dritter Stelle. Die Zahl der EU-Studie liegt damit weit über den 35.000 Fällen, die man bislang für die Bundesrepublik angenommen hat. Zudem stecken sich nach Schätzung des Bundesgesundheitsministeriums bis zu 600.000 Patienten im Jahr auch mit anderen Erregern als multiresistenten Keimen während einer stationären Krankenhausbehandlung an. Zehn- bis fünfzehntausend Menschen sterben demnach jedes Jahr an den Folgen." [391] Das heißt, alleine 15 - 20.000 Menschen pro Jahr sterben in Deutschland an den Folgen von Infektionen in deutschen Krankenhäusern, die im Vergleich zu den meisten anderen europäischen Ländern ein geringes Risiko haben. Andere Schätzungen gehen sogar von zwanzig- bis 40.000 vorzeitigen Todesfällen in deutschen Kliniken aus.[392] Wie hoch ist diese Zahl dann erst in Italien oder Frankreich oder Spanien? Aus diesen Ländern wurde ja die größte Übersterblichkeit berichtet.

Für die USA berichtete US-Gesundheitsbehörde CDC, für das Jahr 2019 35.000 Tote an multiresistenten Keimen. Die Todeszahl für die Folgen einer Infektion mit anderen Keimen dürfte bei 2,8 Millionen Infizierten um ein vielfaches höher liegen.[393] In den Standardkrankenhäusern in den USA sind die Bedingungen zwar nicht auf deutschem Niveau, aber gehen wir sehr konservativ davon aus. Zusätzlich nehmen wir die konservative Schätzung von 20.000 Toten bei 600.000 Patienten. Für die USA kommt man dann auf ca. 93.350 Tote. Und das ist sehr konservativ angenommen.

Nebenbei bemerkt, auch die Rate schwerer Krankheitsverläufe in deutschen Krankenhäusern liegt bei ca. 40%, die durch Bakterien verursacht werden, die gegen sogenannte Reserveantibiotika resistent sind. Wie sieht es dann erst in den Krankenhäusern Italiens, Frankreichs und Spaniens aus?

Zusammenfassend lässt sich festhalten, dass die Übersterblichkeit in Europa (Abb. 26) hauptsächlich durch die Übersterblichkeiten in Großbritannien, Italien, Frankreich, Belgien und Spanien zustande kam. Auch Schweden verzeichnete für seine Verhältnisse eine Übersterblichkeit. In den meisten Ländern Europas gab es überhaupt keine erhöhte Übersterblichkeit. In Abbildung 27 werden einige wenige Länder als Vergleichsbasis gezeigt. Eine eigenständige Recherche kann unter https://euromomo.eu durchgeführt werden.

Wer will angesichts dieser signifikanten Unterschiede zwischen den Ländern denn ernsthaft behaupten, dass das neue Coronavirus für die Übersterblichkeiten verantwortlich sei? Wieso sollte ein Virus in einigen Ländern töten, in anderen Ländern aber nicht? Wenn das Virus ursächlich sein sollte, dann müsste sich das in allen Ländern gleichermaßen abbilden. Genau das ist aber nicht der Fall. Deswegen kann das Virus gar nicht ursächlich für diese Übersterblichkeiten sein.

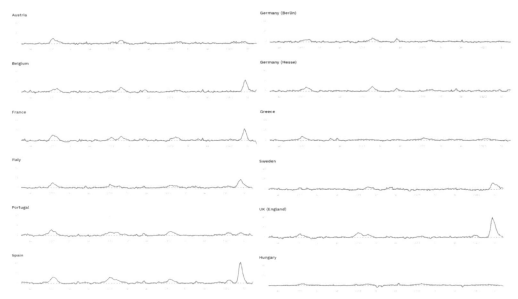

Abbildung 27: Sterblichkeit in Europa nach Ländern (01.07.2020) [394]

Z-score (ermöglicht ein Vergleich zwischen den Ländern)

keine absolute Zahlen, sondern Abweichung vom Mittelwert für das jeweilige Land

Quelle: euromomo

Linke Spalte: Österreich, Belgien, Frankreich, Italien, Portugal, Spanien,

Rechte Spalte: Deutschland (Berlin), D. (Hessen), Griechenland, Schweden, UK (England), Ungarn

Auch in Deutschland gab es nicht mal die normale Übersterblichkeit der normalen Grippewelle. Ganz im Gegenteil verstarben sogar weniger Menschen als im Vergleichszeitraum der letzten Jahre (vgl. Kapitel 19.2 „Das Spiel mit der Statistik").

Apropos Grippewelle. Wie es den Anschein hat, gab es diese in Deutschland im „Corona-Jahr" überhaupt nicht. Im Durchschnitt versterben zwischen 7000 und 15.000 Menschen in Deutschland an Grippe. Bei schweren Grippewellen sogar etwa 30.000. Wenn es in Deutschland aber keine außergewöhnliche Übersterblichkeit und alle mit ähnlichen Symptomen Verstorbene als „Corona-Tote" zählen, dann bleibt für „Grippetote" nun mal nichts mehr übrig. Bis Ende

Juni soll es knapp 9.000 „Corona-Tote" gegeben haben, was einer moderaten Grippewelle gleicht. Diese Toten kann man ja nicht doppelt zählen. Es ist interessant, wie die Argumentation diesbezüglich sein wird. Will man der Bevölkerung etwa Glauben machen, dass es wunderlicherweise kaum Grippetote gab? Die „Zeugen Covids" mögen an dieses Wunder glauben. Logischer ist aber, dass es diese „Corona-Toten" gar nicht gegeben hätte, wenn man nicht speziell nach dem Coronavirus gesucht und getestet hätte. Diese Toten wären dann als „Grippetote" in die Statistik eingegangen, wie in den letzten Jahrzehnten auch schon. Schließlich sind nur ein Bruchteil der „Grippetoten" labordiagnostisch bestätigte Fälle, der Großteil wird geschätzt. Eine „Corona-Pandemie" hätte es dann somit gar nicht gegeben. Die Regierung hätte gar keine Maßnahmen durchgeführt, wie in den letzten Jahrzehnten eben auch.

In Großbritannien wurde festgestellt, dass knapp 42% der Übergestorbenen SARS-CoV-2 negativ waren.

In Frankreich starben etwa 40% in Alten- und Pflegeheimen. Diese Menschen wurden nie behandelt, ihnen wurde Palliativmedizin zum Sterben verabreicht.

Auch in Italien stammte ein Großteil der Todesopfer aus Altenheimen, diese Menschen wurden ebenfalls nicht behandelt. 85 % der Verstorbenen in den Krankenhäusern wurden mit Antibiotika behandelt. Diese verstarben sehr wahrscheinlich an Bakterien und Keimen, mit welchen sie sich in den Krankenhäusern angesteckt hatten. Zudem leidet das italienische Krankenhaussystem massiv an Korruption, für Notfallbehandlungen hat es kaum Kapazitäten. Die Großkrankenhäuser sind Virenschleudern, in denen man sich mit dem neuen Corona-Virus erst ansteckt.

In Spanien war nur ein Bruchteil des Anstiegs der Sterblichkeitsrate offiziell auf COVID-19 zurückzuführen. Ein Großteilverstarb in den Altenheimen und nicht in Krankenhäusern, oft sogar alleine ohne Pflegepersonal.

Ebenfalls in Belgien verstarb der Großteil in Altenheimen. Dort wurde noch nicht einmal getestet, woran diese Menschen verstarben. Sie wurden einfach so als „Corona-Tote" gemeldet.

Auch in Schweden waren mehr als die Hälfte der Todesfälle in Alten- und Pflegeheimen und unter Menschen, die zu Hause von Pflegediensten betreut wurden.

Der New Yorker Intensivmediziner Dr. Cameron Kyle-Sidell machte Ende März 2020 eine interessante Beobachtung. *„Was ich erlebt habe, das waren keine Covid-19-Patienten. Sie hatten nicht die Zeichen einer Lungenentzündung, sondern sahen aus wie Passagiere eines Flugzeugs, das in großer Höhe plötzlich Druck verliert."* [395] Es musste sich demnach um eine Störung des Sauerstofftransportes im Blut handeln. „Am wahrscheinlichsten scheint daher eine rasch verlaufende Hämolyse, eine Zerstörung von jenen Erythrozyten (roten Blutkörperchen), die in der Lunge den Sauerstoff gegen abzuatmendes CO_2 eintauschen, um den Sauerstoff in alle Winkel unseres Körpers zu transportieren. Patienten haben dann das Gefühl zu ersticken, atmen sehr schnell und angestrengt. Was man in einem solchen Fall tun muss, kennen wir, weil es uns vor jedem Start im Flugzeug demonstriert wird: Sauerstoffmasken fallen von der Decke und bringen Erlösung, bis alles wieder in Ordnung ist. Genau das hat auch den Patienten in New York am besten geholfen. Intubieren und beatmen hingegen waren falsch und haben vielerorts Menschen umgebracht." [396]

In New York und anderen Städten der USA wurde gemeldet, dass weit überwiegend „African Americans" unter den Todesopfern waren. Doppelt so viele, wie aufgrund des Bevölkerungsanteils zu erwarten wäre (vgl. Abb. 28).
Der massenhafte, überproportional häufige Tod von Covid-19-Patienten mit dunkler Hautfarbe und aus südlichen Ländern sowie in New York, London, Stockholm, Madrid, Paris, und anderen Städten und Ländern mit hohem Migrantenanteil war offenbar auch Folge einer medikamentösen Fehlbehandlung, wie im Weiteren ausgeführt wird.

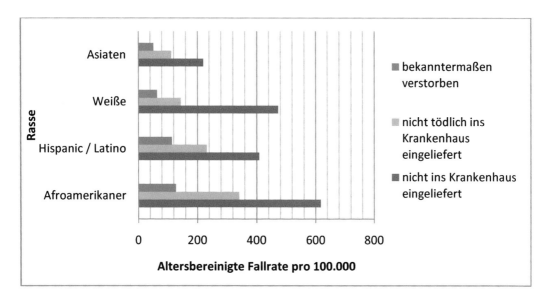

Abbildung 28: Daten für die USA Stand: 22.04.2020

Altersbereinigte Raten von COVID 19 – Fällen nach Rasse / ethnischer Gruppe

Datenquelle: The Official Website of the City of New York[397]/ eigene Darstellung

Genau zu dem Zeitpunkt, als die Mortalitätsdaten in England von Euromomo eine steigende Todesrate anzeigte, wurde gemeldet, dass von etwa 2000 schwerer an SARS-Cov-2 Erkrankten in England, Wales und Nordirland, 35%, also doppelt so viel wie zu erwarten, aus ethnischen „Minoritäten" stammten („black, Asian or other ethnic minority"), darunter auch Ärzte und medizinisches Personal. Es gab auch eine signifikante Abweichung bei den üblichen Lungenentzündungen. Die ersten vier Ärzte, die in Großbritannien durch die Behandlung von Covid-19-Patienten ihr Leben verloren haben, waren alle muslimische Männer afrikanischer oder asiatischer Herkunft. Dr. Amged El-Hawrani und Dr. Adil El Tayar, die ersten beiden, die starben, waren beide britische Sudanesen. Habib Zaidi hatte pakistanische Herkunft und Alfa Sa'adu wurde in Nigeria geboren. Auf ihren Tod folgten der schwarze Arzthelfer Thomas Harvey, der starb, obwohl er kranke Patienten nur mit Schutzhandschuhen behandelt hatte, und Areema Nasreen, eine Krankenschwester, die in dem Krankenhaus starb, in dem sie arbeitete.[398]

Besonders betroffen waren also Menschen mit afrikanischer, südasiatischer oder südeuropäischer Abstammung. Welche logische Erklärung könnte es dafür geben? Dass der Virus bewusst rassistisch wäre und sich seine Opfer bewusst aussucht scheidet wohl eindeutig aus. Allerdings weisen die Beobachtungen auf eine genetische Komponente hin. Howes, R.E. et al (2012) untersuchten den Glukose-6-Dehydrogenase-Mangel, oder „G6PD-Mangel". Dieser tritt vor allem bei Männern auf, deren Familien aus Regionen stammen, wo Malaria endemisch war oder ist. Dieser G6PD-Mangel kommt somit häufig in tropischen oder subtropischen Ländern (Afrika, Mittlerer Osten, Südasien, Südeuropa und Ozeanien) vor. Das veränderte G6PD-Gen bietet in den Tropen Vorteile, da es ihre Träger resistent gegenüber Malariaerregern macht. Das ist eine der häufigsten genetischen Besonderheiten, die überwiegend bei Männern allerdings zu einer bedrohlichen Hämolyse (Auflösung von roten Blutkörperchen) führen kann, wenn bestimmte Medikamente oder Chemikalien eingenommen werden. „Hierzu gehören unter anderem Acetylsalicylsäure, Metamizol, Sulfonamide, Vitamin K, Naphthalin, Anilin, Malariamittel und Nitrofurane. Der G6PD-Mangel führt dann dazu, dass die biochemischen Prozesse in den roten Blutkörperchen gestört werden und – dosisabhängig – eine leichte bis lebensbedrohliche Hämolyse ausgelöst wird. Die Trümmer der zerplatzten Erythrozyten führen in der Folge zu Mikroembolien, durch welche überall in den Organen kleine Gefäße verstopfen." [399]

Und genau diese Malariamittel hatte die amerikanische Arzneimittelbehörde zur Verschreibung an Covid-19-Patienten genehmigt. Die (FDA) hatte die Herausgabe oder Verschreibung von Chloroquin und Hydroxychloroquin „durch Ärzte an im Krankenhaus liegende jugendliche und erwachsene Patienten mit Covid-19" am 29.03.2020 genehmigt. „Dies sei angebracht, wenn kein klinischer Test verfügbar oder machbar sei." [400] Allerdings werden Chloroquin und Hydroxychloroquin als hochriskant für Menschen mit G6PD-Mangel eingestuft.[401] Diese Menschen starben also nicht am neuen Coronavirus, sondern an einer medikamentösen Fehlbehandlung.

Die WHO setzte klinische Tests des Malariamittels Hydroxychloroquin zur Behandlung von Covid-19 wegen Sicherheitsbedenken am 25.05.2020 aus. „Die Tests in mehreren Ländern seien "vorübergehend" eingestellt worden, während die Sicherheit des Medikaments überprüft werde, sagte WHO-Chef Tedros Adhanom Ghebreyesus am Montag. Die Entscheidung sei nach der Veröffentlichung einer Studie gefallen, wonach eine Behandlung mit Hydroxychloroquin möglicherweise die Sterblichkeitsrate erhöht." [402]

Der Mangel an Glucose-6-Phosphat-Dehydrogenase (G6PD) ist eine der häufigsten genetischen Anomalien beim Menschen mit einer hohen Prävalenz in Sardinien, Italien (Pinna et al, 2013). Auch kamen durch die Flüchtlingskrise der Jahre 2014 – 2017 besonders viele Menschen aus Afrika nach Italien.

6.5.3 Verbreitung von SARS-CoV-2

In den Mainstream-Medien und von den Politikern wurde stets die theoretische Annahme von Prof. Drosten geteilt, dass es sich bei SARS-CoV-2 um ein hoch gefährliches, sich sehr schnell, und exponentiell verbreitendes Virus handeln würde. Alle gravierenden freiheitsbeschränkenden Maßnahmen wurden mit dieser theoretischen Modellannahme begründet.

Am 16.04.2020 veröffentlichte Prof. Isaac Ben-Israel, israelischer Militärwissenschaftler und Mathematiker, Vorsitzender der israelischen Weltraumbehörde und des Nationalen Rats für Forschung und Entwicklung des Wissenschaftsministeriums, seine Studie zu dieser Fragestellung. Er und sein Team hatten dazu die Statistiken der Coronavirus-Pandemie geprüft und waren zu dem Schluss gekommen, dass diese Pandemie 40 Tage nach dem Ausbruch ihren Höhepunkt erreiche und nach 70 Tage praktisch gegen Null gehe. Bestritten wurde vor allem die These, dass die Ausbreitung exponentiell geschehen würde, wenn nicht massiv eingegriffen würde.[403] Die weitergehende Analyse von Prof. Isaac Ben-Israel zeigte, dass dies ein konstantes Muster in allen Ländern war.

6.5.3.1 Verlauf der Neuinfiziertenrate

Die Zunahme neu Infizierter pro Tag erreichte um den 41. Tag ihren Höhepunkt und ließ dann allmählich nach. Die zusätzliche Anzahl von neu Infizierten pro Tag nahm nicht mit konstanter Geschwindigkeit zu und daher war das Wachstum nicht exponentiell. In den ersten 4 bis 5 Wochen seit der Entdeckung des Virus in Israel gab es zwar einen exponentiellen Anstieg der Infektionen, danach hatte sie jedoch begonnen, sich zu mildern. Hier wäre es noch interessant, die durchgeführten Testungen pro Tag mit zu betrachten (vgl. Kapitel 4.2 und 4.6). Die Zahl der täglich hinzukommenden Patienten erreichte etwa sechs Wochen nach Entdeckung des Virus ihren Höhepunkt und ging dann stetig zurück.

6.5.3.2 Verdoppelungsrate

Die Zeit, die erforderlich war, um die Anzahl der Infizierten zu verdoppeln, sank von 2 bis 4 Tagen zu Beginn der sogenannten „Pandemie" stetig ab. Am 16.04.2020 (47. Tag) lag der Wert bei bereits bei 30 Tagen und nahm im Folgenden weiter zu.

6.5.3.3 Globales Phänomen

Der oben beschriebene Verlauf war in fast allen Ländern der Welt bemerkenswert gleich. Unterschiedlich waren lediglich die absoluten Fallzahlen der einzelnen Länder, die natürlich auf Grund der unterschiedlichen Bevölkerungszahlen verschieden waren. Der Verlauf selber allerdings, war global überall gleich, unabhängig von den Maßnahmen, welche die einzelnen Regierungen beschlossen hatten. Dieses in allen Ländern gleiche Muster des einsetzenden schnellen Wachstums und der folgende Rückgang der Anzahl neuer täglicher Infizierter, obwohl einige Länder signifikant anders reagiert hatten, ist von großer Relevanz. Italien hatte eine vollständige Sperrung verhängt, Schwedenverfolgte eine milde Politik und hatte keinerlei Sperrung veranlasst. Somit ist, neben den bereits beschriebenen Erkenntnissen (insbes. Kapitel 4.6.4), auch mit dieser Untersuchung bereits Mitte April 2020 nachgewiesen worden, dass die freiheitsbeschränkenden Maßnahmen keinen Einfluss, bzw. Effekt auf das neue Coronavirus hatten.

Aus diesen Daten ging weiter hervor, dass die von Prof. Drosten vorausgesagte, reine exponentielle Ausbreitung des neuen Coronavirus (wieder einmal) falsch war. Die Ausbreitung des Virus begann zwar exponentiell, flachte dann ab und klang schließlich etwa 8 Wochen nach seinem Ausbruch von selber aus.

Das Muster der täglichen Neuinfektionen als Prozentsatz der aufsummierten Anzahl von Infektionen (wöchentlich gemittelt), war in jedem Land der Welt gleich. Unabhängig von den Maßnahmen der Regierungen war überall ein ähnlicher Rückgang der Infektionsraten zu verzeichnen. Charakteristisch betrug dieser Prozentsatz in der ersten Phase der Ausbreitung etwa 30%, sank nach sechs Wochen auf ein Niveau von weniger als 10% ab und erreichte schließlich eine Woche später ein Niveau von weniger als 5%.

Nichts desto trotz meinte der Vizepräsident des Robert-Koch-Instituts, Lars Schaade, am 21.04.*2020 „Aber ernst ist die Situation dennoch immer noch. Es ist kein Ende der Epidemie in Sicht, die Fallzahlen können wieder steigen."* Zudem: *„Selbst wenn es keine Fälle mehr gibt, müssen wir uns an Abstandsregeln halten."* [404] Weswegen Abstandsregeln sein müssen, wenn es keine Virusträger gibt, das kann wohl nur er erklären. In Kapitel 5.2.8 wurde die hysterische Übertreibung bereits erklärt.

6.6 Zusammenfassung

Betrachten wir nun zusammenfassend die Auswirkungen des neuen Coronavirus mit einigen Auswirkungen der freiheitsbeschränkenden Maßnahmen der Regierung für Deutschland (Tabelle 4).

SARS-CoV-2	Maßnahmen der Regierung
Keine Überlastung der Krankenhäuser	Unterlastung der Krankenhäuser Planbare Behandlungen verschoben Operationen abgesagt Aus Angst signifikant weniger Einweisungen wegen Verdachts auf Herzinfarkt und Schlaganfall Verdachtsfälle blieben aber gleich hoch
Kein verändertes Sterblichkeitsrisiko Neuinfiziertenrate bereits vor Lockdown nicht exponentiell steigend und sogar zurückgehend R-Wert bereits vor Lockdown bei 1 und darunter, kein weiteres Fallen nach Lockdown	74 % erhöhtes Risiko, das 70. Lebensjahr nicht zu erreichen Anstieg der Wahrscheinlichkeit für: Herzinfarkt, Schlaganfall, um bis zu 30 % (allgemeine Haupttodesursachen) Krebs und Demenz Depressionen und Angsterkrankungen
Keine andere Übersterblichkeit als normal	Anstieg der Rate ermordeter Frauen und Kinder
	Signifikanter Anstieg des Alkoholkonsums
	Anstieg Medikamentenmissbrauch
	Ca. 75.000 vergewaltigter Frauen
	Ca. 62.000 Frauen Opfer körperlicher Gewalt
	Hunderttausende von Kindern Opfer körperlicher Gewalt, auch schwerster
	Hundertausende von langfristig psychisch geschädigten Kindern
	über 12 Millionen Menschen in Kurzarbeit Anstieg der Arbeitslosenzahlen
	Massive wirtschaftliche Rezession
	Risiko durch Impfung nicht abschätzbar Evtl. Genetische Modifizierung der Menschen

Tabelle 4:

Auswirkungen durch SARS-CoV-2 und durch Maßnahmen der Regierung im Vergleich

7. Signal-Entdeckungs-Theorie

Die Signal-Entdeckungs-Theorie ist ein allgemeines Modell zur Entscheidungsbildung. Es geht hier darum, ob ein Mensch ein schwer zu entdeckendes Signal, sprich einen Reiz, wahrnimmt oder nicht. Der Mensch ist hier der Detektor und Entscheidungsträger gleichzeitig. Durch seine Antwort entscheidet er, ob er ein Signal wahrgenommen hat oder nicht. Im klassischen Versuch soll eine Person entscheiden, ob sie einen schwer wahrzunehmenden Ton bei einem ständigen Hintergrundrauschen gehört hat oder nicht. Dabei gibt es vier verschiedene Möglichkeiten, siehe Abbildung 29.

	Antwort „Nein"	Antwort „Ja"
Ton	Verpasser	Treffer
Kein Ton	Treffer	Falscher Alarm

Abbildung 29: Vier-Felder-Tafel der Signalentdeckungstheorie

Wenn kein Ton vorhanden war und richtig mit "Nein" geantwortet wird und wenn ein Ton vorhanden war und richtig mit "Ja" geantwortet wird, so sind das Treffer und die Person hat alles richtig erkannt, besser gesagt, sie hat richtig geantwortet. Richtige Antworten können nämlich auch zufällig, durch Raten zustande gekommen sein.

7.1 Antworttendenz

Die Antworttendenz sagt aus, in welche Richtung eine Person bei Unsicherheit antwortet.

7.1.1 Falsch Negativ

Tendiert eine Person bei Unsicherheit eher dazu mit "Nein" zu antworten, so wird sie bei einem Ton, der zwar tatsächlich nicht vorhanden, die Person aber unsicher ist, ob vielleicht doch einer da gewesen sein könnte, auch mit "Nein" antworten. Die Antwort ist zwar richtig, trotzdem ist die Person unsicher, ob nicht doch ein Ton da gewesen war. Damit riskiert die Person aber auch „Verpasser". D.h. sie entdeckt nicht alle tatsächlich vorhandene Töne. Sie gibt an, keinen Ton gehört zu haben, obwohl tatsächlich einer vorhanden war.

Das kann in der Medizin und in der Psychotherapie zu gravierenden Folgen führen. Wird eine gravierende, lebensbedrohliche Erkrankung nicht erkannt, stirbt die Person. Dasselbe gilt für das Nichterkennen einer akuten Suizidalität.

7.1.2 Falsch Positiv

Tendiert eine Person bei Unsicherheit eher dazu mit "Ja" zu antworten, so wird sie bei einem Ton, der zwar tatsächlich vorhanden war, den sie aber gar nicht gehört hat auch mit "Ja" antworten. Die Antwort ist zwar richtig, erkannt hat die Person diesen Ton dennoch nicht. Damit riskiert die Person aber auch „Falsche Alarme". Sie gibt an, einen Ton gehört zu haben, der tatsächlich gar nicht vorhanden war.

Für die Medizin und für die Psychologie bedeutet das, dass eine Person in fälschlicherweise eine positive Diagnose erhält, obwohl die untersuchte Person gar nicht an der zu überprüfenden Krankheit leidet. Das kann schlimme körperliche, aber auch psychische Folgen für diese Person haben. Beispielsweise kann eine Operation durchgeführt werden, die gar nicht notwendig gewesen wäre und diese Person leidet dann ein Leben lang an den Folgen dieser Operation. Oder eine Person erhält fälschlicherweise eine positive Krebsdiagnose und suizidiert sich anschließend aus Verzweiflung. Oder aber eine Person wird positiv auf SARS-CoV-2 getestet, obwohl sie völlig gesund ist und noch nicht einmal den neuen Coronavirus in sich trägt. Sie kommt in Quarantäne, vielleicht noch in ein Krankenhaus, wo sich diese gesunde Person vielleicht mit multiresistenten Keimen ansteckt und dadurch erst tatsächlich krank wird.

Doch kann eine Person überhaupt positiv auf SARS-CoV-2 getestet werden, ohne dass sie dieses Virus tatsächlich hat? Dass dies in 47% - 80,33% der Fall ist, zeigten Zhuang GH et al. (2020). In Kapitel 7.2 wird näher auf dieses Thema eingegangen.

Auch bei der Bewertung von durchgeführten Maßnahmen ist es relevant, ob diese Maßnahmen auf einer falsch positiven Entscheidung basieren. Beispielsweise schätze ich als Psychologe eine Person falsch positiv als Suizidal ein. Als Folge lasse ich diese Person in eine Psychiatrie einweisen, wobei unter Umständen sogar Zwangsmaßnahmen eingeleitet werden müssen. In Folge suizidiert sich diese Person nicht. Ich würde jetzt argumentieren können, dass diese Person sich nicht suizidiert hat, weil ich die richtigen Maßnahmen ergriffen hätte. Allerdings wäre diese Argumentation falsch. Diese Person hat sich nicht suizidiert, weil diese Person überhaupt nicht suizidal gewesen war. Ganz im Gegenteil habe ich sogar noch Schaden angerichtet. Ich habe an einer nichtsuizidalen Person durch meine falsch positive Einschätzung Zwangsmaßnahmen durchführen lassen und sie unnötig in eine Psychiatrie einweisen lassen. Dies kann zu schwerwiegenden psychischen Schäden führen.

7.1.3 Antworttendenz und Corona-Krise

Sowohl falsch positive, als auch falsch negative Entscheidungen können gravierende Folgen, bis hin zum Tod eines Menschen haben. Allerdings tendieren Entscheidungsträger in der heutigen Zeit eher zu falsch positiven Entscheidungen. Dahinter steckt zum Einen die Angst etwas übersehen zu können und persönlich sowie juristisch belangt werden zu können.

So führte die Verurteilung eines Abteilungsleiters und einer stellvertretenden Abteilungsleiterin einer rheinland-pfälzischen Justizvollzugsanstalt am 7. Juni 2018 durch das LG Limburg zu einer signifikanten Abnahme positiver Entscheidungen bezüglich der Verlegung von Strafgefangenen in den Offenen Vollzug (OVZ). Die beiden Justizvollzugsbeamten wurden wegen fahrlässiger Tötung zu Bewährungsstrafen von jeweils neun Monaten verurteilt, weil ein Strafgefangener des OVZ während seines Hafturlaubs als Geisterfahrer einen Unfall verursachte, bei welchem eine Frau verstarb. Welcher Entscheidungsträger hatte jetzt noch den Mut, Strafgefangenen im Rahmen von Lockerungen zu ermöglichen, wieder in das Leben in Freiheit eingegliedert zu werden? Wer will schon seine Arbeitsstelle für einen Straftäter aufs Spiel setzen? Eine falsch positive Entscheidung in diesem Zusammenhang bedeutet, eine Gefahr zu sehen, die tatsächlich nicht existent ist.

Zum Anderen steckt die Neigung zu falsch positiven Entscheidungen auch in der Angst vor einer Sache selber. Becker & Rinck (2004) zeigten in zwei Experimenten, die unter Anwendung eines Signaldetektionsparadigmas durchgeführt wurden, dass Menschen, welche unter Spinnenangst leiden, liberaler davon ausgehen, eine Spinne oder einen Käfer gesehen zu haben, als Menschen, welche nicht unter dieser Angst leiden. In beiden Experimenten konnten Menschen mit Spinnenangst Spinnen oder andere Tiere nicht besser nachweisen als gesunde Kontrollpersonen. Daher konnte bei diesem Versuchsaufbau ausgeschlossen werden, dass es sich um eine verbesserte

Erkennung von Bedrohung handeln könnte. Es handelte sich dabei also um eine Interpretationsverzerrung in Richtung „falsch positiv".

Das ist ein möglicher Mechanismus, der zur Erklärung beitragen kann, warum viele Regierungen zu den härtesten Maßnahmen gegen ihre Völker griffen. Die Verantwortlichen entdeckten eine Gefahr, welche tatsächlich nicht existierte. Wahrscheinlich wurden sie darin von verschiedensten Beratern und möglicherweise auch Lobbyisten bestärkt. Und vor dieser real nicht existierenden Gefahr mussten sie ihre Völker schützen. Und deswegen wurden alle Freiheitsrechte eingeschränkt. Es steckte die Angst dahinter, eine Gefahr nicht erkannt, deswegen nicht gehandelt zu haben und dafür persönlich belangt werden zu können. Zudem ist es möglich, dass sie von den Berichten aus China und Italien sowie den katastrophierenden Modellberechnungen einiger Virologen geängstigt wurden. Daher kann es auch bei ihnen zu einer Interpretationsverzerrung in Richtung „falsch positiv" gekommen sein.

Mit kritischer Vorsicht ist die Argumentation der Verantwortlichen bezüglich der Wirksamkeit der ergriffenen Maßnahmen während der Corona-Krise zu betrachten.[405] Es wurde argumentiert, dass nur dank der ergriffenen Maßnahmen eine Katastrophe durch das neue Coronavirus abgewendet worden wäre. Wie oben bereits beschrieben, ist diese Argumentation absolut falsch, wenn diese Maßnahmen auf einer falsch positiven Entscheidung basierten. Es kam dann nämlich nicht dank der Maßnahmen zu keiner Katastrophe. Zu keiner Katastrophe kam es deswegen, weil es nie zu einer Katastrophe gekommen wäre. Dass dies tatsächlich der Fall war, wurde bereits u.a. im Kapitel 4.6.4 „Wirkung der freiheitsbeschränkenden Maßnahmen" nachgewiesen. Aus diesem Grund wird es nach der Corona-Krise von höchster Wichtigkeit sein die tatsächliche Gefahr des neuen Coronavirus richtig einzuschätzen und das Verhalten der Verantwortlichen zu untersuchen. Dies in Abhängigkeit von den Zeitpunkten wann welche Informationen vorgelegen haben, so wie es in diesem Buch gemacht wird.

Es darf nämlich nicht sein, dass auf Grund einer falschen Entscheidung ganzen Völkern ihre Freiheitsrechte genommen, Tausende bis Millionen ihre Existenzen verloren, Volkswirtschaften an den Abgrund geführt, Angst und Panik geschürt wurden, zehntausende von Frauen vergewaltigt wurden, Millionen von Menschen durch die Maßnahmen schwer erkrankten und die Verantwortlichen dann noch nicht einmal zur Rechenschaft gezogen werden. Für fehlerhaftes Verhalten, welches auf Unwissenheit basiert, gibt es im Juristischen den Begriff „fahrlässig". Denn wie jeder weiß: *„Unwissenheit schützt vor Strafe nicht."*

7.2 Sensitivität und Spezifität

Die Klassifikation in der Signal-Entdeckungs-Theorie ist binärer Natur, d. h., es gibt nur zwei mögliche Klassen. Signal oder Nicht Signal. In der Medizin ist die Frage: Leidet ein Patient an einer bestimmten Krankheit oder nicht (vgl. Abb. 30). In Bezug auf die Corona-Krise war es die Frage, ob eine Person am neuen Coronavirus erkrankt ist oder nicht.

	Person ist krank (RP + FN)	Person ist gesund (FP + RN)
Test positiv (FP + RP)	Richtig positiv (RP)	**Falsch positiv (FP)**
Test negativ (RN + FN)	**Falsch negativ (FN)**	Richtig negativ (RN)

Abbildung 30: Vier-Felder-Tafel, Person Krank - Gesund

Sensitivität und Spezifität sind dabei die statistischen Gütemaße für die Durchführung eines binären Klassifikationstests. Sie sagen aus, wie sicher ein Test richtig positiv, bzw. richtig negativ misst. Leider ist es dabei so, dass mit zunehmender Sensitivität die Spezifität abnimmt.[406] Betrachten wir nun beide Begriffe genauer.

7.2.1 Sensitivität

Bei der Sensitivität wird die sogenannte „Richtig-Positiv-Rate" gemessen.[407] Sie misst den Anteil der tatsächlichen Positiven, die korrekt als solche erkannt werden. Also den Prozentsatz der Kranken, die korrekt als solche erkannt werden. „Ein Test mit 100%-iger Sensitivität identifiziert alle Patienten mit der Krankheit korrekt. Ein Test mit 80% Sensitivität erkennt 80% der Patienten mit der Krankheit (*richtig-positiv*), aber 20% mit der Krankheit bleiben unentdeckt (*falsch-negativ*). Eine hohe Sensitivität ist besonders wichtig, wenn der Test zur Erkennung einer schweren, aber behandelbaren Erkrankung (z.B. Gebärmutterhalskrebs) eingesetzt wird. Das Screening der weiblichen Population durch einen Abstrich ist ein sensitiver Test. Es ist jedoch nicht sehr spezifisch und ein hoher Anteil von Frauen mit einem positiven Gebärmutterhalsabstrich, die eine Kolposkopie machen, hat letztlich keine zugrundeliegende Erkrankung." [408]

7.2.2 Spezifität

Die Spezifität misst den Anteil der tatsächlichen Negativen, die korrekt als solche identifiziert werden. Also den Anteil der gesunden Menschen, die korrekt als nicht krank erkannt werden. „Ein Test mit 100%-iger Spezifität identifiziert daher alle Patienten ohne Erkrankung korrekt. Ein Test mit 80% Spezifität identifiziert 80% der Patienten ohne Krankheit als Testnegativ (*richtig-negativ*), aber 20% der Patienten ohne Krankheit werden fälschlicherweise als Testpositiv (*falsch-positiv*) identifiziert." [409]

7.2.3 Prädiktiver Wert

„In der Praxis möchte man (...) wissen, wie groß bei gegebener Sensitivität und Spezifität die Wahrscheinlichkeit ist, dass ein im Test positiver Patient tatsächlich infiziert ist, bzw. ein im Test negativer Patient tatsächlich nicht infiziert ist. Diese bedingten Wahrscheinlichkeiten nennt man "positiven" bzw. "negativen" prädiktiven Wert." [410] Diesen kann man leicht berechnen.

„Der positive prädiktive Wert eines diagnostischen Verfahrens ist die bedingte Wahrscheinlichkeit, dass eine Erkrankung E vorliegt unter der Bedingung, dass der diagnostische Test T positiv ist ($P(E^+|T^+)$)." [411]

Der negative prädiktive Wert ist die bedingte Wahrscheinlichkeit, dass eine Erkrankung E nicht vorliegt unter der Bedingung, dass der diagnostische Test negativ ist ($P(E^-|T^-)$).

In der Sprache der Wahrscheinlichkeitsrechnung sind Sensitivität und Spezifität nichts anderes als bedingte Wahrscheinlichkeiten. Betrachten wir uns zum Beispiel eine Grundgesamtheit von 100.000 Personen mit 1000 Infizierten an einem Virus. Sowohl für die Sensitivität, als auch für die Spezifität nehmen wir jeweils 90% an. Es ergibt sich daraus die Tabelle 5.

Testergebnis T	Wirklichkeit W		
	infiziert	nicht infiziert	Summe
positiv	900	9900	10800
negativ	100	89100	89200
Summe	1000	99000	100000

Tabelle 5: Vier-Felder-Tafel Beispiel

Sensitivität: P(T=+ | W=+)= 900 / 1000 = 0.9

Spezifität: $P(T=- | W=-)$ = 89100 / 99000 = 0.9

Positiver prädiktiver Wert: $P(W= + | T= +)$= 900 / 10800 = 0.0833

d. h. Personen mit einem positiven Testergebnis sind mit einer Wahrscheinlichkeit von nur **8.3%** tatsächlich auch mit dem Virus infiziert.

Negativer prädiktiver Wert: $P(W= - | T= -)$ = 89100 / 89200 = 0.9989.

d.h. Personen mit einem negativen Testergebnis sind zu 99,89% tatsächlich nicht mit dem Virus infiziert.

7.2.4 Prävalenz

Der positive bzw. negative prädikative Wert hängt außer von der Sensitivität und der Spezifität auch noch von der der Prävalenz der Krankheit ab.[412]

„Als Prävalenz bezeichnet man die Häufigkeit einer Krankheit oder eines Symptoms in einer Bevölkerung zu einem bestimmten Zeitpunkt."[413] Sie wird berechnet aus dem Quotienten aus der Anzahl der betroffenen Individuen in einer Population und der Anzahl aller Individuen dieser Population:

$P = M_{betroffen}/M_{gesamt}$(P = Prävalenz, M = Menge)

Betrachten wir uns dazu folgendes Beispiel. Eine Krankheit hat eine Prävalenz von 1/1000. Das heißt eine Person von 1000 erkrankt an dieser Krankheit. Die Grundgesamtheit nehmen wir mit 100.000 Personen an. Ein diagnostischer Test zur Erkennung dieser Krankheit hat eine Sensitivität von 100 % und eine Spezifität von 95 %. Wie hoch ist die Wahrscheinlichkeit, dass eine Person mit einem positiven Testergebnis diese Krankheit tatsächlich hat?

Wie bereits erklärt, ist die Spezifität die Wahrscheinlichkeit, mit der ein Gesunder auch als solcher erkannt wird. Das heißt, bei einer Spezifität von 95% werden 5 % fälschlicherweise als krank diagnostiziert.

Tatsächlich erkrankt: 100.000 x (1/1000) = 100
Diese werden aufgrund der gegebenen Sensitivität auch als solche erkannt.

Von den restlichen 99.900 Personen werden zusätzlich 5 % (Spezifität von 95%) als krank diagnostiziert, obwohl sie es nicht sind: 99.900 x 0,05 = 4.995

Insgesamt erhalten also 5.095 Personen ein positives Testergebnis.
Aber nur 100 Personen von 5 095 Personen sind tatsächlich krank.

Daraus ergibt sich: 100/ 5.095 = 0,0196

Ein positiv Getesteter ist in diesem Beispiel also mit einer Wahrscheinlichkeit von nur 1,96% tatsächlich erkrankt.

7.2.5 Sensitivität, Spezifität, Prävalenz und Corona-Test

Während der Corona-Krise wurde im Verlauf immer mehr getestet. Mit Zunahme der Testanzahl stieg logischerweise auch die Anzahl der positiv Getesteten, was allerdings normal und unproblematisch ist (vgl. Kapitel 4.2 Relative Zahlen). Dabei gab es eine Reihe von Problemen. Verschiedene Länder testeten unterschiedlich. Es wurden verschiedene RT-PCR SARS-CoV2-in-house-Tests verwendet (Tabelle 6).

„In house"-Tests sind allerdings nur für die wissenschaftliche Forschung zugelassen, nicht aber für die medizinische Diagnostik. Zudem kamen immer mehr Testverfahren verschiedenster Hersteller dazu. Unklar ist beispielsweise welches Land wie, wann und mit welchem Test, was genau gemessen hat. Das machte es natürlich schwierig die Zahlen zu interpretieren und miteinander vergleichen zu können. Eine genaue Aussage wird wissenschaftlich gesehen dadurch nahezu unmöglich.

SARS-COV2-in-house-Tests verschiedener Länder

Land	Institution	Zielgene
Deutschland	Charité	RdRP, E, N
USA	CDC USA	ORF1ab, N
China	CDC China	ORF1ab, N
Hong Kong	HKU	ORF1b-nsp14, N
Japan	Department of Virology III	Pancorona and multiple targets, Spike protein
Frankreich	Institut Pasteur	Two targets in RdRP
Thailand	NIH Thailand	N

Tabelle 6: Angewandte RT-PCR SARS-CoV2-in-house-Tests[414]

Wie sicher der in Deutschland genutzte „Coronatest" tatsächlich war ist fraglich. Dabei handelte es sich um einen Erregernachweis durch RT-PCR, wobei der Begriff „Erregernachweis" irreführend ist. Wie aus Tabelle 6 entnommen werden kann, wurde nicht nach dem gesamten Virus, sondern nur nach einzelnen, wenigen Bestandteilen seiner RNA gesucht. Es handelte sich dabei also nicht zwangsläufig um vermehrungsfähige Krankheits-Erreger, sondern lediglich um Bruchstücke davon. Dabei konnte es sich auch „beispielsweise um unbedeutende Reste etwa nach einer bereits durchgemachten Infektion handeln oder um Bruchstücke, die bei der Entnahme, dem Transport oder im Labor irgendwie in die Probe gekommen sind. Trotz des eigentlich korrekten Labortests sind diese Ergebnisse dann als falsch-positiv einzustufen." [415]

Das RKI gab eine Sensitivitätsrate von 97 oder 98 Prozent an.[416] Wie kann es bei solch einer hohen Sensitivitätsrate dazu kommen, dass der Test in China nur in 30% bis 50% der Fälle positive Fälle des Coronavirus identifizierte, wie Wang Chen, ein Direktor der staatlichen chinesischen Akademie der medizinischen Wissenschaften, bereits im Februar 2020 kritisch anmerkte.[417] Auch Li et al (2020) berichteten über eine potenziell hohe falsch-negativ-Rate des RT-PCR-Tests. Hierbei muss man wissen, dass der zunächst in China verwendete Test der war, welcher die Charité in einer Arbeitsgruppe um Professor Dr. Christian Drosten entwickelt hatte.[418] Dieser wurde dann auch in Deutschland verwendet.

Auch ist die Spezifitätsrate des angewandten RT-PCR-Tests von absoluter Bedeutsamkeit. Schließlich wurde im Verlauf der Corona-Krise immer mehr getestet. Allerdings gab das RKI keine Spezifitätsrate an. Mit Einführungen der Lockerungen der freiheitsbeschränkenden Maßnahmen wurde der Ruf immer lauter, so viele Personen wie möglich zu testen. So änderte beispielsweise das Land Berlin seine Teststrategie am 04.05.2020. Nun sollten auch Personen getestet werden, welche überhaupt keine Symptome aufwiesen. *Unser Motto ist testen, testen, testen",* betonte Gesundheitssenatorin Kalayci.[419] Das RKI schrieb allerdings dazu: *„Eine Testung ist grundsätzlich bei symptomatischen Personen entsprechend der Empfehlungen des RKI, sowie im Rahmen der differentialdiagnostischen Abklärung empfohlen, wenn ein klinischer Verdacht besteht aufgrund von Anamnese, Symptomen oder Befunden, die mit einer COVID-19-Erkrankung vereinbar sind und eine Diagnose für eine andere Erkrankung fehlt, die das Krankheitsbild ausreichend erklärt"* [420] Genau das ist nämlich klinische Praxis, sowohl in der Psychologie, als auch in der Medizin. Ein Test kann keine Diagnosen stellen. Jedes Testergebnis ist stets nur im Zusammenhang mit der Klinik zu bewerten.[421] Ohne klinische Indikation macht ein Testen überhaupt keinen Sinn. Aber das kann eine Diplom-Wirtschaftsmathematikerin Dilek Kalayci natürlich nicht wissen, auch wenn sie das Amt einer Gesundheitssenatorin inne hatte.

Wie bereits beschrieben, macht ein allgemeines Testen nur Sinn, wenn die Spezifitätsrate 100% beträgt. Ansonsten erzeugt man automatisch falsch-positive Testergebnisse. Und diese falschen Testergebnisse haben dann fatale Folgen für die fälschlicherweise positiv getesteten Personen. Standardvorgehen in der Corona-Krise war Quarantäne. In Abhängigkeit von der Prävalenz ist die Wahrscheinlichkeit berechenbar, mit welcher eine positiv getestete Person tatsächlich infiziert ist. Das Problem war, dass die Prävalenz des neuen Coronavirus unbekannt war.

Der Test von Prof. Drosten wurde in einem Ringversuch von INSTAND e.V., Gesellschaft zur Förderung der Qualitätssicherung in medizinischen Laboratorien, zertifiziert. Die Ergebnisse wurden am 2. Mai veröffentlicht .[422]
Am 03.06.2020 wurde der Test erneut einer Prüfung durch INSTAND e.V. unterzogen. Beide Ergebnisse sind in den Tabellen 7 & 8 abzulesen.

Bezüglich der Prävalenz kann annähernd spekuliert werden. Genaue Daten lagen nicht vor. Aus der Heinsberg-Studie um Studienleiter Prof. Dr. Hendrik Streeck, Direktor des Instituts für Virologie am Universitätsklinikum Bonn, folgte eine geschätzte Gesamtzahl für Deutschland von rund 1,8 Millionen Infizierten (2,17%).[423]

Szenario	Verdünnung	Sensitivität	falsch negativ
SARS-CoV-2	1 : 1.000	99,7 %	0,3%
SARS-CoV-2	1 : 10.000	98,8 %	1,2 %
SARS-CoV-2	1 : 100.000	93,2 % / 98,9%	6,8 % / 1,1%
SARS-CoV-2	1 : 1.000.000	93,0 %	7,0 %

Tabelle 7: Sensitivität des SARS-CoV-2 PCR-Tests[424]

Szenario	Verdünnung	Spezifität	falsch positiv
Nicht infizierte Zellen	--	98,6 %	1,4 %
Mit HCoV OC43 infizierte Zellen	1 : 2500	97,8 %	2,2 %
Mit HCoV 229E infizierte Zellen	1 : 2500	92,4 % / 98,1%	7,6 % / 1,9%

Tabelle 8: Spezifität des SARS-CoV-2 PCR-Tests[425]

Aufgabe:

Wir testen die gesamte Bevölkerung. Wie hoch ist die Wahrscheinlichkeit, dass eine Person mit einem positiven Testergebnis tatsächlich infiziert ist?

Als Prävalenz für Covid-19 nehmen wir 1,8 Millionen Infizierte an. Weiter nehmen wir die Bevölkerungszahl von 83.000.000. Nach dem Mathematiker Klaus Pfaffelmoser nehmen wir aus dem Ringversuch von INSTAND e.V. für die Sensitivität des Tests konservativ 99,7%, für die Spezifität 98,6% an. Bei diesem Wert der Spezifität handelt es sich um den Wert, wenn die Zelle mit überhaupt keinem Coronavirus infiziert ist. Es ist also überhaupt kein Coronavirus vorhanden. Der Test war dabei „ausreichend empfindlich und ausreichend spezifisch".[426]

Bei einer Spezifität von 98,6% werden 1,4% fälschlicherweise als infiziert diagnostiziert. Das sind 1.162.000 Personen. Diese Personen würden fälschlicherweise in Quarantäne geschickt. Medial würde ein neues Horrorszenario gezeichnet werden. Dabei ist tatsächlich überhaupt kein Coronavirus vorhanden.

Tatsächlich infiziert sind 1,8 Millionen Personen. Auf Grund der Sensitivität von 99,7% werden 5.400 Personen nicht erkannt, sie sind falsch negativ. 1.794.600 Personen werden als infiziert erkannt.

Insgesamt erhalten 2.956.600 Personen ein positives Ergebnis, 1,8 Millionen sind tatsächlich infiziert.

$$1.800.000 / 2.956.600 = 0,609$$

Eine positiv getestete Person hat also mit einer Wahrscheinlichkeit von knapp 61% tatsächlich einen SARS-CoV2. Das ist besser als die Ratewahrscheinlichkeit.

Liegt die Spezifität nur bei 98%, so würden 1.660.000 Personen falsch positiv getestet. Die Wahrscheinlichkeit dass dann eine positiv getestete Person tatsächlich den Virus hat, liegt mit 52,3% auf dem Niveau der Ratewahrscheinlichkeit. Dann kann man ebenso gut eine Münze werfen. Bei einer Spezifität von 97% wären das 2.490.000 falsch positive Personen. Und die Wahrscheinlichkeit, dass eine positiv getestete Person tatsächlich infiziert ist, läge nur noch bei 42,3%.

Als Vergleich: Deutsche Gerichte sehen eine Vaterschaft als „praktisch erwiesen" an, wenn eine Wahrscheinlichkeit von mindestens 99,9 % erreicht wird.[427] Die Spezifität des Testes muss also bei mindestens 99,9% liegen, damit ein Mann gerichtlich verwertbar als Vater eines Kindes gesehen wird. In der Corona-Krise reichte aber eine viel schlechtere Testgüte aus, um Menschen in

Quarantäne zu schicken und sonstige Zwangsmaßnahmen, bis hin zu einem erneuten Lockdown gegen die Bevölkerung durchzuführen.

Aus dem Ringversuch von INSTAND e.V. ist weiter interessant, dass die Spezifität des Tests bei Vorkommen anderer, normaler menschlicher Coronaviren drastisch geringer wird. 1.826.000, bzw. 1.577.000 falsch positive Ergebnisse werden bei den untersuchten Coronaviren produziert. Diese positiven Ergebnisse gibt es, wenn überhaupt kein SARS-CoV2 vorhanden ist. Die „Pandemie" kann gar nicht zu Ende gehen, solange getestet wird. Kein Virus mehr – positive Testergebnisse - „Pandemie". Interessent wäre die Spezifität bei Vorhandensein anderer Coronaviren.

Und diese „Pandemie" kann einfach durch vermehrte Testungen wieder aufflammen. Auch so kann eine „zweite Welle" erzeugt werden. Die Anzahl der gemessenen Infizierten beträgt bei der angenommenen Spezifität des Tests immer 1.400 Infizierte pro 100.000 Tests. Daher war der willkürlich festgelegte Grenzwert in der Debatte um die Lockerung von Corona-Schutzmaßnahmen unwissenschaftlich und unlogisch. Dieser lag bei 50 Neuinfektionen pro 100.000 Einwohner. Das bayerische Kabinett beschloss, dass der Grenzwert für Landkreise und Städte bei 35 neuen Fällen pro 100.000 Einwohner und Woche liegen sollte. Wenn diese erreicht wurden, sollten wieder strikte Einschränkungen angeordnet werden.[428] Dieser Grenzwert war alleine durch das Testen selber erreichbar, es waren dazu überhaupt keine tatsächlichen Infektionen mit dem neuen Coronavirus notwendig. Um denn Grenzwert von 50 zu erreichen waren lediglich ca. 3.500 Tests pro 100.000 Einwohner erforderlich. Für den Grenzwert von 35 waren es entsprechend nur ca. 2.500 Tests.

Auch eine weitere Studie, an welcher Drosten persönlich beteiligt war (siehe weiter unten), kam auf eine Falsch-Positiven-Rate von 0,58% im besten Fall. Das sind bei 100.000 Testungen 580 „Neuinfizierte" ohne tatsächlich Infizierte. Welchen Sinn machte der Grenzwert also angesichts dieser Fakten?

Tabelle 5: Anzahl der SARS-CoV-2-Testungen in Deutschland (Stand 04.08.2020); *KW=Kalenderwoche

KW* 2020	Anzahl Testungen	Positiv getestet	Positivenrate (%)	Anzahl übermittelnde Labore
Bis einschließlich KW10	124.716	3.892	3,1	90
11	127.457	7.582	5,9	114
12	348.619	23.820	6,8	152
13	361.515	31.414	8,7	151
14	408.348	36.885	9,0	154
15	380.197	30.791	8,1	164
16	331.902	22.082	6,7	168
17	363.890	18.083	5,0	178
18	326.788	12.608	3,9	175
19	403.875	10.755	2,7	182
20	432.666	7.233	1,7	183
21	353.467	5.218	1,5	179
22	405.269	4.310	1,1	178
23	340.986	3.208	0,9	176
24	326.645	2.816	0,9	172
25	387.484	5.309	1,4	175
26	467.004	3.674	0,8	180
27	505.518	3.080	0,6	150
28	509.298	2.989	0,6	177
29	537.334	3.480	0,6	173
30	569.868	4.462	0,8	176
31	573.802	5.551	1,0	161
Summe	8.586.648	249.242		

Abbildung 31: Anzahl SARS-CoV-2-Testungen in Deutschland (Stand: 04.08.2020)

Quelle: RKI [429]

In Abbildung 31 ist die Anzahl der durchgeführten SARS-CoV-2- Testungen in Deutschland und die dazugehörige Positivenrate abzulesen. Der PCR-Test hat eine falsch-Positivrate von 1,4%. In KW 20 lag die Positivenrate der Tests bei 1,7%, in KW 21 bei 1,5%, ab KW 22 bei um die 1%, später sogar darunter. D.h. die Testergebnisse lagen ab KW 20 tatsächlich nur ganz knapp über der Falsch-Positivenrate, ab KW 22 darunter. Daher ist es fraglich, ob es ab diesem Zeitpunkt überhaupt noch tatsächliche positive Coronafälle gab, oder ob diese Fälle nicht einfach das Ergebnis der Falsch-Positiven-Rate des Tests selber waren. Es wurde zu diesem Zeitpunkt ja bereits wild in der Gegend herumgetestet. Zudem nahm die Testzahl von insgesamt 124.716 Tests in den ersten zehn Wochen, auf 573.802 Tests alleine in der KW 31 zu. Es gab dann logischerweise viele „Positive", die allerdings gesund, mitunter gar nicht tatsächlich infiziert waren. Und auf Grund dieser gesunder, nichtinfizierter „Positiven" wurden dann wieder Schulen geschlossen usw.

Übrigens wies das „Centers for Disease Control and Prevention, Division of Viral Diseases" bereits Ende März 2020 in ihrem *„CDC 2019-Novel Coronavirus (2019-nCoV) Real-Time RT-PCR Diagnostic Panel"* [430] auf Seite 36 zum Einen darauf hin, dass positive und negative Vorhersagewerte stark von der Prävalenz abhängen. Falsch positive Testergebnisse sind wahrscheinlicher, wenn die Prävalenz moderat bis niedrig ist. Die Prävalenz von Infektionen mit SARS-CoV-2 war in Deutschland wohl niedrig, daher muss von vielen falsch positiven PCR-Tests ausgegangen werden. Sollte sie hoch gewesen sein, dann war der Virus nicht sehr gefährlich. Zum Anderen wies das CDC darauf hin, dass der Nachweis von viraler RNA möglicherweise nicht auf das Vorhandensein eines infektiösen Virus hinweist oder darauf, dass 2019-nCoV der Erreger für klinische Symptome ist.

Auch Bundesgesundheitsminister Spahn ging auf die Tatsache der falsch Positivenrate am 14.06.2020 im „Hauptstadtstudio" der ARD ein. *„(…) haben wir im Moment eine Positivtestung von unter einem Prozent bei gleichbleibender konstanten Testzahl in den letzten Wochen. Und wir müssen jetzt aufpassen, dass wir nicht nachher durch zu umfangreiches Testen (…) zu viele falsch Positive haben, weil die Tests ja nicht 100 % genau sind, sondern auch ne kleine aber auch ne Fehlerquote haben. Und wenn insgesamt das Infektionsgeschehen immer weiter runter geht und sie gleichzeitig das Testen auf Millionen ausweiten, dann haben Sie auf einmal viel mehr falsch Positive als tatsächlich Positive."* [431] Bayern kündigte als erstes Bundesland aber Ende Juni Corona-Tests für jedermann an, unabhängig davon, ob er Symptome hat oder einem besonderen Risiko ausgesetzt ist. [432]

Am 09.07.2020 veröffentlichten Matheeussen et al. ihre internationale externe Qualitätsbewertung für den molekularen Nachweis von SARS-CoV-2. In dieser Forschergruppe war auch Prof. Drosten. *„Alle Kernproben wurden von*

86,3% (315/365) der teilnehmenden Laboratorien und in 83,1% (433/521) der Datensätze korrekt angegeben. Unter Einbeziehung der für die beiden Stichproben zur Bildungsspezifität gemeldeten Ergebnisse betrug der Gesamtprozentsatz der korrekten Ergebnisse auf Laborebene 84,7% (309/365) und für Datensätze 81,8% (426/521)." Dieses Ergebnis wurde als „akzeptables Kompetenzniveau definiert". In der „richtig-falsch"-Stichprobe gab es drei falsch-positive Ergebnisse und 11 nicht bestimmte. In dieser Stichprobe gab es überhaupt keinen Coronavirus. Das bedeutet bei n = 521 eine Spezifität von 97,31 % und eine falsch-positiven-Rate von 0,58%. In der negativen SARS-CoV-2-Bildungsstichprobe CVOP20S-02 gab es fünf falsch-positive Ergebnisse und 11 nicht bestimmte. Hier lag der humane Coronavirus HCoV-NL63 vor. Die Spezifität lag dort also bei 96,93% und die falsch-positiven-Rate bei 0,96%. In der SARS-CoV-2-negative Bildungsstichprobe CVOP20S-04 gab es drei falsch positive und 12 nicht bestimmt Ergebnisse. Hier lag der humane Coronavirus HCoV-OC43 vor. Die Spezifität lag dort also bei 97,12 %, die falsch-positiven-Rate bei 0,58%.

Auch aus diesen Ergebnissen lässt sich zum Einen festhalten, dass der „Corona-Test" falsch positiv anschlägt, wenn weder das SARS-CoV-2 oder überhaupt Coronaviren vorhanden sind. Hier wäre es weiter sinnvoll den Test bei allen bekannten Coronaviren anzuwenden, um die dementsprechenden falsch-positiven-Raten zu ermitteln. Dass dies von höchster Wichtigkeit ist, wird in Kapitel 19.4.2 gezeigt.

Zum Anderen sehen wir aus Abbildung 33, dass die Positivenrate der Testungen in Deutschland seit KW 22 bei ca. 1% lag. Dies entspricht genau der falsch-positiven-Rate, welche bereits im Ringversuch von INSTAND e.V. und dann später durch das Forscherteam um Matheeussen und Drosten nachgewiesen wurde. Bei diesen Ergebnissen und der gegebenen Testpraxis ab KW 22 trotzdem noch von „Fällen" oder „Infizierten" zu sprechen, ist nichts anderes als Unwissenheit oder „Fake – News".

7.2.6 R-Wert

Da während der Corona-Krise der sogenannte R-Wert als wichtige Kenngröße für die freiheitsentziehenden Maßnahmen genannt wurde, soll auch auf diesen hier kurz eingegangen werden. Die Berechnung wurde im Verlauf der Corona-Krise geändert. Wir betrachten hier den „sensitiveren R-Wert", welcher dem „R-Wert" folgte. Um diesen zu berechnen wurde die Summe der gemessenen Neuinfizierten der letzten vier Tage durch die Summe der Neuinfizierten der vier Tage zuvor geteilt. „Um beispielsweise den „sensitiveren R-Wert" für den 08.06.2020 zu berechnen, wird die Anzahl der Neuinfizierten vom 05. bis 08.06. durch die Anzahl der Neuinfizierten vom 01. bis 04.06. geteilt." [433] Die mathematische Formel lautet:[434]

$$R_{t,4} = \frac{\overline{E}_t^4}{\overline{E}_{t-4}^4} = \frac{\sum_{s=t-3}^{t} E_s}{\sum_{s=t-3}^{t} E_{s-4}}.$$

Der Mathematiker Klaus Pfaffelmoser zeigte am 24.05.2020 und am 06.06.2020, dass wenn es keine Infizierten gibt, sowohl die Anzahl der gemessenen Infizierten als auch der R-Wert nur von der Anzahl der Tests abhängt. Das Verhalten des R-Werts in Abhängigkeit vom Verlauf der Anzahl der Tests ist der Tabelle 9 zu entnehmen. Besonders eindrucksvoll ist der Effekt bei gegenläufiger Anzahl der durchgeführten Tests. Damit kann der R-Wert gesteigert oder fallen gelassen werden (Abbildung 32).

Anzahl Tests	Verhalten des R-Wertes
konstant	konstant gleich 1
fallend	annähernd konstant kleiner 1
steigend	annähernd konstant größer 1
alternierend	schwankt um 1, gibt die 4 Tage zurückliegende Steigung der geglätteten Anzahl der Messungen wieder

Tabelle 9: Verhalten des R-Wertes in Abhängigkeit vom zeitlichen Verlauf der Anzahl der Tests[435]

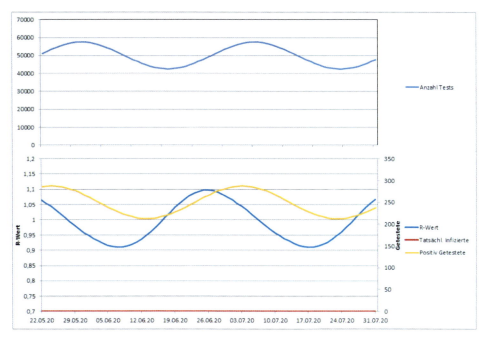

Abbildung 32: R-Wert ohne tatsächlich Infizierte bei alternierender Anzahl der Tests

Quelle: Klaus Pfaffelmoser bei Rubikon [436]

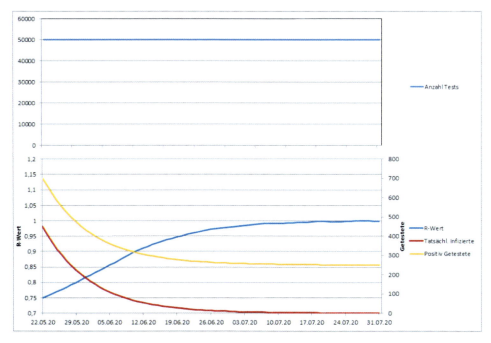

Abbildung 33:R-Wert mit abnehmender Anzahl der Infizierten und konstanter Anzahl der Tests.

Quelle: Klaus Pfaffelmoser bei Rubikon [437]

Auf Grund der Testgüte des PCR-Tests in Verbindung mit der Berechnung des „sensitiven R-Werts" erhält man einen eindrucksvollen, paradoxen Effekt: Bei Abnahme der Anzahl tatsächlich Infizierter steigt der R-Wert. Abbildung 33 zeigt diesen Effekt bei konstanter Testanzahl. Aus Tabelle 10 ist das Verhalten des R-Werts in Abhängigkeit des zeitlichen Verlaufs der Anzahl der Tests ablesbar.

Anzahl Tests	Verhalten des R-Wertes
konstant	konvergiert von unten gegen 1
fallend	konvergiert von unten gegen einen Wert kleiner 1
steigend	konvergiert von unten gegen einen Wert größer 1
alternierend	schwankt um einen Mittelwert, der von unten gegen 1 geht, gibt die 4 Tage zurückliegende Steigung der geglätteten Anzahl der Messungen wieder

Tabelle 10:

Verhalten des R-Wertes in Abhängigkeit vom zeitlichen Verlauf der Anzahl der Tests[438]

7.3 Hauptgütekriterien und Validierung

Ein wissenschaftlich anerkannter Test hat verschiedene Gütekriterien zu erfüllen. Dabei gibt es die drei Hauptgütekriterien Validität, Objektivität und Reliabilität, sowie verschiedene Nebengütekriterien. Wird nur einer der Hauptgütekriterien von einem Testerfahren nicht erfüllt, so ist er unbrauchbar und darf in der wissenschaftlichen Praxis nicht benutzt werden. Nebengütekriterien sind beispielsweise Normierung anhand aktueller und repräsentativer Normen im Bezugssystem, Unverfälschbarkeit (Unabhängigkeit der Ergebnisse vom Kandidaten), Utilität (Nützlichkeit, externe Validität), Akzeptanz, Fairness, Ökonomie, Transparenz und. Zumutbarkeit. In diesem Buch beschränken wir uns auf die Hauptgütekriterien.

7.3.1 Objektivität

Objektivität bedeutet die Beobachterunabhängigkeit der Ergebnisse. Objektivität wird unterteilt in:

Durchführungsobjektivität

Unter Durchführungsobjektivität versteht man, dass die Ergebnisse unabhängig von dem durchführenden Testleiter sind. Das heißt, egal wer den Test durchführt, die Ergebnisse müssen gleich bleiben. „Um eine hohe Durchführungsobjektivität zu erreichen, sollte das Testhandbuch genaue und standardisierte Anweisungen ohne individuellen Spielraum zur Durchführung vorgeben." [439]

Auswertungsobjektivität

Auswertungsobjektiv sind Ergebnisse, wenn sie unabhängig vom Testauswerter sind. Das heißt, egal wer den Test auswertet, das Ergebnis muss dasselbe sein. Dazu muss es eindeutige Auswertungsregeln geben, die keinen individuellen Spielraum zur Auswertung lassen.

Interpretationsobjektivität

Interpretationsobjektivität ist gegeben, wenn die Ergebnisinterpretation des Tests unabhängig von der Person ist, die diese vornimmt. Das heißt, egal wer das Testergebnis interpretiert, jeder muss zur selben Interpretation der Testergebnisse kommen. Nach Moosbrugger und Kelava (2012) kann der Testautor im Manual Hilfestellungen geben, indem ausführliche Angaben von Ergebnissen aus der Eichstichprobe bereitgestellt werden, die den Vergleich mit relevanten Bezugsgruppen ermöglichen.

7.3.2 Reliabilität

Reliabilität beschreibt die Zuverlässigkeit bzw. Genauigkeit der Messung. Das heißt, wie genau der Test das, was er messen soll, tatsächlich misst. „Eine Untersuchung wird dann als reliabel bezeichnet, wenn es bei einer Wiederholung der Messung unter denselben Bedingungen und an denselben Gegenständen zu demselben Ergebnis kommt." [440]

Die Reliabilität kann statistisch berechnet werden. Dabei stehen zur Reliabilitätseinschätzung vier verbreitete Methoden zur Verfügung. Paralleltestreliabilität, Retestreliabilität, Einschätzungen auf Basis der internen Konsistenz und Testhalbierungsreliabilität. Auf die einzelnen Methoden wird in diesem Buch nicht eingegangen, da dies zu weit führen würde und für das Verständnis dieses Kapitels nicht notwendig ist.

Durch die statistische Berechnung erhält man den sogenannten *Reliabilitätskoeffizienten*. Dieser liegt zwischen 0,00 und 1,00, je höher dieser Wert ist, umso reliabler ist der Test. Eine gute Reliabilität ist bei Werten > 0,90 gegeben. [441]

7.3.3 Validität

Ein Test mit einer hohen Objektivität und einer hohen Reliabilität ist nicht automatisch ein guter Test. Eine hohe Objektivität kann zum Beispiel dadurch zustande kommen, dass sich alle Beobachter gleichermaßen irren. Eine hohe Reliabilität ist lediglich ein statistischer Wert. Wenn man beispielsweise mit einem Pfeil eine Zielscheibe anvisiert, und dabei nicht das Ziel, aber immer an derselben Stelle trifft, so erhält man auch eine hohe Reliabilität. Das Ziel selber wurde aber verfehlt. Daher bedarf es dem dritten Hauptgütekriterium, der Validität.

Die Validität bezieht sich auf die Gültigkeit der Messung. Ein validerTest misst, was der Test messen soll. Nur bei einem validen Test sind die Messergebnisse interpretierbar. Theoretisch könnte jemand auf die Idee kommen die Entfernung zwischen zwei Orten mit einem Thermometer zu messen. Er erhält sicherlich Zahlen. Doch ist in diesem Beispiel leicht zu erkennen, dass diese Zahlen für eine Entfernung nicht interpretierbar sind.

In der Praxis handelt es sich nicht um solche offensichtlichen Sachverhalte, sonst wäre es ja kein Problem. Die Validität eines Tests ist nämlich oft nicht direkt nachweisbar. Sie kann nur aus einer Korrelation mit dem zugrundeliegenden theoretischen Inhalt erschlossen werden. Problematisch kann es werden, wenn zum Nachweis der Validität eines neuen Tests lediglich eine hohe Korrelation mit einem anderen Test herangezogen wird. Dabei kann es zum sogenannten Zirkelschluss kommen. Test A ist valide, weil er mit Test B korreliert, der mit Test C korreliert, der mit Test A korreliert.

Oft ist mit der Validität auch der Begriff „Goldstandard" verbunden. Dabei handelt es sich um ein wissenschaftliches Verfahren, das im gegebenen Fall die bewährteste und beste Lösung darstellt. Neue Verfahren werden an diesem Goldstandard gemessen. Der Goldstandard für einen Schwangerschaftstest ist die tatsächliche Schwangerschaft einer Frau. Diese zeigt sicher an, wie valide der Schwangerschaftstest ist.

7.3.4 Validierung

Validierung ist „die Bestätigung durch objektiven Nachweis, dass die Anforderungen für eine bestimmte Anwendung oder einen bestimmten Gebrauch erfüllt sind".[442] Durch die Validierung von Prüfmethoden soll das Labor (Prüfstelle) nachweislich demonstrieren, dass die Prüfmethode den festgelegten Anforderungen entspricht. Diese Anforderungen können entweder in Normen oder auch von Kunden oder in gesetzlichen Regulatorien festgelegt sein. Validierung sollte immer unter Betrachtung des beabsichtigten Gebrauchs der Ergebnisse gewählt werden.[443]

Für eine Validierung benötigt man die Beschreibung des Zieles und des Weges. Eine korrekte Validierung hat systematisch durchgeführt zu werden und schließt die Dokumentation folgender Punkte ein: [444]

- Beschreibung der Anforderungen

- Die Verfahrenskenndaten Ergebnisse der Prüfung, dass die beschriebenen Anforderungen für einen bestimmten Verwendungszweck durch die Methode erfüllt werden.

- Eine Aussage zur Gültigkeit der Validierung

Das heißt, durch die Validierung eines Tests, muss der objektive Nachweis erbracht werden, dass der Test das misst, was er zumessen vorgibt. Weiter muss durch die Dokumentation gewährleistet werden, dass alle Anwender den Test genau gleich anwenden, durchführen und auswerten. Weiter muss gewährleistet werden, dass der Test bei gleicher Anwendung zum gleichen Testergebnis führt, dass heißt dass der Test reproduzierbar ist, also reliabel die gleichen Ergebnisse produziert. Zudem müssen die wichtigsten Kenngrößen wie Sensitivität, Spezifität, Standardabweichung, usw. angegeben werden.

In der Medizin ist Validierung nicht nur bei Testverfahren, sondern bei allen medizinischen Produkten wie Geräte, Medikamente, Impfstoffe usw. durchzuführen.

7.3.5 Hauptgütekriterien und Corona-Test

Um einen Test als wissenschaftlich und aussagekräftig ansehen zu können, muss er mindestens die oben genannten Hauptgütekriterien erfüllen. Wie sah es damit bei dem „Corona-Test" aus?

<u>Objektivität</u>

Um die Objektivität des Tests zu gewährleisten, gab das RKI „Hinweise zur Testung von Patienten auf Infektion mit dem neuartigen Coronavirus SARS-CoV-2" [445] heraus. Auch die WHO veröffentlichte einen „Coronavirus disease (COVID-19) technical guidance: Laboratory testing for 2019-nCoV in humans".[446]

Allerdings scheint die Objektivität nicht ganz gewährleistet gewesen zu sein. So schreibt das RKI selber: *„Falsch-negative Ergebnisse können z.B. aufgrund schlechter Probenqualität, unsachgemäßem Transport oder ungünstigem Zeitpunkt (bezogen auf den Krankheitsverlauf) der Probenentnahme nicht ausgeschlossen werden."* [447] Das bedeutet, dass zumindest die Durchführungsobjektivität fraglich ist.

<u>Reliabilität</u>

Bezüglich der Reliabilität fanden Li et al (2020) heraus, dass die RT-PCR-Ergebnisse mehrerer Tests an verschiedenen Punkten im Verlauf der Diagnose und Behandlung dieser Patienten von denselben Patienten variabel waren. In der Studie wurden 610 Krankenhauspatienten aus Wuhan betrachtet. Es handelte sich also um Personen, welche an COVID-19 erkrankt waren und deswegen hospitalisiert wurden.[448]

Der Originaltext ins Deutsche übersetzt wird nun präsentiert. Aber Vorsicht beim Durchlesen, es könnte einem schwindelig dabei werden. Wenn Sie sich das ersparen wollen, so reicht es aus, sich die Abbildungen 34 - 37 zu betrachten. Die sich ständig ändernden Farben in den Abbildungen 36 und 37 bedeuten ein sich ständig änderndes Testergebnis.

Eine Beobachtungsanalyse der RT-PCR-Ergebnisse ergab die folgenden Ergebnisse. Im ersten Test für alle Patienten waren 168 Fälle positiv (27,5%), einer schwach positiv (0,2%), 57 zweifelhaft positiv (9,3%) und 384 negativ (63,0%). Unter den 384 Patienten mit anfänglich negativen Ergebnissen wurde der zweite Test durchgeführt. Bei diesen Patienten waren die Testergebnisse in 48 Fällen (12,5%) positiv, bei 27 Patienten (7,0%) zweifelhaft positiv, bei 280 Patienten (72,9%) negativ und bei 29 Patienten (7,6%) lagen keine Ergebnisse vor. Unter den Patienten mit anfänglichen nicht positiven Ergebnissen wurden sieben Patienten schließlich durch drei wiederholte Tupfer-PCR-Tests mit COVID-19 bestätigt, vier durch vier wiederholte Tests und einer durch fünf wiederholte Tests. Bei den als COVID-19 bestätigten Patienten haben 17 Patienten zunächst positive RT-PCR-Ergebnisse für Rachenabstrichproben, und ihre PCR-Ergebnisse waren nach mehrtägiger Behandlung negativ. Einige Tage später, als sich die Symptome des Patienten besserten, waren die PCR-Ergebnisse jedoch wieder positiv. Unter diesen wurde das RT-PCR-Ergebnis eines Patienten nach zwei aufeinanderfolgenden negativen Tests positiv. (…) Die Teilnetze der Frequenztransformationen wurden vor dem vierten Test abgeschlossen, was bedeutet, dass negative Ergebnisse zu nicht negativen (einschließlich positiven und verdächtig positiven) Ergebnissen führen können auch nach dreimaligen Tests. Nach dem vierten Test wurde kein negativer Fall positiv, nur verdächtig positiv. Nach dem fünften Test wandelten sich weder verdächtige noch negative Ergebnisse in positive um.

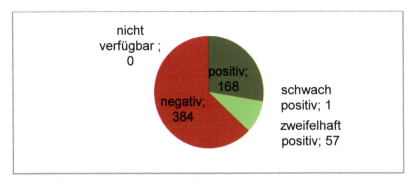

Abbildung 34: RT-PCR Testergebnisse über alle Patienten (Test 1)

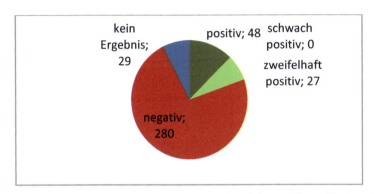

Abbildung 35: RT-PCR Testergebnisse Patienten mit anfänglich negativem Testergebnis (Test 2)

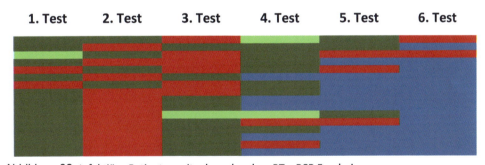

Abbildung 36: Infektiöse Patienten mit schwankendem RT – PCR Ergebnissen

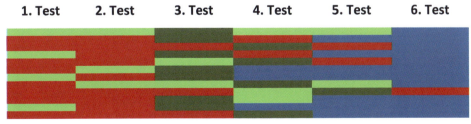

Abbildung 37: Infizierte Patienten mit anfänglich nicht positivem RT – PCR Ergebnissen

Man könnte anmerken, dass sich eine zunächst negativ getestete Person mit dem Virus anstecken kann und dann erst positiv werden würde. Auch kann nach Einschätzungen des RKI während der Inkubationszeit von 14 Tagen ein Testergebnis negativ sein, da der SARS-CoV-2 noch nicht nachweisbar sei.[449] Das ist beides richtig, doch handelte es sich bei der Studie nur um Erkrankte, welche wegen COVID-19 hospitalisiert wurden. Es gibt also nur zwei logische Schlussfolgerungen. Entweder funktionierte der Test nicht richtig oder diese Personen waren gar nicht an COVID-19 erkrankt. In Anbetracht der Ergebnisse der Gesamtstudie ist Ersteres sehr wahrscheinlich.

Auch könnte man anmerken, dass eine erkrankte Person gesundet sein könnte und sich dann wieder angesteckt hätte. Allerdings wurde die Untersuchung in einem kurzen Zeitraum, nämlich 2. Februar - 17. Februar 2020 durchgeführt. Virologen halten es für unwahrscheinlich, dass ein COVID-19-Patient nach der Genesung so schnell erneut infiziert werden kann.[450] Sollte es aber dennoch so sein, so würde ja dann eine Impfung gegen den neuen Coronavirus überhaupt keinen Sinn machen. Eine Impfung wurde aber als wichtigstes Mittel „im Kampf gegen COVID-19" propagiert.

Validität

Da offensichtlich weder Objektivität, noch Reliabilität beim PCR-Corona-Test gegeben waren, so erübrigt sich eigentlich die Fragestellung nach der Validität des Testes. Diese kann bei fehlender Objektivität und Reliabilität nicht gegeben sein. Es stellt sich also die Frage, was dieser Corona-Test eigentlich misst. Im Verlauf der Corona-Krise kamen hunderte verschiedenster Corona-Tests auf den Markt.[451] Diese wurden mit Notfallzulassungen, ohne amtliche Validierung, verkauft und verwendet. Wie weiter oben beschrieben, ist eine Validierung aber ein Muss. Was aber misst ein Test, der die SARS-Viren bei Fledermäusen,

Hunden, Tigern, Löwen, Ziegen, Kaninchen, Hauskatzen[452] und Menschen nachweist? In Tansania wurde sogar eine Papaya-Frucht positiv auf SARS-Cov-19 getestet.[453] Der Test gab doch vor, nur SARS-CoV-2 messen. Eine Antwort kann uns vielleicht das Labor Augsburg MVZ geben. Dieses hatte am 03.04.2020 ihre Auswertungspraxis geändert:

„Das ORF1-Gen ist dabei für SARS-CoV-2 spezifisch, während das E-Gen auch in anderen Coronaviren vorkommt. (…) Unter Berücksichtigung der epidemiologischen Situation und der insgesamt gestiegenen Positivenrate folgen wir ab sofort der WHO-Empfehlung und geben ein Ergebnis bereits dann als „positiv" heraus, wenn nur das E-Gen amplifiziert wurde. Um den Befund zu vereinfachen, erscheint deshalb zukünftig nur noch ein Gesamtergebnis (positiv oder negativ). Ein Ergebnis ist positiv, wenn mindestens eine der beiden Zielsequenzen des SARS-CoV-2 im Abstrichmaterial nachgewiesen wurde." [454]

Somit wurde eine Person SARS-CoV-2 - „positiv", auch wenn sie gar keinen SARS-Cov-2 hatte, sondern ein Bruchstück irgendeines beliebigen, beim Menschen vorkommenden Coronavirus. Und auf Grund der Ergebnisse dieser Tests wurden die freiheitsbeschränkenden Maßnahmen der Regierung begründet. Auf Grund eines positiven Testergebnisses dieser Tests musste ein Mensch Quarantäne über sich ergehen lassen. Später wurden Lockerungen regional zurückgenommen und erneute Lockdowns verhängt. Medial wurden diese „Ausbrüche" hochstilisiert. Wie aber eben gezeigt, war noch nicht einmal gewährleistet, dass es sich bei einem positiven Ergebnis überhaupt um den SARS-CoV19 handelte.

Als Goldstandard des „Corona-Tests" wurde der „Corona-Test" selber angesehen. Eine Person war positiv, wenn es der Test angezeigt hat, unabhängig davon, ob sie es tatsächlich war. Eine Frau wäre nach dieser Argumentation also schwanger, wenn es ein Schwangerschaftstest anzeigt, unabhängig davon, ob sie es tatsächlich ist.

8. Selektive Aufmerksamkeit

8.1 Aufmerksamkeit

Wie in Kapitel 6.1 „Wahrnehmung" bereits beschrieben, werden ca. 11 Millionen Sinneseindrücke pro Sekunde in unserem Gehirn verarbeitet. Nur etwa 40 dieser Reize nehmen wir bewusst wahr. Aufmerksamkeit ist die Fähigkeit des Menschen, aus dem vielfältigen Reizangebot einzelne Reize oder Reizaspekte auszuwählen. Diese Reize werden bevorzugt betrachtet, andere Reize werden übergangen oder unterdrückt. Die Aufmerksamkeit dient dem Menschen als Werkzeug, innere und äußere Reize bewusst wahrzunehmen.[455] Mentale Ressourcen werden auf eine begrenzte Anzahl von Bewusstseinsinhalten konzentriert. Die Reize, welche nicht im Fokus der Aufmerksamkeit stehen, werden oft unbewusst verarbeitet. Einige Reize ziehen automatisch die Aufmerksamkeit auf sich. Eine Person in einem roten Kleid in einer Gruppe von Personen mit grauen Kleidern zieht automatisch die Aufmerksamkeit auf sich. Andere Reize werden bei bestimmten Aktivitäten kontrolliert ausgewählt. Ein Fußballspieler achtet während eines Spieles ganz gezielt auf den Ball.

Aufmerksamkeit ist also die Konzentration der Wahrnehmung auf bestimmte Reize unserer Umwelt. Dabei werden Informationen ausgewählt, selektiert. Dadurch werden sie dem Bewusstsein zugänglich gemacht und unser Denken und Handeln gesteuert.

8.2 Selektive Aufmerksamkeit

Bei der selektiven Aufmerksamkeit wird das Bewusstsein auf einen bestimmten Reiz konzentriert. Als Beispiel soll hier das Cocktail-Party-Phänomen genannt werden. Auf einer solchen Party hören Sie verschiedenste Personen sprechen, vielleicht läuft im Hintergrund noch Musik, Gläser werden angestoßen usw. Grundsätzlich ist diese gesamte Atmosphäre akustisch gesehen ein einziges Signal. Das menschliche Gehirn findet aber Muster und kann das Gesamtsignal in die einzelnen Signale zerlegen. Nur so ist es möglich, dass der Mensch sich einem Gespräch ganz widmen kann. Er hört einer Person ganz bewusst, selektiv zu, die anderen Gespräche, welche gleichzeitig stattfinden, blendet er aus. Das gleiche Prinzip gilt für grundsätzlich alle Arten von Wahrnehmungen. Hören, Sehen, Fühlen, Schmecken, Riechen.

Menschen nehmen meist auch nur das wahr, was für sie wichtig ist und sie auch interessiert. In einem Raum voller Menschen nimmt man zunächst durch das Stimmengewirr nicht viel wahr. Wenn in einem Gespräch jedoch in einem der Gespräche zufällig ihr Name fällt, so hören Sie das sofort und drehen sich dort hin.[456]

Da der Mensch auch immer unbewusst Reize verarbeitet, können plötzlich Wahrnehmungsinhalte aus dem Unbewussten im Zentrum der bewussten Wahrnehmung stehen. Jeden Tag nimmt der Mensch verschiedenste Autos im alltäglichen Straßenverkehr wahr, die meisten unbewusst. Er achtet überhaupt nicht auf sie. Nun möchte eine Person ein bestimmtes Modell kaufen, oder ein Auto in einer bestimmten Farbe. Plötzlich wird er vermehrt Autos des gewünschten Modells oder der gewünschten Farbe auf den Straßen sehen. Er wird zur falschen Annahme kommen, dass mehr Personen dieses Modell oder Autos in der selber gewünschten Farbe gekauft hätten. Tatsächlich aber ist es die gleiche Anzahl wie noch einen Tag vorher. Die unbewussten Wahrnehmungsinhalte wurden bewusst und unbewusst wird die Aufmerksamkeit auf diese ursprünglich unbewussten, nun bewussten

Wahrnehmungsinhalte fokussiert. Wenn meine Frau schwanger geworden ist, dann werde ich plötzlich mehr schwangere Frauen sehen und die falsche Annahme machen, dass nun mehr Frauen schwanger wären als noch gestern.

Es ist auch möglich mit selektiver Aufmerksamkeit körperliche Symptome hervorzurufen. Der Mensch macht sich in der Regel keine Gedanken über täglich automatisch ablaufende Funktionen in seinem Körper. Beispielsweise schluckt ein Mensch bis zu 2000-mal am Tag,[457] ohne dass er darüber nachdenkt und sich dessen bewusst ist. Wenn eine Person nun die Aufgabe erhält, dass sie die nächsten 2 - 5 Minuten ganz bewusst auf jeden Schluckvorgang achten soll, so wird sie in aller Regel zunächst ein Unwohlgefühl im Hals verspüren, dann ein Kratzen, das sich bis hin zu Halsschmerzen steigern kann. Es gibt keinen organischen oder medizinischen Grund für diese Halsschmerzen, welche die Person aber tatsächlich verspürt.

Dieser Mechanismus ist auch die kognitiv-verhaltenstherapeutische Erklärung für somatoforme Störungen (F 45). Das sind körperliche Beschwerden ohne organische Ursachen. Bei der Aufrechterhaltung der Symptome spielt die Fokussierung der Aufmerksamkeit auf körperliche Prozesse eine wichtige Rolle. Viele Betroffene neigen dazu, körperliche Symptome stark zu beachten und schnell eine schwerwiegende Ursache zu vermuten.[458] Wenn körperliche Beschwerden auftreten, machen sie sich starke Sorgen, was in einer Art Teufelskreis die Symptome verstärkt. Man kann immer körperliche Beschwerden finden, wenn man speziell darauf achtet. Ein Jucken hier, ein drücken da, ein zwicken dort. Auch durch die häufigen Arztbesuche und die verschiedenen Untersuchungen und Behandlungen ist ihre Aufmerksamkeit ständig auf die körperlichen Symptome gerichtet, was diese dann ebenfalls verstärken.

Auch bei einer Panikattacke spielen nach verhaltenstherapeutischem Krankheitsmodell Krankheitsängste und selektive Aufmerksamkeit die zentrale Rolle. Krankheitsängste werden durch kleinste Missempfindungen ausgelöst. Diesen Missempfindungen folgt der Gedanke einer Erkrankung. Die

Beobachtung von Anzeichen der „Erkrankung" und die Wahrnehmung von unklaren Körperempfindungen nehmen zu. Es beginnt der Teufelskreis der Panikeskalation (Abb. 38). Angstempfinden und Körperveränderungen, wie beispielsweise schnelles Atmen bedingen sich dabei gegenseitig.

Abb. 38: Teufelskreis der Angst   (Quelle: www.palverlag.de)[459]

8.3 Konsequenzen

Die selektive Aufmerksamkeit spielte bei der Corona-Krise gleich in mehreren Bereichen eine Rolle.

Die Normalbevölkerung wurde täglich mit Tod und Krankheit konfrontiert. Jeden Tag erkranken Menschen und sterben. In Deutschland versterben im Durchschnitt 2.500 Menschen täglich. Das wird außer von den direkten Betroffenen nicht wahrgenommen. So wie im Beispiel des Kaufs eines neuen Autos die betreffende Person zur subjektiven Meinung kommt, es würden plötzlich mehr Autos seines präferierten Modells unterwegs sein, als normal, so glaubte die Mehrheit der Bevölkerung während der Corona-Krise, dass nun plötzlich mehr Menschen erkrankten und verstarben als normal. Objektiv gesehen war diese Einschätzung allerdings falsch, was die statistischen Zahlen eindeutig belegen (siehe Kapitel 4 „Statistik"). Tatsächlich verstarben im Vergleichszeitraum sogar weniger Menschen in Deutschland, was in Kapitel 19.2 „Das Spiel mit der Statistik" gezeigt wird. Allerdings spielt die Objektivität in der menschlichen Psyche, bei seinen Entscheidungen und seinem Verhalten tatsächlich selten eine Rolle, was in diesem Buch gezeigt wird. Auf Grund des Effektes der selektiven Aufmerksamkeit war nun die Mehrheit davon Überzeugt, dass das neue Coronavirus eine große, noch nie da gewesene Gefahr sei. Diese Gefahr wurde ja ständig präsentiert und konnte so stets gesehen werden. Dabei wurden insbesondere tragische Einzelwahrnehmungen präsentiert, nicht aber ein Gesamtbild. Immer kann man irgendwo überlastete Krankenhäuser finden. Die gibt es zu jeder Zeit. Diese wurden nun medial präsentiert. Dass es aber auch gleichzeitig viel mehr Krankenhäuser gab, die fast nichts zu tun hatten und ihre Mitarbeiter in Kurzarbeit schickten (vgl. Kapitel 4.6. „Kausalität") wurde gut und gerne vergessen. Mit dieser Art der Medienberichterstattung wurde der Effekt der selektiven Aufmerksamkeit verstärkt. In Deutschland waren die Krankenhäuser tatsächlich unterlastet gewesen.

Ein weiterer Effekt der selektiven Aufmerksamkeit ist aus dem Beispiel des Schluckens ableitbar. Viele Menschen begannen nach den angsteinflößenden Medienberichten vermehrt auf ihre eigenen Körperfunktionen und eventuelle Symptome von COVID-19 zu achten. Durch die medial entfachte Angst verstärkt, war nun ein einfacher Schnupfen Grund genug einen Arzt aufzusuchen und sich testen lassen zu wollen. Die zu Normalzeiten ohnehin schon sehr ausgelasteten Arztpraxen wurden von diesen Personen geradezu überlaufen. Dasselbe galt für Notfallambulanzen.[460] Eine in Landshut aufgebaute Teststation musste noch am selben Tag geschlossen werden. Sie wurde überrannt. Auch Personen ohne tatsächliche Symptome und Kontakt zu bereits Positivgetesteten wollten sich nun testen lassen.[461] In diesem Absatz handelt es sich um ein Zusammenspiel mit der „Hysterie", welche in Kapitel 5.2.8 erklärt wurde.

Die Effekte der selektiven Aufmerksamkeit können auch eine Rolle bei der Entscheidung der Politiker gehabt haben. Konfrontiert mit einer Gefahr, welche sie nicht kannten, auf welcher ihre Aufmerksamkeit in der Vergangenheit nicht lag, wurde die objektive Gefährlichkeit des neuen Coronavirus subjektiv überschätzt. Diese Gefahr wurde ja medial durch die Meldungen aus China präsentiert und durch einige Virologen, insbesondere durch Prof. Drosten von der Charité in Berlin befeuert. Dies würde allerdings bedeuten, dass die verantwortlichen Politiker wenig Ahnung von Gefahreneinschätzung und der Indikationsprüfung geeigneter Maßnahmen hatten.

Ein Gesundheitsminister beispielsweise, der keine Ahnung von Medizin und Gesundheit hat? Das ist sogar sehr wahrscheinlich. Jens Spahn ist gelernter Bankkaufman und studierte Politikwissenschaft an der Fernuniversität Hagen.[462] Weder von Medizin, noch von Statistik oder naturwissenschaftlichem Arbeiten hat er eine Ahnung. Das ist grundsätzlich auch nicht schlimm. Er hat es einfach nicht gelernt. Was ihn dann allerdings befähigt Bundesgesundheitsminister zu sein und Entscheidungen in den Bereichen zu treffen, für welche er keine Ausbildung hat, muss hinterfragt werden. Seine intensive Lobbyarbeit mit seinen Freunden Markus Jasper und Max Müller für die Gesundheitsindustrie in den Jahren 2006 - 2010 über die Agentur „Politas" kann eine fachliche Grundausbildung nicht ersetzen.[463] Müller ist ein gut verdrahteter Lobbyist, der für den Pharma-Großhändler Celesio und für die Rhön-Kliniken tätig war, aktuell ist er DocMorris-Vorstand. Die Argumentation, dass ein Minister von seinem Fachbereich keine Ahnung haben muss, da er ja dafür Berater hat ist sehr fragwürdig. Welches Unternehmen in der freien Wirtschaft stellt Führungskräfte ohne fachliche Kenntnisse ein? Selbst wenn diese Argumentation bei Politikern Gültigkeit haben sollte, so sind diese zumindest für die Auswahl ihrer Berater verantwortlich. Wieso aber werden nur Berater herangezogen, die das vertreten, was der oder diejenige Minister oder Ministerin hören möchte? Sicher kann man damit das eigene Versagen bzw. das seines Ministeriums verdecken. Fehlende Schutzausrüstung, wurde bereits im November 2012 vom Robert-Koch-Institut angeprangert.[464] Die Krankenhausreform und die Fallpauschale führten zu Krankenhausschließungen und einem Rückgang der medizinischen Versorgung.[465] Nicht das waren aber ihre Probleme, sondern die Bürger mussten in ihren elementaren Freiheitsrechten eingeschränkt werden, so ihre Logik. Verantwortungsbewusste Minister, welche nicht selber die fachliche Kompetenz haben die Dinge richtig einzuschätzen, haben ihrem Volk gegenüber die Pflicht, verschiedene Experten an den Tisch zu holen, die dann fachlich und wissenschaftlich korrekt den Sachverhalt erörtern. Zum wissenschaftlichen Diskurs gehört eine offene und kritische Auseinandersetzung mit dem zu behandelnden Thema. Das genaue Gegenteil aber machten die verantwortlichen Politiker in der Corona-Krise. So zeigte sich beispielsweise der Professor für Virologie Prof. Hendrik Streeck in der ZDF-Fernsehsendung „Markus Lanz" am 01.04.2020 enttäuscht, dass er bei den Beratungen der Regierung nicht konsultiert worden war. Im Gegensatz zu Christian Drosten, der „sehr viruszentriert" arbeite, schaue er sich an, was „das Virus mit dem Menschen" mache.[466] Andere Fachbereiche, wie zum Beispiel Epidemiologie, Pathologie, Klinische Medizin wurden gar nicht erst bedacht. Das sind aber genau die Fachbereiche, welche eine objektivere Einschätzung hätten abgeben können.

9. Kognitive Verzerrungen

9.1 Definition

Optimale Grundlage einer Entscheidungsfindung wäre die Kenntnis aller Informationen, die es zu dem Umstand gibt, und das Wissen um die höchste statistische Wahrscheinlichkeit für die Antwort oder das Urteil.[467] Wie bereits in Kapitel 8 beschrieben, ist der Mensch nicht dazu in der Lage, simultan alle Informationen zu berücksichtigen und zu verarbeiten. Oft stehen aber auch nicht alle Informationen zur Verfügung und wir kennen auch häufig nicht die höchste Wahrscheinlichkeit. Daher arbeiten wir mit den in dem Moment zur Verfügung stehenden Informationen, mit erlernten Erfahrungen und Heuristiken.

Heuristik oder heuristisches Vorgehen sind einfache Denkstrategien für effizientere Urteile und Problemlösungen, die meist schneller, aber auch fehleranfälliger sind.[468] Der Grund, warum wir uns im täglichen Informationsmeer zurechtfinden, ist nicht ein perfektes, sondern ein effizientes Gehirn. Den größten Teil unserer Kognition (d.h. unserer Informationsverarbeitung) machen unbewusste, routinisierte Prozesse aus. Heuristisches Vorgehen wird insbesondere angewandt, wenn wir unter Unsicherheit entscheiden, handeln und urteilen müssen. Dadurch können kognitive Verzerrungen, Denkfehler, entstehen, die unsere Entscheidungen und Handlungen unbewusst beeinflussen und die auch unsere Urteile verzerren (vgl. Pfister et al., 2017, S.13). Eine kognitive Verzerrung wird auch Bias genannt.

Dieses verzerrte Denken ist der Standardmodus unseres Denkens.[469] „Aufgrund unserer routinisierten Heuristiken sind wir bestimmten systematischen Verzerrungen ausgesetzt, ohne, dass wir das merken. Gerade weil wir unbewusst und fast automatisiert Informationen verarbeiten, gehen wir davon aus, dass das, was dabei herauskommt, stimmt. Unsere kognitiven Verzerrungen können teilweise dazu führen, dass wir faktisch komplett falsche Schlüsse ziehen, oder, dass wir meinen, unsere Schlüsse seien objektiver Natur, obwohl sie in Tat und Wahrheit das Produkt unbewusster subjektiver Prozesse sind."[470]

9.2 Auswahl kognitiver Verzerrungen

Die Kognitionspsychologie kennt eine Vielzahl solcher kognitiven Verzerrungen. In diesem Kapitel werden nicht alle diese kognitiven Verzerrungen genannt, sondern die aus Sicht des Autors wichtigsten in Verbindung mit der Corona-Krise 2020.

9.2.1 Unterlassungseffekt

Der Unterlassungseffekt ist die Tendenz zum Handeln im Vergleich zum Unterlassen. Das Risiko für die Handlung wird als geringer wahrgenommen. „Lieber auf Nummer sicher gehen".[471]

Diese kognitive Verzerrung ist eine Erklärung für das Handeln der Regierung zu Beginn der Corona-Krise Anfang März, als alle Großveranstaltungen abgesagt wurden. Erst am 23.03.2020 kam es bundesweit zu den massiven freiheitsbeschränkenden Maßnahmen. Wenn dies auch zwei Wochen später geschah, so kann auch hier auf Grund von Angst noch auf Nummer sicher gegangen worden sein. Allerdings gab es bereits Anfang April die ersten Daten, welche nachwiesen, dass diese nicht notwendig gewesen waren. Hätten die Verantwortlichen zu diesem Zeitpunkt die Maßnahmen eingestellt und erklärt, sie wollten lieber auf Nummer sicher gehen, so hätte das ihrem Ansehen wohl kaum geschadet, ganz im Gegenteil. Allerdings wurden diese Maßnahmen noch Monate lang aufrechterhalten und so erst Leid geschaffen (vgl. Kap.6.6).

9.2.2 Zufriedenheit mit dem Suchergebnis

Bei dieser kognitiven Verzerrung wird die Suche nach weiteren Informationen oder alternativen Sichtweisen beendet, wenn eine erste plausible Erklärung gefunden wird.[472] Die WHO sprach von einer Pandemie, das RKI und Prof. Drosten gaben eine erste, plausibel klingende Erklärung und daraus resultierende Handlungsvorschläge. Die Regierung nahm das so auf und fertig. Weder wurden weitere Virologen (z.B. Prof. Streeck), noch andere renommierte Wissenschaftler (vgl. Anhang) gehört oder bei der Entscheidungsfindung geeigneter, bzw. notwendiger Maßnahmen mit einbezogen.

9.2.3 Bestätigungstendenz (Confirmation Bias, Prior Hypothesis Bias)

Wir sehen, was wir sehen wollen.

Die Bestätigungstendenz ist die Neigung von Menschen, vorwiegend jene Informationen zu suchen bzw. wahrzunehmen, die eine vorgefasste Meinung bestätigen. Hierbei spielt die selektive Wahrnehmung (Kapitel 8) eine große Rolle. Unbewusst werden dabei all jene Informationenausgeblendet, die die eigenen Erwartungen widerlegen könnten. Die betroffene Person unterliegt einer Selbsttäuschung oder einem Selbstbetrug. Menschen bewerten neue Informationen grundsätzlich als weniger richtig, wenn die Informationen nicht zu ihrem bestehenden Weltbild passen, d. h., sie glauben tendenziell nur, was sie glauben wollen. „Daher ist es grundsätzlich äußerst problematisch, mit Menschen zu diskutieren, die fest an ihre Überzeugungen glauben. Wer eine feste Meinung zu einem Thema hat, erinnert sich etwa nach einer Diskussion darüber besser an die Argumente für die eigene Position und weniger an die Argumente für die gegnerische." [473]

Ein weiterer Punkt ist, dass man neue Informationen in Richtung der vorgefassten Entscheidung interpretiert, und nicht auch in eine mögliche andere Richtung denkt.

Diese kognitive Verzerrung spielte während der Corona-Krise eine große Rolle. Bereits Mitte März gab es die ersten wissenschaftlichen Stimmen, welche nahe legten, dass die Corona-Pandemie nicht annähernd so schlimm verlief und auch nicht verlaufen würde, wie es von Prof. Drosten vorhergesagt wurde. Mitte April gab es aus verschiedenen Ländern fundierte Daten und Studien, die bewiesen, dass die Corona-Pandemie keine außergewöhnlich gefährliche Pandemie war. Zudem wurde nachgewiesen, dass die freiheitsbeschränkenden Maßnahmen weder notwendig gewesen waren, noch einen Effekt gehabt hatten. Alle diese Informationen wurden ausgeblendet.

Möglich, dass die Politiker lange Zeit dieser Selbsttäuschung unterlagen. Spätestens aber seit dem Bericht eines Mitarbeiters des Bundesinnenministeriums, Referat KM 4 vom 07.05.2020, welcher speziell an die Regierenden adressiert war, kann von einer solchen Selbsttäuschung keine Rede mehr sein. Hier waren eindeutig andere Mechanismen dafür ausschlaggebend, dass die nachweislich unnötigen Freiheitsbeschränkungen weiter aufrecht erhalten wurden und die Bevölkerung, sowie die Wirtschaft weiter leiden mussten. Es mag eine Mischung mit anderen kognitiven Verzerrungen und psychologischen Mechanismen ursächlich dafür gewesen sein. Aufgrund des Gesamtbildes ist aber ein vorsätzliches Kalkül wahrscheinlicher. Es reicht dazu alleine die Angst davor aus, vom Volk für ihr falsches Handeln politisch abgestraft zu werden und in Regress genommen zu werden.

Die Normalbevölkerung, welche sich mit wissenschaftlichen Dingen in der Regel kaum beschäftigt, mag dieser kognitiven Verzerrung weiter ausgesetzt gewesen sein. Die Anhänger Drostens und co. hatten zu diesem Thema eine vorgefasste Meinung. Sie unterlagen weiter der Selbsttäuschung, und blendeten alle Informationen aus, die nicht zu diesem Weltbild passten.

9.2.4 Angst vor Verlusten (Sunk Cost Fallacy)

„Man treibt eine Sache weiter voran, in die man schon viel investiert hat, die bisher noch keinen oder nur geringen Erfolg hatte und auch ungewisse Erfolgsaussichten hat. Je mehr Geld man z.B. in die Reparatur eines alten Autos investiert, desto schwerer fällt es, einen Schlussstrich zu ziehen und das Auto abzustoßen. Der unwiederbringliche Verlust wird in weiteren Entscheidungen berücksichtigt. „Den Verlust macht man erst, wenn man ihn realisiert."[474] Eine Erklärung dafür kann der Rahmeneffekt (Kapitel11) gegeben. Die Aufgabe des Autos wird mit einem „Verlust" assoziiert. Kahneman&Tversky (1984) zeigten, dass die Angst vor Verlusten höher wiegt als die Freude über Gewinne.

Im Verlauf der Corona-Krise gab es schon recht früh eindeutige Ergebnisse verschiedener renommierter Wissenschaftler, welche nachwiesen, dass das neue Corona-Virus weder so gefährlich, noch so tödlich, noch sich so schnell exponentiell verbreitend war, wie das die theoretischen Modelle von Prof. Drosten annahmen. Auch wurde eindeutig nachgewiesen, dass die freiheitsbeschränkenden Maßnahmen der Regierung keinen Einfluss auf die Verbreitung des Virus hatten. Statt nun einen Schlussstrich unter die völlig unnötigen und zudem zerstörerischen Maßnahmen zu setzen, wurde daran festgehalten und weitergemacht. Es wurde ja schon sehr viel in die Geschichte des „Killervirus SARS-CoV-2" investiert.

9.2.5 Verfügbarkeitsfehler

Kürzlich stattgefundene Ereignisse, vor allem emotionale, werden schneller in Betracht bezogen, auch wenn die Wahrscheinlichkeit gering ist. Die Bedeutung von seltenen Ereignissen wird überschätzt.

Die Schreckensbilder aus Norditalien waren den meisten Bundesbürgern und wohl auch Politikern noch im Kopf, als die freiheitsbeschränkenden Maßnahmen beschlossen und eingeführt wurden. Die Wahrscheinlichkeit für Deutschland in eine ähnliche Situation zu kommen, war allerdings fast 0. Der Bielefelder Gesundheitsökonom Wolfgang Greiner meinte dazu bereits am 22.03.2020, dass es in Deutschland keine italienischen Verhältnisse geben werde.[475]
Die Gefährlichkeit des neuen Coronavirus und seine Auswirkungen auf das deutsche Gesundheitssystem wurden überschätzt.

Grundsätzlich ist eine tatsächliche Pandemie ein seltenes Ereignis (vgl. Kapitel 9.2.7). Doch durch die Änderung der Definition einer Pandemie im Jahr 2009 durch die WHO kann eine Pandemie theoretisch jährlich ausgerufen werden. Eine Pandemie ist seither keine Krankheit mit hoher Sterblichkeit mehr.[476] Sie ist lediglich eine länder- und kontinentübergreifende Ausbreitung einer Infektionskrankheit. Es müssen davon nicht einmal viele Personen betroffen sein. 2002/03 wurde SARS zur Pandemie ausgerufen. Weltweit erkrankten daran aber nur 8.096 Personen.[477]

Bei Krankheit und Tod handelt es sich um emotionale Ereignisse. Emotionen beeinflussen unsere Wahrnehmung und unsere Interpretation von Ereignissen (vgl. Kapitel 5 - 9). Daher wurde das neue Coronavirus und seine Gefährlichkeit von vielen falsch wahrgenommen und interpretiert. Insbesondere, da die wenigsten Menschen täglich mit Krankheit und Tod zu tun haben. Sie hatten keine Vergleichsbasis. Verstärkend wirkten die katastrophierenden Medienberichte aus Norditalien. Was es aber tatsächlich mit den Militär-LKWs auf sich hatte, wird in Kapitel 19.4.1 erörtert.

9.2.6 Repräsentativitätsheuristik

Bei der Repräsentativheuristik handelt es sich um eine verkürzte kognitive Operation, u.a. beim Schätzen von Wahrscheinlichkeiten. Nach Tversky & Kahnemann (1974) ist Repräsentativität der geschätzte Grad der Übereinstimmung zwischen einer Stichprobe und einer Grundgesamtheit. Eine singuläre Information wird als repräsentativ für eine ganze Klasse von Informationen angesehen, so dass auf der Grundlage einer einzelnen Information Aussagen über viele Ereignisse getroffen werden. Wenn ein Beurteilungsobjekt einen Ausnahmefall darstellt, kann aufgrund der Repräsentativitätsheuristik falsch generalisiert werden.

Hamill et al (1980) zeigten dies in einem Experiment. Die Teilnehmer erhielten eine Beschreibung von einer Sozialhilfeempfängerin, die ihr Geld sinnlos ausgab, in Schmutz und Ungeziefer lebte und ihre Kinder vernachlässigte. Die Ergebnisse zeigten, dass die Teilnehmer dazu neigten, aufgrund des Einzelfalles verallgemeinernde Schlussfolgerungen auf die Population der Sozialhilfeempfänger zu ziehen, auch wenn sie darauf aufmerksam gemacht wurden, dass der Einzelfall untypisch ist.

Auf Grund der Medienberichterstattung über die Situation in Norditalien, oder anderen einzelnen Krankenhäusern in den USA, befürchteten viele die gleichen Verhältnisse in Deutschland. Man kann immer und zu jeder Zeit irgendwo ein Krankenhaus finden, das aktuell überlastet ist. Das ist allerdings nicht repräsentativ. Zudem sind die Verhältnisse italienischer Krankenhäuser und das italienische Gesundheitssystem nicht mit Deutschland vergleichbar (vgl. Kap. 4.5). Aufgrund der Repräsentativitätsheuristik wurde hier aber falsch generalisiert.

Dasselbe gilt für die Gefährlichkeit und Letalität des neuen Coronavirus. Durch die Medienberichterstattung und Äußerungen der Politiker waren viele der Meinung, es handle sich um einen „Killervirus", vor dem niemand sicher sei. In Kapitel 4.5 wurde bereits auf die Stichprobe und Repräsentativität eingegangen. Keinesfalls war das neue Coronavirus für die gesamte Bevölkerung gleich tödlich. Natürlich erkrankten und verstarben auch Einzelfälle, die nicht über 80 Jahre alt und keine Vorerkrankungen hatten. Diese Einzelfälle wurden medial präsentiert, und eine falsche Generalisierung fand statt.

Auf diese Art wurden durch die Mainstream-Medien auch die Protestbewegungen kritischer und mitdenkender Bürger diffamiert. Einzelne Rechtsradikale oder besonders negativ auffallende Einzelpersonen wurden gezeigt und interviewt. Diese Bilder oder Interviews wurden der Öffentlichkeit breit präsentiert. Dadurch sollte unter Ausnutzung der Repräsentativitätsheuristik von der Bevölkerung der Schluss gezogen werden, dass alle Protestierenden „Rechtsradikale", „Reichbürger", „Verschwörungstheoretiker", „Corona – Leugner", „Impfgegner" etc. seien.

9.2.7 Spielerfehlschluss

Hierbei handelt es sich um einen logischen Fehlschluss, bei dem angenommen wird, dass ein zufälliges Ereignis wahrscheinlicher wird, wenn es längere Zeit nicht eingetreten ist, bzw. unwahrscheinlicher wird, wenn es erst kürzlich aufgetreten ist.

„Der Spielerfehlschluss wird häufig auch „Monte Carlo Fehlschluss" genannt, in Anlehnung an eine legendäre Situation im Casino de Monte Carlo am 18. August 1913. Hier fiel die Kugel des Roulettetischs bereits 24 Mal hintereinander auf Schwarz. Es versammelten sich natürlich immer mehr Leute um den Tisch herum und setzten alles auf Rot, denn „es war ja nur eine Frage der Zeit, bis Rot käme" beziehungsweise „Rot war ja fällig". Am Ende kam 26 Mal hintereinander Schwarz, bevor die Serie riss und Rot kam. Die meisten Zocker hatten in der Zwischenzeit riesige Geldbeträge verloren oder waren vollends pleite." [478]

Eine statistisch fundierte Prognose über Auftreten und Ausmaß einer weltweiten Pandemie ist nicht möglich. „Geht man von Erfahrungswerten aus, schätzt z.B. das Central Budget Office (CBO 2005: 5) die Wahrscheinlichkeit, dass es in einem zufällig ausgewählten Jahr zu einer Pandemie kommt, auf 3 bis 4%.Diese Schätzung basiert auf einer sehr kleinen Zahl von aufgetretenen Pandemien und besitzt daher keine statistische Validität, sondern vermittelt nur einen Eindruck über die Größenordnung der Gefahr. Sie lässt ferner keine Aussage über die Stärke einer Pandemie zu." (Augurzky et al, 2006).

Die Weltbank ging in einer Modellrechnung aus dem Jahr 2013 davon aus, dass die Eintrittswahrscheinlichkeit einer weltweiten Pandemie mit 1% bis 3% sehr gering ist.[479] Im Bericht zur Risikoanalyse im Bevölkerungsschutz 2012 wurde eine Pandemie durch Virus „Modi-SARS" als bedingt wahrscheinlich, als ein Ereignis, das statistisch in der Regel einmal in einem Zeitraum von 100 bis 1.000 Jahren eintritt, eingeschätzt.[480]

Echte Pandemien kamen in der Menschheitsgeschichte immer wieder einmal vor. 430 v. Chr. wurden die Athener während des Peloponnesischen Krieges gegen ihren großen Rivalen Sparta von einer tödlichen Krankheit heimgesucht, die sich bis heute der Diagnose entzogen hat. Sie hatte allerdings Ausmaße einer echten Pandemie.[481] 165 n. Chr. brach in Rom die Antoninische Pest aus. Schätzungsweise 5 Millionen Menschen kamen durch sie in 24 Jahren ums Leben. Zwischen 541 und 750 folgte die Justinianische Pest. Sie soll angeblich ein Viertel der Mittelmeerbevölkerung dahingerafft haben. Moderne Forscher bezweifeln, dass die Seuche tatsächlich so stark gewütet hat. Für einen krassen Bevölkerungsrückgang in der Mittelmeerwelt oder Europa finden sich nämlich kaum Belege.[482] Der Schwarze Tod wütete in Europa von 1347–1352 und forderte geschätzt 25 Millionen Tote. Während der dritten Pest-Pandemie starben vom späten 19. Jahrhundert bis Mitte des 20. Jahrhunderts weltweit 15 Millionen Menschen.[483] Europa blieb weitestgehend verschont, weniger als tausend Menschen starben. Das medizinische Verständnis hatte sich nämlich grundlegend geändert. „Ideen wie die der Desinfektion, der Isolation von

Kranken und einfache Hygienestandards wie Abwassersysteme und Trinkwasserkontrollen in größeren Städten setzten sich immer mehr durch.[484]

Die Spanische Grippe (1918–1920) forderte zwischen 27 bis 50 Millionen Tote.[485] Der Asiatische Grippe 1957-58 fielen in Deutschland rund 30.000 Menschen zum Opfer. Sie gilt nach der Spanischen Grippe als zweitschlimmste Grippe-Pandemie des 20. Jahrhunderts. Schätzungsweise 1,5 bis 2 Millionen Menschen starben bis 1968 an den Folgen der Asiatischen Grippe.[486] Also im Verlauf von zehn Jahren.

Während der Grippesaison 2017/18 starben 25.100 Menschen in Deutschland.[487] 1995/96 starben in Deutschland ca. 30.000 Menschen an den Folgen der Influenza.[488] Hier sprach aber niemand von einer Pandemie. An diesen Beispielen kann man gut sehen, dass der Begriff „Pandemie" sehr mit Vorsicht zu genießen ist.

Seit Anfang der 1980-er Jahre breitete sich HIV/AIDS aus. Seit Anfang der 80er Jahre bis Ende 2018 haben sich etwa 74,9 Millionen Menschen mit HIV infiziert, 32,0 Millionen sind an AIDS-Erkrankungen gestorben.[489]

Wie man gut erkennen kann, lagen zwischen großen, schrecklichen Pandemien Jahrhunderte. Nur im 20. Jahrhundert kam es in Europa zu zwei großen, schrecklichen Pandemien: die Spanische Grippe und AIDS.

Anfang 2017 meinte Bill Gates, ein hochansteckender Erreger „könnte 30 Millionen Menschen innerhalb eines Jahres töten". „Nach Angaben von Experten könne es mit einiger Wahrscheinlichkeit in den nächsten zehn bis 15 Jahren zu einem solchen Ausbruch kommen." [490] Gunther Kraut, Zuständiger Risikomanager für Pandemien beim weltgrößten Rückversicherer Munich Re, meint, dass eine Pandemie wie Corona alle 20 bis 30 Jahre passieren kann.[491] 2017 entwickelte die Rückversicherung spezielle Produkte dafür. *„Die Produkte bieten Deckung für spezifische Risiken im Zusammenhang mit Epidemien, einschließlich Betriebsunterbrechung und vorübergehende Betriebs-schließung."* [492]

Wie allerdings die oben genannten „Experten" zu ihren Einschätzungen kommen, darf angesichts der tatsächlichen Eintrittswahrscheinlichkeit großer, schrecklicher Pandemien dahingestellt sein. Dass sowohl Bill Gates als auch die Munich Re eigene Interessen haben ist kein Geheimnis. Pharmaunternehmen und Impfhersteller verkaufen nur dann Produkte, wenn diese nachgefragt werden. Versicherungen spielen immer mit der Unsicherheit und Angst ihrer Kunden um ihre Versicherungen zu verkaufen. Daher ist es nicht unverständlich, dass sie ihre Einschätzungen auf Grundlage der Bestätigungstendenz treffen.

Eine Pandemie ist ein zufälliges Ereignis. Seit 1980 ist keine große, schreckliche Pandemie in Europa ausgebrochen. Auf Grund des Spielerfehlschlusses kann bei vielen Menschen der Gedanke auftreten, dass es wieder Zeit für eine solche Pandemie sei. Allerdings liegt diesem Gedanke ein falsches Wahrscheinlichkeitsverständnis zugrunde. Wie bereits beschrieben, lagen zwischen solchen Pandemien in der Vergangenheit meist Jahrhunderte. Zudem wird von vielen AIDS nicht als eine solche Pandemie wahrgenommen. Der gefühlte Zeitraum zur letzten Pandemie wird dadurch also größer. Daher glauben diese Menschen, dass SARS-CoV-2 eine schreckliche Pandemie sei.

9.2.8 Selbstüberschätzung (Overconfidence Bias)

Die eigenen Fähigkeiten und Kenntnisse werden überschätzt. Diese kognitive Verzerrung lässt uns glauben, dass wir eine starke Einflussmöglichkeit durch unser Verhalten auf die Zukunft haben. „Wir sind der Ansicht, wir könnten Vorhersagen treffen, die überdurchschnittlich oft eintreffen, was aber leider nicht der Fall ist." [493]

„Eine überzogene Meinung über die eigenen diagnostischen Fähigkeiten kann zu Fehlern führen." [494]

Prof. Christian Drosten hat unbestreitbar seine Leistungen als Virologe, besonders in der Virusdiagnostik erbracht. Im Frühjahr 2003 fand er den Erreger von SARS. „Die Funktionen und Veränderungen beim Wirtswechsel von Coronaviren wurden seither zu einem weiteren Arbeitszweig neben der Erforschung viraler Biodiversität und der Entwicklung von Virus-Nachweisverfahren." [495] 2007 trat er seinen ersten Lehrstuhl für Virologie am Universitätsklinikum Bonn an und gründete damit erstmals ein unabhängiges Institut für Virologie in Bonn.[496]

Allerdings ist es auch dieser Prof. Drosten, welcher sich mit seinen Voraussagen zu Pandemien bisher immer geirrt hat. So bei der Schweine- und Vogelgrippe. Nun auch bei COVID-19. Das führte nicht etwa dazu, dass er eine wissenschaftliche Diskussion mit Kollegen anderer Fachbereiche führte und sich deren Sichtweisen anhörte. Ganz im Gegenteil kritisierte er alle Wissenschaftler, welche seine Ansichten nicht teilten. Ärzte und Professoren setzten seiner Meinung nach „irgendeinen Quatsch in die Welt".[497] Er gehörte auch zu den Erstunterzeichnern eines offenen Briefs, in dem Ärzte und Virologen ein härteres Vorgehen von Facebook, Google und Twitter gegen „Corona-Falschinformationen" forderten.[498] „Falschinformationen" waren dabei alle Informationen, welche von seinen Meinungen abwichen.

Während der Corona-Krise erhielt Drosten einen weiteren Höhenflug. Das „Coronavirus Update" von NDR Info mit dem Virologen Professor Christian Drosten war eines der meist gehörten Formate zur Krise. Insgesamt bekam er mehr als 15 Millionen Abrufe. In der ARD Audiothek belegten die Folgen immer Top-Platzierungen. Bei Apple Podcasts war er seit dem 28. Februar durchgehend auf Platz 1. Bei Spotify lag er auf Platz 2 hinter *Fest und Flauschig*. Bei YouTube hatte die reichweitenstärkste Folge mehr als 900.000 Abrufe. Und sowohl in der ARD Bewegtbild-Mediathek als auch im NDR Fernsehen lief der Podcast ebenfalls sehr gut.[499]

Einmalig hatte die Deutsche Forschungsgemeinschaft(DFG) und Stifterverband einen „Sonderpreis für herausragende Kommunikation der Wissenschaft in der Covid19-Pandemie" eingerichtet. Diese mit 50.000 Euro dotierte Auszeichnung erhielt Drosten. [500] Die DFG wird nahezu vollständig durch Bund und Länder finanziert.[501] Das heißt, ein staatlich finanzierter Verein führte einen Sonderpreis ein, den er Drosten ausbezahlt.

Angesichts dieser überzogenen Meinung über seine prophetischen Fähigkeiten, ist es nicht verwunderlich, dass Drosten (wieder einmal) einen Fehler machte und dabei noch nicht einmal wahrnahm, dass er diesen machte.

9.2.9 Selbstwertdienliche Verzerrung (Self-Serving Bias)

Erfolge werden den eigenen Fähigkeiten und Fertigkeiten zugewiesen, während Misserfolge äußeren Ursachen (Situation, Zufall etc.) geschuldet sind. Das dient zur Aufrechterhaltung des Selbstwerts und kommt insbesondere zur Vermeidung von kognitiver Dissonanz (vgl. Kapitel 18) zum Einsatz (Aronson et al, 2008). Nach Goffmann (1959) ist ein anderer Grund Ursachen selbstwertdienlich zu attribuieren, der Wunsch, für sich und andere in einem guten Licht zu erscheinen.

„Dank der freiheitsbeschränkenden Maßnahmen der Regierung konnte ein schlimmer Ausbruch der COVID-19-Pandemie in Deutschland verhindert werden." So verlautbarten es die verantwortlichen Politiker und die Mainstream-Medien übernahmen und wiederholten diese Version unkritisch. Dieser Erfolg war nur den Fähigkeiten der Regierenden und ihrem Handeln zu verdanken. Natürlich konnten sich auch die „Zeugen Covids", welche unkritisch alle Maßnahmen mitmachten und kritische, mitdenkende Bürger offen anfeindeten, in diesem Ruhm sonnen. Schließlich trugen sie ihren Anteil dazu bei, indem sie „verantwortungsvoll" waren und „aufeinander aufpassten".

Wie in dieser Arbeit wissenschaftlich eindeutig dargelegt ist, kam es allerdings nicht zu der von Drosten prophezeiten Katastrophe. Und dies nicht dank der Regierungsmaßnahmen, sondern, weil es zu dieser Katastrophe grundsätzlich gar nicht gekommen ist. Die Maßnahmen waren absolut unnötig und hatten kaum einen Effekt. Um diese kognitive Dissonanz zu Vermeiden, wurden die angeblichen Erfolge im „Krieg gegen den neuen Coronavirus" umso mehr und häufiger propagiert. Wahrscheinlich glaubten die Regierenden, die Mainstream-Medien und ein großer Teil der Bevölkerung auf Grund der selbstwertdienlichen Verzerrung tatsächlich daran.

Natürlich stand die Regierung durch ihre Maßnahmen und der selbstwertdienlichen Verzerrung in der Öffentlichkeit in einem guten Licht da. Die Umfragewerte der Union stiegen während der Corona-Krise auf neue Höchstwerte. Ob hier sogar ein Impression-Management durchgeführt wurde, bedarf einer weiteren Untersuchung. Beim Impression-Management geschieht die Selbstdarstellung vorsätzlich und systematisch.

9.2.10 Prävalenzfehler

Auf die Prävalenz wurde in Kapitel 7.2.4 eingegangen. Auch beim Prävalenzfehler handelt es sich um eine kognitive Verzerrung. Ein Testergebnis wird dabei fälschlicherweise als absolute Tatsache aufgefasst und interpretiert. Dabei wird die Annahme über die Wahrscheinlichkeit eines Ereignisses ohne Rücksicht auf die Prävalenz getroffen. Die Prävalenz einer Erkrankung, sowie die Sensitivität und Spezifität einer Untersuchung werden hierbei nicht im Zusammenhang gesehen.

Noch ein Beispiel dazu: Eine Krankheit tritt bei 3% der Bevölkerung auf, ein diagnostischer Test kann sie mit einer Sensitivität von 100% und einer Spezifität von 95% bestimmen. Werden 100 Patienten getestet, kommt es zu 8 positiven Ergebnissen (3 Erkrankte, 5 falsch positive). Die Wahrscheinlichkeit für eine Erkrankung bei positivem Testergebnis liegt somit bei 37,5%.

10. Bahnung (Priming)

10.1 Erklärung

Beim Priming wird ein Ereignis, das mehrere Interpretationen zulässt, in einer bestimmten Richtung aufgrund einer Voraktivierung von Vorstellungen ausgelegt (Srull & Wyer, 1979, 1980). Der Mensch wird in eine bestimmte Richtung zu denken und zu handeln gelenkt. Das nimmt er in der Regel nicht bewusst wahr, es geschieht also unbewusst. Ein prime ist eine Art „Vorreiz", der vor dem eigentlichen Reiz, auf den erst geantwortet werden soll, auftritt.[502] Dieser Vorreiz bestimmt, wie schnell der nachfolgende Reiz verarbeitet wird, oder ob er korrekt erkannt wird, oder auf welche Weise ein uneindeutiger Reiz interpretiert wird.

Ein Beispiel aus der Werbung ist der Versuch von North et al.(1999). Im Weinregal eines Supermarkts befanden sich zwei Weinsorten. Ein deutscher und ein französischer Wein. Diese waren hinsichtlich Preis und Süße identisch. Zwei Wochen lang wurde abwechselnd am Weinregal französische Musik (Akkordeon) oder deutsche Volksmusik (Blasinstrumente) gespielt. Wenn deutsche Musik gespielt wurde, wurde mehr deutscher Wein, wenn französische Musik gespielt wurde, wurde eher französischer Wein gekauft. Nur wenige Personen gaben an, durch die Musik in ihrer Entscheidung beeinflusst worden zu sein.

Bereits 1894 wurde das Prinzip der Bahnung vom österreichischen Physiologen Siegmund Exner geprägt. Er beschrieb, dass psychophysische Funktionen wie Gedächtnis-, Assoziations- und Wahrnehmungsleistungen umso flüssiger ablaufen, je häufiger sie wiederholt werden. Dabei entwickelte er das Konzept eines neuronalen Netzes mit lokalen Lernregeln in parallel verarbeitenden Nervenverbänden. Er folgerte, dass Denken und Bewusstsein Funktionen einer Netzwerkarchitektur im Gehirn sein müssten. Die moderne

Gehirnforschung bestätigte diese Annahmen. Wird ein und dasselbe neuronale Muster wiederholt aktiviert, so bilden Nervenzellen und / oder -leitungen leichter Aktionspotentiale aus. Aktionspotentiale dienen der Reizweiterleitung. Diese Bahnung führt dazu, dass psychophysische Funktionen (z.B. Gedächtnis- oder Wahrnehmungsleitungen) umso flüssiger von statten gehen, je häufiger sie wiederholt werden.[503] In zahlreichen Experimenten wurde gezeigt, „dass Gedächtnisinhalte schneller abgerufen werden können, wenn der Inhalt selbst oder die mit diesem Inhalt assoziierten kognitiven Inhalte zuvor aktualisiert worden sind." [504]

Das Priming wird dem impliziten Gedächtnis zugeordnet. Implizites Lernen ist unbewusstes Lernen. Das implizite Gedächtnis „bezieht sich auf Spuren vergangener Erfahrungen, die die Person nicht bewusst erinnert, die aber im Verhalten wirksam werden" (Spada, 2006, S. 120). Beim Priming verarbeitet unser Gehirn auch dann Reizwahrnehmungen, wenn wir es gar nicht bemerken.[505]

Beim Wiederholungspriming werden Reize immer wieder präsentiert. Es ist eine Form des perzeptuellen Primings. Das perzeptuelle Gedächtnis ermöglicht ein Wiedererkennen von bereits bekannten Mustern.[506] Beispielsweise ist jeder Apfel unterschiedlich und man hat nicht alle jemals gesehene Äpfel im Gedächtnis abgespeichert. Abgespeichert werden nur die Merkmale oder die Regel, die einen Apfel unverkennbar zu einem Apfel machen. Diese Merkmale bzw. Regeln sind uns nicht bewusst. Bewusst ist uns aber die Wahrnehmung oder die Erkennung des Apfels an sich. Stetige Wiederholung führt dazu, dass diese Merkmale und Regeln unbewusst erkannt und abgespeichert werden.

Beim semantischen Priming beeinflusst die Verarbeitung eines Begriffes die Verarbeitung der folgenden Begriffe. Dabei werden begriffliche Assoziationen aktiviert, zum Beispiel durch die Aktivierung über Wortfelder. Diese Begriffe müssen dabei in irgendeiner logischen oder semantischen Beziehung stehen. Das semantische Gedächtnis „ist ein neuronales Netzwerk, welches über ein riesiges mentales Wortlexikon verfügt. Die Aktivierung eines bestimmten Wortes läuft über mit diesem Begriff im Zusammenhang stehende, abgespeicherte Wörter ab." [507] Das bedeutet, dass beim semantischen Priming gleich ein ganzes Netzwerk aktiviert wird, das mit diesem Wort verknüpft ist.

10.2 Priming und Corona-Krise

Während der Corona-Krise konnte man den Effekt des Primings gut beobachten.

Vorerfahrungen mit Viren, Krankheit und Tod hat jeder Mensch, darauf kann leicht zurückgegriffen werden. Vor allem sind diese Bereiche negativ besetzt. Das mediale Muster war das folgende: Zunächst wurde vom „neuen Corona-Virus" gesprochen. Im Anschluss wurden Kranke, Tote, katastrophale Zustände in italienischen Krankenhäusern präsentiert und erst dann wurde über die freiheitsbeschränkenden Maßnahmen gesprochen. Diese wurden über Tage hinweg vorbereitend kommuniziert. Auf Grund dieses Primings hatte kaum jemand die Möglichkeit sich kritisch mit diesem Thema zu beschäftigen. Die Maßnahmen waren gemäß Priming zwingende Folgen des „neuen Coronavirus". Zwar gab es schon recht früh renommierte Wissenschaftler, welche sich kritisch äußerten und zur Besonnenheit aufriefen (vgl. Anlage), doch die Menschen waren bereits in eine bestimmte Richtung zu denken und zu handeln gelenkt. Zusätzlich wurden diese kritischen Stimmen unterdrückt.

Im Sinne des semantischen Primings war der Vorreiz das „neue Coronavirus". Mit dieser Bezeichnung wurden zwei neuronale Netzwerke gleichzeitig aktiviert.

Etwas „Neues" assoziieren die meisten Menschen mit Unsicherheit. Unsicherheit wiederrum löst aversive Emotionen aus, im Extremfall Angst. Besonders in der näheren Vergangenheit machten die meisten Menschen mit etwas „Neuem" negative Erfahrungen. „Neue Sozialgesetzgebung" bedeutete die Einführung des Hartz IV. Menschen, welche Jahrzehnte lang gearbeitet hatten, und unverschuldet arbeitslos geworden sind, wurden nach einem Jahr mit Personen gleich gestellt, welche nie in ihrem Leben gearbeitet hatten und nie auch nur einen Cent in die Sozialkassen gezahlt hatten. „Neuerungen in den Firmenstrukturen" war meistens mit Arbeitsplatzabbau verbunden. „Neue Bevölkerungsstruktur" bedeutete die unkontrollierte Zuwanderung von über einer Million „Flüchtlingen" mit den daraus resultierenden Problemen.

Viren werden im Allgemeinen mit Krankheit und Tod assoziiert. Besonders oft wurde während der Corona-Krise zudem in den verschiedenen Medien über die Spanische Grippe vom Frühjahr 1918 bis 1920 berichtet. Dies verstärkte natürlich die Angst auch vor dem „neuen Coronavirus". Zwar hat die Spanische Grippe nichts mit dem neuen Coronavirus zu tun, aber diese Begriffe stehen in semantischer Beziehung. Durch den Begriff „Virus" wurde ein ganzes Netzwerk aktiviert wird, das mit diesem Wort verknüpft ist. Also Krankheit und Tod.

Besonders ausgeprägt war das Wiederholungspriming. Nicht eine Stunde verging, in der nicht in allen Medien über das neue Coronavirus, über Krankheit und Tod berichtet wurde. Wie bereits erwähnt, wurde auch wiederholt über die spanische Grippe berichtet. Dies wäre eine Aufgabe für Medienwissenschaftler herauszuarbeiten, wie oft mehr über die Spanische Grippe während der Corona-Krise berichtet wurde als normalerweise.

Diese Priming-Effekte führten nun dazu, dass, wenn man das Thema „neuer Coronavirus" nur ansprach, bei den meisten Menschen nun automatisch alle neuronalen Netzwerke aktiviert wurden, die mit „gefährlich", „Krankheit" und „Tod" verknüpft sind. Diese Priming-Effekte können also mit erklären, weshalb eine große Anzahl von Menschen die immer mehr werdenden und eindeutigen Ergebnisse verschiedener renommierter Wissenschaftler nicht wahrnahmen, welche nachweisen konnten, dass es sich beim „neuen Coronavirus" um nichts Außergewöhnliches handelte.

11. Rahmen-Effekt (Framing)

11.1 Erklärung

Wenn wir etwas hören, lesen oder sehen, fühlen wir auch zeitgleich. Automatisch wird die neue Information mit gespeichertem Wissen abgeglichen und interpretiert. Der Information wird also automatisch, unbewusst, eine bestimmte Bedeutung zugewiesen. Ca. 99% unseres Denkens geschieht unbewusst.[508] Die Bedeutung, die wir einer Information geben, kann aber auch von außen gelenkt werden. Und das, ohne dass wir uns dessen bewusst sind.

Jedes Wort aktiviert einen Frame. Betrachten wir uns beispielsweise das Wort „Nagel". Automatisch wird ein Frame aktiviert, in welchem Gedanken wie „schlagen", „Hammer" „Wand" oder „Holz" auftauchen. Diese Assoziationen werden so nachhaltig mitgedacht, dass Menschen oft der Meinung sind, sie hätten diese Gedanken tatsächlich gehört oder gelesen. Diese mitaktivierte Frame-Semantik nimmt einen erheblichen Einfluss auf unsere Wahrnehmung und prägt was wir denken.

Der Begriff Framing bedeutet, einer Sache einen bestimmten Deutungsrahmen zu geben. Im Marketing und in der Politik wird Framing ganz bewusst zur Steuerung der Wahrnehmung eingesetzt.[509] Die Wahrnehmung wiederrum beeinflusst unsere Interpretationen einer Sache und letzten Endes unser Handeln. Sobald Frames in unseren Köpfen aktiviert sind, bestimmen diese, wie Informationen aufgenommen werden. Werden wir mit Informationen konfrontiert, die nicht in diesen Frame passen, so weigert sich unser Gehirn, diese abweichende Information als Teil der Realität aufzunehmen. Es ist dabei völlig unerheblich, ob diese Informationen stimmen oder nicht. Fakten ohne Frames sind bedeutungslos.

Unterschiedliche Formulierungen einer Nachricht bei sonst gleichem Inhalt beeinflussen das Verhalten eines Empfängers unterschiedlich. In der

Kommunikation geht es um die Wortwahl. Spreche ich von Terroristen oder Freiheitskämpfern, Gewinn oder Profit, Preise erhöhen oder Preise anpassen, bezeichne ich eine Person als starrsinnig oder als charakterfest usw. Alleine die Wortwahl gibt schon den Rahmen (Frame) vor, in der das Gegenüber meine Nachricht verstehen soll. „Mit diesem Medikament können 200 von 600 Menschen gerettet werden" ruft völlig andere Assoziationen hervor als „400 von 600 Menschen sterben nach diesem Medikament".[510] Eine Margarine ist 97 Prozent fettfrei und nicht drei Prozent fetthaltig.

Um der Bevölkerung illegale Kriege schmackhaft zu machen, und die meisten Kriege sind illegale Kriege, werden die Gegner meistens als Terroristen bezeichnet. Es geht um einen Kampf gegen den Terrorismus. Der Frame „Terrorismus" wird aktiviert. Jede nun folgende Information wird innerhalb dieses Rahmens aufgenommen, verstanden und interpretiert. Automatisch denkt nahezu jeder an böse Menschen, die mit allen Mitteln zu bekämpfen sind. Dann werden auch die offensichtlichsten Lügen geschluckt.

Dass der Irak keine Massenvernichtungswaffen hatte, war bekannt. Der BND warnte rechtzeitig vor den falschen Informationen des Irakers Rafed Ahmed Alwan. Trotzdem wurde von der Bush-Regierung diese Lüge in die Welt gesetzt und der illegale Angriffskrieg gegen den Irak im Jahr 2003 begann. Und kaum jemand wagte es, etwas dagegen zu sagen. Der Frame war ja „Kampf gegen die Achse des Bösen". Wer wollte denn nicht gegen „das Böse" kämpfen? Wer würde es wagen, „das Böse" in Schutz zu nehmen? Was wäre geschehen, wenn ein anderer Frame aktiviert worden wäre? Beispielsweise der Frame des Gewaltverbots aus Artikel 2 Ziffer 4 der UN-Charta? [511] Wahrscheinlich wäre es dann zu Massendemonstrationen gegen den Krieg gekommen. So aber kämpfte jeder gegen „das Böse". Daher ist es in der Manipulation notwendig, den eigenen Frame stets aufrechtzuerhalten und ein Wechsel des Frames nicht zuzulassen.

Umso komplexer und emotionaler das Framing ist, umso mächtiger wirkt es. Gefühlsauslösende Worte mit dementsprechenden Bildern oder Videos, unterstrichen von unbewusst wirkender Hintergrundmusik, schon hat mein ein nahezu perfektes Framing. Noch einmal: der Wahrheitsgehalt der Inhalte ist nahezu unerheblich. Die Einzelstücke des Frames müssen nur irgendwie zusammenpassen, auch wenn sie es beim objektiven, genauen Hinsehen gar nicht tun. Die Bilder oder Videos müssen nicht einmal tatsächlich der Wahrheit entsprechen, sie müssen nur zum Gesagten passen (Beispiele dazu im Kapitel 19.3). Und diesen Frame muss man dann immer und immer wieder präsentieren und wiederholen. Hierbei wird die Hebb'sche Lernregel aus der Neurowissenschaft genutzt. Diese ist die neurophysiologische Grundlage von Lernen und Gedächtnis. Die Sprachwissenschaftlerin Elisabeth Wehling meinte in der Sendung ZAPP vom NDR vom 6. Dezember 2018 dazu:

„... beim 3., 4., 5. Mal ergeben sich Einschleifprozesse im Gehirn und ein Wiedererkennungseffekt, egal ob die Sache wahrhaft ist oder eine Lüge. Und dann sagt das Gehirn irgendwann: Ist mir viel zu anstrengend, das ist für mich jetzt eine Wahrheit.“ [512]

Bei der perfekten Manipulation muss man zudem darauf achten, dass der Mensch nicht die Zeit bekommt über die präsentierten Inhalte nachzudenken. Daher ist eine ständige Präsentation des eigenen Frames notwendig. Gleichzeitig muss man aufkommende Kritik und Gegenmeinung sofort aufgreifen und mit den dementsprechenden Frames belegen: „Verschwörungstheoretiker“, „unwissenschaftlich“, „fragwürdig“, „irreführend“, „behauptet“, usw. war die Wortwahl in der Corona-Krise. Gleichzeitig müssen die eigenen Behauptungen innerhalb des Frames wiederholt und mit dementsprechenden Begriffen geschmückt werden; „wissenschaftlicher Konsens“, „seriöse Medien“, „Faktencheck“. Auch hier noch einmal der Hinweis: Es ist unerheblich, ob die eigenen Behauptungen stimmen, selbst Widersprüche zwischen den Behauptungen machen fast nichts aus. Sollte jemand auf diese Widersprüche hinweisen, ist es wichtig, nicht darauf einzugehen, sondern in den direkten Angriff zu gehen. Nach dem Motto „Was? Du unterstützt die Terroristen?“ Das möchte in der Regel niemand und so verstummt der gerechtfertigte Einwand. Ein weiterer Grund, nicht auf Inhalte oder gar die Wortwahl des „Gegners" einzugehen, liegt im Framing selber. Gegenteilige Frames zu negieren bedeutet, diese Frames zu aktivieren. Das menschliche Gehirn kann nicht „nicht" denken. Wenn ein Mensch die Aufgabe bekommt, er dürfe an alles denken was er wolle, nur nicht an einen rosa Elefanten, so wird er gerade an diesen denken. Durch das Aufgreifen der Wortwahl des Gegners aktiviert man also genau seine Frames.

11.2 Beeinflussung durch Darstellung der Konsequenzen

Durch die Ergebnisdarstellung einer Entscheidung kann man auf das Entscheidungsverhalten Einfluss nehmen und so die Entscheidung in die gewünschte Richtung lenken. Die Beeinflussung geschieht durch die sprachliche Beschreibung des Ergebnisses als Gewinn oder Verlust. Dabei muss man dazu fähig sein, eine Alternative von zwei Seiten zu betrachten.[513] Kahneman & Tversky (1984) zeigten das am „Asian Disease Problem". Die Studienteilnehmer hatten sich jeweils für eine Variante von zwei zu entscheiden:

Stellen Sie sich vor, die USA bereiten sich auf den Ausbruch einer ungewöhnlichen asiatischen Krankheit vor, bei der voraussichtlich 600 Menschen sterben werden. Es wurden zwei alternative Programme zur Bekämpfung der Krankheit vorgeschlagen. Angenommen, die genauen wissenschaftlichen Schätzungen der Folgen der Programme lauten wie folgt:

Wenn Programm A angenommen wird, werden 200 Menschen gerettet.

Wenn Programm B angenommen wird, besteht eine Wahrscheinlichkeit von einem Drittel, dass 600 Menschen gerettet werden, und eine Wahrscheinlichkeit von zwei Dritteln, dass keine Menschen gerettet werden.

Welches der beiden Programme würden Sie bevorzugen?

72 Prozent der Versuchsteilnehmer bevorzugten unter dieser Beschreibung Programm A

Wenn Programm C angenommen wird, sterben 400 Menschen.

Wenn Programm D angenommen wird, besteht eine Wahrscheinlichkeit von einem Drittel, dass niemand stirbt, und eine Wahrscheinlichkeit von zwei Dritteln, dass 600 Menschen sterben.

78 Prozent der Befragten entschieden sich für Variante D

Programme A und C sind dieselben, genauso wie die Programme B und D. Alleine die unterschiedliche sprachliche Darstellung der Konsequenzen veränderte die Entscheidung der Versuchsteilnehmer.

11.3 Beeinflussung durch Austausch eines Attributs

Oft wird dieses Framing bei Synonymen oder Antonymen eingesetzt. Dabei muss man die Nutzer einschätzen können. „Welche Begriffe und Attribute werten Menschen als positiv und welche als negativ? Diese Art des Framings ist stark davon abhängig, welche Assoziation die jeweiligen Personen mit dem verwendeten Begriff verbinden." [514]

Wissenschaftler in den USA stellten fest, dass es erhebliche Unterschiede in der Berichterstattung über Abtreibung gibt. „Während liberale Nachrichtentexte über Abtreibung überwiegend das Wort „Fötus" verwenden, ändert sich die Wortwahl bei Artikeln gegen Abtreibung zu „Babys". Für Menschen ist das Wort Babys greifbarer und löst durch unsere Erfahrung ein positives Gefühl aus. Niemand möchte, dass Babys zu Schaden kommen. Währenddessen ist der Begriff Fötus eher wissenschaftlich und kühl." [515] Bei der Beeinflussung durch

Antonyme geht es darum, ein besser klingendes Antonym zu verwenden. Beispielsweise klingt die Aussage „Hergestellt aus 30% recycelter Flaschen" wesentlich besser als „Hergestellt aus nur 70% neuem Plastik".

11.4 Beeinflussung durch Konsequenzen und Zeitdruck

Personen sollen zu einer bestimmten Handlung gebracht werden. Dies geschieht, indem man Menschen entweder positive Folgen bei Erfüllen der Handlung oder negative Folgen beim Nichterfüllen verspricht. Richtiges Handeln, positive Folgen; falsches Handeln, negative Folgen. Zusätzlicher Druck wird durch eine Zeitangabe aufgebaut. Im Unterschied zu eben, werden den Personen hierbei keine Entscheidungsoptionen präsentiert. Typisches Beispiel sind Gewinnspiele, "Teilnahme nur bis XY" oder „streng limitiert" oder „Nur solange der Vorrat reicht."

11.5 Aufzeigen von Unsicherheit / Sicherheit

Unsicherheit ist ein Zustand, der meistens als aversiv wahrgenommen wird und Bestrebungen auslöst, die auf die Wiedergewinnung von Sicherheit gerichtet sind. Dabei kann man Unsicherheit unterscheiden. Zum Einen Unsicherheit im Sinne von Gefahr oder Bedrohung, zum Anderen Unsicherheit als Zustand des Nicht-Wissens oder nicht-genau Wissens.[516] Im ersten Fall versucht eine Person der Gefahr zu entkommen oder auszuweichen. Im zweiten Fall versucht eine Person ihre individuelle Handlungs- und Funktionsfähigkeit, die eng mit der Kontrollierbarkeit und Vorhersagbarkeit von Situationen zu tun hat, wiederzuerlangen.

Bei dieser Art des Framings geht es darum, die verschieden aufgezeigten Konsequenzen mit Unsicherheit, bzw. Sicherheit zu paaren. Der Großteil der Menschen wird sich für die sichere Variante entscheiden.

11.6 Moralisches Framing

Beim moralischen Framing geht es darum, Botschaften mit einer Moral oder mit Werten zu koppeln. Diese Botschaften erscheinen dann bedeutender und dringlicher. Sie erhalten dadurch eine größere Aufmerksamkeit.

Der Öffentlichkeit wurde diese Version des Framings im Februar 2019 bekannt. Die ARD hatte 2017 bei der Sprach- und Kognitionswissenschaftlerin Elisabeth Wehling ein Gutachten in Auftrag gegeben um sich beraten zu lassen, wie man die Vorzüge des öffentlich-rechtlichen Rundfunks durch Erkenntnisse der Framing-Theorie kommunizieren kann.[517] Die ARD weigerte sich, dieses „Framing Manual" der Öffentlichkeit zur Verfügung zu stellen. ARD-Generalsekretärin Dr. Susanne Pfab meinte am 17.02.2019 dazu: *„Die Aufregung um dieses Papier funktioniert nur, wenn man diesen Kontext nicht kennt oder ignoriert. Auch deswegen ist die Unterlage von Frau Dr. Wehling zur Weitergabe völlig ungeeignet."* Der Sinn dieser Worte ist wohl nur Fr. Pfab verständlich. Sie beschwert sich über die Aufregung um das Papier, welche nur funktioniere, wenn man es nicht kennt, weigert sich aber gleichzeitig, dieses zu veröffentlichen, da es zur Weitergabe völlig ungeeignet sei.

Nebenbei bemerkt, nutzte Elisabeth Wehling das Framing dabei auch für sich selber. Den Auftrag der ARD bekam sie als „Direktorin des Berkeley International Framing Institute". Allerdings gab es zur weltweit renommierten Universität Berkeley überhaupt keine Verbindung. Dieses „Institut" ist lediglich eine reine Verkaufsmarke, unter welcher sie Beratungen anbietet. Ein Institut mit Räumlichkeiten hat es nie gegeben.[518] Das heißt, sie nennt sich als Einzelberaterin selber „Institut". Welche Framing-Wirkung das für potentielle Kunden hat, weiß sie als Spezialistin zu diesem Thema sehr gut.

Im „Framing Manual" [519] von Elisabeth Wehling wird dieses moralische Framing und das „Framing-Sandwich" erklärt.

„Denken und sprechen Sie nicht primär in Form von Faktenlisten und einzelnen Details. Denken und sprechen Sie zunächst immer über die

moralischen Prämissen. Der Grund ist einfach: Wenn Menschen sich für oder gegen eine Sache einsetzen, dann tun sie das nicht aufgrund von einzelnen Faktenargumenten und auch nicht aufgrund eines reinen Appellierens an ihren materiellen Eigennutz. Sondern, sie tun es, wenn sie das Gefühl haben, dass es ums Prinzip geht." (S. 3).

Wie zu Beginn des Kapitels erwähnt, sind Fakten ohne Frames bedeutungslos. Ausschlaggebend für die Wahrnehmung und die Interpretation von Informationen ist der Frame, ob die Informationen selber stimmen oder nicht, ist dabei unerheblich.

„Sprich, faktische Informationen dazu, dass die ARD die unterschiedlichen Gruppen unserer Bevölkerung in ihrer Programmgestaltung berücksichtigt, sind gut und wichtig. Aber sie haben keine Bedeutung an und für sich. Sie erhalten ihre Bedeutung erst dort, wo sie in moralische Framings eingebettet sind, die verdeutlichen, wieso Inklusion ein moralischer Auftrag ist." (S.9)

Das „Framing-Sandwich hat folgendes Muster (S.78):

1. Ein moralischer Claim, ausführliche Version
2. Alle relevanten Details zu einem bestimmten Thema
3. Ein moralischer Claim, kurze Version

Unter „Claim" wird in Deutschland die Bezeichnung eines Werbeslogans verstanden.

11.7 Marken – Framing

Für eine Marke kann mit viel Öffentlichkeitsarbeit und Zeit ein eigener Frame geschaffen werden.

„Ein sehr gutes Beispiel dafür ist Marlboro. Die Zigaretten-Marke ist sehr vielen Menschen bekannt und wird von vielen mit einem ganz bestimmten Bild verbunden: Cowboys. Denn früher hatte die Filterzigarette ein „weibisches" Image, das Marlboro mit seiner Kampagne der unabhängigen, männlichen Cowboys brechen konnte. Der fleischgewordene „American Way of Life". Und was raucht er? Marlboro natürlich." [520]

11.8 Framing in der Corona-Krise

In der Corona-Krise wurde der Frame eines unbekannten, höchst gefährlichen, sehr tödlichen Virus geschaffen. Eine weltweite Epidemie und Katastrophe. Eine unsichtbare Gefahr, vor welcher die Bevölkerung geschützt werden müsse. Die Konsequenzen, wenn die Regierungen nicht handeln würden, wurden als katastrophal, viele Menschenleben kostend dargestellt. Hierzu wurden Schreckensbilder aus Italien eingesetzt um Angst zu schüren. Diese seien auch in Deutschland möglich, meinte beispielsweise RKI-Chef Wieler.[521] Auf die besonderen Situationen in Italien, Frankreich, Spanien, England und den USA wurde in diesem Buch bereits eingegangen. Eine solche Gefahr gab es für Deutschland tatsächlich zu keinem Zeitpunkt.

Zugleich wurde Unsicherheit erschaffen, man hätte es mit einer „noch nie da gewesenen Situation" zu tun.[522] Freilich bezog sich das hauptsächlich auf die Maßnahmen der Regierung, doch wären sie ja notwendig gewesen, da Rahmen, unbekannter, höchst gefährlicher Virus. Das Handeln der Regierung wurde weiter mit „Sicherheit" gepaart. Zudem wurde Zeitdruck aufgebaut. Wenn man jetzt nicht handle, dann wären die Konsequenzen katastrophal. Gleichzeitig drohte Bundeskanzlerin Merkel unverhohlen *„Wir können jederzeit umdenken, wir können jederzeit mit anderen Instrumenten reagieren."* [523]

Weiter befinde man sich „im Krieg gegen das Coronavirus". [524] Am 02.04.2020 verstärkte der europäische Regionaldirektor der WHO, Hans Henri Kluge, das und meinte: *„Müssen uns wie in Kriegszeiten verhalten".* [525] Das war der zweite Frame "Kriegszustand".

Ein weiterer Rahmen war „Solidarität" und „Verantwortung". Personen, welche sich kritiklos den Befehlen der Regierung unterwarfen waren „vernünftig", „solidarisch" und „zeigten Verantwortung". Personen, welche die freiheitsbeschränkenden Maßnahmen kritisierten oder sogar nachwiesen, dass der Grundrahmen (höchst gefährlicher, tödlicher Virus) falsch war, waren „unvernünftig", „unsolidarisch" und „verantwortungslos".

Alle Informationen, welche nun von diesen Frames abweichen, werden vom menschlichen Gehirn nicht mehr als Teil der Realität aufgenommen. Immer mehr renommierte Wissenschaftler meldeten sich zu Wort und äußerten eine gegenteilige Meinung bezüglich der Gefährlichkeit des neuen Coronavirus und zu der Richtigkeit der von der Bundesregierung getroffenen Maßnahmen (vgl. Anhang). Hier nur einige Beispiele.

Bereits am 06.03.2020 warnte Jörg Brokmann, Präsident eines Kongresses mit rund 1400 Notärzten und Rettungskräften in Koblenz, vor einer Corona-Hysterie. *„Wir haben keine medizinische Lage, wir haben eine politische Lage."* [526]

Am 13.03.2020 meldete sich der Lungenarzt, Facharzt für Hygiene und Umweltmedizin und für öffentliches Gesundheitswesen, Epidemiologe, langjährige Amtsarzt sowie Ex-Sprecher in der Enquête-Kommission „Ethik und Recht der modernen Medizin", Dr. Wolfgang Wodarg, zu Wort. Als Amtsarzt gehörte es zu seinen langjährigen Aufgaben Risikoeinschätzungen bezüglich Erkrankungen und notwendiger Maßnahmen zu treffen. Er kam zu folgender Einschätzung: *„Dem Corona-Hype liegt keine außergewöhnliche medizinische*

Gefahr zugrunde. Er verursacht jedoch eine erhebliche Schädigung unserer Freiheits- und Persönlichkeitsrechte durch leichtfertige und unberechtigte Quarantänemaßnahmen und Verbotsregelungen.“ [527].

Am 19.03.2020 meldete sich der Mikrobiologe Professor Dr. Sucharit Bhakdi zu Wort. Bezüglich der von der Regierung durchgeführten Maßnahmen äußerte er: *„Ich finde sie grotesk, überbordend und direkt gefährlich“.* [528] Auch er kam zu einer anderen Einschätzung bezüglich der Gefährlichkeit des neuen Coronavirus.

Am 31.03.2020 kritisierte der Professor für Virologie Prof. Hendrik Streeck in der ZDF-Fernsehsendung „Markus Lanz“ die Maßnahmen der Bundesregierung.

Doch diese fachlich fundierten Positionen führten weder zu einem Umdenken, noch zu einer wissenschaftlichen Auseinandersetzung. Ganz im Gegenteil wurde mit allen Mitteln der einmal gesetzte Rahmen aufrechterhalten und gleichzeitig neue gesetzt. Journalisten, welche keine Ahnung von diesen Sachverhalten haben, maßten sich an, die fachlich fundierten Aussagen von renommierten Wissenschaftlern anzugreifen und zu diskreditieren.

Nun kam u.a. das Framing durch Austausch von Attributionen ins Spiel. *„Die gefährlichen Falschinformationen des Wolfgang Wodarg“* titelte Spiegel Wissenschaft am 20.03.2020.[529] Der „Dr.“ und seine fachliche Qualifikation wurden einfach mal weggelassen. Von „Unsinn“ und „Quatsch“ war die Rede. „Fragwürdige“ Quellen hätte er benutzt. Allerdings benutzte er die verschiedensten öffentlichen und offiziellen Quellen, die jeder überprüfen konnte. Eine Zeitschrift, welche monatelang eindeutigen Betrug an der Wahrheit begangen hat sollte nicht mit solchen Begriffen herumwerfen. Der Lügenskandal um Claas Relotius ist noch keine zwei Jahre her. Nachweislich verbreitete der Spiegel Falschmeldungen und Lügen.[530] Ist dies ein typischer Abwehrmechanismus aus der Tiefenpsychologie? In der „Projektion“ wird die Missbilligung eigener Unzulänglichkeiten, die als unmoralisch gelten, auf andere projiziert. Dort werden diese dann bekämpft.

Viele Medien machten einen „Faktencheck".[531] Was diese Journalisten dazu befähigte, die fachlichen Aussagen eines Spezialisten einem „Faktencheck" zu unterziehen mag dahingestellt sein. Warum wurden nicht gleichzeitig auch die Thesen aus dem eigenen Frame einem solchen „Test" unterzogen? Dies wäre kritischer, objektiver Journalismus gewesen. Deswegen kritisierte der Medienwissenschaftler Professor Otfried Jarren die Berichterstattung des deutschen öffentlich-rechtlichen Fernsehens über das Coronavirus. Das Fernsehen inszeniere zugleich Bedrohung und exekutive Macht – und betreibe „Systemjournalismus".[532] Weiter: "In der Berichterstattung fehlten „alle Unterscheidungen, die zu treffen und nach denen zu fragen wäre: Wer hat welche Expertise? Wer tritt in welcher Rolle auf?" Gesendet würden zudem größtenteils einzelne Statements, eine echte Debatte zwischen Expertinnen und Experten entstehe nicht."

Und natürlich durfte nicht die Rede von einer „Verschwörungstheorie" fehlen.[533] Warum nun wissenschaftliches Arbeiten eine „Verschwörungstheorie" sein soll, ist wohl nur den Verfassern verständlich. Wissenschaftliches Arbeiten beruht auf objektivierbaren Fakten und Diskussionen verschiedener Schlussfolgerungen. Das können Journalisten natürlich nicht wissen. Oder wurde hier ganz bewusst der Frame „Verschwörungstheorie" gesetzt? Die meist nichtausgebildete Bevölkerung muss sich nun nicht mehr mit den wissenschaftlichen Inhalten auseinandersetzen. Automatisch werden diese Inhalte nicht mehr vom menschlichen Gehirn aufgenommen. Sie werden automatisch abgelehnt, da „Verschwörungstheorie". Das selbständige Denken entfällt. Allerdings wurden gleichzeitig eigene Verschwörungstheorien lanciert. So z.B. fragte der Nordkurier am 09.03.2020, ob in Deutschland Corona-Tote verheimlicht würden.[534] In Deutschland gab es zu diesem Zeitpunkt nämlich noch keine sogenannten „Corona-Tote". Um das Frame eines äußerst gefährlichen Virus aufrechtzuerhalten, könnte es ja eine Verschwörung geben, welche diese Gefahr verheimlichen soll. Diese Verschwörungstheorie wurde in einigen sozialen Medien gestreut. Anstatt diesen Unsinn zu ignorieren, wurde er durch solche Berichte in den Massenmedien nun der breiten Masse nahe gebracht. Natürlich schloss der Artikel mit *„Es ist nur eine Frage der Zeit, bis es die ersten Corona-Toten in Deutschland gibt."* Die Angst in der Bevölkerung sollte damit weiter geschürt und aufrechterhalten werden. Denn diese Aussage ist genau so gut wie diese: *„Wenn der Hahn kräht, ändert sich das Wetter, oder es bleibt gleich."* Es ist logisch, dass es Menschen gibt, die an einem, oder besser gesagt, mit einem Virus sterben. Das machen geschwächte Menschen bei nahezu jedem Virus, auch beim SARS-CoV2.

Besonders das moralische Framing wurde eingesetzt. „Verantwortungsbewusst" und „diszipliniert" müssten die Bürger „solidarisch" sein und „aufeinander aufpassen". Mit den freiheitsbeschränkenden Maßnahmen für alle gehe es darum „die älteren zu schützen". Das Tragen eines Mundschutzes sei „ein Zeichen von Respekt den Mitbürgern gegenüber". Gesetze zum „Schutz der Bevölkerung bei einer epidemischen Lage von nationaler Tragweite" wurden erlassen.

Stellen wir dem doch mal überspitzt folgende Frames gegenüber: „Unkritisch" und „unterwürfig" müssten die Bürger „opportunistisch" sein und „Abweichler denunzieren". Mit den Maßnahmen „wird die gesamte Bevölkerung ihrer grundgesetzlich verankerten Freiheitsrechte beraubt." Das Tragen „eines Uniformteiles" ist „ein Zeichen der Konformität und unbedingter Treue zur Regierung". „Ermächtigungsgesetze für den Bundesgesundheitsminister", sowie „Gesetze zur Einschränkung des Datenschutzes" und „Gesetze zur Verpflichtung der Krankenkassen fragwürdige Tests zu finanzieren" wurden erlassen. Tatsächlich wurde im „Gesetz zum Ausgleich COVID-19 bedingter finanzieller Belastungen der Krankenhäuser und weiterer Gesundheitseinrichtungen („COVID-19- Krankenhausentlastungsgesetz") vom 27.03.2020 der Begriff „Verordnungsermächtigung" in §23 verwendet.[535]

Mit diesen Beispielen wird die Wirkung von moralischen Frames deutlich. Weder in der ersten, noch in der zweiten Variante ist eine objektive, inhaltliche Diskussion möglich, solange diese Frames aufrechterhalten werden. In beiden

Fällen wird vom Inhalt auf die Moral abgelenkt. Es ist immer möglich zu argumentieren: *„Du bist dafür, dass ältere Menschen nicht geschützt werden?"* oder *„Du bist dafür, der Bevölkerung ihre Freiheitsrechte zu rauben?"* Auf den zugrunde liegenden Inhalt und ihrer Argumente wird kann so nicht eingegangen werden. Solche moralische Frames stellen für eine Gesellschaft eine große Gefahr dar. Sie spalten die Bevölkerung, da die einzelnen Personen unterschiedliche moralische Vorstellungen haben. Auf der faktisch, objektiven Inhaltsebene könnte ein Konsens bestehen, während auf der moralischen Ebene die Ansichten auseinanderliegen. Beispielsweise wollen in der Regel die meisten Bürger sowohl ältere Bürger schützen, als auch ihre Freiheitsrechte behalten. Wenn man die Frames weglassen würde, könnte auf der Inhaltsebene objektiv, faktisch diskutiert werden und so zu einer für die Meisten zufriedenstellende Lösung kommen. So aber verhindern diese Frames diesen kommunikativen Prozess und die Fronten verhärten sich.

Auch das Marken-Framing konnte man gut während der Corona-Krise beobachten. Mit viel Öffentlichkeitsarbeit und Zeit konnte insbesondere die CDU/CSU ihr Image aufbessern und verändern. Sie wurde nun zur „Partei des Krisenmanagements". Nahezu stündlich wurde über Monate hinweg die Handlungsweise der Regierenden in nahezu allen Sendern und Printmedien gelobt. Noch Anfang März 2020 war die CDU/CSU in einem historischen Umfragetief von ca. 26%,[536] die Partei steckte in einer Führungskrise. Es wurde offen die Frage gestellt: *„Muss Merkel jetzt gehen?"*[537] Von einem Niedergang der Partei, wie der der SPD war die Rede.[538] Ende April lag die CDU/CSU bei 39%,[539] die Führungskrise in der CDU war beendet und es wurde sogar über eine fünfte Amtszeit von Frau Merkel spekuliert.[540] Auch der bayerische CSU – Ministerpräsident Markus Söder wurde als „Krisenmanager" und zukünftiger Kanzlerkandidat wahrgenommen. Mit ihm als Kandidat hätte die CDU/CSU sehr gute Chancen auf einen Wahlsieg.[541]

12. Dunning-Kruger-Effekt

Wenn die Menschen nur über das sprechen, was sie begreifen, dann würde es sehr still auf der Welt sein.- Albert Einstein

12.1 Definition

Diejenigen, die am allerwenigsten über ein Thema Bescheid wissen, sind leider oft die, die glauben, sie wüssten es besser als andere. Der Dunning-Kruger-Effekt ist eine kognitive Verzerrung systematischer Selbstüberschätzung. Inkompetente Menschen zeigen eine Tendenz, das eigene Können zu überschätzen und die Leistungen kompetenterer Menschen zu unterschätzen.[542]

12.2 Experiment

Studenten wurden zu Tests eingeladen, in denen deren Kompetenzen auf den Gebieten Grammatik und Logik abgefragt wurden. Ausgerechnet die Teilnehmer, die die schlechtesten Ergebnisse erzielten, waren der Ansicht, dass ihre Leistungen weit über dem Durchschnitt liegen. Diese systematische Selbstüberschätzung ließ sich auch nicht dadurch korrigieren, dass man dieser Gruppe die Testbögen zeigte, auf denen ihre Fehler dokumentiert waren.[543]

12.3 Ergebnis

Kruger & Dunning (1999) entdeckten, dass beim Erfassen von Texten, beim Schachspielen oder Autofahren, Unwissenheit häufig zu mehr Selbstvertrauen führt als Kompetenz. Wenig kompetente Personen neigen aber nicht nur dazu, ihre eigenen Fähigkeiten zu überschätzen, sondern sind häufig auch nicht in der Lage, überlegene Fähigkeiten bei anderen zu erkennen. Dunning: *„Wenn jemand inkompetent ist, dann kann er nicht wissen, dass er inkompetent ist. [...] Die Fähigkeiten, die man braucht, um eine richtige Lösung zu finden, [sind] genau jene Fähigkeiten, die man braucht, um eine Lösung als richtig zu erkennen."*

Weniger kompetente Menschen neigen dazu, sich selbst zu überschätzen.

Sie verkennen außerdem die Kompetenz und Intelligenz anderer.

Sie erkennen deshalb das Ausmaß ihrer Inkompetenz nicht und sehen nicht die Notwendigkeit, sich weiterzubilden und damit ihre Kompetenz zu steigern.

Stattdessen glauben sie, dass sie anderen überlegen sind und haben ein besonders ausgeprägtes Selbstbewusstsein.

Abbildung 39 veranschaulicht den Dunning-Kruger-Effekt graphisch.

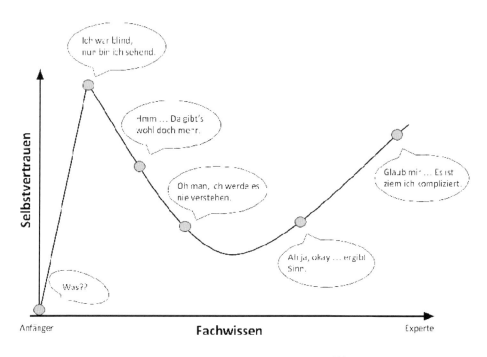

Abbildung 39: Dunning – Kruger–Effekt   Quelle: edubily publish[544]

Zahlreiche Studien belegen weiter, dass in der modernen Arbeitswelt an vielen Stellen Kompetenz ein Karrierehindernis darstellt. Denn wer sich ernsthaft mit einer Sache beschäftigt, merkt schnell, was er auf diesem Gebiet alles noch nicht weiß und wo Probleme drohen. Das lässt echte Experten in Diskussionen oder bei Meetings eher abwägend und zurückhaltend auftreten. Jene Menschen, die weniger Kompetenz haben und sich nicht mit Details aufhalten, machen viel leichter im Brustton der Überzeugung Vorschläge, deren völlige Realitätsferne weder ihnen selbst noch anderen auffällt.[545]

12.4 Dunning-Kruger-Effekt und Corona-Krise

Das RKI äußerte auf Anfrage von MDR-Wissen am 30.04.2020, dass man sich zu Einzeläußerungen von „Fachfremden" nicht äußere.[546] Hintergrund war der wissenschaftliche statistische Nachweis des Psychologie-Professors Kuhbandner mit dem Titel „Von der fehlenden wissenschaftlichen Begründung der Corona-Maßnahmen" (siehe Kapitel 4.6.4), dass die freiheitsbeschränkenden Maßnahmen der Regierung wissenschaftlich nicht begründbar waren.

Prof. Kuhbandner hatte sich in seinem Nachweis allerdings überhaupt nicht zu dem Virus selber geäußert. Er hatte lediglich statistisch nachgewiesen, dass die Maßnahmen der Regierung wissenschaftlich nicht begründbar waren. Damit hatte die Regierung ja diese Maßnahmen begründet. Nun ist es einmal so, dass Statistik nicht nur in der Virologie, sondern auch in vielen anderen Fachbereichen eine Rolle spielt, so eben auch in der Psychologie. Und die Statistik ist fachübergreifend dieselbe. Zudem war es ja nicht nur eine Einzeläußerung Prof. Kuhbandners. Zu diesem Zeitpunkt gab es bereits eine Menge von Studien, welche dasselbe Ergebnis lieferten (vgl. Kapitel 6.5). Statt also auf die wissenschaftlich fundierte Kritik einzugehen, sich mit dieser auseinanderzusetzen, wurde die Kompetenz anderer verkannt. Möglich, dass dies bewusst gemacht wurde. Dann wäre das kein Dunning-Kruger-Effekt, sondern vorsätzliche Ignoranz und Täuschung.

Ebenso verhielt sich der Virologe Christian Drosten. Im Corona-Update Podcast des NDR[547] am 12.05.2020 äußerte er zum Beispiel, dass das was er, von „scheinbaren Fachleuten", deren Expertise in anderen Bereichen liege, höre, oft jeder Grundlage entbehre. Also waren seiner Meinung nach hunderte von Professoren und tausende von Ärzten, darunter auch Virologen, wie Drosten selber, „scheinbare Fachleute" und er der einzige Fachmann auf diesem Gebiet. Weiter kritisierte Drosten Videos in sozialen Medien, die „voller Unsinn" und „falscher Behauptungen" seien. Zum Teil seien Ärzte und Professoren dabei, „die irgendeinen Quatsch in die Welt setzen", ohne je zu den Themen gearbeitet zu haben. Richtig, andere Virologen haben noch nie zum Thema Viren gearbeitet. Und Drosten hat fundierte Ahnung in den Bereichen Epidemiologie, Mikrobiologie, Pathologie, klinische Praxis etc. Nebenbei bemerkt, haben die vielen renommierten Wissenschaftler anderer Fachbereiche nicht Drostens Expertise oder seine Kenntnis und seine Verdienste im Bereich der Virenforschung angezweifelt. Allerdings zweifelten sie aus ihren Fachbereichen heraus die falschen Schlussfolgerungen Drostens an, auf welchen die Regierung ihre freiheitsbeschränkenden Maßnahmen begründete. Beispielsweise sind es nun mal Epidemiologen, welche Fachleute in der Fragestellung von Epidemien sind, nicht Virologen. Dass sich Drosten in der Vergangenheit mit seinen diesbezüglichen Prognosen immer geirrt hatte, führte nicht etwa zu einer demütigeren Haltung Drostens zu diesem Thema, sondern zum genauen Gegenteil.

Auch konnte man während der Corona-Krise überall „Fachleute" zum Thema Corona-Virus finden. Auf der Straße, in Supermärkten, am Arbeitsplatz. Es war geradezu faszinierend, wie viele Menschen wohl über ein fundiertes Studium verfügten, auf dessen Grundlage sie glaubten, anderen Personen die Gefährlichkeit der Situation und die Notwendigkeit der freiheitsbeschränkenden Maßnahmen erklären und nahebringen zu können, ja geradezu zu müssen.

13. Persuasion

Bei der Persuasion geht es um die Veränderung von Meinungen, Einstellungen und Verhalten von Menschen durch den Einsatz von Botschaften. Sie ist also eine Überredung oder Einflussnahme, bzw. Beeinflussung durch Kommunikation. Oft kommen dabei auch Angstapelle zum Einsatz.[548]

Angstappelle sollen neben der Vermittlung von Informationen über die objektive Gefährdung auch Gefühle der Angst und Furcht erzeugen, wodurch eine Einstellungs- und Verhaltensänderung bewirkt werden soll.[549] In der Praxis werden angsterzeugende Informationen heute oft in moderater Form im Rahmen der Gesundheitsaufklärung und in Arzt-Patienten-Gesprächen angewendet. Dabei besteht ein schwacher linearer Zusammenhang: je höher die induzierte Furcht ist, desto größer ist das Ausmaß der Einstellungsveränderung. „Die relativ geringe mittlere Effektstärke von Z = 5.19 verweist darauf, daß Angstappelle zwar eine gewisse Veränderung in der Wahrnehmung der eigenen Gefährdung bewirken können, diese aber offenbar nur gering bis moderat sind. Ferner dauern diese günstigen Einstellungsänderungen meist nur ein bis zwei Tage an."[550] Daher wird zusätzlich mit Hilfe von gezielten Sachinformationen und einer konstruktiven Ressourcenkommunikation versucht, protektives Verhalten anzuregen.

Persuasive Kommunikation ist ein Teilgebiet der Rhetorik. Im Rahmen der persuasiven Kommunikation gibt es die unterschiedlichsten Modelle und Techniken. Diese hier alle zu nennen, würde den Rahmen sprengen und gleich mehrere Bücher füllen. Daher betrachten wir uns einige psychologische Modelle, welche die Grundlagen hierfür bilden.

13.1 Theorien der systematischen Verarbeitung

13.1.1 Informationsverarbeitungsmodell

Nach McGuire (1969, 1985) ist eine persuasive Kommunikation in fünf Schritten unterteilt. (1) Aufmerksamkeit, (2) Verstehen, (3) Akzeptieren, (4) Beibehalten und (5) Verhalten. Damit eine Kommunikation eine persuasive Wirkung hat, muss der Empfänger der Botschaft jeden einzelnen dieser Schritte durchlaufen. Damit eine Verhaltensänderung erreicht wird, muss zudem der Effekt aller dieser Schritte maximal sein. Hieran erkennt man, warum eine Verhaltensänderung durch reine Informationskampagnen schwierig zu erreichen ist.

Bevor die Regierungen ihre „Corona-Maßnahmen" einführten, wurde die Bevölkerung mittels persuasiver Kommunikation darauf vorbereitet. Zunächst wurde ihre Aufmerksamkeit auf ein „neues, gefährliches" Virus gelenkt. Es wurde mit Hilfe der Mainstream-Medien versucht, ein Verständnis und eine Akzeptanz für die anstehenden Maßnahmen zu erzeugen. Dabei wurden ausgiebig verschiedene virologische statistische Kurven präsentiert, die eine exponentielle Verbreitung des Virus zeichnete, welche die Krankenhauskapazitäten überfordern würde. Diese Kurve gelte es zu „flaten". Auch kamen dabei Angstapelle zum Einsatz. Tausende Menschen würden sterben, wenn das „flaten" der Kurve nicht gelänge. Damit die Bevölkerung diese Informationen beibehielt, wurde sie stündlich, über Tage hinweg wiederholt. Einige Bürger begannen ihr Verhalten daraufhin zu ändern. Sie trugen Masken, manche sogar Einweghandschuhe. Diese Personen waren zu diesem Zeitpunkt allerdings noch eine Minderheit.

13.1.2 Modell der kognitiven Reaktionen

Nach Greenwald (1968), Petty, Ostrom & Brock (1981) ist es nicht die Erinnerung an die Argumente einer Botschaft, sondern die Gedanken (kognitive Reaktionen), die durch diese Argumente angeregt werden, die eine Einstellungsänderung bewirken.

Die Zuhörer setzen die Botschaft mit ihrem eigenen Wissen in Beziehung. Dadurch generieren sie Gedanken für oder gegen die Argumente, die in der Botschaft präsentiert werden. Diese selbst vorgebrachten Gedanken sind es, die eine Einstellungsveränderung bewirken. Botschaften überzeugen, wenn sie vorwiegend zustimmende Gedanken auslösen, und sie überzeugen nicht, wenn sie vorwiegend ablehnende Gedanken auslösen. Die Wirkung auf die Einstellungsänderung der persuasiven Botschaft hängt also davon ab, in wie weit die Argumente eine Person dazu anregen, ihre eigenen zustimmenden oder ablehnenden Gedanken über die dargestellten Informationen zu generieren.

Petty, Wells & Brock (1976) zeigten, dass starke und aus guten Argumenten bestehende Botschaften vorwiegend zustimmende Gedanken hervorrufen und so der Persuassionseffekt verstärkt wird (Abb. 40). Die reine Anzahl der erinnerten Argumente spielt dabei keine Rolle.

Persuasive Botschaft	kognitive Reaktionen	Einstellung
Starke Argumente	→ vorwiegend zustimmende Gedanken	→Veränderung
Schwache Argumente	→vorwiegend ablehnende Gedanken	→keine Veränderung

Abb. 40: Modell der kognitiven Reaktionen

Petty, Wells & Brock (1976) zeigten weiter, dass wenn eine Ablenkung zunimmt, die Persuasion für eine Botschaft gefördert wird, die aus schwachen Argumenten besteht. Für Botschaften, die aus starken Argumenten bestehen, nimmt Persuasion mit der Ablenkung ab. Die Zunahme und die Abnahme der

Persuasion gehen dabei auf die Unterbrechung der Gedanken zurück. Die Fähigkeit der Empfänger, Gegenargumente gegen die schwache Botschaft zu generieren nimmt mit Ablenkung ab, dasselbe gilt auch für die Anzahl der zustimmenden Gedanken.

Die Argumente Prof. Drostens zu Beginn der Corona-Krise sind als stark zu betrachten. Aus rein virologischer Sicht, mit Hilfe der Mainstream-Medien, welche die graphischen Kurven ständig visualisierten, und den Aussagen der WHO sowie der Regierungspolitiker, wurde der Bevölkerung verständlich eine große, Ernst zunehmende Gefahr durch das neue Coronavirus gezeichnet. Weiter wurde dies durch Schreckensbilder aus Italien unterstrichen. Kognitiv konnten viele Menschen diesen Ausführungen zustimmen. Es wurde von diesen Argumenten kaum abgelenkt, COVID-19 war das große Thema in allen Mainstream-Medien. Alle anderen Themen gerieten in den Hintergrund. Im Verlauf der Corona-Krise wurden die Argumente Drostens widerlegt, also schwach. Die Bevölkerung war aber vielfach durch persönliche Probleme auf Grund der Regierungsmaßnahmen abgelenkt. Die Persuasion für diese schwachen Argumente blieb somit bestehen.

13.2 Zwei-Prozess-Theorien

13.2.1 Modell der Elaborationswahrscheinlichkeit (ELM)

Unter Elaborationswahrscheinlichkeit versteht man die Wahrscheinlichkeit, dass ein Empfänger über die Argumente, die in einer Botschaft enthalten sind, nachdenkt und sie kritisch überprüft (Petty & Cacioppo, 1986). Diese ist sowohl von der Verarbeitungsmotivation, als auch von der Verarbeitungsfähigkeit abhängig. Die Motivation ist von Bedeutung, da eine solche Elaboration großen

Aufwand erfordert. Die Fähigkeit ist wichtig, da eine kritische Überprüfung sowohl für das Thema relevantes Wissen, als auch ausreichend Zeit benötigt.

Wenn eine Person motiviert und fähig ist, über die in der Botschaft enthaltenden Argumente nachzudenken, werden sie systematisch verarbeitet. Ihre Einstellung folgt dann der sogenannten „zentrale(n) Route" (Abb. 44). Dieser Modus der Informationsverarbeitung ist identisch mit den Prozessen des Modells der kognitiven Reaktionen aus dem vorhergehenden Unterkapitel.

Hohe Verarbeitungsmotivation / -fähigkeit→ zentrale Route

Persuasive Botschaft	kognitive Reaktionen	Einstellung
Starke Argumente	→ vorwiegend positive Gedanken	→Veränderung
Schwache Argumente	→vorwiegend negative Gedanken	→keine Veränderung

Abb. 41: Modell der Elaborationswahrscheinlichkeit, zentrale Rote zur Persuasion

Wenn Personen nicht motiviert oder nicht in der Lage sind einen ausführlichen Prozess der Bewertung einer Botschaft durchzuführen, so bilden sich Einstellung entlang der sogenannten „periphere(n) Route" aus (Abb. 42). Diese umfasst kognitive Prozesse wie den Einsatz heuristischer Entscheidungsregeln (z.B. „Auf Experten kann man sich verlassen."), affektive Prozesse wie beispielsweise die klassische Konditionierung, bloße Darbietung (Mere exposure[1]) und die Nutzung von Informationen über die Einstellung von relevanten Bezugspersonen.

---

[1]*Effekt der Darbietungshäufigkeit.* Die frühere Konfrontation mit einem Reiz (mere exposure) ist bereits eine hinreichende Bedingung dafür, dass dieser Reiz bei einer späteren Begegnung positiver bewertet wird. Dabei handelt es sich nicht um einen Wiedererkennungseffekt. Bewusstes Erinnern dämpft vielmehr den Effekt

Geringe Verarbeitungsmotivation / -fähigkeit→periphere Route (Bsp. Heuristik)

Persuasive Botschaft	**kognitive Reaktionen**	**Einstellung**
Positiver Hinweisreiz	→positive Schlussfolgerung	→Veränderung
(z.B. hohe Glaubwürdigkeit)	*„Auf Experten ist Verlass"*	
Negativer Hinweisreiz	→ negative Schlussfolgerung	→keine Veränderung
(z.B. geringe Glaubwürdigkeit)	*„Auf Laien ist kein Verlass"*	

Abb. 42: Modell der Elaborationswahrscheinlichkeit, periphere Rote zur Persuasion

Wenn ein Thema eine hohe Relevanz für eine Person hat, so ist sie zur Verarbeitung von Informationen motiviert. Der bestimmende Faktor über die in einer Botschaft enthaltenen Argumente nachzudenken, ist dabei die wahrgenommene persönliche Relevanz des Themas. Wenn ein Thema für eine Person persönlich wichtig ist, so wird sie sich mit den Argumenten auseinandersetzen. Bei geringer Betroffenheit verlässt sich die Person auf periphere Hinweisreize, um die Gültigkeit der Argumente zu beurteilen (Petty et al., 1981).

Weiter gibt es interindividuelle Unterschiede bezüglich der Motivation, über persuasive Kommunikation nachzudenken. Dieses Kognitionsbedürfnis ist eine Motivationsvariable und hat mit geistigen Fähigkeiten weniger zu tun (Cacioppo et al.,1996). Menschen mit hohem Kognitionsbedürfnis gehen häufig und mit Freude, aufwändigen kognitiven Aktivitäten nach. Die Qualität der Argumente beeinflusst die Einstellungsänderung hauptsächlich bei Personen mit einem starken Bedürfnis nach Kognition. Haugtvedt und Petty (1992) zeigten weiter, dass die Einstellungsänderung bei diesen Personen länger anhält und widerstandsfähiger gegen Gegenargumente ist.

„Zu den wichtigsten Variablen, die die Fähigkeit einer Person beeinflussen, persuasive Argumente systematisch zu verarbeiten, gehören Ablenkung und Wiederholung" (Jonas, Stroebe & Hewstone, 2007, S. 236). Der Effekt der Ablenkung wurde bereits im vorangehenden Unterkapitel betrachtet. Eine wiederholte Darbietung derselben Botschaft führt zu einer größeren

Übereinstimmung mit Botschaften von hoher Qualität und zu einer geringeren Übereinstimmung mit Botschaften von geringer Qualität (Cacioppo & Petty, 1990). Wenn Botschaften zu häufig wiederholt werden, setzt irgendwann Langeweile ein. Das kann dazu führen, dass selbst Argumente von hoher Qualität in Botschaften von hoher Relevanz abgelehnt werden (Cacioppo & Petty, 1979).

Nach dem ELM beeinflusst eine periphere Variable (z.B. Glaubwürdigkeit des Senders oder die Stimmung des Empfängers) bei einem geringen Elaborationsniveau Persuasion durch heuristische Verarbeitung oder auf eine andere nicht sehr durchdachte Weise. Bei mittlerer Elaboration kann diese Variable Persuasion dadurch beeinflussen, dass sie sich auf das Ausmaß der Elaboration auswirkt. Bei starker Ausprägung der Elaboration hat eine periphere Variable möglicherweise überhaupt keinen Einfluss. Sie kann die Verarbeitung systematisch verzerren oder sogar als Argument fungieren.

Petty & Wegener (1998, 1999) untersuchten den Einfluss der Stimmung auf die Elaborationswahrscheinlichkeit. Bei geringer Elaboration kann Stimmung über klassische Konditionierung mit Einstellungsobjekten verbunden werden. Auch dient Stimmung als heuristischer Hinweisreiz. Menschen bedienen sich dann beispielsweise der „Wie fühle ich mich dabei"-Heuristik um von ihrer momentanen Stimmung auf ihre Einstellung zu schließen.

Bei mittlerer Elaboration kann die Stimmung die Motivation des Empfängers dahingehend beeinflussen, dass er den Inhalt einer Botschaft elaboriert. Bei guter Stimmung sind Menschen geneigt, sich bei der Verarbeitung vereinfachter Heuristiken zu bedienen. In schlechter Stimmung verwenden sie eher aufwändige systematische Verarbeitungsstrategien. Bless et al. (1990) erklärten diesen Effekt damit, dass Personen ihre Stimmung als Information über den Zustand ihrer Umwelt nutzen. Eine positive Stimmung informiert eine Person darüber, dass ihre Umwelt sicher ist. Ihre Motivation, Information in der Umwelt einer genauen Überprüfung zu unterziehen, wird dadurch geringer. Wegener et al. (1995) erklären das damit, dass glückliche Personen es vermeiden, einstellungskonträre oder negative Botschaften zu verarbeiten, da sie ihre gute Stimmung nicht verderben wollen.

Bei hoher Elaboration werden die Argumente einer Botschaft systematisch verarbeitet. Stimmung kann die Informationsverarbeitung dadurch beeinflussen, dass sie sich auf das Material auswirkt, das den Menschen bewusst wird, wenn sie die Qualitäten ihres Einstellungsobjektes beurteilen. Positive Stimmungen aktivieren positives Material im Gedächtnis, negative Stimmung, negatives Material. Positive Stimmung kann eine positive Interpretation der Information stärker fördern.

Die Informationsverarbeitung entlang der zentralen Route während der Corona-Krise wurde bereits im vorhergehenden Unterkapitel angesprochen. Der wichtige Unterschied zum Modell der kognitiven Reaktionen ist hier die Verarbeitungsfähigkeit der Argumente durch Personen. Daher wurden zu Beginn der Corona-Krise alle Gegenargumente gezielt unterdrückt. Die Bevölkerung sollte sich nicht mit anderen Argumenten auseinandersetzen müssen. Die Motivation sich mit dem Thema „neuer Coronavirus" auseinanderzusetzen kann bei den Meisten als hoch eingeschätzt werden, da dieses Thema spätestens mit Einführung der freiheitsbeschränkenden Maßnahmen jeden betraf. Mit diesem Vorgehen in Verbindung mit dem Dunning-Kruger-Effekt (Kapitel 12) hielten sich nun viele Personen quasi für Spezialisten zu diesem Thema, ohne eine fundierte Ausbildung zu haben, um diese Sachen selbständig einschätzen zu können.

Bei vielen Personen, welche entweder nicht motiviert oder nicht in der Lage waren, einen ausführlichen Prozess der Bewertung der Argumente der Regierung durchzuführen, bildete sich ihre Einstellung zu diesem Thema entlang der „peripheren Route" aus. Prof. Drosten wurde als der Spezialist zu diesem Thema präsentiert. So wanden viele u.a. die Heuristik *„hohe Glaubwürdigkeit"* und *„Auf Experten ist Verlass"* an. Das führte dann oft zu Aussagen wie Beispielsweise *„die werden schon wissen, was sie tun"*. Die Regierungsmaßnahmen wurden somit als richtig erachtet, unkritisch angenommen und von anderen eingefordert, obwohl kein tatsächliches Verständnis zu diesem Themenbereich vorlag. Mitbürger, welche sich mit den Argumenten kritisch auseinander gesetzt hatten und dadurch zu einer fundierten anderen Einschätzung kamen, wurden von diesen Personen mit Unverständnis bis offenem Hass begegnet.

Die Stimmung während der Corona-Krise war hauptsächlich durch Angst geprägt. Auf Angst wurde bereits im Kapitel 5 näher eingegangen. Mit der „Wie fühle ich mich dabei"-Heuristik schlossen nun viele, dass die freiheitsbeschränkenden Maßnahmen notwendig seien. Das klingt erst mal paradox. Allerdings gab diese Einstellung den Personen Sicherheit. Angst ist nämlich das mächtigste Gefühl, welches antreibt. Während der Corona-Krise wurden durch die Leitmedien täglich geradezu Panik erzeugt. Nachdem eine schlimme „erste Welle" ausblieb, wurde noch vor den Lockerungen der freiheitsbeschränkenden Maßnahmen Panik u.a. durch eine propagierte gefährliche „zweite Welle" erzeugt.[551] Diese sei in der chinesischen Stadt Jilin bereits ausgebrochen. In der Millionenmetropole gab es ca. 24 Neuinfizierte binnen weniger Tage. Um die Angst zu vergrößern, sprach man von *„etwa zwei Dutzend"* Neuinfizierten.[552] Die Behörden sprachen von einer *„sehr ernsten"* Lage. Also, knapp 24 Neuinfizierte im Verlauf einiger Tage bei einer Bevölkerungszahl von ca. 4,5 Millionen[553] war eine ernste Lage. Diese Angst übertraf das Gefühl des Verlustes der grundgesetzlich verankerten Freiheiten. Der Verlust der grundgesetzlich verankerten Freiheiten wurde von diesen Menschen als weniger schlimm im Vergleich zur Angst vor dem neuen Coronavirus empfunden. Durch das Einhalten und Einfordern dieser Maßnahmen fühlten sich diese Menschen sicher.

Weiter wurde die starke Botschaft der Regierung wiederholt dargeboten. Dadurch wurde zunächst eine größere Übereinstimmung mit dieser Botschaften erreicht. Wie aus diesem Modell zu erwarten ist, kam es allerdings bereits Mitte April zu Ermüdungserscheinungen.[554] Zeitgleich nahmen in immer mehr deutschen Städten die Proteste gegen die freiheitsbeschränkenden Maßnahmen zu.

Ein weiterer peripherer Prozess während der Corona-Krise war die klassische Konditionierung. Das Prinzip wurde bereits im Kapitel 5.2.5 erklärt. Gut zu beobachten war beispielsweise das unsichere Verhalten zwischen fremden Personen oder Arbeitskollegen, wenn sie aneinander vorbei gingen, oder sich etwas näher kamen. Auch gaben die Menschen automatisch ihre privaten Daten an, als beispielsweise die ersten Biergärten öffneten. Die Bedenken bezüglich Datenschutz und Persönlichkeitsrechte waren wie weggeblasen.

13.2.2 Heuristisch-Systematisches Modell (HSM)

Die Routen, welcher die Einstellung einer Person folgt, sind die gleichen wie im Modell der Elaborationswahrscheinlichkeit. Im Gegensatz zum ELM nimmt das Heuristisch-Systematische Modell nur die heuristische Verarbeitung als einzigen Prozess auf der peripheren Rote an. Beim ELM war dieser Prozess einer unter weiteren anderen.

Anders als beim ELM bleibt der Informationswert heuristischer Hinweisreize beim HSM nicht unberücksichtigt, wenn eine Person die Argumente einer persuasiven Botschaft systematisch verarbeitet. Bei hohem Motivations- und Fähigkeitsniveau beeinflussen hier beide Verarbeitungsmodi die Persuasion.

„Nach der Additivitätshypothese wirken sowohl heuristische Hinweisreize, als auch inhaltliche Informationen unabhängig voneinander als Haupteffekte der Persuasion. Dies geschieht mit der größten Wahrscheinlichkeit, wenn die heuristische und die systematische Verarbeitung zur selben Schlussfolgerung führen, beispielsweise wenn ein Kommunikator mit Fachwissen auch starke Argumente präsentiert." (Jonas, Stroebe & Hewstone, 2007, S.243).

Wenn persuasive Informationen mehrdeutig und daher für unterschiedliche Interpretationen anfällig sind, so tritt nach der Verzerrungshypothese eine Verzerrung auf. Denselben Argumenten durch eine glaubwürdige Quelle wird mehr Gewicht gegeben als einer nicht glaubwürdigen Quelle. Chaiken & Maheswaran (1994) zeigten diesen Zusammenhang. Unter der Bedingung „geringe Bedeutsamkeit" werden die Einstellungen vorwiegend durch die Glaubwürdigkeit der Quelle bestimmt. Unter der Bedingung „hohe Bedeutsamkeit" wird der Einstellungswandel hauptsächlich durch die Qualität der Argumente beeinflusst. Unter der Bedingung „hohe Bedeutsamkeit" und „mehrdeutige Botschaft" zeigt sich ein starker Effekt der Glaubwürdigkeit der Informationsquelle.

Sowohl im ELM, als auch im HSM ist die Verarbeitungsmotivation ein bedingender Faktor. Das HSM macht explizitere Annahmen über die Prozesse, welche die Verarbeitungsmotivation beeinflussen.

Nach Eagly & Chaiken (1993) versuchen die Empfänger einer Botschaft ausreichende Gewissheit über die Gültigkeit ihres eigenen Urteils zu erlangen, bevor sie eine Einstellungsposition übernehmen. Das wird *Suffizienzprinzip* genannt. Hierbei wird unterschieden zwischen dem gewünschten Niveau der Gewissheit und der tatsächlichen Gewissheit einer Person. Solange die tatsächliche Gewissheit einer Person unterhalb des erwünschten Niveaus liegt, wird diese Person weiterhin Informationen verarbeiten. Bei persönlich relevanten Themen entstehen größere Diskrepanzen, als bei persönlich irrelevanten. Die systematische Verarbeitung liefert mehr Informationen, als die heuristische. Große Diskrepanzen werden daher eher zur systematischen Verarbeitung anregen. Nach Bohner et al. (1998) ist das allerdings nur der Fall, wenn die Person erwartet, dass die systematische Verarbeitung sie in die Lage versetzt, die Diskrepanz kleiner werden zu lassen. Der tatsächliche Erfolg hängt von der Verfügbarkeit relevanter Ressourcen ab (Zeit, Wissen).

Die *Genauigkeitsmotivation* fördert eine relativ objektive, nicht verzerrte Verarbeitung. Die Menschen sind motiviert, eine korrekte Einstellung zu haben. Das Ziel der Informationsverarbeitung ist, die Gültigkeit einer persuasiven Botschaft einzuschätzen.

Die *Abwehrmotivation* fördert eine verzerrte Verarbeitung. Ziel hierbei ist es, die Gültigkeit der bevorzugten Einstellungsposition nachzuweisen und die Gültigkeit der Positionen, die man nicht präferiert, zu widerlegen. Hierfür gibt es verschiedene Gründe. Persönliches Interesse, Festgelegtheit auf bestimmte Einstellungen oder ein Bedürfnis nach Konsistenz. Unter Konsistenz versteht die Psychologie die Widerspruchsfreiheit des individuellen Verhaltens eines Menschen im Bezug auf das eigene Selbst. Diese bleibt zeitlich und über Situationen hinweg im Wesentlichen erhalten. Es handelt sich um eine Verhaltenstendenz und nicht um ein Persönlichkeitsmerkmal. Menschen können zwar transsituativ in konkreten, vergleichbaren Situationen recht konsistent handeln, sich aber dennoch situationsspezifisch unterschiedlich verhalten.[555] Die Verarbeitung kann entweder heuristisch oder systematisch sein. Bei der Abwehrmotivation werden die gleichen Heuristiken wie bei der Genauigkeitsmotivation verwendet. Allerdings werden diese selektiv genutzt, um eine bevorzugte Einstellungsposition zu stützen. Die systematische Verarbeitung ist dabei genauso selektiv.

Auch die *Eindrucksmotivation* fördert eine verzerrte Verarbeitung. Basis ist hier das Bedürfnis, Einstellungen zum Ausdruck zu bringen, die sozial auf Akzeptanz stoßen. Das Verarbeitungsziel hierbei ist es, die gesellschaftliche Akzeptanz alternativer Positionen einzuschätzen, um dann Einstellungspositionen zu vertreten, die für die Zuhörer akzeptabel sind. Diese Motivation ist besonders dort gegeben, wo die betreffende Person ihre Einstellungen Personen mitteilen muss, welche die Macht haben, sie zu belohnen oder zu bestrafen. Die Verarbeitung kann entweder heuristisch oder systematisch sein. Bei der Eindrucksmotivation werden heuristische Regeln angewandt, die die Auswahl sozial akzeptierter Einstellungspositionen steuern.

Beispielsweise „Gemäßigte Positionen wecken selten Widerspruch". Bei der systematischen Verarbeitung werden dabei verfügbare Informationen im Sinne ihrer Akzeptanz im sozialen Einflusskontext kritisch überprüft (Chen et al, 1996).

Während der Corona-Krise waren sowohl die Argumente Drostens als stark einzuschätzen, als auch die Person Drostens selber. Er ist Professor und wurde als der Spezialist zum Thema „neuer Coronavirus" präsentiert. Sowohl die heuristische als auch die systematische Verarbeitung konnten also zur selben Schlussfolgerung kommen. Durch die Leitmedien wurde stets darauf geachtet, dass nur die Version Drostens verbreitet und geglaubt wurde. Renommierte Wissenschaftler, welche zu anderen Ergebnissen kamen, wurden unglaubwürdig gemacht. Die einzigen glaubwürdigen Quellen sollten Drosten und die Leitmedien bleiben. Die starken Argumente der Wissenschaftler, welche Drostens Einschätzungen widersprachen, sollten so zu unglaubwürdigen Quellen gemacht werden, damit unter den Bedingungen „geringe Bedeutsamkeit" sowie „hohe Bedeutsamkeit" und „mehrdeutige Botschaft" der starke Effekt der Glaubwürdigkeit der Informationsquelle zur Geltung kam.

Auch nach dem „Suffizienzprinzip" war es wichtig, insbesondere zu Beginn der Corona-Krise gegenteilige starke Botschaften zu unterdrücken. Die Bürger sollten alleine durch die Versions Drostens ausreichende Gewissheit über die Gültigkeit ihres eigenen Urteils erhalten um ihre Diskrepanzen zu minimieren und nicht weiter nachforschen zu müssen. Zwar hatten viele Bürger im Lockdown in der Regel die Ressource „Zeit", um selbständig nachforschen zu können. Allerdings war zu diesem Zeitpunkt bei vielen die Diskrepanz bereits minimiert. Auch fehlte den meisten die Ressource „Wissen", um sich tatsächlich eine eigenständige Meinung bilden zu können. Zudem wurden ja nur Drosten und ihm zustimmende Wissenschaftler durch die regierenden Politiker und die Leitmedien als glaubwürdige Quellen definiert.

Das *Genauigkeitsmotiv* war dadurch bei den meisten Bürgern bereits befriedigt. Die Gültigkeit der persuasiven Botschaft Drostens wurde anerkannt.

Die meisten hatten daher eine „korrekte Einstellung", welche durch die Leitmedien und die regierenden Politiker positiv verstärkt wurde.

Auf Grund der *Abwehrmotivation* versuchten viele Bürger die Gültigkeit der bevorzugten Einstellungsposition nachzuweisen und die Gültigkeit der Positionen, die man nicht präferiert, zu widerlegen. Mit Hass wurde den wissenschaftlich fundierten Gegenargumenten begegnet. Eine Auseinandersetzung selber fand mit ihnen nicht statt. Sie wurden als „Verschwörungstheorien" abgewehrt. Hauptgründe dabei waren wahrscheinlich die Festgelegtheit auf bestimmte Einstellungen und ihr Bedürfnis nach Konsistenz. Diese Festgelegtheit gab ihnen das subjektive Gefühl der Sicherheit in einer unsicheren und angstbesetzten Umgebung. Dadurch verhielten sie sich auch absolut konform, geradezu unterwürfig. Sie hielten sich übertrieben strikt an die von der Regierung geforderten Maßnahmen und forderten dies auch von den mitdenkenden Bürgern ein. Das individuelle Verhalten war also widerspruchsfrei zu ihrem Selbst.

Auch die *Eindrucksmotivation* kann das unterwürfige Verhalten dieser Personen erklären. Durch dieses Verhalten und das rigorose Einfordern derselben Verhaltensweisen von anderen, konnten sie öffentlich ihre Einstellung zum Ausdruck bringen und so sozial auf Akzeptanz stoßen. Diese soziale Akzeptanz war ihnen quasi gewiss, da genau dieses Verhalten von den Regierenden und den Leitmedien eingefordert wurde. Dieses Verhalten wurde also positiv verstärkt. Während der Corona-Krise konnte man seine Einstellung täglich zum Ausdruck bringen. Dazu reichte es, immer und überall eine Mund-Nasen-Maske zu tragen. Die Regierenden hatten zudem die Macht, andere Verhaltensweisen zu bestrafen. Mit Hilfe von eigens dafür eingeführten Gesetzen sowie Bußgeldkatalogen und der Verfolgung durch die Polizei, Ordnungsämtern und Gerichten. Daher war besonders während der Corona-Krise die Eindrucksmotivation bei den meisten Bürgern gegeben.

14. Konformität – Das Asch-Experiment

Auch wenn alle einer Meinung sind, können alle Unrecht haben. Betrand Russell

14.1 Definition

„Konformität bezeichnet in der Psychologie ein an den Normen einer Bezugsgruppe orientiertes Verhalten einer Person." [556] Konformität unterscheidet sich vom Gehorsam insofern, als der Einfluss bei konformem Verhalten von einer Gruppe von Individuen gleichen oder ähnlichen Status ausgeht. Während die Einflussnahme im Fall des Gehorsams direkt verläuft, funktionieren die Mechanismen der Konformität meist durch unmerklichen, indirekten Druck durch eine Gruppe. Konformität gleicht soziale Ungleichheiten aus, während Gehorsam soziale Hierarchien entweder erhält oder neu entstehen lässt.[557]

Nach Wilkening (1978) bedeutet Konformität, sich einer Gruppe anzupassen und sich dem Gruppendruck unterzuordnen. Die Verhaltensänderung erfolgt immer mit dem Ziel, mit der Gruppe eine größere Übereinstimmung zu finden und sie orientiert sich an den Gruppennormen. Um eine Urteilsänderung zu bewirken, muss die Gruppe keinen Druck ausüben oder mit Sanktionen drohen, es reicht die Anwesenheit mehrerer Personen, die abweichende Urteile abgeben.

Peuckert (1975) unterscheidet Anpassungskonformität und Einstellungs-konformität. Bei der Anpassungskonformität geschieht die Anpassung an das Gruppenverhalten entgegen der eigentlichen Überzeugung. Die Änderung der Meinung geschieht bei der Einstellungskonformität aus innerer Überzeugung.

Bei der Konformität geht es um den sogenannten *Majoritätsdruck*. Die Betroffenen passen sich meist unbewusst der Mehrheit an. Meinungen und Verhaltensweisen werden dabei praktisch automatisch angepasst. Der

Majoritätsdruck entspringt unserem Sozialverhalten und dem instinktiven Wunsch *dazuzugehören*.

Der Mensch neigt zur Konformität. Der Mensch ist ein soziales Wesen und es ist bequemer. Man fällt nicht negativ auf. Weiter gibt uns das „mit dem Strom Schwimmen" ein Gefühl von Sicherheit und Richtigkeit. Wenn es alle machen, dann muss es ja richtig sein. Ein weiterer Grund ist die eigene Denkfaulheit. Es ist viel anstrengender, sich selbst eine wirklich begründete Meinung zu einem Thema zu bilden, als die vorgefertigten Ansichten von anderen zu übernehmen.

14.2 Das Asch-Experiment

Der Psychologe Salomon Asch untersuchte 1951 die Beeinflussung der Meinung bzw. des Urteils einer Einzelperson durch die Meinung bzw. das Urteil einer Gruppe.

14.2.1 Testdurchführung [558]

Eine Testperson (TP) wird in einen Raum geführt, in dem bereits eine Reihe von Personen wartet. Ihr wird gesagt, dass es sich um andere freiwillige Teilnehmer an dem Experiment handelt. In Wirklichkeit sind es Darsteller. Die TP reiht sich in der Reihenfolge am Ende der Gruppe ein. Der Gruppe wird auf einer Graphik eine Linie gezeigt, daneben drei Vergleichslinien (siehe Abb. 43). Es ist die Aufgabe einzuschätzen, welche Linien gleich lang sind. In den ersten vier Durchgängen geben alle Eingeweihten und auch die eigentliche TP die richtige Antwort. Ab dem fünften Durchgang beginnt die Gruppe der sechs anderen geschlossen zu behaupten, dass im Beispiel Abb. 51 „B" dem Strich auf der „Standardkarte" entspricht. Die Gruppe gibt also geschlossen eine falsche Antwort. Der Versuch wird auf diese Weise mehrmals wiederholt.

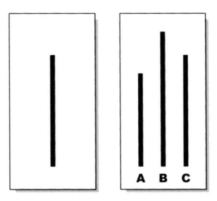

Abbildung 43: Vergleichslinien aus dem Asch-Experiment / eigene Darstellung

14.2.2 Testergebnis

76% der Testpersonen passten sich mindestens einmal dem falschen Urteil der Gruppe an.[559] 50% der Testpersonen gaben in mehr als der Hälfte der Abstimmungsrunden eine offensichtlich falsche Antwort und schlossen sich damit der Mehrheit an.

5 % zeigten regelrecht blinden Gehorsam, indem sie kategorisch immer mit der Mehrheit stimmten. Nur ein Viertel der Testpersonen ließ sich nicht von der Gruppe beeinflussen und verhielt sich nicht konform.[560]

14.3 Drei Typen von Konformisten [561]

Einige Wenige änderten ihre Meinung wegen der Mehrheitsmeinung, ohne bewussten Druck der Gruppe zu verspüren. Ihre Wahrnehmung änderte sich tatsächlich.

Die meisten glaubten ihrem eigenen Urteil nicht und wurden unsicher, obwohl sie richtig wahrgenommen hatten. Sie änderten ihre Meinung, da die Mehrheit ja Recht haben müsste.

Die dritte Gruppe nahm den Fehler korrekt wahr, wollte jedoch bewusst den Konflikt mit der Gruppe vermeiden.

14.4 Einflussfaktoren auf die Konformität

Das ursprüngliche Asch-Experiment wurde in den vergangenen Jahrzehnten immer wieder variiert, um herauszufinden, welche Faktoren Einfluss auf die Konformität haben. Diese Einflussfaktoren sind:

Testperson muss nicht öffentlich antworten

Die falsche Antwort in Übereinstimmung der anderen Teilnehmer verringerte sich, sobald der „echte" Teilnehmer seine Antwort nicht laut nennen musste, sondern sie auf ein Blatt Papier schrieb. Als Vorwand wurde gesagt, dass er dies tun müsse, weil er zu spät gekommen sei.[562] In einer Metastudie zeigte Bond (2005), dass der normative Einfluss wahrscheinlich stärker ist, wenn die Teilnehmer öffentliche Antworten geben und der Mehrheit gegenüberstehen.

Widerspruch

Ein Nonkonformist reichte aus, damit sich die Wahrscheinlichkeit, dass sich die Testperson der Gruppe anschloss, verringerte. Egal, ob seine Meinung korrekt war oder nicht.[563] Gab der Nonkonformist sogar die richtige Antwort, so stimmten nur noch 5% der Testpersonen der Meinung der Gruppe zu.[564]

Soziale Unterstützung reduziert also die Konformität. Wenn es auch nur eine Person gibt, die unser Verbündeter ist, können wir unserer Position treu bleiben, Widerstand gegen Gruppendruck ausüben und Konformität vermeiden.

Geschlecht

Erste Metastudien legten nahe, dass Frauen anfälliger für Konformität wären als Männer. Spätere Metastudien bestätigten das nicht und erklärten die ursprünglichen Ergebnisse aus der Tendenz männlicher Experimentatoren, für Männer angenehmere Bedingungen als für Frauen geschaffen zu haben.[565]

Gruppengröße

Wenn die Gruppe wächst, verstärkt sich die Tendenz zur Konformität. Der Trend zur Konformität ist in einer Gruppe von 6 bis 7 Mitgliedern stark ausgeprägt. Mit einer weiteren Zunahme der Gruppe wird der Konformitätsgrad ausgeglichen und sogar verringert. Laut Ash zweifeln die Probanden in der größeren Gruppe allmählich an der Aufrichtigkeit ihrer Mitglieder und denken über eine Verschwörung der Teilnehmer nach, um Druck auszuüben. Wenn man diese Eigenschaften erkennt, beginnt man, dem Druck zu widerstehen.[566]

Attraktivität und Dazugehörigkeit

Je attraktiver eine Gruppe für den Einzelnen ist, und je enger die Beziehung des Einzelnen zur Gruppe ist, desto bereitwilliger passt er sein Verhalten der Mehrheit an und teilt die Position der Gruppe. Die größten Konformisten sind diejenigen, die die Gruppe wirklich mögen und ihre Werte teilen. Je mehr Bezug eine Person zu einer Gruppehat, desto stärker ist die Tendenz, Konformität zu zeigen.[567] Zudem gibt die Zugehörigkeit zu einer Gruppe das Gefühl der Sicherheit.

Konformität und Selbstbewusstsein

„Menschen mit einer weniger starken Persönlichkeit neigen eher dazu, dem Gruppendruck nachzugeben und sich der Mehrheit (oder dem Leitwolf) anzuschließen. Ein klassischer Fall von Mitläufertum. Aber auch Menschen, die ein großes Harmoniebedürfnis besitzen sowie von anderen gemocht werden wollen, sind dafür anfällig."[568]

Konformität und Kultur

Es gibt signifikante kulturelle Unterschiede. Insbesondere in Asien gibt es eine Tradition zur Konformität. In Kulturen westlicher Prägung dagegen wird mehr Wert auf Individualität gelegt.

Konformität und Stimmung

„Auch die eigene Tageslaune hat einen gewissen Einfluss auf unser Verhalten und damit auf die Bereitschaft zur Konformität. Wer gerade seine Verdrießlichkeit zelebriert, neigt eher zur Antihaltung. Hochstimmung dagegen macht uns zustimmungsbereiter. Das lässt sich allerdings auch zur Manipulation missbrauchen. Ganz fies ist deshalb folgende Masche. Erst wird Angst vor etwas erzeugt, dann wird diese Furcht relativiert, die Stimmung verbessert sich somit, um schließlich Zustimmung für das Projekt oder Produkt zu erhalten. Die Methode erinnert ein bisschen an Good-Cop-Bad-Cop-Spiele, heißt aber im Fachjargon: *Fear-Then-Relief-Procedure.*" [569]

Konformität und Autorität

„Sobald Hierarchie oder Autorität mitspielen, nimmt die Bereitschaft zur Konformität zu, die dann sogar bis zur blinden Unterwürfigkeit (auch *Kadavergehorsam* genannt) reichen kann." [570] Das Elektroschock-Experiment von Stanley Milgram zeigt, wie allein die Autorität eines Wissenschaftlers dazu ausreicht, dass Menschen andere Menschen gewissenlos quälen. Darauf wird in Kapitel 17 eingegangen.

14.5 Konformität und Corona-Krise

Zu Beginn der Corona-Krise und auch zu Beginn der freiheitsbeschränkenden Maßnahmen verhielt sich der Großteil der Bevölkerung konform. Die wenigsten Menschen hatten eine Ausbildung, um die Lage selber einschätzen zu können. Sie nahmen die propagierte Gefahr tatsächlich als eine solche wahr. Die zweite Gruppe sah die gesamte Situation zunächst durchaus kritisch. Doch wenn alle Medien, Politiker, Wissenschaftler (es wurden nur die gezeigt, welche die Geschichte stützten) und die Mehrheit der Bevölkerung das sagte und glaubte, dann müsse es ja wahr sein. Diese Personen legten ihre kritische Haltung zunächst ab. Die dritte Gruppe der Konformisten wollte einfach keinen Konflikt mit anderen riskieren.

Je länger die Maßnahmen allerdings andauerten, desto größer wurde der Widerstand in der Bevölkerung. Von Woche zu Woche gab es in immer mehr Städten Deutschlands immer mehr Demonstrationen und Demonstrationsteilnehmer gegen die Regierungsmaßnahmen. Auch der Konflikt zwischen Befürworter und Gegner dieser Maßnahmen wurde immer heftiger.

Früh wurden durch Politik und Mainstream-Medien zwei Gruppen kreiert. Die eine Gruppe übernahm „Verantwortung", sie „passte aufeinander auf", sie zeigte „Höflichkeit" und „Respekt". Die andere Gruppe war zunächst „verantwortungslos" und „egoistisch", feierte deswegen „Corona-Partys" und hatte „die Gefahr nicht erkannt". Später waren sie „Coronaleugner", „Verschwörungstheoretiker", „Reichsbürger" „Rechtsradikale", „Impfgegner" und einfach nur „respektlos". Mit dieser Wortwahl wurde zudem auf die Mechanismen „Priming" und „Framing" (vgl. Kapitel 10 und 11) zurückgegriffen.

Anfangs trugen viele Personen die freiheitsbeschränkenden Maßnahmen mit. Die Mehrheit befand sich in einer Art Schock. Durch die Mainstream-Medien, Politik und Virologen des RKI wurde pausenlos eine riesige Gefahr durch den neuen Coronavirus gezeichnet und verkündet. Die Medien zeigten Bilder von katastrophalen Verhältnissen in Italien und New York. Mit der Zeit ließ der Schock nach, immer mehr Menschen fingen an, die Maßnahmen und das öffentlich gezeichnete Bild zu hinterfragen. Doch zunächst trauten sich nur wenige, sich öffentlich kritisch zu äußern, sich also öffentlich nichtkonform zu verhalten.

Tatsächlich gibt es nur wenige selbstbewusste Menschen. Insbesondere hatten die Wenigsten eine dementsprechende Ausbildung, um die Situation selber einschätzen zu können. Das ist in einer arbeitsteiligen, sich immer mehr spezialisierenden Gesellschaft auch normal. Daher gab es während der Corona-Krise eine hohe Anzahl von Mitläufern, wie bei allen massenpsychologischen Phänomen. Auch sind viele Menschen sehr harmoniebedürftig. Diese mieden Konflikte und Auseinandersetzungen. Sie gaben daher dem öffentlichen Druck einfach nach.

Die Zugehörigkeit zur Gruppe der „Verantwortungsbewussten" wurde positiv umschrieben und gab den Mitgliedern zudem das subjektive Gefühl der Sicherheit. Die Situation war ja unsicher und angstvoll. Daher wollten viele zu dieser Gruppe gehören und zeigten ihre Gruppenzugehörigkeit auch öffentlich durch das Tragen von Gesichtsmasken, noch bevor die Maskenpflicht in Geschäften verabschiedet wurde. Automatisch teilten sie die Position der Politiker und Mainstream-Medien. Der Dunning-Kruger-Effekt (Kapitel 12) tat sein übriges. Unkritisch, oft ungefragt, nahmen sie sich das Recht heraus, andere Personen, welche vor der Maskenpflicht in den Geschäften ohne eine solche einkaufen gingen, zu belehren und zu beleidigen. Das Denunzieren von Personen, welche es mit der Kontaktsperre nicht allzu genau nahmen, war dabei die Königsdisziplin.

Wie aus den Einflussfaktoren „Geschlecht" ableitbar ist, verstärkt eine unangenehme Bedingung die Konformität. Die unangenehmste Bedingung ist Angst. Diese Angst wurde täglich in den Mainstream-Medien erzeugt und verstärkt. In verschiedenen Abwandlungen des Originalversuches von Asch wurde Angst bewusst erzeugt, was zu einer Erhöhung der Konformität führte.

Die Testpersonen fühlten sich nur noch innerhalb der Gruppe sicher und wollten diese deswegen nicht verlassen. Sie zeigten Konformität und teilten die falsche Meinung der anderen Gruppenmitglieder. Viele wohl wissend, dass diese Antwort falsch war.

Die Grundstimmung in der Bevölkerung war hauptsächlich ängstlich geprägt. Durch die Zugehörigkeit zu der „guten Gruppe" konnte aber das Gefühl subjektiv besser werden. Man hatte so ja angeblich Einfluss auf das Virusgeschehen, die internale Kontrollüberzeugung (vgl. Kapitel 5.2.5.4) konnte so erhöht werden. Auch wurde man durch die Mainstream-Medien und Politiker gelobt (positive Verstärkung). Man wurde fast zu einem Helden „im Krieg gegen den Coronavirus". Schließlich rettete man ja angeblich die Bevölkerung durch das angepasste Verhalten vor einer großen, unsichtbaren Gefahr.

Bei der Lenkung massenpsychologischer Phänomene werden genau diese beiden Faktoren „Heldentum" und „Angst" eingesetzt. Nehmen wir zum Beispiel die sogenannten „Farbrevolutionen" zu denen auch der „Euromaidan" in Kiew 2013/14 zählte.

Eine Gruppe wurde da schnell hergestellt. Es reichte dazu das Tragen irgendwelcher Farbbänder (orange oder blau-gelb oder rot-schwarz). Angst wurde durch einen äußeren Feind erzeugt (Polizei, Regierung). Diese verhielt sich in Kiew zwar hauptsächlich ruhig, doch wurde sie oft durch Angriffe provoziert, damit man die dementsprechenden Bilder bekam, die dann in sozialen Netzen, oder einigen Sendeanstalten verbreitet wurden. Zu einem besonderen traurigen Höhepunkt dieser gestellten Bilder kam es im Juni 2015. Die englische Deutsche-Welle-Reporterin Kitty Logan hatte prorussische Separatisten bei Donezk zu einem Angriff gegen ukrainische Soldaten angestiftet. Der Kommandant der Separatisten hatte sie gefragt: „Soll ich auf die schießen, damit sie was zu filmen haben?" Sie antwortete: „Ach, okay, warum nicht?". Beide Seiten hatten sich daraufhin mit Raketen und Mörsern beschossen.[571]

In jeder dieser Revolutionen gab es auch „Helden". So wurde beispielsweise der ukrainische Aktivist Dmitro Bulatow nach eigenen Angaben am 23.01.2014 von „Unbekannten mit russischem Akzent sprechende Menschen" entführt und gefoltert.

„Sie haben mein Ohr abgeschnitten, mein Gesicht zerschnitten. Es gibt keine einzige heile Stelle an meinem Körper. Aber Gott sei Dank bin ich am Leben." [572] Dieser Fall wurde medial aufgeblasen. Dass bei den Interviews das „abgeschnittene Ohr" allerdings dran war, fiel wohl niemandem auf. Auf jeden Fall führte das dazu, dass die abebbenden Proteste in Kiew wieder zunahmen und „so viele Demonstranten auf dem Kiewer Maidan wie schon lange nicht mehr" [573] waren. Noch im selben Jahrwurde Bulatow Minister für Jugend und Sport in der Regierung von Jazenjuk.

Schon zu Beginn der Corona-Krise kam öffentlich Widerspruch gegen die Panikmache auf. So äußerten sich beispielsweise Prof. Bhakdi, Prof. Ioannidis, oder Dr. Wodarg öffentlich. Doch dieser Widerspruch wurde medial niedergebügelt und als „Fehlinformationen" betitelt. Dieser Widerspruch hatte zwar zunächst überhaupt keinen Einfluss auf die Entscheidungen der Regierung oder das konforme Verhalten der meisten Bundesbürger. Doch führte er dazu, dass sich immer mehr renommierte Wissenschaftler trauten, sich zu Wort zu melden. Insbesondere über das Internet und die sozialen Netzwerke verbreiteten sich die wissenschaftlich fundierten Aussagen dieser Wissenschaftler. Immer mehr Bundesbürger fingen an, sich zu informieren und selber nachzudenken. Immer mehr Menschen trauten sich offen gegen die Maßnahmen der Regierung Stellung zu beziehen.

Durch die Kontaktbeschränkungen konnten zunächst keine größeren Gruppen zusammenfinden. Viele Menschen waren komplett isoliert. So stand der Einzelne den Mainstream-Medien, den Politikern, dem RKI, der WHO und den Konformisten gegenüber. Das war nahezu die klassische Asch-Konstellation.

15. Minoritätseffekt

Der Psychologe Serge Moscovici (1979) wies nach, dass Minderheiten die Urteile der Mehrheit nennenswert, sogar entscheidend beeinflussen können.

15.1 Versuchsdurchführung und Ergebnis

Mehreren Probanden im Raum zeigte Moscovici verschiedene blaue Dias (hellblau, dunkelblau, aquamarinblau, kobaltblau usw.). Die Probanden sollten die Farbe benennen. Die farbliche Sehfähigkeit aller Teilnehmer wurde vor dem Experiment geprüft, um diese Störgröße auszuschließen. Es gab zwei eingeweihte Querulanten in der Gruppe, die vehement behaupteten, das Dia sei „grün". Die Zahl derjenigen, die antworteten, das Dia sei „grün" stieg signifikant an. 8,4 % aller Antworten lauteten „Grün".32% der Versuchspersonen gaben zumindest einmal an, ein grünes Dia gesehen zu haben (was nachweislich falsch war).[574]

15.2 Einflussfaktoren auf den Minoritätseffekt

Die „Querulanten" waren zunächst wissenschaftliche Mitarbeiter von Moscovici. Sie machten einen souveränen und kompetenten Eindruck.

Bei anderen Versuchsdurchführungen trug einer der Querulanten eine glasbausteindicke Brille und verhielt sich auch sonst eher sonderbar. Sein Einfluss auf die Gruppe schrumpfte und war kaum noch messbar.

Auch konnte die Minderheit nichts ausrichten, wenn sich bereits eine starke Mehrheit gebildet hatte, die befand, dass das Dia beispielsweise *azurblau* sei.

Die amerikanische Psychologin Kimberlee Weaver fand zudem heraus, dass ständige Wiederholungen und konsequentes, lautes Auftreten oft dazu führen, dass diese Person am Ende Recht erhält. Sie braucht dazu nicht die Mehrheit hinter sich zu haben und auch muss das Gesagte nicht der Wahrheit entsprechen.[575]

15.3 Minoritätseffekt und Corona-Krise

Der Minoritätseffekt kann einen Einfluss auf die Politiker gehabt haben. Es waren Anfangs die WHO und Prof. Drosten mit dem RKI, welche eine große Gefahr und Pandemie durch das neue Coronavirus prophezeiten. Auf der anderen Seite holten sich die Regierungsverantwortlichen nur Berater, welche diese Version unterstützten. Auf jeden Fall stimmten die Parlamente, also die Mehrheit der Politiker, den freiheitsbeschränkenden Maßnahmen zu.

Sowohl die WHO, als auch Prof. Drosten und das RKI machten einen souveränen und kompetenten Eindruck. Vergessen war das ständige Irren Drostens in der Vergangenheit. Auch die Regierungspolitiker machten zu Beginn der Corona-Krise diesen souveränen und kompetenten Eindruck.

„Querulanten" der vorgegebenen Meinung wurden gezielt verächtlich gemacht, damit sie keinen Einfluss auf die Mehrheitsmeinung ausüben konnten. Zwar hat beispielsweise Sucharit Bhakdi einen Professorentitel, ist Mediziner und Mikrobiologe. Doch wären seine Thesen „unwissenschaftlich" und seine Zahlenbeispiele „fragwürdig" gewesen.[576] Dr. Wolfgang Wodarg rede „Unsinn" sowie „Quatsch" und verbreite „Falschinformationen".[577] Allerdings äußerten sich immer mehr renommierte Wissenschaftler kritisch zu Wort. So nahm auch der Widerstand gegen die nachweislich unnötigen Corona-Maßnahmen innerhalb der Bevölkerung zu. Erneut wurde versucht, diese Querulanten zu diskreditieren. „Corona-Verschwörer*innen demonstrieren", von einer „braunen Infektionskette" war die Rede.[578] Gezielt wurden in den Mainstream-Medien tatsächliche Verschwörungstheoretiker, „Aluhutträger" und Rechtsradikale aus der Demonstrationsmenge herausgesucht, photographiert und der Bevölkerung präsentiert. Trotzdem wurden es jede Woche immer mehr. Die ursprüngliche Minorität wurde immer größer.

16. Konversionstheorie

Die Konversionstheorie von Moscovici (1980) integriert Konformitäts- und Minoritätseffekt. Sowohl Mehrheiten als auch Minderheiten können Einfluss ausüben. Das tun sie aber teilweise über verschiedene Prozesse. Nach der Konversionstheorie führen Mehrheiten und Minderheiten dazu, dass Menschen ihre Aufmerksamkeit auf verschiedene Aspekte der Situation richten.

Wenn Menschen mit einer Mehrheit konfrontiert sind, wollen sie Teil der Mehrheitsgruppe sein, um soziale Zustimmung zu erhalten, und weil sie annehmen, dass es richtig sei, ohne den Inhalt der Argumente der Mehrheiten im Detail zu berücksichtigen.[579]

Darüber hinaus gaben viele Teilnehmer der Asch-Experimente an, dass sie wüssten, dass die Mehrheit falsch lag. Sie hatten sich aber aus Angst, anders oder abweichend zu erscheinen, für die Mehrheitsmeinung entschieden.

„Wenn man mit einer Minderheit konfrontiert wird, will man vermeiden, als Teil einer abweichenden Gruppe angesehen zu werden, aber gleichzeitig ist man fasziniert von den Ansichten der Minderheit und möchte verstehen, warum sie eine andere Ansicht vertreten als die Mehrheit. Dies führt zu einer detaillierten Betrachtung des Inhalts der Minderheitenposition, um ihre Argumente zu bewerten, was zu öffentlicher Ablehnung, aber privater Akzeptanz und Veränderung führt."[580]

Mehrheiten führen also zu mehr öffentlichen als privaten Veränderungen, während Minderheiten das Gegenteil tun. Das vollzieht sich zudem meist unbewusst.

Es handelt sich bei der Konversionstheorie also um ein kognitives Modell, in dem davon ausgegangen wird, dass der Einfluss von Minoritäten über Konversion, d. h. die inhaltliche Auseinandersetzung mit deren Position, vermittelt ist. „Um erfolgreich zu beeinflussen, muss die Minorität geschlossen und zu allen möglichen Gelegenheiten ihre abweichende Position vertreten.

Seitens der Rezipienten des Einflusses kommt es auf der Grundlage dieses konsistenten Verhaltensstils zur Annahme, dass sich die Mitglieder der Minorität ihrer Sache besonders sicher sind. Die Folge sind kognitive aufwendige Überlegungen dazu, ob sie vielleicht nicht doch recht haben könnten – nach Moscovici eine «Validierung», um den kognitiven Konflikt zwischen der eigenen Einstellung und der von der Minorität propagierten Position aufzulösen. Dabei kommt es zu einer schrittweisen Annäherung, die durch die Veränderung der inneren Überzeugung (*Konversion*) getragen wird. Schrittweise ist die Konversion insofern, als (1) zunächst nicht auf dem fokalen Thema der Beeinflussung, sondern auf verwandten Themen die Einstellungsänderung erfolgt und (2) das Individuum zunächst zögert, die neu erworbene Einstellung auch öffentlich zu vertreten." [581]

Während der Corona-Krise konnte dieser Konversionseffekt gut beobachtet werden. Es war eine wissenschaftliche Minderheit, welche eine große Gefahr durch den neuen Corona-Virus propagierte. Diese Minderheit hatte allerdings starke Unterstützung seitens der Mainstream-Medien und der Politiker. So wurde eine Mehrheit geschaffen. Die freiheitsbeschränkenden Maßnahmen wurden unter Anwendung von Zwangsmaßnahmen durchgesetzt. Die Bevölkerung verhielt sich größtenteils konform. Auch bei der späten Einführung der Maskenpflicht verhielt sich der Großteil der Bevölkerung konform. Selbst in Situationen, in welchen sie nicht getragen werden musste, trugen sie viele Personen. Öffentlich wollten sie nicht abweichend erscheinen.

Privat allerdings beschäftigten sich viele dieser Personen immer mehr mit den tatsächlichen wissenschaftlichen Erkenntnissen zum neuen Coronavirus. Es gab ja von Anfang an renommierte Wissenschaftler, die sich kritisch zu der propagierten Geschichte äußerten. Glaubten Anfangs noch viele Menschen den Geschichten der Mainstream-Medien, so informierten sich mit der Zeit immer mehr Menschen selbständig zu diesem Thema. Sie setzten sich also inhaltlich mit dem Thema auseinander und die private Akzeptanz der kritischen Äußerungen stieg. In privater Runde äußerten sich immer mehr Personen kritisch zu den freiheitsbeschränkenden Maßnahmen der Regierung und ihrem Vorgehen, öffentlich verhielten sie sich aber noch konform. Erst protestierten eher weniger Menschen öffentlich gegen diese Maßnahmen. Viele hatten noch Angst, öffentlich ihre Meinung kund zu tun, sie zögerten damit noch. Doch von Woche zu Woche wurden es immer mehr Demonstranten in immer mehr Städten.

17. Gehorsamsbereitschaft – Das Milgram-Experiment

Ich habe nie darüber nachgedacht, Fritz. Ich habe mir immer gesagt: Die da oben befehlen: Schieß! Theo, schieß! Da habe ich geschossen. Und sie haben gesagt: Ihr verteidigt die Heimat! Ihr kämpft gegen Untermenschen! Gut, habe ich da gedacht, die müssen es ja wissen. Die haben mehr Grips im Kopf als ich…die sind studiert, die sind vom Volke gewählt, die stehen so weit oben, dass sie allesüberblicken können! (Konsalik, Die Rollbahn,1959)

17.1 Hintergrund

Der amerikanische Psychologe Stanley Milgram führte im Jahr 1961 in New Haven erstmals ein sozialpsychologisches Experiment durch, um zu überprüfen, in wie weit Personen bereit sind, den Befehlen von Autoritäten zu gehorchen. In der Sozialpsychologie wird dies „Gehorsamsbereitschaft" genannt. „Milgram wollte mit seinem Experiment herausfinden, wie die Verbrechen aus der NS-Zeit sozialpsychologisch erklärbar sind. Zudem wollte er die damals vorherrschende These "The Germans are different" (Die Deutschen sind anders) anhand dieses Experimentes überprüfen. Den Deutschen wurden aufgrund ihrer Gefolgschaft zur Hitlerzeit grundsätzlich obrigkeitshörige Charakterzüge unterstellt." [582]

17.2 Versuchsvorbereitung

Das einzelne Experiment bestand immer aus der Testperson, einer angeblichen (eingeweihten) zweiten Testperson und dem Versuchsleiter. Den Teilnehmern wurde erklärt, dass es das Ziel des Experiments sei, einen Zusammenhang von Lernerfolg durch Bestrafung festzustellen.

Durch eine inszenierte Losziehung, bei der das Ergebnis natürlich schon vorher feststand, wurde der Schauspieler zum „Schüler" bestimmt. Die Testperson wurde zum „Lehrer". Außer den Testpersonen waren alle

Teilnehmer in das Experiment eingeweiht und mussten gute schauspielerische Leistungen erfüllen.

Um zu vermeiden, dass die Testperson bereits im Vorfeld eine gewisse Abneigung (Antipathie) gegen den „Schüler" entwickeln könnte, sollte der „Schüler" eine fröhliche und gelassene Art von Mensch darstellen. Antipathie wäre eine Störgröße und könnte das Verhalten der Testperson beim Test beeinflussen. Der Versuchsleiter verhielt sich sachlich, bestimmt, freundlich und war in einem biederen Grau gekleidet.

Der Testperson selber wurde ein elektrischer Schlag mit 45 Volt verabreicht, um ihr die Folgen von solchen Schlägen vor Augen zu führen.

17.3 Versuchsdurchführung [583]

Der „Schüler" musste nun Wortpaare zusammensetzen. Immer, wenn ihm ein Fehler unterlief, sollte ihm der „Lehrer" einen Elektroschock zufügen. Mit jedem weiteren Fehler sollte dieser Schock um 15 Volt erhöht werden. Natürlich war all dies nur fingiert. Der Schauspieler musste je nach Stromstärke nach einem bestimmten Muster reagieren. Während des Experimentes war dieser Schauspieler auf einem Stuhl (ähnlich einem elektrischen Stuhl) fixiert. Bei 150 Volt sollte dieser stets das Öffnen der Fixierungen verlangen, da die Schmerzen nun zu groß seien.

Der Versuchsleiter dagegen forderte die Fortführung des Experimentes wegen des wissenschaftlichen Erfolges, der nicht gefährdet werden dürfte. Gab es Widerspruch seitens der Testperson oder zweifelte sie den Sinn der Fortführung an, so antwortete der Versuchsleiter stets nach einem bestimmten Muster mit vier bestimmten Sätzen:

1. „Bitte, fahren Sie fort!"

2. „Das Experiment erfordert, dass Sie weitermachen!"

3. „Sie müssen unbedingt weitermachen!"

4. „Sie haben keine Wahl, Sie müssen weitermachen!"

Es gab noch weitere Sätze, die in bestimmten Situationen verwendet wurden.

Wenn die Testperson nach möglichen dauerhaften Schäden beim Schüler fragte, antwortete der Versuchsleiter folgendermaßen:

„Auch wenn die Elektroschocks schmerzhaft sind, das Gewebe wird keine dauerhaften Schäden davontragen, also machen Sie bitte weiter!"

Wenn der „Lehrer" darauf hinwies, dass der „Schüler" abbrechen möchte antwortete der Versuchsleiter:

„Ob es dem Schüler gefällt oder nicht, Sie müssen weitermachen, bis er alle Wörterpaare korrekt gelernt hat. Also machen Sie bitte weiter!"

Der Versuchsleiter garantierte dem Probanden auf Nachfrage hinsichtlich der Verantwortung stets, dass er die Verantwortung für alles, was passiert, übernehmen würde.

Auf die verschieden starken Stromschläge reagierte der „Schüler" dann mit auf Band aufgenommenen Schmerzensäußerungen.

Bei 75 Volt erfolgte ein Grunzen.

Bei 120 Volt kamen Schmerzensschreie.

Bei 150 Volt äußerte er, nicht mehr an dem Experiment teilnehmen zu wollen.

Ab 200 Volt erfolgten dann extrem heftige Schreie, welche sprichwörtlich das Blut in den Adern gefrieren lassen sollten.

Ab 300 Volt weigerte sich der "Schüler, zu antworten, ab 330 Volt herrschte totale Stille.

17.4 Ergebnis

„Die extreme Bereitschaft von erwachsenen Menschen, einer Autorität fast beliebig weit zu folgen, ist das Hauptergebnis."[584]

Von insgesamt 40 Versuchspersonen brach keine einzige das Experiment bei einer Stromstärke, die niedriger als 300 Volt war, ab. 26 der Testpersonen, also deutlich mehr als die Hälfte, vollendeten das Experiment sogar bis zum Höchstwert von 450 Volt.

Milgram selber führte dieses Experiment insgesamt 20 Mal durch. Dabei variierte er auch die Rahmenbedingungen um weitere Informationen ableiten zu können. Im Ergebnis hielt er folgende Einflussfaktoren auf die Gehorsamkeit fest:[585]

17.5 Einflussfaktoren auf die Gehorsamkeit

1. Nähe zwischen "Lehrer" und "Schüler"

Je weiter der „Schüler" vom „Lehrer" entfernt war, desto mehr Versuchspersonen führten das Experiment bis zur Maximalvoltzahl durch. War der „Schüler" in einem Fernraum, so folgten 65 Prozent dem Experiment blind. Gab es lediglich eine akustische Rückmeldung, waren es 62,5 Prozent. Bei Raumnähe sank diese Zahl auf 40 Prozent, bei Berührungsnähe auf sogar 30 Prozent.

2. Geschlecht

Es zeigten sich keine messbaren Unterschiede hinsichtlich des Verhaltens von Männern und Frauen bei diesem Experiment.

3. Autorität des Versuchsleiters

Wenn der Versuchsleiter den „Lehrer" bat, das Experiment zu beenden, wenn ihn der „Schüler" zuvor darum gebeten hatte, folgten dieser Bitte alle Testpersonen unverzüglich.

Ebenfalls abgebrochen wurde das Experiment stets dann, wenn es sich um zwei uneinige Versuchsleiter handelte. Ein Versuchsleiter forderte den „Lehrer" auf, weitere Schocks zu verabreichen, der andere Versuchsleiter kritisierte dies. „Widerstand unter Gleichrangigen wirkt meist „ansteckend" und „weckt" die eigenen latenten Bedenken, die dann eher Handlungspotential entfalten können. Mit widerstreitenden Autoritäten zerbröselt die Fähigkeit zu Gehorchen und damit das „System"".[586]

Ein Wechsel des Versuchsleiters während des Versuches führte zu vermehrten Abbrüchen. Der Versuchsleiter verließ unter einem fingierten Vorwand kurzfristig das Labor und ein „Helfer" übernahm die Leitung. 80% der „Lehrerinnen und Lehrer" brachen daraufhin das Experiment ab. „Der „Helfer" wurde nicht als Autorität anerkannt, da er keine Merkmale einer solchen aufweist. Es fehlten ihm die „Insignien der Macht"".[587]

Einen Einfluss hatte offenbar auch das Ansehen der Institution, für die der Versuchsleiter angeblich arbeitete. So testete man auch, ob sich das Verhalten ändert, wenn das Experiment nicht von der angesehenen Yale-Universität, sondern von einem kommerziellen Unternehmen durchgeführt wurde. Es war eine Verringerung der „Vollender" des Experimentes von 65 auf 48 Prozent feststellbar.

4. Kulturen

In allen getesteten Kulturen wurden ähnliche Ergebnisse beim Milgram-Experiment festgestellt.

5. Anwesenheit des Versuchsleiters

Es wurde festgestellt, dass weniger Probanden das Experiment bis zum Schluss durchführten, wenn der Versuchsleiter nur über Telefon erreichbar war oder sogar ganz abwesend war (in diesem Fall wurde ein Tonband mit den Anweisungen abgespielt). Im letzteren Fall war die Gehorsamsrate drei Mal niedriger.

6. Opposition

Zwei „Lehrerinnen" und „Lehrer" erteilten Schocks. Eine Person von den beiden war jedoch Schauspieler, der die Aufgabe hatte, gegen den Versuchsleiter zu opponieren. Die Rate der Personen, die schmerzhafte oder bedrohliche Schocks verabreichten, sank drastisch.

17.6 Aktualität

Milgrams Experimente wurden zwar als „künstlich" kritisiert, doch ähnliche Experimente, sowie die Realität legen nahe, dass solche Ergebnisse jederzeit auch unter natürlichen Bedingungen zu erzielen sind (Foltermethoden, Folterer). Doliński et al (2017) wiederholten das Milgram-Experiment im Jahr 2015 in Polen. 90% der Versuchspersonen brachen nicht ab, sondern drückten auch noch den zehnten Knopf. Hierbei machte es keinen signifikanten Unterschied, ob der „Schüler" ein Mann oder eine Frau war. Man könnte zwar argumentieren, dass Polen jahrzehntelang autoritär kommunistisch regiert wurde, und dies einen Einfluss auf das Ergebnis haben könnte. Allerdings führten auch die jüngeren Probanden, die nach 1989 geboren wurden, die Elektroschocks bereitwillig bis zum Ende durch. Es reichte aus, dass der Versuchsleiter einen weißen Arztkittel trug.

Haggard et al (2016) zeigten, dass Zwang das Gefühl der Entscheidungsfreiheit im menschlichen Gehirnverändert. Zwei Versuchsteilnehmerinnen saßen sich gegenüber und erhielten abwechselnd die Gelegenheit, dem Gegenüber einen leichten Stromschlag zu versetzen und dafür eine Geldbelohnung zu kassieren. In einer Gruppe fällten die Probandinnen diese Entscheidung selbst, in der anderen gab ihnen ein „Testleiter" die Anweisung, den Schock auszuteilen oder nicht. Sobald die Entscheidung durch einen Klick auf eine von zwei Tasten gefällt wurde, ertönte ein Ton. Die Teilnehmer sollten dabei angeben, wie lange die Verzögerung zwischen Tastendruck und Ton ihrem Gefühl nach gedauert hatte. Hierbei kam es zu einem signifikant erhöhten subjektiv empfundenen Zeitintervall bei „Anweisung". „Dieses Ergebnis spricht dafür, dass Aktionen unter Befehl ähnlich erfahren werden, als wenn sie passiv wären", schlussfolgern die Forscher. Die Anweisungen der vermeintlichen Autoritätsperson führten bei den Teilnehmerinnen zu einem Verlust der Handlungsmächtigkeit. „Nötigende Anweisungen scheinen das Gehirn in einen passiven Modus zu versetzen." [588]

Weiter wurde untersucht, ob sich bestimmte elektrische Signale, die sogenannten ereignisbedingten Potenziale (ERP), zwischen den „Befehlsempfängerinnen" und den frei entscheidenden Versuchspersonen unterschieden. Bei den Teilnehmerinnen, die Anweisungen folgten, fiel dieses Hirnsignal deutlich schwächer aus. „Das zeigt, dass die Nötigung die Verarbeitung der Handlungsfolgen im Gehirn dämpft", erklären Haggard und seine Kollegen. Anders ausgedrückt: Befehle führen dazu, dass wir uns auch neuronal von den Konsequenzen unserer Handlung distanzieren. Sie werden im Gehirn ähnlich verarbeitet als wenn wir nur passiv beteiligt wären." [589]

Es gibt also einen echten Unterschied im subjektiven Erleben der Handlungsmächtigkeit im Moment der Aktion. Wir fühlen uns unbewusst weniger beteiligt und damit auch weniger verantwortlich für das, was wir tun, wenn wir lediglich Anweisungen ausführen.

17.7 Folgerungen für die Corona-Krise

Aus den Ergebnissen des Milgram-Experiments können einige Ableitungen für das Verhalten sowohl der verantwortlichen Politiker, als auch der Bevölkerung gemacht werden. Während der Corona-Krise gab es mehrere „Versuchsleiter". Auch ist es nicht ganz einfach nachzuvollziehen, ob die verantwortlichen Politiker nur „Versuchsleiter" oder aber zusätzlich auch selber „Lehrer" waren. Schließlich wurden die Politiker sowohl von der WHO, als auch von den Mainstream-Medien unter Druck gesetzt.

Am 11.03.2020 stufte die Weltgesundheitsorganisation (WHO) die Verbreitung des neuen Coronavirus bei insgesamt 118.000 bestätigten Infektionen in 114 Ländern als Pandemie ein.[590] WHO-Generaldirektor Tedros Adhanom Ghebreyesus kritisierte dabei fehlendes Handeln durch die Staaten weltweit: *„Wir haben die Alarmglocken laut und deutlich geläutet"*, erklärte der WHO-Chef. *„Dass wir die Situation nun als Pandemie bezeichnen, ändert nichts an der Beurteilung der WHO hinsichtlich der Bedrohung durch dieses Virus"*, betonte Tedros. *„Es ändert auch nichts daran, was die WHO macht. Und es ändert auch nichts daran, was die Länder tun sollten."* [591] Hier wurde also klar ausgesprochen, dass die Länder handeln sollten.

Auch die Mainstream-Medien hatten verlangt, dass die Politiker endlich handeln müssten.[592] Argumentiert wurde mit der schlimmen Situation in Italien: *„Vor zehn Tagen war die Lage in Italien etwa so wie zurzeit in Deutschland, zahlreiche Fälle, aber das öffentliche Leben ging kaum eingeschränkt weiter. Inzwischen sind viele Krankenhäuser vollkommen überlastet. Ärzte müssen wohl bald entscheiden, wer noch Hilfe bekommt und wen sie sterben lassen. Sie können sich nicht mehr um alle kümmern. Solche Notlagen zu verhindern, liegt in der Hand der Politik. Die Bundeskanzlerin Angela Merkel sagte am Mittwoch, es werde "das Notwendige" getan in Deutschland. Diese Aussage lässt sich zwar bald überprüfen. Denn wenn die Zahl der Neuinfizierten in einigen Tagen nicht gesunken ist, wissen wir: Es wurde offensichtlich nicht* *getan, was notwendig ist. Doch so lange sollten wir nicht warten.*" (Süddeutsche Zeitung 12.03.2020).[593] Bayern preschte am 13.03.2020 voran und schloss alle Schulen, Kitas und Kindergärten. Der weitere Verlauf ist in Kapitel 2 dargestellt. Gegenüber den Bürgern traten in der BRD die regierenden Politiker, mit dem RKI als „Versuchsleiter" auf. Die Bürger sind gemäß dieses Experimentes hauptsächlich als „Lehrer" zu betrachten.

Nähe zwischen "Lehrer" und "Schüler"

Dass sich in den letzten Jahren die Politiker und das Volk immer weiter voneinander entfernten, wurde subjektiv zunehmend empfunden, das gegenseitige Misstrauen wuchs.[594] Das schlug sich auch in den letzten Landtagswahlen vor der Corona-Krise 2020 nieder, wo die bisherigen Volksparteien immer mehr Wählerstimmen verloren hatten und es in Thüringen noch nicht einmal zu einer Regierungsmehrheit gekommen ist.[595]

Angesichts dieser Ferne fiel es den regierenden Politikern leichter, als „Lehrer" ihre „Schüler" mit den gravierendsten freiheitsbeschränkenden Maßnahmen der Geschichte der BRD zu drangsalieren. In diesem Fall waren die „Versuchsleiter" die WHO, das RKI und die Mainstream-Medien.

Auch bei den Bürgern spielte die Nähe zwischen „Lehrer" und „Schüler" eine Rolle. Hierbei ist allerdings die „soziale Nähe" gemeint. Fälschlicherweise wurde während der Corona-Krise der Begriff „soziale Distanz" für „physische Distanz" verwendet. Soziale Nähe, bzw. Distanz bezeichnet eigentlich das „soziale Band" zwischen Personen. Umso weiter eine Person sozial entfernt ist, umso leichter fiel es, diese im Supermarkt oder auf der Straße wegen dem Nichttragen einer Gesichtsmaske, oder sonstiger angeblicher Verstöße gegen das Kontaktverbot zu beschimpfen und anzuzeigen. Möglich, dass hier auch einige Nachbarschaftsstreitereien auf eine neue Ebene geführt wurden. „Ministerpräsident Winfried Kretschmann (Grüne) und Landesinnenminister

Thomas Strobl (CDU) hatten Bürger dazu ermuntert, Verstöße gegen die Corona-Maßnahmen zu melden. *„Die Polizei kann nicht alles entdecken",* so Kretschmann. Alle müssten in der aktuellen Lage mitwirken." [596] So gab es alleine in Baden-Württemberg innerhalb von zwei Tagen 3000 private Anzeigen wegen Verstößen gegen die Kontaktsperre.[597] Um das Denunzieren einfacher zu machen wurde der Begriff „aufeinander aufpassen" eingeführt und geprägt.

Autorität des Versuchsleiters

Die verantwortlichen Politiker als „Lehrer" könnten die WHO und Christian Drosten als „Versuchsleiter" wahrgenommen haben. Schließlich warnte Drosten, der Mann im weißen Kittel, bereits am 28.01.2020 vor einer möglichen Pandemie in Deutschland.[598] Am 11.03.2020 stufte die WHO die Verbreitung des neuen Coronavirus als Pandemie ein und forderte zum Handeln auf. Beide könnten von den Politikern als Autorität wahrgenommen worden sein, obwohl sich Drosten in der Vergangenheit immer schon geirrt hatte. Zudem verlangten auch die Mainstream- Medien, dass die Politiker endlich handeln müssten.

Für die Bürger stellten sowohl die WHO, Drosten und das RKI, als auch die Politiker und die Leitmedien eine Autorität dar. Oft wurde daher Mangels Ausbildung und Wissen lediglich gesagt: *„Wenn die das sagen, dann wird das schon stimmen."* Der Entzug der freiheitlichen Grundrechte wurde sogar als Beweis angesehen, dass das Gesagte stimmen müsse.

Im Sinne des Milgram-Experiments wurde nun während der Corona-Krise darauf geachtet, dass sich die „Versuchsleiter" einig waren. Da Widerstand unter Gleichrangigen meist ansteckend wirkt und die eigenen latenten Bedenken weckt, wurden nahezu alle renommierten Wissenschaftler, welche die Situation anders einschätzten und die Maßnahmen der Regierung kritisierten, entweder kaum in den Medien präsentiert, oder in diesen vollständig Diskreditiert. Opposition durfte nicht aufkommen. Zunächst waren sich alle regierenden Politiker in der BRD und in den einzelnen Bundesländern in der Durchführung der freiheitsbeschränkenden Maßnahmen einig. Ab Ende April 2020 gingen allerdings immer mehr Bundesländer ihre eigenen Wege in Bezug auf die Lockerungen. Am 20.04.2020 beschwerte sich Angela Merkel und warnte gegenüber dem CDU-Präsidium vor einer „Öffnungsdiskussionsorgie".[599] Am 05.05.2020 wurde offen die Frage gestellt, ob Merkel jetzt die Kontrolle verliere.[600] Die verschiedenen Bundesländer stellten verschiedene „Fahrpläne" auf und gingen unterschiedlich vor. Wer bisher noch nicht erkannt hatte, dass das Vorgehen der regierenden Politiker während der Corona-Krise willkürlich gewesen war, der konnte das nun immer offener sehen.

Auch die Leitmedien der BRD waren während der Corona-Krise zunächst einig, nahezu gleichgeschaltet. Alle berichteten katastrophierend und Angst machend, mitunter manipulativ und fälschend. Die freiheitsbeschränkenden Maßnahmen wurden gelobt und gefordert. Andersdeckende renommierte Wissenschaftler wie Prof. Bhakdi, Prof. Ioannidis, Dr. Wodarg, und andere wurden medial zerrissen und diskreditiert.

Möglich, dass diese Medien lediglich ihre Aufgabe einer kohärenten, abgestimmten Informationspolitik erfüllten. Widersprüchliche Aussagenhätten die Vertrauensbildung und Umsetzung der „erforderlichen Maßnahmen" erschwert.

So wurde bereits bei der LÜKEX[2] 2007 im Ergebnis festgestellt: *„Die Übungsziele für die Presse und Öffentlichkeitsarbeit – das Erkennen ihrer strategischen Bedeutung im Krisenmanagement und das Entwickeln einer kohärenten, abgestimmten Informationspolitik und Kommunikationsstrategie – sind im Wesentlichen erreicht worden. Es zeigte sich, dass im Bereich Presse- und Öffentlichkeitsarbeit eine optimale Wirkung nur im „Netzwerk" zu erzielen ist, also im engen, abgestimmten Zusammenwirken aller Stellen aller Ebenen und Bereiche. (...) Zur Ergänzung des Konzepts wird die Einrichtung eines*

---

[2]Länderübergreifenden Krisenmanagementübungen (Exercise)

geschlossenen Informationsportals mit Planungsempfehlungen für Krisenmanager im Bereich des Bevölkerungsschutzes und als Plattform für einen in Echtzeit verfügbaren Informationsaustausch im Ereignisfall z.B. von Presseerklärungen der unterschiedlichen Beteiligten geprüft. "[601] Grundlegende Übungsannahme war eine Influenza-Pandemie, in der ein mittelschweres Pandemieszenario gewählt wurde, um die weit reichenden gesamtgesellschaftlichen Auswirkungen (im Wesentlichen: Gesundheitswesen, Versorgung und Transport, öffentliche Sicherheit, Banken) darzustellen und ein bereichs- und länderübergreifendes Krisenmanagement zu beüben.

Im „Bericht zur Risikoanalyse im Bevölkerungsschutz 2012" (Drucksache 17/12051 – 68 – Deutscher Bundestag – 17. Wahlperiode) wurde festgehalten: *„Das Ereignis erfordert die Erstellung von Informationsmaterial, das laufend an die Lage angepasst werden muss und das über unterschiedliche Medien (z. B. Printmedien, Fernsehen, Social Media) an die Bevölkerung gegeben wird. In der Anfangsphase werden das Auftreten der Erkrankung und die damit verbundenen Unsicherheiten kommuniziert (z. B. unbekannter Erreger, Ausmaß, Herkunft, Gefährlichkeit nicht genau zu beschreiben, Gegenmaßnahmen nur allgemein zu formulieren). Neue Erkenntnisse werden jeweils zeitnah weitergegeben. Es wird darauf geachtet, dass den Fragen und Ängste der Bevölkerung adäquat begegnet wird. Es ist anzunehmen, dass die Krisenkommunikation nicht durchgängig angemessen gut gelingt. So können beispielsweise widersprüchliche Aussagen von verschiedenen Behörden/Autoritäten die Vertrauensbildung und Umsetzung der erforderlichen Maßnahmen erschweren. Nur wenn die Bevölkerung von der Sinnhaftigkeit von Maßnahmen (z. B. Quarantäne) überzeugt ist, werden sich diese umsetzen lassen.* "[602] Es wurde eine Risikoanalyse „Pandemie durch Virus Modi-SARS" unter fachlicher Federführung des Robert Koch-Instituts durchgeführt. Das Szenario beschreibt eine von Asien ausgehende, weltweite Verbreitung eines hypothetischen neuen Virus, welches den Namen Modi-SARS-Virus erhielt.

Sollten die Mainstream-Medien während der Corona-Krise tatsächlich nur ihre politische Aufgabe erfüllt haben, so muss die Frage nach der Unabhängigkeit dieser Medien in einem freiheitlich, demokratischen Staat gestellt werden. Trotz immer mehr eindeutiger Hinweisen verschiedenster renommierter Wissenschaftler, dass das neue Coronavirus nicht die propagierte Gefährlichkeit hatte und die freiheits-beschränkenden Maßnahmen zu keiner Zeit notwendig gewesen waren, fingen diese Medien nicht an, kritisch und objektiv zu berichten. Ganz im Gegenteil diskreditierten sie diese Wissenschaftler und schrieben weiter gemäß Plan.

Anwesenheit des Versuchsleiters

Natürlich waren die „Versuchsleiter" nicht persönlich bei den Bürgern anwesend. Diese Aufgabe übernahmen die Mainstream-Medien, sowie die Polizei. Verschiedene Polizeibeamte gingen mit absoluter Härte in ganz Deutschland gegen Demonstranten und Personen, welche sich nicht an die Ausgangsbeschränkung hielten, vor. Oft achteten die Demonstranten auf den Infektionsschutz, die Polizeibeamten nicht. Die Polizei in Lüchow versuchte sogar einer Frau das T-Shirt herunterzureißen, weil sie Passanten zum Stehenbleiben animieren könnte, die vielleicht lesen wollten, was auf dem T-Shirt steht.[603] Besonders freiheitsliebende Bürger wurden einfach ins Gefängnis geworfen.[604]

Opposition

Da oppositionelle Bürger andere Bürger ebenfalls zur Opposition gegen die freiheitsbeschränkenden Maßnahmen animieren können, wurde versucht, diese Opposition im Keim zu ersticken.

Facebook-Chef Mark Zuckerberg gab an, dass Facebook alle Informationen über das neuartige Coronavirus löschen würde, welche nicht den Einschätzungen der Gesundheitsorganisationen folgen würden. „Für Facebook ist das Vorgehen eine Ausnahme von der Linie, nicht entscheiden zu wollen, was falsch und was richtig ist." [605]

Auch auf youtube sollten alle Videos, deren Inhalte den Angaben der WHO widersprachen, gelöscht werden.[606]

Das ZDF löschte am 19.03.2020 [607] das Video der Sendung „Frontal 21" vom 10.03.2020 mit dem Titel „Corona und die Folgen - Zwischen Panik und Pandemie", in welchem u.a. der Seuchen-Experte und Lungenarzt Dr. Wolfgang Wodarg von einer unnötigen Panikmache warnte und fachlich fundiert eindeutig darlegte, dass das neue Coronavirus medizinisch gesehen nichts Außergewöhnliches sei. Auch Prof. Tom Jefferson, Prof. Michael Kentsch und Dr. Andreas Gassen riefen in der Sendung zur Besonnenheit auf. Es sei nichts Außergewöhnliches es bedürfe keiner besonderen Maßnahmen, bis auf die allgemeinen Hygienemaßnahmen jeder Grippesaison. Ein „italienisches Szenario würde Deutschland nicht blühen". Aktuell ist die Sendung wieder aufrufbar. (Stand 06.05.2020).[608] Verschiedenste Studien (vgl. Kapiteln 4; 6.5) und die Realität gaben ihnen schließlich Recht.

Auch die Internetseite *https://www.wodarg.com/*wurde vom Betreiber immer wieder mal offline geschalten. Erst nach heftigen Reaktionen mündiger Bürger wurde sie wieder online geschalten. Die Leitmedien bezeichneten dieses Vorgehen als *„Kampf gegen die Verbreitung von Fake News in Bezug auf das Coronavirus".*

Friedlich gesinnte Bürger, welche den tendenziösen Meldungen der Mainstream-Medien nicht mehr glaubten und durch die Maßnahmen der Regierung die freiheitlich demokratische Grundordnung der Bundesrepublik Deutschland in Gefahr sahen, riefen zu Protestdemonstrationen auf. Diese Personen wurden strafrechtlich verfolgt. „Der Mann (habe) nach den aktuellen Regelungen zur Eindämmung der Corona-Krise zu einer Straftat aufgerufen, erklärte ein Sprecher der Polizei" [609]

Der bekannteste Fall während der Corona-Krise war Beate Bahner aus Heidelberg, Fachanwältin für Medizinrecht. Sie „soll über ihre Homepage zu einer bundesweiten Demonstration gegen die staatlich erlassenen Corona-Verordnungen am Ostersamstag aufgerufen haben. Die Staatsanwaltschaft Heidelberg und der Staatsschutz der Kriminalpolizei ermitteln nun, ob dadurch zu einer rechtswidrigen Tat aufgerufen wurde." [610] Zudem wurde auch ihre Webseite auf Ersuchen der Heidelberger Polizei beim Internet-Provider 1&1 vorübergehend vom Netz genommen. Am 12.04.2020 wurde sie dann unter bisher ungeklärten Umständen in die geschlossene psychiatrische Abteilung der Universitätsklinik Heidelberg unter Anwendung unmittelbaren Zwanges seitens der Polizeibeamten zwangseingewiesen und bereits am 14.04.2020 wieder entlassen. Am 15. Aprilwurde sie in der Polizeidirektion Heidelberg in der Römerstraße vernommen, vor welcher sich 250 Unterstützer versammelt hatten. Am 18.04.2020 richtete das Polizeipräsidium Mannheim unter Leitung des Dezernats Staatsschutzeine 12-köpfige Ermittlungsgruppe ein, um die Teilnehmer zu identifizieren, um anschließend Strafverfahren gegen diese einleiten zu können. [611] Um dieses Vorgehen besser einschätzen zu können, folgt nun ein Exkurs zum Thema „Staatsschutz in der BRD".

Exkurs: Staatsschutz in der BRD

„Die Hauptfunktion der Behörden, die dem Staatsschutz dienen, besteht darin, Bestand, Institutionen, Symbole und Werte der Bundesrepublik Deutschland vor zerstörerischen Einwirkungen, also beispielsweise vor bestimmten Delikten des Strafrechts, zu schützen. (...) Dabei gilt es, Bedrohungen, die von innen oder außen auf den Staatskörper einwirken, frühzeitig zu erkennen und effektiv zu bekämpfen." [612]

Verfassungsschutz (BfV), (LfV)

Der Verfassungsschutz ist ein Nachrichtendienst. Grundlage der Tätigkeit des Verfassungsschutzes ist das Bundesverfassungsschutzgesetzes (BVerfSchG). Zum Einen gibt es das Bundesamt für Verfassungsschutz (BfV). Zum Anderen hat jedes Bundesland ein eigenes Landesamt für Verfassungsschutz (LfV). Diese arbeiten unabhängig voneinander.

Aufgabe ist das Sammeln von Informationen über: [613]

1. Bestrebungen, die

   - gegen die freiheitliche demokratische Grundordnung oder
   - gegen den Bestand und die Sicherheit des Bundes oder eines Landes gerichtet sind oder
   - durch Anwendung von Gewalt oder darauf gerichtete Vorbereitungshandlungen auswärtige Belange der Bundesrepublik Deutschland gefährden oder
   - gegen den Gedanken der Völkerverständigung (Art. 9 Abs. 2 GG), insbesondere gegen das friedliche Zusammenleben der Völker gerichtet sind,

2. geheimdienstliche   Tätigkeiten   für   eine   fremde   Macht (Spionagebekämpfung)

   inklusive Auswertung,

3. Mitwirkung beim Geheim- und Sabotageschutz.

Die Informationen stammen aus offenen, allgemein zugänglichen Quellen (Druckerzeugnissen wie Zeitungen, Flugblättern, Programmen und Aufrufen). Mitarbeiter der Ämter besuchen öffentliche Veranstaltungen und befragen auch Personen,   die   sachdienliche   Hinweise   geben   können.   Auch nachrichtendienstliche Mittelkommen zur Anwendung. Dazu gehören z.B. das Führen von V-Leuten (angeworbene Personen aus der extremistischen Szene, keine Mitarbeiter der Verfassungsschutzbehörden), die Observation und die von einem   parlamentarischen   Gremium   kontrollierte   Brief-   und Telefonüberwachung.

Bundesnachrichtendienst (BND)

„Was uns besonders macht - Nachrichtendienste dürfen, was anderen verboten ist: Spionieren." [614]

„Der BND ist der zivile und militärische Auslandsnachrichtendienst der Bundesrepublik Deutschland. Er hat den Auftrag, Informationen von außen- und sicherheitspolitischer Bedeutung zu sammeln, auszuwerten und der Bundesregierung in Form von Meldungen und Analysen zur Verfügung zu stellen." [615]

Militärischer Abschirmdienst (MAD)

Der MAD nimmt die Aufgaben einer Verfassungsschutzbehörde des Bundes wahr.[616] Er unterstützt das Bundesministerium für Verteidigung (BMVg), bei Belangen, die den Staatsschutz betreffen und dient dem Erhalt der militärischen Sicherheitsfunktion sowie der Einsatzbereitschaft der Bundeswehr. In den Bereichen des politischen Extremismus und Terrorismus nimmt er die Verfassungsschutzaufgaben der Bundeswehr wahr.

Polizeilicher Staatsschutz

Jede Kriminalpolizeiinspektion hat ein Fachkommissariat oder Dezernat für Staatsschutz. Auch die Landeskriminalämter (LKAs) und das Bundeskriminalamt (BKA) haben ein solches Fachkommissariat. Aufgabe des Polizeilichen Staatsschutzes ist die Bekämpfung der politisch motivierten Kriminalität.[617] Anders als die drei oben beschriebenen Nachrichtendienste ist der polizeiliche Staatsschutz immer dann gefragt, wenn derartige Delikte aktiv bekämpft werden sollen. Voraussetzung für die Aktivierung dieses Bereiches ist eine positive Kategorisierung als staatlich relevante Tat.[618]

Das Aufrufen zur Wahrnehmung seiner grundgesetzlich verankerten Freiheitsrechte war während der Corona – Krise also eine „staatlich relevante Straftat", die eine „Bedrohung für den Staatskörper" darstellte. Eine solche Argumentation konnte man zeitgleich aus China bezüglich der Proteste in Hong-Kong vernehmen. Dort trat am 30.06.2020 ein „Sicherheitsgesetz" in Kraft, welches den chinesischen Behörden ein hartes Vorgehen gegen alle Aktivitäten, die nach ihrer Auffassung die nationale Sicherheit und die Einheit Chinas bedrohen, erlaubte.[619] Hartes polizeiliches Vorgehen gegen Demonstranten, welche gegen Regierungsmaßnahmen protestieren und als Gefahr für den Staat gesehen wurden hier und dort…

18. Dissonanztheorie

18.1 Definition

Personen, die man dazu bringt, sich so zu verhalten, dass er ihrer Einstellung widerspricht, erleben Dissonanz (Festinger, 1957). Wenn zwei Kognitionen (Überzeugungen, Gedankengänge, Meinungen, Werthaltungen, Einstellungen) im Widerspruch stehen oder wenn Kognitionen und tatsächliches Handeln unvereinbar sind, dann entsteht ein unangenehmer Zustand der Spannung, Dissonanz. Personen sind bestrebt, diesem unangenehmen Zustand auszuweichen. Sie streben danach, Gleichgewicht und Widerspruchsfreiheit in ihrem Glaubens- und Gedankensystem zu haben.[620]

Die Dissonanz kann auf drei unterschiedliche Weisen reduziert werden. Erstens kann man eine Umgebung aufsuchen, in der sich die Dissonanz verringert. Dabei sucht und interpretiert man selektiv Informationen, die die Dissonanz aufheben. Zweitens kann man kognitive Dissonanz vermeiden, indem man Informationen leugnet oder diese nicht wahrnimmt. Drittens kann man entweder seine Einstellungen oder sein Verhalten ändern. Dabei versuchen Menschen jegliches Verhalten und Entscheiden zu rechtfertigen und passen hierzu oft ihre Einstellung ihrem Verhalten an.

Ein klassisches Beispiel stellt das Rauchen dar. Raucher haben häufig einerseits die Kognition *„Ich rauche gern"*, andererseits aber auch die Kognition *„Rauchen ist gesundheitsschädlich"*. Die aus diesem Widerspruch sich ergebende Dissonanz können Raucher unterschiedlich reduzieren. Sie können selektiv dissonanz-reduzierende Informationen beschaffen und interpretieren. Beispielsweise, dass ein starker Raucher 96 Jahre alt wurde. Zweitens können sie die Bedeutung der dissonanten Kognition abwerten. Sie können sich z.B. sich sagen, dass Gesundheit keinen so zentralen Wert darstellt. Drittens können sie entweder ihr Verhalten ändern und auf das Rauchen verzichten oder sie ändern ihre Einstellung und werten beispielsweise die Glaubwürdigkeit medizinischer Forschungsergebnisse ab. Sie machen sich vor, dass die gesundheitsschädigende Wirkung des Rauchens noch nicht eindeutig nachgewiesen sei.

Vor allem nach gefällten Entscheidungen entstehen gedankliche Spannungen. „Immer wenn eine Person sich zwischen bestimmten Handlungsalternativen entscheidet, muss es Gründe geben, die die ausgewählte Handlung rechtfertigen (konsonante Kognitionen); sonst hätte die Person die von ihr getroffene Wahl nicht vorgenommen" (Jonas et al, 2007, S. 255). Wäre die Alternative gegen die wir uns entschieden haben, nicht doch die bessere gewesen? Diese oft quälenden Zweifel lassen sich verringern, indem die Nachteile der nicht-gewählten Alternative und die Vorteile der gewählten Objekte oder Personen stark in den Vordergrund gerückt werden. Brehm (1956) zeigte, dass sich die Bewertungen von Objekten, zwischen denen Menschen eine Entscheidung treffen müssen, nach der Entscheidung viel mehr unterscheiden, als vor der Entscheidung. Die gewählte Entscheidung wird auf- und die nicht gewählte abgewertet.

Beispielsweise möchte sich eine Person einen Kleinwagen kaufen und muss sich zwischen einem Mini und einem Golf entscheiden. Der Mini sieht gut aus und fährt sich wie ein Sportwagen. Der Golf kostet weniger, hat einen größeren Gepäckraum und fährt sich bequemer. Die Person entscheidet sich für den Mini. So werden die oben genannten Vorteile des Minis konsonante Kognitionen, die Vorteile des Golfs erzeugen dissonante Kognitionen. Nun wird sich die Person wahrscheinlich selber davon überzeugen, dass der Mini einfach mehr Spaß macht und der Golf noch kleinbürgerlicher ist, als sie sich schon immer gedacht hatte. Die Bewertung der beiden Autos ändert sich also nach der Entscheidung, um die Dissonanz zu reduzieren.

Linder et al (1967) zeigten, dass sowohl Entscheidungsfreiheit, als auch negative Konsequenzen, Voraussetzungen dafür sind, dass ein einstellungskonträres Verhalten Dissonanz hervorruft. Dabei ist es so, dass wenn sich eine Person einstellungskonträr verhält um einer Bestrafung zu entgehen, die Dissonanz größer ist, wenn die Strafe klein ist.

Bei einer Person, welche sich eigentlich nicht anschnallen möchte, dies aber doch tut, da sonst die zu zahlende Strafe hoch wäre, empfindet weniger Dissonanz, als wenn die Strafe gering wäre. Schließlich empfindet sie einen größeren Nutzen durch das Anschnallen. Es ist also eine substanzielle Rechtfertigung dafür, ein Verhalten zu zeigen, das man eigentlich nicht ausführen wollte.

18.2 Dissonanztheorie und Corona-Krise

18.2.1 Regierungsverantwortliche

Die regierenden Politiker wurden durch die WHO, das RKI und die Mainstream-Medien sehr schnell davon überzeugt, dass es sich beim neuen Coronavirus um einen sehr gefährlichen Virus handele, den man mit allen Mitteln bekämpfen müsse. Dazu gehöre auch die Quasi-Abschaffung der grundgesetzlich verankerten Freiheitsrechte der Bürger.

Möglich, dass die Regierungsverantwortlichen diese freiheits-beschränkenden Maßnahmen eigentlich nicht einführen wollten und daher Dissonanz empfanden. Schließlich leistet jede Person mit Regierungs-verantwortung bei Amtsantritt einen Amts- und Verfassungseid, der sie auf das Grundgesetz verpflichtet. *„Ich schwöre, dass ich meine Kraft dem Wohle des deutschen Volkes widmen, seinen Nutzen mehren, Schaden von ihm wenden, das Grundgesetz und die Gesetze des Bundes wahren und verteidigen, meine*

Pflichten gewissenhaft erfüllen und Gerechtigkeit gegen jedermann üben werde. So wahr mir Gott helfe." (Art 64 GG, i.V.m. Art. 56 GG).

Diese Dissonanz wurde zum Einen dadurch verringert, dass die Regierenden eine Umgebung aufsuchten, welche die Dissonanz verringerte. So wurden als Berater zur „Corona-Pandemie" nur diejenigen berufen und aufgesucht, welche die Geschichte des „Killervirus SARS-CoV-2" erzählten und stützten. Es wurden selektiv Informationen gesucht und interpretiert, um die Dissonanz aufzuheben.

Zweitens wurde Dissonanz vermieden, indem sie Informationen, welche dieser Geschichte widersprachen, nicht wahrnahmen und leugneten. Spätestens Anfang April gab es eine Menge an Zahlen, Daten, Fakten und Studien verschiedenster renommierter Wissenschaftler, auf deren Grundlagen die freiheitsbeschränkenden Maßnahmen ad absurdum geführt wurden. Diese Tatsache wurde vehement geleugnet. Ihren Höhepunkt erreichte dieses Leugnen am 8. Mai 2020 um 15:34 Uhr. Oberregierungsrat Stephan Kohn sendete seinen kritischen Bericht an seinen Vorgesetzten im Ministerium, an den Corona-Krisenstab an das Kanzleramt und an alle Landesregierungen.[621] Aber nicht die Maßnahmen wurden eingestellt, sondern Kohn wurde von seiner Tätigkeit entbunden und ihm drohte ein Disziplinarverfahren.

Drittens änderten die Regierungsverantwortlichen ihre Einstellung gegenüber ihrer Verpflichtung das Grundgesetz zu wahren und zu verteidigen. Ihr grundgesetzwidriges Verhalten während der Corona-Krise versuchten sie mit der Gefahrenabwendung des neuen Coronavirus zu rechtfertigen. Die freiheitsbeschränkenden Maßnahmen, welche nachweislich keinen Einfluss auf die Verbreitung des Virus hatten (vgl. Kapitel 4.6.4 und 6.5.3), wurden entgegen wissenschaftlicher Tatsachen als notwendig und erfolgreich propagiert.

18.2.2 Bevölkerung

Die Bevölkerung wurde gezwungen auf ihre grundgesetzlich verankerten Freiheitsrechte zu verzichten. Dies führte natürlich zu Dissonanz. Ein einstellungskonträres Verhalten bei Entscheidungsfreiheit war am Anfang der Corona-Krise durchaus bei einigen gegeben. Doch hätte dies kaum zu einer Einstellungsveränderung geführt. Spätestens mit dem Erkennen des immer offensichtlicheren Fehlalarmes hätte dies ein Ende gehabt. Daher wurde von der Regierung schon recht früh auf Zwangsmaßnahmen gesetzt. Es wurden verschiedenste Verbote eingeführt, später eine Maskenpflicht in bestimmten Bereichen. In allen Bundesländern wurden Bußgeldkataloge bei Zuwiderhandlung eingeführt. Geldbußen von bis zu 25.000 Euro und Freiheitsstrafen von bis zu zwei Jahren waren möglich. Wenn sich jemand anderes ansteckte, waren sogar bis zu fünf Jahre Haft möglich. Wer gegen ein Kontaktverbot oder eine Ausgangssperre verstieß, beging also im Einzelfall eine Straftat.[622] In Bayern gingen die Bußgelder bei 150 € los.[623] Die Polizei zeigte während der Corona-Krise eine erhöhte Präsenz. Mit diesen hohen Strafen sollte die Dissonanz gering gehalten werden.

Gleichzeitig suchten viele Bürger gezielt Informationen ausschließlich über die Mainstream-Medien. Da hier eine große Gefahr durch das neue Corona-Virus propagiert und durch emotionale Einzelfälle verstärkt wurde, hatten diese Bürger dann das subjektive Gefühl, dass die Maßnahmen der Regierung tatsächlich notwendig wären. Weiter wurden alle wissenschaftlichen Tatsachen, die das Gegenteil bewiesen, entweder nicht wahrgenommen oder geleugnet. Renommierte Wissenschaftler und mitdenkende Bürger wurden von diesen Fakten-Leugnern als „Verschwörungstheoretiker" oder „Spinner" bezeichnet. Diese hätten den Ernst der Lage noch nicht verstanden. Natürlich wurde dieses Framing und diese Wortwahl durch eben die Medien geprägt, welche diese Bürger verstärkt konsumiert hatten. Dies auch unbewusst.

Eine Einstellungsänderung war bei vielen Menschen der Fall. Viele glaubten den Politikern und den Mainstream-Medien einfach. Die Geschichte des gefährlichen „Killervirus SARS-CoV-2" wurde so zu ihrer eigenen konsonanten Kognition. Natürlich müssten sie dann ihrer Freiheitsrechte beraubt werden und Masken tragen. Dieses Verhalten führte somit zu kaum bis gar keiner Dissonanz.

Die Einstellungsänderung war bei den „Zeugen COVIDS" ein besonders hervorstechendes Merkmal. Zu normalen Zeiten waren es oft genau diese Personen, welche ihrer Eltern- und Großelterngeneration mit Missachtung aufgrund ihrer Willfährigkeit im Dritten Reich oder in der DDR gegenüber traten. *„Wie konnten sie nur so brav und ruhig schweigen, alles mitmachen und sogar ihre Nachbarn denunzieren?!? Ich hätte mich gewehrt! Ich stehe mit meinem Leben zur Demokratie, zum Grundgesetz!"* Die Regierung nahm ihnen und ihren Mitbürgern die Grundrechte. Die Regierung rief zur Denunziation auf. Und nun schwiegen diese Personen, sie glaubten alles unkritisch, sie machten alles mit, sie verlangten von allen anderen dieselbe Konformität und denunzierten Mitbürger. Ihre Einstellung hatte sich um 180 Grad geändert. Ihr Verhalten rechtfertigten sie mit Angst und der Notwendigkeit im Kampf gegen den gefährlichen „Killervirus SARS-CoV-2". Ihre Eltern und Großeltern rechtfertigten ihr Verhalten ebenfalls mit Angst und einer Notwendigkeit im Kampf gegen „Volksschädlinge", bzw. gegen „Faschisten und Kapitalisten".

19. Mainstream-Medien und Corona-Krise

19.1 Begriffsbestimmung

Der englische Begriff „Mainstream" spiegelt den kulturellen Geschmack einer großen Mehrheit wider. „Der Begriff *Medialer Mainstream* bezieht sich auf die Massenmedien, die als gedruckte Publikationen die höchsten Leserzahlen aufweisen oder, im Fall von Radio- und TV-Programmen, die höchste Einschaltquote." [624]

Im Bereich der Medien ist dieser Begriff auch mit dem Begriff „Leitmedien" verknüpft. Nach Göttlich (2002) werden Medien als Leitmedien bezeichnet, denen eine „Hauptfunktion in der Konstitution gesellschaftlicher Kommunikation und von Öffentlichkeit zukommt." (S. 193 – 194). Das heißt, sie haben einen besonders starken Einfluss auf die öffentliche Meinung.

In den letzten Jahren nahm die Glaubwürdigkeit der Mainstream – oder Leitmedien allerdings immer mehr ab. Bereits 2005 kritisierte Franziska Augstein, Redakteurin der „Süddeutschen Zeitung", dass es eine neben der „industriellen Pressekonzentration" (die Tatsache, dass Presseerzeugnisse in der Hand von immer weniger Eigentümern liegen) noch eine zweite, eine „ideelle Pressekonzentration" gebe, eine „Selbstgleichschaltung der deutschen Presse" [625]

Der ehem. Bundesaußenminister Frank-Walter Steinmeier sagte 2014 auf einer Gala vor Journalisten und Verlagsmanagern *„Wenn ich morgens manchmal durch den Pressespiegel meines Hauses blättere habe ich das Gefühl: Der Meinungskorridor war schon mal breiter. Es gibt eine erstaunliche Homogenität in deutschen Redaktionen, wenn sie Informationen gewichten und einordnen. Der Konformitätsdruck in den Köpfen der Journalisten scheint mir ziemlich hoch."* [626]

Nach Einschätzung der Bundeszentrale für politische Bildung hatte die Ukraine-Krise mit der Krim-Annexion durch Russland eine Katalysatorfunktion dafür, dass die Glaubwürdigkeit der Mainstream-Medien abnahm. Tatsächlich wurde seit der einseitigen und falschen Berichterstattung der Mainstream-Medien in Bezug auf die Ukrainekrise der Jahre 2013 / 2014 die Kritik in der deutschen Bevölkerung immer lauter. Begriffe wie „Gleichschaltung", „Lügenpresse", „Systemmedien", „Mainstream-Medien" kamen auf. Das ist wenig verwunderlich. Hier nur einige, wenige Beispiele dazu. Dieses Thema alleine könnte ein Buch füllen.

Bereits zu Beginn des sogenannten „Euromajdans" fielen die Mainstream-Medien mit einseitiger und tendenziöser Berichterstattung auf. Allerdings übertrieben sie es damit so weit, dass viele Bundesbürger diesen offensichtlichen Falschmeldungen nicht glauben konnten. Auch Framing hat seine Grenzen. Wenn in den Bildern Steine und Molotowcocktail werfende Neonazis und gewaltbereite Hooligans gezeigt werden, kann nicht einmal der Effekt des Framing mehr bewirken, dass diese noch als friedliche Demonstranten wahrgenommen werden.

Am 28.03.2014 berichtete das heute journal um 22.00 Uhr von Protesten gegen den gestürzten Präsidenten Janukowitsch und zeigte diesbezüglich Bilder. Dabei gab es gleich zwei Probleme: Auf dem Plakat der Demonstrantin forderte diese den Rücktritt des Innenministers der neuen Putschregierung zum Rücktritt auf. Es war also kein Protest gegen Janukowitsch. Gut, dass nur wenige Deutsche ukrainisch lesen können, so fiel das nicht groß auf. Zweites Problem: In der ARD Tagesschau desselben Tages um 20.00 Uhr wurden dieselben Bilder gezeigt und ein Demonstrant interviewt. Dieser sagte klar, dass sie gegen Awakow protestierten.[627]

Am 29.05.2014 wurde in den Mainstream-Nachrichten erzählt, dass prorussische Rebellen einen ukrainischen Militärhubschrauber abgeschossen hätten. Es wurden Bilder gezeigt und als aktuelle Bilder aus der Ostukraine ausgegeben, sowie ein „Kurzbericht" daraus gemacht. Das Problem: Diesen

Hubschrauberabschuss gab es dort nie. Die Bilder stammten aus Syrien aus dem Jahr 2013. Es wurden lediglich die letzten Sekunden, in denen arabische Kämpfer zu sehen sind, sowie der Originalton herausgeschnitten.[628]

Auf wdr.de wurde am 29.08.2014 die Frage gestellt: *„Russland auf dem Vormarsch?"* Es wurde ein Photo mit der Unterschrift *"Russische Kampfpanzer fahren am 19.08.2014 noch unter Beobachtung von Medienvertretern in der Ukraine."* Das Problem dabei: Dieses Photo stammte vom 19. August 2008 und zeigt den Abzug russischer Truppen aus Georgien.[629] Diese Panzer hat es in der Ukraine tatsächlich nie gegeben.

Immer öfter mussten diese Medien öffentlich zurückrudern.

Verstärkt wurde der Prozess des Verlustes der Glaubwürdigkeit durch die Art und Weise der Berichterstattung zur Flüchtlingskrise 2015 / 16. Der Begriff „Lügenpresse" fand hier seinen vorläufigen Höhepunkt.

Im Jahr 2016 schrieb die Bundeszentrale für politische Bildung: *„Für Medienmacher sind die jüngeren Umfrageergebnisse zur Glaubwürdigkeit des Journalismus beunruhigend: In letzter Zeit ist hin und wieder das Schimpfwort ‚Lügenpresse' zu hören. Damit ist gemeint, dass die Medien angeblich nicht objektiv berichten, sondern Sachverhalte verdrehen oder bestimmte Tatsachen ganz verheimlichen."* [630]

„Karola Wille versprach bei ihrem Amtsantritt als Vorsitzende der ARD im Januar 2016, am Thema Glaubwürdigkeit zu arbeiten und darauf zu achten, dass die Berichterstattung die größtmögliche Vielfalt an Themen, Akteuren und Meinungen "auch außerhalb von Mainstream-Korridoren" spiegele." [631] 2017 gab die ARD bei der Sprach- und Kognitionswissenschaftlerin Elisabeth Wehling ein Gutachten in Auftrag, um sich beraten zu lassen, wie man die Vorzüge des öffentlich-rechtlichen Rundfunks durch Erkenntnisse der Framing-Theorie kommunizieren kann. In diesem Zusammenhang muss der vorgeschlagene Slogan *„Kontrollierte Demokratie statt jeder wie er will"* auf Seite 85 des Framing-Manuals [632] doch sehr kritisch betrachtet werden.

Angesichts dieser Vorgeschichten und auch der Aufgabe, welche den Leitmedien durch die Bundesregierung in einem Pandemiefall zugedacht wird, beispielsweise in der Bundesdrucksache 17/12051 [633], soll nun im Weiteren die Leitrolle der Mainstream-Medien und ihr Vorgehen während der Corona-Krise dabei etwas genauer betrachtet werden. Es kam ja auch in der Berichterstattung zur Corona-Krise zu einem „Bearbeitungsfehler" in der Bildauswahl. So zeigte beispielsweise der Sender *CBS News* für seine Berichterstattung über New York am 25.03.2020 Aufnahmen aus dem italienischen Bergamo vom 19.03.2020.[634] Nun ist Bergamo sicher kein Stadtteil New Yorks…

19.2 Das Spiel mit der Statistik

Absolute Zahlen

In Kapitel 4 wurde auf den Unsinn der lediglichen Nennung absoluter Zahlen in Bezug auf Neuinfizierte und Todesfälle eingegangen. Dieses Vorgehen diente alleine der Erzeugung von Angst und Panik. Auf die Wirkung von Angst wurde in den vorgehenden Kapiteln immer wieder verwiesen.

Vergleichen von Äpfeln mit Birnen

In Kapitel 5.2.6 „Angst und Bewertung" wurde das Beispiel von ntv vom 12.04.2020 dargestellt. Infizierte wurden mit Kranken verglichen, noch dazu in absoluten Zahlen. Damit sollten katastrophale Zustände in den USA bewiesen und Angst erzeugt werden. Ohnehin ist es unklar, welche Staaten wann, wie und mit welchem Test was genau gemessen haben. Ein Vergleich wird daher nahezu unmöglich.

„Im April acht Prozent mehr Sterbefälle als in den Vorjahren" [635]

Mit dieser Überschrift bei ntv am 29.05.2020 sollte ein Zusammenhang zwischen der „Corona-Pandemie" und vermehrten Toten in Deutschland hergestellt werden. Die Quelle war eine Sonderauswertung des Statistischen Bundesamtes.[636] Betrachtet wurde lediglich der Monat April der Jahre 2016 - 2020. Zusätzlich wurde für die Jahre 2016 – 2019 der Mittelwert berechnet. Dieser Mittelwert wurde nun mit dem April 2020 verglichen.

Betrachten wir uns nun mal die Realität. Dabei gehen wir ähnlich vor, wie das hier getan wurde. Die Zahlen sind in Tabelle 9 wiedergegeben und stammen vom Statistischen Bundesamt.[637]

	2020	2019	2018	2017	2016	Mittelwert 2016 - 19
Januar	85.265	84.791	84.973	96.033	81.742	86.884,75
Februar	79.753	80.824	85.799	90.651	76.619	83.473,25
März	87.076	86.493	107.104	82.934	83.669	90.050
April	83.281	77.157	79.539	73.204	75.316	76.304
Summe	335.375	329.265	357.415	342.822	317.346	336.712
Mai	74.710	75.451	74.648	75.683	74.525	75.076,75
Summe	410.085	404.716	432.063	418.505	391.871	411.788,75

Tabelle 11: Todeszahlen der Jahre 2016 – 2020 für die Monate Januar - Mai

Wie in Tabelle 11 zu sehen ist, gab es im „Corona-Jahr" 2020 nur im April mehr Tote in absoluten Zahlen als im Durchschnitt der Jahre 2016 – 19. In allen anderen Monaten vorher und im Mai gab es weniger Tote als im Durchschnitt der Vorjahre. Hier sehen wir ein gutes Beispiel für die in Kapitel 4.7.2.1 vorgestellte Manipulationstechnik „Ausschnitt auswählen". Es wurde bewusst der Ausschnitt gewählt, mit welcher die Geschichte vom „tödlichen Virus" „bewiesen" werden konnte, um Angst zu erzeugen und die Bevölkerung „bei der Stange zu halten". Die Panik sollte trotz Rückgang der Neuinfiziertenzahlen und Einführung von Lockerungen aufrechterhalten werden.

Es verstarben im Jahr 2020 in absoluten Zahlen tatsächlich mehr Menschen im Monat April als in den Vorjahren. Nun müsste nach wissenschaftlichem Standardvorgehen zunächst die relative Zahl bezogen auf die Bevölkerungszahl berechnet werden, wie in Kapitel 6.5.2 „Übersterblichkeit und COVID-19". Sollte sich hier immer noch ein Unterschied ergeben, so müsste ein Signifikanztest durchgeführt werden, um zu überprüfen, ob dieser Unterschied überhaupt bedeutend ist.

Doch verstarben im Jahr 2020 bis zum Mai tatsächlich mehr Menschen in absoluten Zahlen als in den Vorjahren? Im Jahr 2020 verstarben seit Jahresbeginn mit April insgesamt 335.375 Menschen. Im Durchschnitt der Vorjahre waren es 336.712 Menschen. Es waren also weniger.

Die richtige Überschrift muss daher lauten:
Im Vergleichszeitraum 0,4 % weniger Tote als in den Vorjahren

Im Vergleich mit dem schweren Grippejahr 2018 gab es 2020 sogar 6,5% weniger Tote im Vergleichszeitraum. Für den Monat März liegt der Wert sogar bei 8%.

Die richtigen Überschriften müssen daher lauten:
Im Vergleichszeitraum 6,5 % weniger Sterbefälle als im Grippejahr 2018
Im März acht Prozent weniger Sterbefälle als im Grippejahr 2018

Betrachten wir uns die im Bericht von ntv zitierte Auswertung des statistischen Bundesamtes etwas genauer. Wir konzentrieren uns nun auf die wöchentliche Auswertung für das Jahr 2020 (Abb. 44).

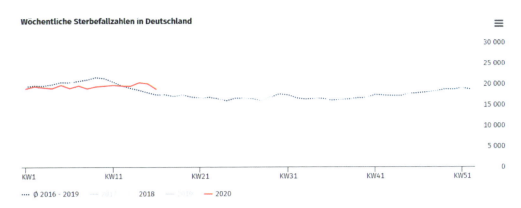

Wöchentliche Sterbefallzahlen in Deutschland

Abbildung 44: Wöchentliche Sterbefallzahlen Deutschland

Quelle: *Sterbefallzahlen seit Ende März über dem Durchschnitt vergangener Jahre Statistisches Bundesamt (Destatis), 2020.*[638]

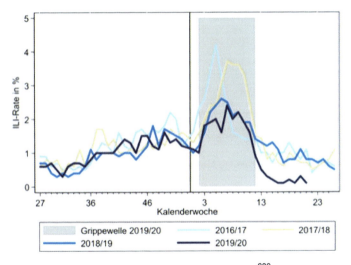

Abbildung 45: ILI-RateQuelle: RKI[639]

Bis zur KW 12 lagen die wöchentlichen Sterbefallzahlen unter dem Durchschnitt der Vorjahre, ab KW 13 darüber. Laut Bericht des RKI gab es zu diesem Zeitpunkt allerdings keine vermehrten Atemwegerkrankungen (vgl. Abb. 45).

Wieso kam es nun aber zu einer überdurchschnittlichen Sterbefallzahl, wenn das neue Coronavirus gar nicht schuld daran sein konnte? Die einzige signifikante Maßnahme zu diesem Zeitpunkt war der „Lockdown", welcher ab KW 13 bundesweit galt.

Die richtige Überschrift muss daher lauten:

„Mehr Sterbefälle in Deutschland im Lockdown"

Oder provokanter (eine Kausalität unterstellend, nicht nachweisend)

„Freiheitsbeschränkende Maßnahmen der Regierung führen zu mehr Toten"

Im Vergleich mit dem Grippejahr 2018 ist auch graphisch kein signifikanter Unterschied für den April zu finden. Ganz im Gegenteil liegt die Kurve anfangs sogar signifikant darunter. Im Übrigen verläuft die Kurve ab KW 18 genauso weiter wie die Kurven der Vorjahre.[640]

An diesem Beispiel kann man gut erkennen, wie man mit Statistik in eine Richtung manipulieren kann. Je nachdem welcher Zeitraum oder welche Vergleichsgruppe gewählt wird, kommen unterschiedliche Ergebnisse heraus. Und so können Stimmungen erzeugt werden, welche angeblich wissenschaftlich begründet sind.

Hier wurden gleich zwei Sachen gemacht. Erstens wurde ein Mittelwert verschiedener Jahre mit dem Wert eines Jahres verglichen und gleichzeitig wurde ein Ausschnitt ausgewählt, der die eigene Behauptung angeblich beweist.

19.3 Das Spiel mit den Frames

Wie in Kapitel 11 bereits dargelegt, ist das Framing integraler Bestandteil der medialen Landschaft. Mit diesen Frames wird der Bevölkerung vorgegeben, wie sie zu denken hat, wie sie Themen wahrnehmen und interpretieren soll und welche Verhaltensweisen daraus resultierend die richtigen sind. Betrachten wir uns aus der Fülle der Beispiele während der Corona-Krise nun zwei Arten von Beispielen etwas genauer. Ein Beispiel der gedruckten Form und filmische Beispiele.

Beim gedruckten Beispiel wird der gesamte Text absatzweise angegeben und analysiert. Dies zunächst genauer, im weiteren Verlauf allgemeiner, da sich die Frames und Mechanismen stets wiederholen.

19.3.1 Corona Faktencheck – Warum Sucharit Bhakdis Zahlen falsch sind

(Hervorhebungen im Text sind aus dem Original beibehalten.
Diese spielen eine wichtige Rolle bei dieser Art von Framing und werden ebenfalls erklärt.)

Unter dieser Überschrift machte das ZDF einen „Faktencheck" am 23.03.2020.[641]

Mit dieser Überschrift werden bereits drei Frames aufgebaut.

„Faktencheck". „Fakten" es wird impliziert, dass man sich im folgenden Text mit objektiven Tatsachen auseinandersetzt. „Check" Es wird impliziert, dass man sowohl in der Lage, als auch gewillt ist, die Aussagen des Sucharit Bhakdis objektiv zu überprüfen. Alles was nun kommt ist eine Auseinandersetzung mit objektiven Tatsachen. Die eigenen Aussagen sind „wahr", bzw., „richtig".

„*Warum*". Mit diesem Einleitungswort wird der gerade gesetzte Frame verstärkt. Es wird impliziert, dass man selber argumentieren und begründen würde. (Liest man sich den gesamten Text durch, wird auf die Aussagen Prof. Bhakdis allerdings kaum eingegangen).

„*Sucharit Bhakdi*". Sein Professortitel fehlt. Kein Hinweis darauf, dass er Facharzt für Mikrobiologie und Infektionsepidemiologie ist. Er wird zu irgendeinem gewöhnlichen Menschen degradiert, wie mein Nachbar Müller, Maier, Huber. Was er sagt hat kein Gewicht. Er wird als „nicht ernst zu nehmen" gerahmt.

„*Zahlen sind falsch*". Egal was nun Prof. Bhakdi sagt, es ist falsch.

Eingangstext:
„*In einem viralen Youtube-Video behauptet der Mediziner Sucharit Bhakdi, das neue Coronavirus sei keine Bedrohung. Seine Thesen sind unwissenschaftlich, seine Zahlen zu niedrig.*"

„*virales Youtube-Video*". Dieser Hinweis dient dazu, die Aussagen des Professors herabzuwürdigen. Er impliziert, dass Prof. Bhakdi nicht ernst zu nehmen ist. Wäre er ernst zu nehmen, so würde er sich über die Mainstream-Medien äußern und hätte es nicht nötig, sich über Youtube zu Wort zu melden. Dass allerdings die Mainstream-Medien ihn, wie auch hunderte andere Kritiker der freiheits-beschränkenden Maßnahmen der Regierung, gar nicht erst zu Wort kommen ließen, ist eine andere Tatsache.

„*behauptet*". Wortbedeutung: „etwas sagen, was nicht stimmen muss oder gar unglaubwürdig ist".[642] Das, was Prof. Bhakdi sagt, ist falsch, er behauptet lediglich und begründet oder beweist nicht. Eine Auseinandersetzung mit seinen fachlich fundierten Erkenntnissen wird dadurch unerheblich.

„*der Mediziner*". Der Professor und Facharzt für Mikrobiologie und Infektionsepidemiologie wird dadurch zu irgendeinem x-beliebigen Mediziner degradiert. Ein Hausarzt, ein Landarzt, auf jeden Fall jemand, der kein tiefgreifendes Wissen zum eigentlichen Thema hat. Seine Aussagen sind daher nicht ernst zu nehmen. Er kann zur Diskussion nichts Sinnvolles beitragen.

Im ursprünglichen Text, welcher erst am 11.05.2020 geändert wurde, war sogar die Rede von einem „Biologen" statt von einem „Mediziner". Dadurch wurde impliziert, dass er als Fachfremder nichts Fundiertes zum Thema beitragen könne. Die sieben Wochen spätere Richtigstellung dürfte kaum jemand mitbekommen haben.

„*Seine Thesen*". Wortbedeutung: „nicht bewiesene Behauptung" [643] Wiederholung der Aussage, er sage etwas Unglaubwürdiges. Hier kommt das Prinzip der Wiederholung zur Anwendung, ohne dass es den Lesern bewusst ist.

„*sind unwissenschaftlich*" Wortbedeutung: „nicht auf Wissenschaft gegründet" [644] Verstärkung der Unglaubwürdigkeit der Aussagen Prof. Bhakdis. Automatisch impliziert das auch, dass die eigenen gegenteiligen Aussagen wissenschaftlich wären.

„*seine Zahlen zu niedrig.*" Wiederholung der Aussage, seine Zahlen seien falsch.

*„In der Corona-Krise ist die Videoplattform **Youtube** Quelle und Verbreitungsweg zahlreicher Falschinformationen. Am Donnerstag veröffentlichte der emeritierte Professor für Mikrobiologie der Universität Mainz **Sucharit Bhakdi** ein solches Video, das sich seitdem rasant verbreitet. **Mehr als 300.000 Aufrufe** hat es inzwischen. Bhakdi will belegen, dass das neuartige Coronavirus keine außergewöhnliche Gefahr darstellt, seine Zahlenbeispiele sind aber **fragwürdig**."*

„Youtube" fett hervorgehoben. Wiederholung, dass Prof. Bhakdi sich auf Youtube und nicht über die Mainstream-Medien zu Wort gemeldet hatte. Durch Schriftart verstärkt.

„Quelle und Verbreitungsweg zahlreicher Falschinformationen". Verknüpfung von Youtube und Falschinformationen. Wiederholung, dass das was Prof. Bhakdi sagt, falsch ist.

„zahlreich". Prof. Bhakdi ist irgendeiner unter Vielen, welcher über Youtube falsche Informationen verbreitet. Das Nennen seines Titels spielt durch den vorher gesetzten Rahmen jetzt keine Rolle mehr. Im Sinne des Framings wird dieser kognitiv gar nicht mehr verarbeitet. Darüberhinaus wird unterschlagen, dass er auch Facharzt für Infektionsepidemiologie ist, also sehr wohl fachlich fundiert zu diesem Thema beitragen kann.

„ein solches Video". Das Video Prof. Bhakdis wird in den vorherigen Rahmen „Falschinformationen" eingebettet. Die Aussagen des Professors sind falsch, erneute Wiederholung.

„Bhakdi will belegen". Um einer eventuellen Gefahr vorzubeugen, einige Leser könnten Prof. Bhakdi nun ernster nehmen, nachdem kurz vorher sein Titel genannt wurde, wird auf diesen nun wieder bewusst verzichtet. Zudem „will" er belegen, was bedeutet, dass er es nicht „kann". Erneute Wiederholung, dass Prof. Bhakdis Aussagen falsch sind.

„das neuartige Coronavirus keine außergewöhnliche Gefahr darstellt". Verknüpfung zum neuen Coronavirus. Es wird innerhalb dieses Rahmens impliziert, dass es eine außergewöhnliche Gefahr darstellt. Der eigene Frame wird hier gesetzt. Frames zu negieren, bedeutet, dieses Frame zu aktivieren.

„seine Zahlenbeispiele". Es handelt sich nicht um wissenschaftlich fundierte Tatsachen, sondern um etwas, was er sich selber ausgedacht hat. Das muss man nicht ernst nehmen.

„fragwürdig" fett hervorgehoben. Wortbedeutung: „zu Skepsis und Argwohn Anlass gebend." [645] Verstärkung und Wiederholung, dass Prof. Bhakdis Aussagen nicht ernst zu nehmen sind.

Nach Angaben der Johns Hopkins Universität sind in Deutschland nahezu 25.000 Menschen mit dem neuartigen Coronavirus infiziert. Die Fallzahlen steigen weiterhin rapide an. Am Sonntag verkündete Bundeskanzlerin Angela Merkel weitere Einschränkungen des Alltags. Sucharit Bhakdi argumentiert in seinem Video hingegen, diese Maßnahmen gegen das Coronavirus seien "sinnlos und selbstzerstörerisch" - das Virus kaum gefährlicher als eine Grippe-Welle.

„Nach Angaben der Johns Hopkins Universität". Eigener Frame der Wissenschaftlichkeit und Seriosität wird gesetzt. Diese Aussagen stimmen.

„nahezu 25.000 Menschen mit dem neuartigen Coronavirus infiziert". Nennen absoluter Zahlen ohne weitere Erklärung. Dient dazu, Angst zu erzeugen.

„Fallzahlen steigen weiterhin rapide an". Rapide ist kein wissenschaftlicher Begriff, sagt nichts Wissenschaftliches aus. Wortbedeutung: überaus schnell (vor sich gehend).[646] Impliziert eine Zuspitzung einer schrecklichen Situation und soll weiter Angst erzeugen.

„Am Sonntag verkündete(…)" Der Frame einer wahrlich schrecklichen Situation wurde in den beiden Sätzen vorher gesetzt. Das was die Bundeskanzlerin nun macht, ist somit folgerichtig. Sie muss ja diese schreckliche Situation abwenden. Kritik an den Einschränkungen des Alltags ist innerhalb dieses Frames nicht möglich.

„Sucharit Bhakdi". Erneut werden ihm sein Titel und seine Fachkenntnisse genommen. Dies im signifikanten Gegensatz zum vorher gesetzten Frame „Seriosität der eigenen Aussagen" durch den Hinweis auf die Johns Hopkins Universität. Dadurch soll Prof. Bhakdi verstärkt unseriös wirken.

„argumentiert in seinem Video". Hinweis auf das Video, welches vorher bereits in den Frame „Falschinformationen" gesetzt wurde.

„hingegen". Im Gegensatz zur richtigen eigenen Meinung. Dadurch wird impliziert, dass die Aussagen Prof. Bhakdis falsch sind. Erneute unbewusste Wiederholung.

Im Anschluss können die Aussagen Prof. Bhakdis zitiert werden. Diese sind ja nun in den Frame „Falschinformationen" eingebettet. Automatisch wird dadurch zudem impliziert, dass das Gegenteil richtig ist. Die Maßnahmen sind richtig und das Virus ist gefährlich. Auch hier wird der eigene Frame für die Leser unbewusst wiederholt.

*Das ist irreführend. Laut der Weltgesundheitsorganisation (WHO) hat die Covid-19-Pandemie zahlreiche Eigenschaften, die sie **deutlich gefährlicher** als die gewöhnliche Grippe macht: eine höhere Ansteckungsrate, einen höheren Anteil schwerer Krankheitsverläufe und das komplette Fehlen eines Impfstoffes.*

„Das ist irreführend." Sollte der unbewusste Hinweis auf die Unrichtigkeit Prof. Bhakdis nicht funktioniert haben, so wird dies nun bewusst klargestellt. Er irrt sich und liegt falsch.

„Laut der Weltgesundheitsorganisation." Eigener Frame der Wissenschaftlichkeit und Seriosität wird aktiviert. Zusätzlich zur Johns Hopkins Universität kommt nun die WHO. Diese Aussagen stimmen.

„Covid-19-Pandemie". Eigener Frame eines gefährlichen, todbringenden Virus wird aktiviert.

„deutlich gefährlicher" fett hervorgehoben. Der eigene Frame eines gefährlichen todbringenden Virus wird wiederholt und verstärkt.

Alle nun folgende, eigene Argumente werden in den Frames „wissenschaftlich, seriös" und „gefährlicher, todbringender Virus" präsentiert. Der Wahrheitsgehalt der folgenden Aussagen ist unerheblich, er wird automatisch geglaubt.

„20 Prozent aller Corona-Erkrankungen verlaufen schwer"

Diese Überschrift wird unmittelbar gebracht, die vorherig gesetzten Frames sind noch aktiv. Diese Aussage wird automatisch geglaubt, obwohl sie objektiv tatsächlich falsch ist.

Bhakdi behauptet, "99 Prozent der [Infizierten] haben keine oder nur leichte Symptome". Sie seien zwar infiziert, aber nicht erkrankt - letzteres sei weniger als ein Prozent der Betroffenen.

Erneutes Zusammenspiel wie oben. Prof. Bhakdi werden sein Titel und seine Expertise genommen. Er „behauptet", was er sagt ist also falsch. Seine Aussage wird in den Frames „unseriös" und „falsch" wiedergeben. Dadurch wird impliziert, dass das genaue Gegenteil richtig sei.

*Das Robert-Koch-Institut (RKI) nennt in seinem Coronavirus-Steckbrief unter Verweis auf drei wissenschaftliche Studien jedoch einen **Manifestationsindex** (Anteil der Infizierten, die tatsächlich auch erkranken) **zwischen51 und 81 Prozent**. Weiter sagt das RKI, dass rund **20 Prozent aller Erkrankungen schwer oder lebensbedrohlich** verlaufen. Beides sind deutlich höhere Werte, als Bhakdi angibt.*

Eigener Frame der Seriosität wird durch ein drittes Institut, das RKI, aktiviert und verstärkt. Weitere Verstärkung durch den Hinweis auf drei wissenschaftliche Studien. Das Wort „wissenschaftlich" wird hier bewusst gewählt, um die eigene Seriosität und Richtigkeit zu verstärken. Studien sind in der Regel wissenschaftlich, ein diesbezüglicher Hinweis eigentlich unnötig. Dasselbe ist, wie wenn man sagt, „das ist ein weißer Schimmel". Schimmel sind immer weiße Pferde, das Adjektiv „weiß" ist daher unnötig. Zusätzlich wird ein Fachbegriff „Manifestationsindex" verwendet und fett hervorgehoben. Damit soll die eigene Seriosität noch weiter verstärkt und hervorgehoben werden. Alle nun folgende, eigene Aussagen werden automatisch geglaubt. Der Wahrheitsgehalt ist unerheblich. Selbst die sehr große Spannweite der eigenen Zahlen fällt nicht ins Gewicht. Fett hervorgehoben wird „20 Prozent aller Erkrankungen schwer oder lebensbedrohlich". Der eigene Frame „gefährlicher, todbringender Virus" wird aktiviert. Dass die genannte Zahl von 20% schwerer oder lebensbedrohlicher Erkrankungen tatsächlich falsch ist, fällt in den gesetzten Frames „seriös" und „Fakten" nicht auf. Tatsächlich sind nach Angaben des RKI schwere Verläufe eher selten.[647] Am Schluss werden noch einmal die Frames „unseriös" und „falsch" bezüglich Prof. Bhakdi aktiviert. Sein Titel wird weggelassen, seine Zahlen in direktem Gegensatz zu den eigenen „richtigen" gesetzt. Zudem sind es Prof. Bhakdis eigenen Zahlen. Man selber hat ja bereits die Johns Hopkins Universität, die WHO und das RKI zur Untermauerung der eigenen „Seriosität" und „Richtigkeit" bemüht.

Die Bundesregierung geht davon aus, dass sich 60 bis 70 Prozent der Deutschen mit dem neuartigen Coronavirus infizieren werden. Werden keine Gegenmaßnahmen getroffen, ist dieser Zeitpunkt sehr schnell erreicht und das Gesundheitssystem durch die vielen Patienten überlastet. Gegenmaßnahmen können diese Verbreitung verlangsamen.

Im aktivierten Frame „seriös" und „Fakten", sowie „gefährlicher, todbringender Virus" werden nun wiederholt die Maßnahmen der Regierung präsentiert. Diese sind in diesem Frame folgerichtig.

Bhakdis "Horrorszenario" der Pandemie geht noch nicht weit genug

Bei dieser Überschrift erneute Weglassung des Titels Prof. Bhakdis. Mit „Horrorszenario" in Anführungszeichen wird impliziert, dass die Aussagen Prof. Bhakdis falsch sind. Im Folgenden wird dem aktivierten Frame „unseriös" und „falsch" das eigene Argument entgegengesetzt, also „seriös" und „richtig".

*Bhakdi nimmt als schlimmstmögliches "Horrorszenario" eine Zahl von einer Million Infizierten in Deutschland an, was laut Bhakdi 30 Tote pro Tag bedeuten würde. Beide Zahlen sind deutlich zu niedrig angesetzt und stehen in deutlichem Widerspruch zu der schon jetzt deutlich höheren Zahl der Todesopfer in Ländern wie Italien oder Spanien. Dort werden aktuell **Hunderte Tote pro Tag** beklagt.*

Der erste Satz wiederholt das Frame der Überschrift. Die Aussagen Prof. Bhakdis werden im Frame „unseriös" und „falsch" präsentiert. Im zweiten Satz werden die eigenen Argumente entgegengestellt und mit „deutlichem Widerspruch" als „wahr" geframet und verstärkt. Unter Ausnutzung der Eigenschaften des menschlichen Arbeitsgedächtnisses[3] wird das Wort „deutlich" sowohl zu Beginn, als auch am Ende der Wörterkette von sieben Worten gesetzt, um es nochmals zu verstärken. Es werden als Beispiele die Todesopfer in Italien und Spanien genannt. Damit soll zum Einen impliziert werden, dass man begründen könne und würde, der Frame „wahr" wird aktiviert. Zum Anderen wird so der Frame „gefährlicher, tödlicher Virus" aktiviert. Die Nennung dieser beiden Länder aktiviert die kognitiven Bilder, welche tagelang in den Mainstream-Medien präsentiert wurden. Zusätzlich wird damit Angst erzeugt.

„Hunderte Tote pro Tag" fett hervorgehoben als Untermauerung der Richtigkeit der eigenen Aussage gegenüber den Zahlen Prof. Bhakdis.

„beklagt", Wortbedeutung: „einen Missstand schmerzlich bedauern, um etwas trauern." [648] Es wird der Frame von Tod und Leid aktiviert, also „gefährlicher, tödlicher Virus". Zusätzlich kommt dadurch eine moralische Komponente neu hinzu. Mit trauernden Menschen haben wir in der Regel Mitleid. Wir sind bestrebt Leid zu verhindern. Durch diese moralische, affektive

---

[3] Die Kapazität ist beschränkt. Der Mensch ist fähig nur 7 ±2 Elemente gleichzeitig zu speichern.

Komponente sind die meisten Leser nun so abgelenkt, dass sie auf den Inhalt des Geschriebenen nicht mehr achten können. Unterschwellig wird damit auch impliziert, dass die Maßnahmen der Regierung richtig und notwendig wären.

Dass Prof. Bhakdis Zahlen sich lediglich auf Deutschland und die Verhältnisse in Deutschland bezogen hatten, und ein Vergleich mit Italien oder Spanien unzulässig und wissenschaftlicher Blödsinn ist, fällt den meisten Lesern bei diesem Vorgehen nun nicht mehr auf.

Die hohe Opferzahl in Italien führt Bhakdi auf äußere Umwelteinflüsse zurück. Explizit nennt er hohe Luftverschmutzung in Norditalien und China. "Die Lungen der Menschen in diesen Gebieten sind ganz anders vorbelastet und erkrankt als unsere Lungen."

*Statistiken der OECD über die gesundheitlichen Auswirkungen von Luftverschmutzung ziehen diese These in Zweifel: 2017 starben in Deutschland pro eine Million Einwohner 450 Menschen an den Folgen von Luftverschmutzung. In Italien waren es 436, im stark vom Coronavirus betroffenen Spanien nur 289 Personen. Vor Ausbruch der Corona-Pandemie wies Italien also **keine übermäßig hohe Zahl an tödlichen Lungenerkrankungen** auf.*

In diesen beiden Absätzen werden die bereits erläuterten Framingmethoden erneut angewendet. Eigener Frame aus Vorabsatz noch aktiv, Weglassen des Titels, dann erst die Aussage Prof. Bhakdis. Eigener Frame der Seriosität wird durch ein viertes Institut, die OECD, verstärkt. „These" in bezug auf Prof. Bhakdi, eigene Argumente also richtig, Fettgedrucktes zur Verstärkung der eigenen Aussage.

Spielt Luftqualität bei Covid-19 eine Rolle?

Diese Überschrift impliziert erneut eine objektive Auseinandersetzung. Durch den noch aktiven Rahmen und der Aussage aus dem vorhergehenden Absatz, dass die Luftverschmutzung keine Rolle spiele, wird die Antwort bereits unbewusst vorgegeben. Zum ersten Mal wird eine Überschrift als Frage gestellt, was eine Verstärkung darstellt, dass die Luftqualität keine Rolle spiele.

Ob die **Luftqualität** *Auswirkungen auf die Verbreitung und Heilungschancen von Covid-19 hat, muss sorgfältig wissenschaftlich geprüft werden - selbst die Korrelation beider Messgrößen allein wäre noch* **kein Beleg***. Forschungseinrichtungen wie das RKI verweisen bislang nicht explizit auf Luftqualität als relevanten Faktor.*

Die Information wird im aktivierten Rahmen „Luftqualität spielt keine Rolle" präsentiert. Die nun folgenden Aussagen sollen das untermauern. Hinweis, darauf, dass eine Korrelation kein Beleg wäre. Das ist wissenschaftlich richtig. Allerdings ist das Argumentieren mit Korrelationen bei anderen Themen in Mainstream-Medien und Politik leider gang und gäbe. Damit die Leser das bei diesem Thema nicht auch so machen, muss dieser Hinweis gesetzt werden, um die eigene Argumentation nicht zu gefährden. Eigener Frame der Seriosität und die eigene Aussage wird durch Hinweis auf das RKI verstärkt.

*Den Faktor Luftverschmutzung als zentralen Auslöser der Krise zu präsentieren, wie es Sucharit Bhakdi in seinem Video macht, ist **unwissenschaftlich**. Quellen für seine Behauptung führt der Mediziner nicht an. Bhakdi stellt sich bewusst **gegen den Konsens** der wissenschaftlichen Institutionen, die in Deutschland wie weltweit gegen das Virus ankämpfen.*

In diesem Absatz wird der Rahmen um Prof. Bhakdi als „unseriös" und „falsch" wiederholt und verstärkt. Sein Titel wird weggelassen. „Unwissenschaftlich" wird fett gedruckt um den Rahmen zu verstärken. Weiter „behauptet" er wieder und „präsentiert". Erneut ist die Rede von einem „Mediziner".

Der x-beliebige Mediziner stelle sich „bewusst **gegen den Konsens** der wissenschaftlichen Institutionen."

Mit „bewusst" wird impliziert, dass er es ja besser wisse, aber aus irgendwelchen niederen Beweggründen das Gegenteil sagt. Damit wird unterschwellig auch das eigene Argument als „richtig" dargestellt.

„gegen den Konsens" fettgedruckt. Wortbedeutung: „eine Übereinstimmung der Meinungen oder Standpunkte; Einigkeit, Einmütigkeit." [649] Damit wird impliziert, dass es einen Konsens gebe. Tatsächlich gab es einen solchen allerdings zu keinem Zeitpunkt (vgl. Anhang) Eigene Seriosität wird mit „der wissenschaftlichen Institutionen" aktiviert. Mit dem Fettdruck wird zum Einen verstärkt, dass es einen wissenschaftlichen Konsens gebe, zum Anderen, das Prof. Bhakdi nicht dazu gehört. Seine Unseriösität wird dadurch wiederholt und verstärkt. Dadurch liegt er auch „falsch".

„die in Deutschland wie weltweit gegen das Virus ankämpfen." Wiederholte Aktivierung affektiver und moralischer Bilder. Die „seriösen" und „richtigen" Institutionen tun alles, um gegen den „gefährlichen und tödlichen Virus" zu „kämpfen". Frame „Krieg gegen Corona" wird gesetzt. Prof. Bhakdi hat also nichts Besseres zu tun, als ihnen in den Rücken zu fallen. Das ist quasi vergleichbar mit der Dolchstoßlegende und kommt einer Wehrkraftzersetzung gleich. Damit soll Prof. Bhakdi nicht nur wissenschaftlich, sondern auch moralisch diskreditiert werden. Einem solchen Menschen kann und darf man nicht glauben.

Entsprechend geringe positive Resonanz findet das Video aktuell auch in seriösen Medien. Verbreitet wird es von Personen und Gruppen wie dem **Verschwörungstheoretiker** *Oliver Janich, Impfgegner-Gruppen auf Facebook, aber auch dem Rapper Fler auf Instagram.*

Dieser Absatz ist der Gipfel der Rufmordkampagne gegen Prof. Bhakdi. Zunächst wiederholter Hinweis auf sein „Video", welches nun mit „unseriösen Medien" gepaart wird. Zunächst nur unterschwellig, „Entsprechend geringe positive Resonanz findet das Video aktuell auch in seriösen Medien".

„Entsprechend" bedeutet „richtigerweise" oder „angebracht" [650], also „folgerichtig". Prof. Bhakdis Aussagen werden so als „falsch" geframet, automatisch wird damit auch der eigene Rahmen „richtig" aktiviert.

Nun wird Prof. Bhakdi zusätzlich in den Rahmen „Verschwörungstheoretiker" gesetzt. Dies geschieht unterschwellig über sein Video nach dem Schema: Bhakdi (ohne Titel) – Video – nicht in seriösen Medien – Verschwörungstheoretiker verbreiten es.

Dabei wird lediglich das Wort „Verschwörungstheoretiker" fett geschrieben. Das führt beim Lesen auf Grund der selektiven Aufmerksamkeit dazu, dass genau dieses Wort im Gedächtnis verbleibt. Weiter werden menschliche Gedächtnisphänomene ausgenutzt. Beim *Primäreffekt* wird die erste Information besser erinnert als später eingehende Information. Beim *Rezenzeffekt* wird die letzte Information besser erinnert.

Erste Information: Bhakdi, welcher sich bewusst gegen den Konsens den wissenschaftlichen Konsens stellt.

Letzte Information: Verschwörungstheoretiker. Dabei ist zu beachten, dass die Verbindung zwischen den beiden Absätzen durch das Wort „entsprechend" direkt hergestellt wird und das Ende dieser Informationskette durch das Fettschreiben des Wortes „Verschwörungstheoretiker" hergestellt wird.

Als Vertreter der Verschwörungstheoretiker wird Oliver Janich genannt. Dieser wird bei wikipedia als Rechtspopulist, Fremdenfeind und Verschwörungstheoretiker genannt.[651] Dies sind weitere Frames zusätzlich zum „Verschwörungstheoretiker".

Der Hinweis, wer diese Videos auch verbreitet, ist ein weiterer Rahmen, der in Verbindung mit Prof. Bhakdi gesetzt wird. Die tatsächlichen Einstellungen Prof. Bhakdis werden durch das Framing unerheblich, da kognitiv vom Gehirn nicht verarbeitet.

Rapper Fler wurde 2013 als sexistisch, homophob und Neo-Nazi betitelt.[652] Nur zwei Wochen vor dem „Faktencheck" des ZDF wurde am 10.03.2020 über Rapper Fler berichtet, dass er verhaftet und wieder frei gelassen worden war.[653] Hintergrund war eine Auseinandersetzung mit einem Fernsehteam von RTL gewesen.

Mit diesem unterschwelligen Trick wird Prof. Bhakdi also zusätzlich in die Rahmen „Impfgegner", „homophob", „Neo-Nazi" und „gewalttätig" gesetzt.

Betrachtet man den sogenannten „Faktencheck" des ZDF im Gesamten, so ist zu erkennen, dass es gar nicht darum geht, sich objektiv mit den Aussagen Prof. Bhakdis auseinanderzusetzen. Auf die Aussagen und Inhalte Prof. Bhakdis wird nämlich gar nicht wirklich eingegangen. Der Begriff „Faktencheck" ist ein offensichtlicher Schwindel.

Es werden zwei große Rahmen aufgestellt. Für sich selber der Rahmen mit den Inhalten „seriös", „richtig", „wissenschaftlich", „gefährlicher, todbringender Virus". Prof. Bhakdi wird in die Rahmen „unseriös", „nicht ernst zunehmen" „falsch", „unwissenschaftlich", „Verschwörungstheoretiker", „Impfgegner", „homophob", „Neo-Nazi" und „gewalttätig" gesetzt.

Diese Rahmeninhalte werden im gesamten Text lediglich abwechselnd wiederholt und verstärkt. In diesen Rahmen werden die eigenen Argumente transportiert. Das diese so nicht stimmen, fällt dabei nicht auf. Zusätzlich wird mit der Aktivierung affektiver und moralischer Kognitionen eine tatsächliche objektive Auseinandersetzung zu diesem Thema unmöglich gemacht. Auch wird mit Angst gespielt, um ein logisches Denken noch unwahrscheinlicher zu machen.

Der Rahmen um Prof. Bhakdi wird durch die Textstruktur zusätzlich verstärkt. So steht der Rahmen um Prof. Bhakdi jeweils zu Beginn und zum Schluss des Textes. Auch hier werden der Primär- und der Rezenzeffekt ausgenutzt. Zusätzlich erfährt der Rahmen um Prof. Bhakdi durch die Textstruktur eine stetige Steigerung. Waren zunächst nur „Sucharit Bhakdis Zahlen falsch", so war er zum Schluss des Textes schon im Rahmen „Verschwörungstheoretiker", „Impfgegner", „homophob", „Neo-Nazi" und „gewalttätig".

Da Framing weitreichend funktioniert, betrifft dieses Framing nicht nur Prof. Bhakdi alleine, sondern die gesamte Bevölkerung. Jede Person, welche in seinen Gesprächen Prof. Bhakdi erwähnt, wird in denselben Rahmen wie der Professor selber gesteckt. Et voila: Fertig ist die Entscheidungsbeeinflussung durch Framing.

19.3.2 Ruhe vor dem Sturm - Kliniken im Krisenmodus

Betrachten wir nun zwei filmische Beispiele. Hierfür wird das heute journal vom 26.03.2020 gewählt.[654]

Im ersten Beispiel wird der Fokus kurz auf das Framing an und für sich gelegt.

Zu Begin:

„Kliniken und Behörden, die sich rüsten für den schnellen Anstieg der Patientenzahlen, der kommen wird. (…) Zahlen, die hoffentlich zeigen, dass die massiven Beschränkungen helfen, die Pandemie, massenhafte Ansteckung wenigstens einigermaßen zu dämpfen."

Hier wird der Rahmen aktiviert, dass die Patientenzahlen am neuen Coronavirus steigen und die Krankenhäuser überlastet werden. Der zweite Rahmen ist ein „gefährlicher, sich schnell verbreitender, tödlicher Virus". Die freiheits-beschränkenden Maßnahmen der Regierung sind in diesem Rahmen richtig. Mit *„wenigstens einigermaßen zu dämpfen"* wird bereits suggestiv vorweggenommen und darauf vorbereitet, dass die freiheitsbeschränkenden Maßnahmen länger andauern werden. Dass es bis zu diesem Zeitpunkt keinen schnellen Anstieg von Patientenzahlen in deutschen Krankenhäusern gab, diese sogar unterlastet waren, wird nicht erwähnt. Auch nicht, dass die ARE-Raten laut RKI bereits in KW 10 sanken, also bereits vor den Regierungsmaßnahmen. Diese Informationen passen nicht in den Rahmen.

Im Folgenden wird Gesundheitsminister Spahn präsentiert.

„Wir haben schon viele Infizierte in Deutschland und wir beklagen auch schon viele Tote. Aber noch ist das die Ruhe vor dem Sturm."

Wiederholung der Rahmen „gefährlicher, sich schnell verbreitender, tödlicher Virus" und „Überlastung der Krankenhäuser". Verstärkt mit Autorität (Spahn).

„Der Minister wird begleitet von Medizinern, Deutschlands Kliniken bereiten sich vor"

Erneute Wiederholung der Rahmen „gefährlicher, sich schnell verbreitender, tödlicher Virus" und „Überlastung der Krankenhäuser". Weitere Verstärkung mit Autoritäten(Medizinern). Frau Prof. Susanne Herold wird präsentiert. Sie erzählt, wie sich die Kliniken auf den Ansturm von Patienten vorbereiten und dass Personal an Beatmungsgeräten zusätzlich ausgebildet wird.

Innerhalb der ersten zwei Minuten werden die beiden Frames vier Mal wiederholt und verstärkt.

Im Anschluss wird beruhigt, dass Deutschland gut vorbereitet sei und dass nach einer Behandlungsmöglichkeit gesucht werde.

„Für ernsthafte Hoffnungen aber, sei es viel zu früh"

Damit die Zuschauer nicht tatsächlich beruhigt sind, wird die vorhergehende Beruhigung eingeschränkt. Es wird Prof. Lothar Wieler vom RKI präsentiert.
„Wir stehen gerade am Anfang, die Epidemie gegen Corona zu bekämpfen und die Zahlen werden weiter steigen und wir sind wirklich alle gefragt mitzumachen um diese Epidemie zu bekämpfen."

Wieder wird der Rahmen eines „gefährlichen, sich schnell verbreitenden, tödlichen Virus" aktiviert. Innerhalb dieses Rahmens sind die Maßnahmen der Regierung notwendig und richtig. Alle müssten mitmachen. Bewusst wird das Wort *„bekämpfen"* gewählt. Hier wird ein weiterer Rahmen „Krieg" aktiviert. In einem Krieg muss das ganze Volk zusammenstehen. Abweichler sind quasi Desserteure, Volksfeinde und sind nach Kriegsrecht hart zu bestrafen.

Im Anschluss wird klar gemacht, dass die freiheitsbeschränkenden Maßnahmen mindestens bis nach Ostern bestehen bleiben. Durch die bereits gesetzten Rahmen wird das eine Mehrheit akzeptieren, da „Krieg" gegen einen „gefährlichen, sich schnell verbreitenden, tödlichen Virus". Kritisches Mitdenken wird dadurch nahezu unmöglich gemacht, da jedwede Kritik wehrkraftzersetzend und ein feindlicher Akt ist.

19.3.3 New York ruft um Hilfe

Bei diesem Beispiel soll der Fokus auf die präsentierten Bilder selber und dem Gesagten dazu gelegt werden. Dieser Bericht beginnt bei Minute 4.

„In den USA zieht dieser Sturm nicht auf, er ist schon da"

Rückgriff und Aktivierung der Frames „gefährlicher, sich schnell verbreitender, tödlicher Virus", „Überlastung der Krankenhäuser" und „Krieg"

4 Min 25 Sek. Verweis auf den 11. September 2001.
Verstärkung des Frames „Krieg".

4 Min 28 Sek. Beginn der Bilder aus den USA mit Soldaten, welche ein Krankenhausschiff in Northfolk VA besteigen.
Verstärkung des Frames „Krieg".

4 Min 58 Sek. *„Ein Schiff, ausgelegt, für Einsätze in Kriegs- und Katastrophengebiete. Jetzt wird es nach New-York verlegt."*
Wiederholung und Verstärkung des Frames „Krieg".

5 Min 07 Sek. Bilder von Zelten in New York. *„In der Stadt werden provisorische Leichenhallen aufgebaut. Für den Fall dass die vorhandenen in den kommenden Tagen und Wochen nicht mehr ausreichen."*

Wiederholung und Verstärkung der Frames „gefährlicher, sich schnell verbreitender, tödlicher Virus", „Überlastung der Krankenhäuser".

Tatsächlich werden Gerätschaften und Stromaggregate in diese Zelte getragen. Welche Geräte Leichen noch brauchen ist eine offene Frage. Ob diese Zelte tatsächlich provisorische Leichenhallen sind, mag also dahingestellt bleiben. Auf Grund des aktivierten Frames fällt dieser Widerspruch aber nicht auf.

5 Min 20 Sek. Ein Ambulanzfahrzeug wird gezeigt. *„Die Situation in den Krankenhäusern sei schon jetzt dramatisch, erzählt ein Arzt."*
    Aktivierung des Frames „Überlastung der Krankenhäuser" und „Arzt".

5 Min 25 Sek. Dr. Steve Kasspidis wird präsentiert. *„Es ist die Hölle, biblisch. Ich erzähl dir keinen Mist. Die Leute kommen rein, werden intubiert, sterben und der Kreislauf beginnt von Neuem."*
    Frames „Arzt", „Überlastung der Krankenhäuser" „gefährlicher, sich schnell verbreitender, tödlicher Virus" werden aktiviert.

Warum aber ein Arzt eines Krankenhauses, welches überlastet ist und in welchem sehr viele Patienten liegen, nicht bei diesen Patienten ist, sondern auf der Straße ein Interview gibt, mag dahingestellt sein. Dies fällt im gesetzten Frame nicht auf.

„Aus dem Inneren des Krankenhauses, aus der Notaufnahme, berichtet die Notärztin Colleen Smith."

6 Min 12 Sek. Bilder von innerhalb eines Krankenhauses werden gezeigt. Keine Patienten zu sehen, Krankenhauspersonal in Schutzanzügen, ruhig umherlaufend.

Im gesetzten Frame „Überlastung der Krankenhäuser" fällt nicht auf, dass das Krankenhauspersonal ruhig irgendwelche Tätigkeiten macht. Eigentlich müsste sich dieses schnell von Patient zu Patient bewegen, wenn diese immer mehr werden.

„Es ist heute noch einmal schlimmer geworden. Wir mussten einen Kühllaster besorgen, um die Leichen der Patienten zu lagern."
Ein Kühllaster in einem Hinterhof stehend wird gezeigt.

Das Bild ist ein Photo, nicht eine Life-Aufnahme des Kamerateams. Wieso war es nicht möglich eine aktuelle Aufnahme zu machen, wenn dieser Kühllaster aktuell im Hinterhof des Krankenhauses stand? Woher stammt das Photo? Welcher Hinterhof ist das?

Innerhalb eines Frames fallen widersprüchliche Aussagen nicht auf, sie werden kognitiv nicht verarbeitet. Folgende Widersprüche zwischen den Aussagen und den dazu gezeigte Bildern fallen daher nicht auf, wenn man sich innerhalb des Frames befindet.

„Wir versuchen alles, um ein paar zusätzliche Beatmungsgeräte zu bekommen."
6 Min 42 Sek. Verpackte Beatmungsgeräte in einem Gang stehend werden gezeigt. *„Fünf, fünf Beatmungsgeräte. Das frustrierende ist das Gefühl, dass es zu wenig und zu spät ist."*

Begeben wir uns mal gedanklich in die Situation, „Überlastung der Krankenhäuser", „gefährlicher, sich schnell verbreitender, tödlicher Virus" und „Krieg", hinein. Eine Unzahl von Patienten liegt in der Notaufnahme. Diese brauchen dringend Beatmungsgeräte. Es herrschen Zustände wie in einem Feldlazarett. Patienten sterben. Nun kommt eine Lieferung von fünf Beatmungsgeräten, auf die händeringend gewartet wurde. Was macht man da? Richtig, man stellt sie verpackt in den Gang, damit ein Fernsehteam diese filmen kann.

6 Min 52 Sek. Dr. Smith geht ruhig neben dem Interviewteam her und erzählt weiter.

Begeben wir uns auch hier gedanklich in die Situation hinein. Volle Notaufnahme schwerst kranker Patienten. Sie werden immer mehr. Sie brauchen dringend lebensrettende Behandlung. Und was machen in dieser Situation normalerweise Ärzte, welchen Patienten zu Hauf unter den Händen wegsterben? Richtig, sie gehen ruhig spazierend im Krankenhaus umher und geben Interviews.

6 Min 55 Sek. Erneute Bilder von ruhig arbeitendem Krankenhauspersonal. Nirgends eine Spur von Hektik.

Wozu auch Hektik? Die vielen Patienten brauchen ja keine Behandlung.

(Das ist natürlich sarkastisch gemeint.)

Wenn man sich innerhalb dieses Frames befindet kann man auch eine grundlegende Frage nicht stellen. Wie ist es möglich, dass ein Fernsehteam innerhalb einer völlig überlaufenen Notaufnahme, in welcher schwerst kranke Patienten um ihr Leben ringen und zu Hauf versterben. In einer Notaufnahme in welcher Ärzte und Patienten um das Leben dieser Patienten kämpfen. Wie ist es möglich, dass nun dort ein Fernsehteam ruhig spazierend dreht und Ärzte von ihrer Arbeit abhaltend Interviews mit ihnen führt?

19.3.4 Nicht die Maßnahmen, sondern das Virus sei schuld

Framing durch Austausch eines Attributs wurde besonders angewendet, als die massiven Folgen durch die freiheitsbeschränkenden Maßnahmen der Regierungen für die Weltwirtschaft und die Bevölkerungen immer ersichtlicher wurden. Es wurde einfach gesagt und geschrieben, dass die „Corona-Pandemie", also der Virus selber, schuld daran sei. So wurde die Aufmerksamkeit auf das Virus gelenkt, weg von den Maßnahmen der Regierungen. Betrachten wir uns dazu einige wenige Beispiele.

So schrieb die Tagesschau am 28.05.2020: *„Die Coronavirus-Pandemie hat den US-Arbeitsmarkt in die schlimmste Krise seit Jahrzehnten gestürzt."* [655] Das wäre richtig, wenn das neue Coronavirus so viele Millionen Amerikaner schwer krank gemacht und getötet hätte, dass die Wirtschaft keine Arbeiter mehr gehabt hätte und es dadurch zu einer Krise auf dem US-Arbeitsmarkt gekommen wäre. Es gäbe dann zu wenige Arbeiter. Allerdings war genau das Gegenteil der Fall. „Seit März stellten fast 41 Millionen Menschen Erstanträge auf Arbeitslosenhilfe." [656] Es gab also nicht zu wenige Arbeiter, sondern zu viele Arbeitslose. Diese könnten auch zustande gekommen sein, wenn die international tätigen Betriebe keine Produktionsmaterialien aus dem Ausland bekommen hätten, da das Virus in den betreffenden Ländern zu einem signifikant hohen Anteil Arbeiter in diesen Ländern krank gemacht und getötet hätte, so dass diese Produktionsmaterialien nicht hergestellt werden könnten. Deswegen hätten die US-Betriebe nicht produzieren können und die Arbeitslosenzahl wäre deswegen gestiegen. Allerdings war auch das nicht der Fall. Weder in den USA, noch in anderen Ländern der Welt hatte das Virus genau das nicht gemacht. Es kam überall zu einem „Lockdown" der Wirtschaft. Und dafür waren die Regierungen verantwortlich, nicht das Virus.

Am 31.05.2020 überschrieb statista.com eine statistische Auswertung mit *„Anteil der Personen, die sich Sorgen über Unruhen und Plünderungen wegen der COVID-19/Corona-Pandemie machen, in Deutschland, den USA und dem Vereinigten Königreich 2020"* [657]

Auch hier wurde vermittelt, dass das Virus selber der Grund für diese Sorgen sei. Es kam zu Demonstrationen, Unruhen und sogar zur bewaffneten Erstürmung eines Parlamentsgebäudes in den USA. Wie im Kapitel 6.3.4 bereits dargestellt, machten sich die Bürger Sorgen wegen ihrer wirtschaftlichen Zukunft. Nicht aus Angst vor dem Virus oder einer „Pandemie" kam es also zu den Unruhen. Die Bürger verlangten ein Ende der freiheitsbeschränkenden Maßnahmen ihrer Regierungen, ein Ende des Lockdowns. Die Maßnahmen der Regierungen waren also der Grund für die Sorgen der Menschen über Unruhen und Plünderungen, nicht das Virus.

Im Handelsblatt war am 09.04.2020 zu lesen, *„Die Corona-Pandemie hat 170 der 189 Mitgliedstaaten des Internationalen Währungsfonds (IWF) in die Rezession gestürzt."* [658] Wie bereits dargelegt, war aber nicht eine „Corona-Pandemie" der Grund für diese Rezessionen, sondern die Maßnahmen-Pandemie der Regierungen.

19.4 Das Spiel mit der Angst

In diesem Buch wurde bereits eingehend beschrieben, wie zu Beginn und während der Corona-Krise Angst und Panik erzeugt wurde. Es folgen hier nur noch einige wenige Beispiele. Hauptsächlich wird hier der Fokus auf die Angsterzeugung nach der „ersten Welle" gelegt.

19.4.1 Armee LKWs in Bergamo

Am 19.03.2020 wurde in den deutschen Leitmedien ein erschreckender Bericht über die Corona-Situation in Bergamo präsentiert. Dabei wurde ein Photo von LKWs der italienischen Armee gezeigt. Dieses Photo hatte dabei die Bildunterschrift: *„LKW der Armee transportieren die Corona-Toten in Bergamo ab, weil die örtlichen Friedhöfe überfüllt sind"* [659]

Dieses Bild hatte einen nachhaltigen Effekt in der Angsterzeugung in der Bevölkerung und war maßgeblich für die freiheitsbeschränkenden Maßnahmen der Regierung mit verantwortlich. Fast jeder glaubte nun daran, dass das neue Coronavirus für alle sehr tödlich und gefährlich sei.

Bei dieser Sache gibt es allerdings einen Haken. Diese LKWs transportierten die Verstorbenen nicht ab, weil die örtlichen Friedhöfe überfüllt gewesen wären. Es gab eine Praxisänderung der Beisetzung. Anders als üblich, sollten alle diese Verstorbenen kremiert werden. In normalen Zeiten werden nur 48% kremiert.[660] Das örtliche Krematorium war durch diese Praxisänderung überfordert, deswegen wurden die Verstorbenen zu anderen Krematorien gefahren. Hätte es diese Praxisänderung nicht gegeben, hätte es diese LKWs und somit dieses Photo so nicht gegeben. Die Verstorbenen wären wie bisher auch, in Bergamo beigesetzt worden. Eine Panikmache wäre in dieser Form nicht möglich gewesen.

Trotz dieser Tatsache, über welche die „Neue Züricher Zeitung" am 30.05.2020 berichtete, wurde mit diesen Photos auch Monate später weiter Angst und Schrecken in der Bevölkerung produziert. So präsentierte beispielsweise „Microsoft news" am 29.06.2020 eines der Photos mit diesen Militär – LKWs mit der Bildunterschrift: *„Ein bedrückendes und jetzt schon historisches Bild: In Bergamo und der Lombardei im Norden Italiens gibt es derart viele Tote, dass die Särge mit Militärfahrzeugen abtransportiert werden müssen."* [661] Entweder die Journalisten wussten es nach über drei Monaten nicht besser, was allerdings einen schlechten Journalismus bedeuten würde, oder aber sie produzierten bewusst fake news.

19.4.2 Die „Zweite Welle" und Ausbrüche in Schlachthöfen

Nach den ersten Lockerungen in Deutschland vom 20.04.2020 zeigte sich der Virologe Drosten entsetzt und warnte am 22.04.2020 drastisch vor einer zweiten Welle, die *„mit voller Wucht zuschlagen könnte"*. [662] Angesichts der Tatsache, dass es in Deutschland noch nicht einmal zu der von ihm prognostizierten schlimmen ersten Welle gekommen war, war diese Aussage für viele Bürger nicht mehr sehr glaubwürdig. Lediglich die „Zeugen COVIDS" konnten das noch ernst nehmen. Die weitere Entwicklung, in welcher immer mehr Virologen Drosten offen kritisierten, war daher logisch. Nach Ansicht der WHO vom 18.05.2020 sollten sich die europäischen Staaten auf eine zweite tödliche Welle von Infektionen mit SARS-CoV-2 einstellen.[663]

Am 29.05.2020 glaubte Drosten dann auch „so langsam" an keine „zweite Welle" bis zum Herbst.[664] Allerdings machte er einen weiteren skurrilen Vorschlag. Kontaktpersonen sollten ohne vorherige Diagnostik als infiziert betrachtet und isoliert werden. Das heißt, ohne tatsächlich bewiesene Infektion sollten Menschen aller ihrer Rechte beraubt und in Quarantäne geschickt werden. Dieser Vorschlag findet in diktatorischen Staaten wie China sicherlich anklang, darf aber in einer Demokratie keinen Platz haben. Am 30.05.2020 wurde auf t-online geschrieben, *„Weitere Infektionswellen würden Deutschland in absehbarer Zeit treffen".*[665]

Wie eine „zweite Welle" alleine durch eine Veränderung der Testungen herbeiführbar ist, wurde bereits in Kapitel 7.2.6 „R-Wert" erklärt.

Am 17.06.2020 kam es im Schlachtbetrieb bei Tönnies in Rheda-Wiedenbrück zu einem „Corona-Ausbruch". Über Wochen wurde in den Mainstream – Medien darüber berichtet. Der Schlachtbetrieb wurde gestoppt, alle Schulen und Kitas wurden geschlossen, 7000 Menschen wurden unter Quarantäne gestellt.[666] Diese Menschen wurden in ihrer Wohngegend eingezäunt.[667] „Zudem beorderte die Landesregierung drei Einsatzhundertschaften der Polizei in den Kreis Gütersloh. Die Polizisten sollen die Quarantäne der mehr als 6000 Mitarbeiter von Tönnies kontrollieren, so Laschet. Die Polizei werde die mobilen Testteams begleiten. Zur Not müssten die Behörden auch mit Zwang die Anordnungen durchsetzen." [668]

Für die Kreise Gütersloh und Warendorf wurde ein Lockdown angeordnet. Menschen konnten sich freiwillig testen lassen, um nachzuweisen, dass sie negativ waren. „Ein negatives Ergebnis wird zur Eintrittskarte und bedeutet für sie, wie für viele andere: Der langersehnte Urlaub kann stattfinden. Denn ohne den Nachweis, Corona-frei zu sein, erlauben einige Ferienregionen in Deutschland die Einreise nicht mehr." [669] Mit diesem Argument wurde ja bereits versucht einen „Corona – Impfpass" einzuführen, was zunächst gescheitert war. Nun also doch ein Nachweis „coronafrei" zu sein.

Es wurde viel über die Gründe des Ausbruchs bei Tönnies spekuliert. Es kursierte ein Video, in welchem die Belegschaft eng beisammen sitzend in der Kantine aß. Es wurde über einen katholischen Gottesdienst, den einige Mitarbeiter besucht hatten, als mögliche Quelle spekuliert. Der nordrhein-westfälische Ministerpräsident Armin Laschet spekulierte über Rumänen und

Bulgaren, die das Virus mitgebracht hätten.[670] Auch könnten mangelnde Hygienemaßnahmen im Betrieb oder die Klimaanlage schuld gewesen sein oder die Sammelunterkünfte der Mitarbeiter.

Zu solchen „Ausbrüchen" kam es auch vorher und nachher in verschiedenen Schlachtbetrieben in Deutschland. Hier noch ein paar weitere Beispiele.

Nachdem bei Westfleisch in Coesfeld ein solcher am 09.05.2020 stattgefunden hatte, begann Nordrhein-Westphalen damit, alle Schlachthof-Mitarbeiter zu testen. Der Schlachtbetrieb Tönnies liegt in NRW. In Bochum führten diese Reihentests zwei Mal zur Schließung des Schlachthofs bis Ende Juni 2020. „Die Häufung von Ansteckungen in einem Wiesenhof-Betrieb im Landkreis Straubing-Bogen hatte etwa dazu geführt, dass Bayern 6.407 Arbeiter auf 51 bayerischen Schlachthöfen aufs Sars-Cov-2-Virus untersuchen ließ. Dabei waren 110 Testergebnisse positiv (…). Niedersachsen hatte zunächst rund 10.000 Reihenuntersuchungen nach einem Ausbruch in Dissen (Landkreis Osnabrück) angeordnet, der durch Reihentests ans Licht gekommen war. Dort waren in einem Sauenzerlegebetrieb zunächst 92 der rund 250 Mitarbeiter positiv getestet worden. Schleswig-Holstein hatte einem Ausbruch in Bad Bramstedt zum Anlass für Massentests in allen sechs großen Schlachthöfen im Land genommen." [671]

Es ist auffällig, dass es in verschiedenen Schlachtbetrieben zu solchen „Ausbrüchen" kam. Daher stellt sich die Frage, was diese alle gemeinsam hatten und warum es gerade dort zu diesen „Ausbrüchen" kam. Wichtig ist dabei die Tatsache, dass es bei diesen „Ausbrüchen" um einen Ausbruch positiver Testergebnisse handelte, nicht aber um einen Ausbruch einer Erkrankung. Krank waren nämlich die wenigsten bis keine Menschen gewesen.

Waren es die Hygienemaßnahmen? „Grundsätzlich gelten in der Lebensmittelindustrie strenge Vorgaben, was hygienische Standards angeht, betont Jörg Feldmann, Sprecher der Bundesanstalt für Arbeitsschutz und Arbeitsmedizin (BAuA). Mitarbeiterinnen und Mitarbeiter müssen Masken, Handschuhe und Schutzkleidung tragen – das besagen die Vorschriften. Und die mussten auch vor Ausbruch des Corona-Virus eingehalten werden, heißt es beim Bundesinstitut für Risikobewertung (BfR)." [672] Zudem waren die strengen Hygienemaßnahmen in den meisten Schlachtbetrieben eingehalten.

Nicht in allen Schlachtbetrieben saßen die Mitarbeiter eng beim Mittagessen beieinander. Nicht in allen Schlachtbetrieben wurde im Vorfeld ein Gottesdienst beobachtet. Nicht in allen Schlachtbetrieben lebten die Mitarbeiter sehr eng zusammen. War es also die Klimaanlage? Oder hatte Laschet mit seiner Äußerung über „Rumänen und Bulgaren" recht? Arbeiten überhaupt überall „Rumänen und Bulgaren"? Und wiese sollen diese schuld sein? Nur weil sie „Rumänen und Bulgaren sind? Wie wir sehen, kommen wir hier nicht weiter.

Betrachten wir uns also daher die Gemeinsamkeiten, die sicher bekannt sind und ob diese die „Ausbrüche" besser erklären können.

In allen Schlachtbetrieben wurden Reihentestungen durchgeführt, unabhängig davon, ob Mitarbeiter Symptome gezeigt hatten. Wie in Kapitel 7.2.5 gezeigt wurde, hat der „Coronatest" eine Falsch –Positiv-Rate (fpR) von 0,6% - 1,4%, wenn überhaupt kein Coronavirus vorhanden ist. Bei Vorkommen anderer Coronaviren steigt die fpR. Betrachten wir uns dazu das Beispiel des Wiesenhof-Betriebs im Landkreis Straubing-Bogen. 6.407 Arbeiter wurden getestet. Dabei waren 110 Testergebnisse positiv. Das entspricht einer Rate von 1,7%. Diese lag also knapp über der fpR.   Der erwartete fpR-Wert bei 10.000 Testungen liegt bei 60 - 140. Diese Zahl ergibt sich, wenn überhaupt niemand infiziert ist.

Diese fpR von 0,6% - 1,4% gilt wie in Tabelle 6 (Kapitel 7.2.5) abzulesen ist, nur dann, wenn keine anderen Coronaviren mit vorhanden sind. Je nach zusätzlichem Coronavirus steigt die fpR bei den in der Studie berücksichtigten Coronaviren auf bis zu 2,2%. Bei 10.000 Testungen liegt die fpR dann also bei 220. 220 Menschen werden positiv getestet, ohne, dass sie überhaupt ein Bruchstück des neuen Coronavirus in sich tragen. Die Mainstream-Medien würden bei einem solchen Ergebnis reißerische, panikmachende Artikel publizieren. Ein Lockdown wäre sicher, da der willkürlich gesetzte Grenzwert weit überschritten würde. Drosten & co könnten von einer „zweiten Welle" phantasieren. Wenn man nun noch die Tatsache hinzunimmt, dass ein Test bereits „Positiv" war, wenn ein Gen nachgewiesen wurde, das gar nicht für SARS-Co-V-2 spezifisch ist, sondern auch in anderen Coronaviren vorkommt, dann wird die Zahl der „Infizierten" um ein Vielfaches höher. *„Das ORF1-Gen ist dabei für SARS-CoV-2 spezifisch, während das E-Gen auch in anderen Coronaviren vorkommt. (...) geben ein Ergebnis bereits dann als „positiv" heraus, wenn nur das E-Gen amplifiziert wurde. (…) Ein Ergebnis ist positiv, wenn mindestens eine der beiden Zielsequenzen des SARS-CoV-2 im Abstrichmaterial nachgewiesen wurde."* (vgl. Kapitel 7.3.5).

Im Zusammenhang mit den „Ausbrüchen" in Schlachthöfen haben diese Tatsachen eine große Bedeutung.

Coronaviren sind Viren, die auf der ganzen Welt in vielen verschiedenen Tieren vorkommen und weit verbreitet sind. „In der Veterinärmedizin haben verschiedene Coronaviren eine Bedeutung. So können zum Beispiel das *Transmissible gastroenteritis coronavirus* (TGEV) oder das *Porcine epidemic diarrhea virus* (PEDV) schwere Durchfälle bei Schweinen auslösen. Aber auch Rinder (*Bovine coronavirus*, BCoV), Katzen (*Feline infectious peritonitis virus*), Mäuse (*Murine coronavirus*) oder Hühner (IBV) können durch entsprechende Coronaviren erkranken. Das Spektrum von durch Coronaviren verursachten Erkrankungen bei Tieren reicht von leichten bis zu schweren Darm-, Atemwegs- oder Systemerkrankungen." [673]

Tierische Coronaviren kommen auf Schlachthöfen also standardmäßig vor. Nutztiere werden regelmäßig gegen Coronaviren geimpft. Der „Coronatest" hat eine hohe fpR bei Vorhandensein anderer menschlicher Coronaviren. Bisher ist eine fpR bei menschlichen Coronaviren von 2,2% beim HCoV OC43 und 1,9% beim HCoV 229E bekannt (vgl. Tabelle 6). Ein Test wurde als „Positiv" gewertet, wenn Bruchstücke dieser normalen menschlicher Coronaviren amplifiziert wurden. Ob Bruchstücke des SARS-CoV-2 dabei waren, spielte also keine Rolle. Wie hoch diese fpR bei Vorkommen bestimmter tierischer

Coronaviren ist, wurde noch nicht untersucht. In Anbetracht der bereits bekannten Zusammenhänge wäre dies aber sinnvoll um diese „Corona-Ausbrüche" in den Schlachtbetrieben richtiger einschätzen zu können. Die „Infizierten" waren nämlich gesund.

Angesichts dieser offenen Fragestellungen bezüglich tierischer Coronaviren und dem „neuen Coronavirus" könnte man darüber schmunzeln, dass am 03.07.2020 beschlossen wurde, dass Haustiere, die sich mit dem Coronavirus infiziert haben, künftig den Behörden gemeldet werden mussten.[674]

Ende Juli wurde in den Mainstream-Medien behauptet, dass eine „zweite Welle" schon da sei und weiter „anrolle".[675] Aus Abbildung 33 des RKI erkennen wir aber, dass mehr getestet wurde und die Positivenrate immer noch stabil im Bereich der Falsch-Positivenrate des Tests selber lag. Ob es bei diesen Ergebnissen also tatsächlich Infizierte gab, darf somit mit Recht bezweifelt werden. Zudem sehen wir in Abbildung 46, dass die wöchentliche Sterberate um die KW 31 in den letzten Jahren immer wieder zugenommen hatte. Dasselbe kann daher, ohne prophetisches Wissen haben zu müssen, auch für das Jahr 2020 angenommen werden. Es ist erwartbar und normal. Es gab also nachweislich weder eine Zunahme von tatsächlich Infizierten, noch ein vermehrtes Sterben.

Reiserückkehrer aus „Risikogebieten" mussten sich ab dem 08.08.2020 testen lassen. Betrachten wir uns einige Ergebnisse. Am Hamburger Flughafen waren von 5.300 Tests 40 positiv [676], das sind 0,75%. Am Flughafen Hannover waren von 1.705 Test 16 positiv [677], das sind 0,94%. Am Flughafen Leipzig waren von 2.800 Tests 11 positiv [678], das sind 0,4%. Auch an den Berliner Flughäfen lag die Positivenrate bei knapp einem Prozent.[679] D.h. die Positivenrate bewegte sich exakt im Bereich der Falsch-Positivenrate des Tests selber. Diese Ergebnisse waren zu erwarten und geben keinen Hinweis darauf, dass die positiv getesteten Personen tatsächlich infiziert, geschweige denn krank gewesen wären.

19.4.3 SARS-CoV-2 breitet sich auf Organe aus

„Wie tötet das Coronavirus? Kliniker verfolgen einen wilden Amoklauf durch den Körper, vom Gehirn bis zu den Zehen"

Unter dieser unwissenschaftlichen Überschrift veröffentlichte ein Autorenteam um die Wissenschaftsjournalistin Meredith Wadman auf der Nachrichtenseite des Fachjournals „Science" am 17.04.2020 einen Artikel zum neuen Coronavirus.[680] Sie schrieben, dass sich das Virus verhalte wie kein Pathogen jemals zuvor. Es kristallisiere sich immer mehr heraus, dass die Lunge zwar der „Ground Zero" sei, dass aber außerdem auch viele andere Organe von der Infektion beeinträchtigt würden, darunter Herz, Blutgefäße, Niere, Darm und Gehirn. Diese Schlussfolgerung wurde dann auch der deutschen Bevölkerung präsentiert.

„»Wie SARS-CoV-2 in verschiedene Organe außerhalb des Respirationstrakts kommt, kann aktuell nur spekuliert werden«, sagte Professor Dr. Holger Rabenau vom Institut für Medizinische Virologie des Universitätsklinikums Frankfurt am Main der PZ. Ungeklärt sei auch die Frage, welche Patienten von einer solchen Virusdissemination betroffen seien".[681]

Dass das SARS-CoV-2 bei Obduktionen auch in anderen Organen als in den Atemwegen gefunden wurde, ist allerdings kaum verwunderlich. Es ist weder außergewöhnlich, noch verhält sich das Virus dabei anders als andere Pathogene zuvor, wie behauptet wurde. So können auch Influenzaviren andere Organe betreffen und folglich dort gefunden werden. Das RKI nennt in diesem Zusammenhang Myositis (entzündliche Erkrankung der Skelettmuskulatur), Rhabdomyolyse (Gewebezerfall der quergestreiften Muskulatur), Enzephalitis (Gehirnentzündung) und Myokarditis (Herzmuskelentzündung).[682]

Jede Virenart nutzt bestimmte Zellen, Organe und Lebewesen für die eigene Vermehrung. Welches Organ von welchen Viren befallen wird, hängt von Proteinen (Rezeptoren) ab, die sich auf der Oberfläche der Zellen befinden. Die Viren docken an diese Rezeptoren an und werden anschließend in das Innere der Zelle geschleust, wo neue Viren entstehen und freigesetzt werden.[683] Die Zielstruktur des SARS-CoV-2 ist das Protein ACE2.[684] Auch das ist nicht verwunderlich. Es ist die Zielstruktur verschiedener Coronaviren.[685] Hofmann et al. (2005) zeigten dies an den Beispielen für SARS-CoV und dem häufig vorkommenden menschlichen HCoV-NL63. Dieses ACE2 ist in den meisten menschlichen Geweben exprimiert und aktiv. Die höchste Expression ist im Herzen, in der Lunge, in der Niere, im Endothel und im Magen-Darm-Trakt zu beobachten. Dass dann das SARS-CoV-2 bei Obduktionen dort gefunden wurde, ist also weder verwunderlich, noch anders als bei anderen Viren oder als selbst bei Coronaviren. Coronaviren sind bei Menschen mit geschwächtem Immunsystem in vielen Organen zu finden. Prof. Dr. med. Thomas Löscher erklärte in einem Focus-Artikel am 06.03.2020 wie das Immunsystem Erreger bekämpft.[686] Wenn die körpereigenen Abwehrkräfte einen schädlichen Erreger erkennen, greift die Immunabwehr ein und bekämpft den Erreger. Alle an bestimmten Orten ablaufenden Immunreaktionen werden als Entzündung bezeichnet. Schmerz, Rötung, Schwellung, Überwärmung und Funktions-beeinträchtigung sind die fünf Kardinalsymptome einer Entzündung.[687] Schnupfen ist eine Entzündung, genauer eine Nasennebenhöhlen-entzündung.[688]

Ist das Immunsystem geschwächt, so werden die Erreger aus lokalen Infektionsherden über die Blutbahn in den gesamten Organismus geschwemmt und richten dort Schaden an. Genau das passiert aber bei allen Virenerkrankungen und ist nicht auf das SARS-CoV-2 beschränkt. Bei den obduzierten Menschen handelte es sich um Personen, bei welchen das Immunsystem geschwächt war. Sie sind ja schließlich krankheitsbedingt verstorben. Daher war das Ergebnis absolut logisch, vorhersehbar und nichts Außergewöhnliches.

19.4.4 COVID-19 und Kawasaki-Syndrom bei Kindern

„Coronavirus - Immer mehr schwere Fälle bei Kindern" titelte tagesschau.de am 14.05.2020. Weiter: *„Seit Ende April machen Meldungen Schlagzeilen über schwere Verläufe bei Kindern, die sich mit dem Coronavirus SARS-CoV-2 angesteckt haben."* [689]

Einige wenige Kinder, 15 in Paris und 70 im Staat New York und *„weitere ähnliche Fälle"*, waren an Symptomen erkrankt, welche dem Kawasaki-Syndrom ähnelten. Erst später im Text wird geschrieben, dass nicht alle erkrankten Kinder eine Infektion mit dem neuen Coronavirus gehabt hatten. Der Frame *„Coronavirus auch für kleine Kinder gefährlich"* wurde vorher allerdings bereits gesetzt. Alle statistischen Daten zeigten nämlich bereits, dass die Risikogruppe alte, kranke Menschen war. Die Unsicherheit und Angst in der Bevölkerung sollte aber weiter aufrecht erhalten werden. In diesem Frame wird auch nicht erkannt, dass dieser Zusammenhang so wie er behauptet wurde, gar nicht logisch war. Wie kann der SARS-CoV-2 für diese Krankheit bei Kindern nämlich ursächlich sein, die niemals mit diesem Virus infiziert gewesen waren?

„Die Ursache des Kawasaki-Syndroms ist unklar. Vermutet wird eine Fehlreaktion des Immunsystems auf banale Atemwegsinfektionen. Zu den möglichen Auslösern zählen neben Rhinoviren und dem Respiratory-Syncytial-Virus (RSV) auch die 4 harmlosen Coronaviren 229E, HKU1, NL63 und OC43." [690] Zudem wird beim Kawasaki – Syndrom eine genetische Komponente angenommen. In Deutschland erkranken neun von 100.000 Kindern jährlich am Kawasaki-Syndrom und ist somit sehr selten.[691] *„In Japan ist die Erkrankungsrate mehr als 20-mal höher."* [692] Jährlich erkranken in Deutschland ca. 450 Kinder an diesem Syndrom.[693]

Bis zum 09.06. 2020 wurden weltweit mehr als 200 Fälle beschrieben, bei welchen Kindern nach einer Infektion mit SARS-CoV-2 eine entzündliche Erkrankung entwickelten, die dem Kawasaki-Syndrom ähnelten. Dabei lohnt sich ein genauerer Blick, wer als „Kinder" bezeichnet wird. *„Die Kinder waren* zwischen 4 Monate und 17 Jahre alt." [694] Erneut ein Beispiel des Priming und Framing. Wer denkt bei „Kindern" schon an Jugendliche? Auch handelt es sich hier um Einzelfälle. Wir sprechen hier von mehr als 200 „Kindern" weltweit mit einer Altersspanne von 17 Jahren in einer Zeitspanne von mehr als drei Monaten.

Interessant sind allerdings die weiteren Informationen des eingangs erwähnten Artikels: *„Auffällig ist, dass die Kinder häufig zu bestimmten ethnischen Gruppen gehören. Das klassische Kawasaki-Syndrom wird vor allem in Asien beobachtet. Die jetzt mit SARS-CoV-2 assoziierte Erkrankung trat in Großbritannien vor allem bei Kindern afroamerikanischer, karibischer und hispanischer Abstammung auf. Von den 58 Kindern in Großbritannien gehörten nur 12 zur weißen europastämmigen Bevölkerungsgruppe. In New York fällt eine Häufung von Kindern aus der Gruppe der aschkenasischen Juden auf (6 von 17 Fällen). Dort hatten nur 2 der 17 Kinder Vorfahren aus Europa."* [695]
Die genetischen Vorfahren der aschkenasischen Juden stammen aus Italien.[696] Bereits in Kapitel „6.5.2 Übersterblichkeit und COVID-19" wurde auf den auffälligen Zusammenhang von COVID-19 und ethnischer Gruppe eingegangen. Derselbe Zusammenhang war auch hier, bei den Kindern zu finden.

Glucose-6-Phosphat-Dehydrogenase (G6PD) ist bei diesen Ethnien eine der häufigsten genetischen Anomalien. Vielleicht würde es sich lohnen, sich dieser Tatsache anzunehmen, wenn man wirklich verstehen möchte, wie der SARS-CoV-2 wirkt, und in diese Richtung weiter zu forschen.

19.5 Wes Brot ich ess, des Lied ich sing.

„Kollektive Hypochondrie", *„Pandemiegrusel"*, *„Würde man sich jede Horrorzahl merken, man zerfiele ja zu Staub"*. Dies ist ein Auszug der Wortwahl der Sendung „quer" des Bayerischen Rundfunks vom 30.01.2020.[697] *„Wie ein Virus alle Vernunft zerstört"* war der Titel dieses Beitrages. Auf Framing wurde in diesem Buch bereits eingegangen. Die Kenntnis der Leser darüber wird im Weiteren angenommen.

„Es gibt natürlich auch die, die erregt sein wollen. Weil Erregung das Zentrum ihrer politischen Arbeit darstellt." Nun wird Martin Sellner von der „rechtsextremen Identitären Bewegung als Beispiel genannt. *„Das Wuhan Virus verbreitet sich rasend schnell. Offene Grenzen bedeuten auch offene Grenzen für Viren"*.

Antwort des Journalisten: *„Wer die Apokalypse zur Basis seines Denkens macht, der schlägt Maßnahmen zu deren Verwirklichung vor. Nehmen wir den hier implizit gemachten Vorschlag doch mal Ernst. Was wäre, wenn man die Grenzen schließen würde? (…) Und schon hätte man das, genau das, was man draußen halten wollte, das Desaster."*

Als nächstes wird ein Plakat von Alice Weidel von der AFD präsentiert, auf welchem steht: *„Corona – Virus jetzt auch in Europa. Gesundheitsminister hat die Bevölkerung aufzuklären."*

Der Journalist wirft *„Paranoiaproduktion"* vor. Weiter: *„Und rechte Youtuber kriegen sich vor lauter Endzeitpsychosen gar nicht mehr ein."* Nun wird ein Youtube – Beitrag vom Kanal Odysseus präsentiert. In diesem Beitrag wird gesagt, dass die Corona – Pandemie weitaus schlimmer sei, als man *„euch glauben machen möchte."* Dieses Video endet mit: *„Ich will ja keine Panik verbreiten, oder euch verunsichern."*

Kommentar des Journalisten: *„Ja, das ging ja wohl echt schief."*

Nun stellt der Journalist folgende Frage: *„Warum sind so viele, so leicht mit Verschwörungstheorien zu infizieren?"*

Ende Januar 2020 wurden Menschen, welche vor einer Pandemie durch den neuen Coronavirus in Europa und Deutschland warnten als *„Psychotiker"*, *„Paranoiaproduzenten"*, *„Rechtsextreme"* und *„Verschwörungstheoretiker"* betitelt und geframet. Dies waren genau dieselben Frames, welche kurze Zeit später für Personen verwendet wurden, welche genau das Gegenteil sagten. Sie warnten genau vor dieser Panikmache, sie sagten, dass das neue Coronavirus keine außergewöhnlich große Gefahr in Deutschland darstelle und sie kritisierten die freiheitsbeschränkenden Maßnahmen der Regierung, zu welcher auch die Grenzschließung gehörte. Wir erinnern uns: *„Nehmen wir den hier implizit gemachten Vorschlag doch mal Ernst. Was wäre, wenn man die Grenzen schließen würde? (…) Und schon hätte man das, genau das, was man draußen halten wollte, das Desaster."*

Die öffentlich rechtlichen Sender, sowie andere Leitmedien vertraten also stets die Regierungsmeinung. Weder in der einen, noch in der anderen Richtung, wurde eine objektive Berichterstattung getätigt. Durch Frames mit übelsten Begriffen wurden die Gegner der jeweils aktuellen Regierungsmeinung belegt und diffamiert. In der Basis waren es immer dieselben Frames. *„Unseriös"*, *„Neo-Nazis"*, *„Rechtsextreme"*, *„Verschwörungstheoretiker"*. Je nach Richtung kamen noch einige andere hinzu. Entweder *„Psychotiker"*, *„Paranoiaproduzenten"* oder *„Coronaleugner"*, *„Verharmloser"*, *„unsolidarisch"*, *„verantwortungslos"*. Einschränkend muss hier richtigerweise auf ein herausstechendes, positives Beispiel verwiesen werden. Markus Lanz lud in seine Gesprächsrunden beim ZDF auch Kritiker der Regierungsmaßnahmen, wie beispielsweise den Virologen Prof. Streeck ein, welcher ziemlich frei und offen zu Wort kam. Allerdings wird seine Sendung erst nach 23.00 Uhr ausgestrahlt. Zu einer Nebensendezeit also, zu welcher die arbeitstätige Bevölkerung in der Regel schläft.

Prof. Streeck kritisierte in der Sendung von Maybritt Illner am 11.06.2020: *„Man traut sich ja in dieser emotionalen Debatte gar nicht mehr, seine Einschätzung oder Empfehlung zu geben."* Zum Thema Schulschließung habe auch er eine Meinung, aber es *„wird dann ja entweder verkürzt dargestellt, was ich sage, oder es wird der eine gegen den anderen aufgebauscht - wir sind ja keine Gegenspieler."* [698]

Auch die Bild-Zeitung änderte am 27.04.2020 ihre Richtung in der Coronapolitik. Bild-Chef Julian Reichelt forderte öffentlich: *„Schluss mit Starrsinn in der Corona-Politik!"* [699] und sagte dazu:

„Es ist möglich, aber keinesfalls gewiss, dass richtig ist, was gewaltige Mehrheiten für richtig halten. Es gibt keine Herdenimmunität dagegen historisch katastrophal falsch zu liegen. Zweitens, nahezu alle Experten, denen wir uns in dieser Krise anvertrauen müssen, (Anm.: dieses Wort wird mit Bedauern gesagt) *lagen mit nahezu jeder Einschätzung so falsch, dass unser Glaube an sie sich nur noch mit Verzweiflung erklären lässt. (…) Die Experten müssen Recht behalten, weil sie nicht falsch liegen dürfen. Die deutsche Wirtschaft vorschnell ruiniert zu haben, wäre für keine Partei, vielleicht noch nicht einmal für die Demokratie überlebbar. Deswegen erleben wir zunehmend Sturheit, Starrsinn und Rechthaberei. (…)."*

Welchen Grund dieser Sinneswandel hatte, darüber kann nur spekuliert werden. Bis zu diesem Zeitpunkt war die Bildzeitung an der vordersten Front der Panikmache während der Corona-Krise gewesen. So schrieb sie beispielsweise am 02.04.2020 über New York: *„Möglicher Notfallplan: Häftlinge könnten im Ernstfall Massengräber schaufeln – für 6 Dollar die Stunde"* In einem weiteren Bericht über die Coronalage in New York vom 07.04.2020 wurde impliziert, dass die Insel Hart Island vor New York nur extra für die vielen Coronatote benutzt werde. *„Wohin mit den vielen Leichen? (…)Deswegen will New York die Toten erst einmal auf Hart Island lagern (…)".* [700] Es fehlte nämlich der Hinweis, dass Hart Island bereits seit 150 Jahren der Armenfriedhof New Yorks ist.

„New York beerdigt seine Corona-Toten in Massengräbern" [701] war die Überschrift am 10.04.2020. Es ging wieder um Heart Island, auch hier kein Hinweis darauf, dass es sich seit 150 Jahren um einen Armenfriedhof handelt.

Behalten wir bei alledem auch immer das Thema „Framing" im Hinterkopf. Wie in Kapitel 6.5 „"Normales" Risiko von Covid-19" gezeigt, handelte es sich bei der Mehrheit dieser Toten nämlich um Angehörige der Unterschicht. In einer Ausgabe im Mai ging die Bild-Zeitung dann, neben anderen in den letzten Wochen verbreiteten tendenziösen Meldungen, auch auf dieses Thema ein und stellte sie richtig.   Am 25.05.2020 begann die Bild sich offen gegen Prof. Drosten zu stellen. *„Fragwürdige Methoden. Drosten-Studie über ansteckende Kinder grob falsch. Wie lange weiß der Star-Virologe schon davon?"* [702]

Anhang

Viele kritische Stimmen renommierter Wissenschaftler und Spezialisten zu den freiheitsbeschränkenden Maßnahmen der Regierungen und der Corona-Hysterie aus den unterschiedlichsten Fachbereichen kamen schon sehr früh auf. Diese wurden durch Politik und Mainstream- Medien stark unterdrückt. Hier einige Beispiele.[703]

<u>Aus dem Fachbereich der Medizin:</u>

Professor Dr. Karin Mölling

Ehem. Direktorin des Instituts für Medizinische Virologie in Zürich,

Verdienstkreuz 1. Klasse der BRD

Professor Dr. Klaus Püschel

Rechtsmediziner und Chef der Hamburger Rechtsmedizin

Professor Dr. Henrik Ullum

Rigshospitalet Kopenhagen, Section for Transfusion Medicine, Centre of Diagnostic Investigation

Professor Dr. John Oxford

Queen Mary Universität London, weltweit führender Virologe und Influenza-Spezialist

Professor Dr. Dr. Martin Haditsch

 Facharzt für Mikrobiologie, Virologie und Infektionsepidemiologie

Professor Dr. Sucharit Bhakdi

Facharzt für Mikrobiologie und Infektionsepidemiolgie,

ehemaliger Leiter des Instituts für Medizinische Mikrobiologie und Hygiene der Universität Mainz

Professor Dr. Ulrich Hegerl

Universitätsklinikum Frankfurt, Facharzt für Psychiatrie und Psychotherapie

Vorsitzender der Stiftung Deutsche Depressionshilfe

Professor Dr. Hendrick Streeck

Professor für Virologie und Direktor des Instituts für Virologie und HIV-Forschung an der Medizinischen Fakultät der Universität Bonn

Professor Dr. Gérard Krause

Leiter des Bereichs Epidemiologie am Helmholtz-Zentrum für Infektionsforschung

Professor Dr. Jochen A. Werner

Ärztlicher Direktor und Vorstandsvorsitzender der Universitätsmedizin Essen

Prof. Dr. Matthias Schrappe, Hedwig François-Kettner, Dr. Matthias Gruhl, Franz Knieps, Prof. Dr. Holger Pfaff, Prof. Dr. Gerd Glaeske,

Thesenpapier zur Pandemie durch SARS-CoV-2/Covid-19.

Professor Dr. John Ioannidis

Professor für Medizin, Professor für Epidemiologie und Bevölkerungsgesundheit sowie Professor für biomedizinische Datenwissenschaft, Stanford-University, USA

Professor Dr. Silvio A. Ñamendys-Silva

Intensivmediziner, Mexiko

Professor Dr. Giulio Tarro

Virologe, Italien

Professor Dr. Peter C. Gøtzsche

Medizinforscher und Professor an der Universität Kopenhagen, Facharzt für Innere Medizin

Professor Dr. Pietro Vernazza

Chefarzt der Infektiologie am Kantonsspital St. Gallen, Schweiz

Professor Dr. Clemens Wendtner

Chefarzt der Schwabinger Klinik für Infektiologie

Professor Dr. Carl Heneghan

Professor für evidenzbasierte Medizin und Direktor des Zentrums für evidenzbasierte Medizin Universität Oxford, Großbritannien

Professor Dr. Yoram Lass

ehemaliger Generaldirektor des israelischen Gesundheitsministeriums

Professor Dr. Dan Yamin

Direktor des Forschungslabors für Epidemien an der Universität von Tel Aviv

Professor Dr. Isaac Ben-Israel

Präsident des israelischen Nationalen Forschungsrats

Professor Dr. Stefan Hockertz

Immunologe und Toxikologe

Professor Dr. Eran Bendavid

Professor für Medizin an der Stanford-Universität, USA

Professor Dr. Jay Bhattacharya

Professor für Medizin an der Stanford-Universität, USA

Professor Dr. Carsten Scheller

Professor für Virologie an der Universität Würzburg

Professor Dr. Didier Raoulti

Mediziner, Mikrobiologe und Infektiologe, Krankenhausleiter in Marseille, Frankreich

Professor Michael T. Osterholm

Direktor des Center for Infectious Disease Research and Policy an der University of Minnesota

Prof. Dr. Frank Ulrich Montgomery

Präsident der Bundesärztekammer, Vorsitzender des Weltärztebundes

Professor Dr. Sunetra Gupta

Professor für theoretische Epidemiologie, Universität Oxford

Professor Dr. Ansgar Lohse

Klinikdirektor des Universitätsklinikum Hamburg-Eppendorf

Professor Dr. John Oxford

weltweit führender Virologe und Influenza-Spezialist

Queen Mary Universität London, Großbritannien

Professor Dr. Ulrich Keil

Epidemiologe der Universität Münster und ehemaliger Berater der WHO

Professor Dr. Jon Lee

Pathologe, Großbritannien

Professor Dr. Joel Kettner,

Erster Chief Provincial Public Health Officer von Manitoba, Universität von Manitoba, Kanada

Professor Dr. med. K.-F. Bürrig

Präsident des Bundesverbandes Deutscher Pathologen (BDP)

Professor Dr. Gustavo Baretton

Vorsitzender der Deutschen Gesellschaft für Pathologie (DGP)

Professor Dr. T. Welte,

Deutsches Zentrum für Lungenforschung/DZL

Direktor der Klinik für Pneumologie und Infektionsmedizin der Med. Hochschule Hannover/MHH

Professor Dr. Michael Schulte-Markwort

ärztlicher Leiter des Zentrums für Psychosoziale Medizin Universitätsklinikum Hamburg Eppendorf

Professor Dr. Thomas Stefenelli

Leiter der 1. Medizinischen Abteilung im Donauspital, Wien, Österreich

Professor Dr. rer. nat. Alexander S. Kekulé

Direktor des Instituts für Medizinische Mikrobiologie, Martin-Luther-Universität ,Halle-Wittenberg

Prof. Dr. Knut Wittkowski

20 Jahre Leiter der Abteilung Epidemiologie, Biostatistik und Forschungsdesign an der Rockefeller University in New York City

Professor Dr. TszKei Joseph Wu

Professor für Epidemiology und Biostatistik, Hongkong, China

Professor Dr. med. Harald Matthes

ärztlicher Leiter des Berliner Gemeinschaftskrankenhauses Havelhöhe

Professor Dr. Jens Otto Lunde Jörgensen

Aarhus Universitetshospital, Dänemark

Professor Dr. Mikko Paunio

Epidemiologe, Universität Helsinki, Finnland

Professor Dr. Johan Giesecke

Epidemiologe, Schweden

Professor Dr. Pierre Vidailhet

Psychiater, Universität Straßburg, Frankreich

Dr. Anders Tegnell

Leiter der schwedischen Gesundheitsbehörde

Dr. Wolfgang Wodarg

Internist, Lungenarzt, Facharzt für Hygiene und Umweltmedizin

Mitglied des Deutschen Bundestages von 1994 bis 2009

Dr. David Katz

Universität Yale, USA, Gründungsdirektor des Yale University Prevention Research Center

Dr. Thomas Jefferson

Epidemiologe und Research Fellow der University of Oxford

Dr. Anthony S. Fauci

Immunologe, Berater der US-Regierung auf den Gebieten der Biogefährdung

Dr. Pablo Goldschmidt

Virologe, Monaco, Frankreich und Argentinien

Dr. Iris Hauth

Mitglied im Vorstand der Deutschen Gesellschaft für Psychiatrie und Psychotherapie

Ärztliche Direktorin der Alexianer St. Joseph Klinik in Berlin

Dr. Hans-Joachim Maaz

Ehemaliger Chefarzt der Klinik für Psychotherapie und Psychosomatik in Halle

Langjähriger Vorsitzender der Deutschen Gesellschaft für analytische Psychotherapie und Tiefenpsychologie

Dr. Matthias Thöns

Facharzt für Anästhesiologie Notfall-, Schmerz- und Palliativmedizin

Dr. David Konrad

Karolinska University Hospital Stockholm, Schweden

Dr. Desmond Sutton

Dr. Karin Fuchs

Dr. Mary D'Alton

Dr. Dena Goffman

Columbia University Irving Medical Center, New York, NY.

Dr. Gerd Reuther

Universitätsdozent und Facharzt für Radiologie

Dr. Stephan Rietiker

Mediziner, Schweiz

Dr. Bodo Schiffmann

Mediziner

Dr. Michael Hable

Amtsarzt

Dr. Claus Köhnlein

Internist

Dr. Thomas Binder

Arzt, Schweiz

Dr. Leopoldo Salmaso

Italien, spezialisiert auf Infektions- und Tropenkrankheiten sowie die öffentliche Gesundheit

Dr. Richard Capek

Mediziner

Dr. Jochen Schuler

Arzt, Salzburg, Österreich

Dr. Annie Bukacek

Ärztin im Bundesstaat Montana, USA

Aus dem Fachbereich der Biologie:

Professor Dr. Michael Levitt

Professor für Biochemie, Stanford University, USA. Nobelpreis für Chemie 2013

Professor Dr. Maria Rita Gismondo

Mikrobiologin, Mailand, Italien

Professor Dr. rer. nat. Andre Franke

Institut für Klinische Molekularbiologie, Christian-Albrechts-Universität zu Kiel

Dr. Johannes Wollbold

Systembiologe und Mathematiker

Aus dem Fachbereich der Psychologie:

Prof. Dr. Christof Kuhbandner

Institut für Experimentelle Psychologie, Universität Regensburg

Professor Dr. Franz Ruppert

Professor der Psychologie, Psychologischer Psychotherapeut, Psychotraumatologe

Professor Sam Vaknin

Professor der Psychologie, Ph.D. in Philosophie, Buchautor

Professor Dr. Gerd Gigerenzer

Psychologe, Direktor des Harding-Zentrums für Risikokompetenz an der Universität in Potsdam

Dr. Raphael Bonelli

Neurowissenschaftler und Psychologe, Österreich

MMag. Dr. Harald Haas

Psychologe & Politologe, Österreich

Dr. Samantha K. Brooks

Psychologin, King's College, London, Großbritannien

Dipl.-Psych. Richard Rieger

Psychologe, Dozent und Buchautor

Aus dem Fachbereich der Mathematik:

Institut für Medizinische Statistik (IMS) der Medizinischen Universität Wien

Professor Dr. Gerd Bosbach

Professor für Statistik, Mathematik und empirische Wirtschafts- und Sozialforschung

Mit-Autor des bekannten Buches „Lügen mit Zahlen"

Professor Dr. Wolfram Meyerhöfer

Professor für Mathematik-Didaktik

Dr. Jason Oke

Statistiker am Nuffield Department of Primary Care Health Sciences, Universität Oxford

Aus dem Fachbereich der Rechtswissenschaft:

Professor Dr. Thorsten Kingreen

öffentliches, soziales und Gesundheitsrecht, Universität Regensburg

Professor Dr. Markus Schefer

Professor für Staatsrecht und Verwaltungsrecht an der Universität Basel, Schweiz

Professor Dr. Rupert Scholz

Staatsrechtler

Professor Dr. Dietrich Murswick

Professor für öffentliches Recht

Professor Dr. Andrea Edenharter

Rechtsprofessorin

Dr. Jessica Hamed

Straf- und Verfassungsrechtlerin

Jonathan Sumption

ehemaliger Richter des britischen Supreme Court

Beate Bahner

Fachanwältin für Medizinrecht, Autorin von fünf medizinrechtlichen Fachbüchern

Rechtsanwältin Lea Voigt,

Vorsitzende des Ausschusses für Gefahrenabwehr des Deutschen Anwaltsvereins (DAV)

Aus dem Fachbereich Medien / Kommunikation:

Professor Dr. Otfried Jarren

Institut für Kommunikationswissenschaft und Medienforschung der Universität Zürich,

Präsident der Eidgenössischen Medienkommission in der Schweiz

Professor Dr. Michael Meyen

Professor für Kommunikationswissenschaft an der LMU München

Professor Dr. Joachim Grzega

Sprachwissenschaftler

Dr. Norbert Häring

Journalist und Wirtschaftswissenschaftler

Stefan Krempl

IT-Fachmagazin Heise Online

Paul Schreyer

Investigativjournalist

Aus dem Fachbereich der Philosophie:

Prof. Dr. Dr. h.c. Julian Nida-Rümelin, Staatsminister a.D.

Professor für Philosophie und politische Theorie,

Ludwig-Maximilians-Universität München

Professor Dr. Giorgio Agamben

Philosophieprofessor an den Universitäten Venedig und Paris

Aus dem Fachbereich der Wirtschaft:

Professor Dr. Stefan Homburg

Direktor des Instituts für öffentliche Finanzen an der Leibniz-Universität in Hannover

Dr. Gerald Gaß

Präsident der deutschen Krankenhausgesellschaft,

Diplom-Volkswirt und Diplom-Soziologe

Literaturverzeichnis

Alpers, G.W. & Gerdes, A.B.M. (2007). Here Is Looking at You: Emotional Faces Predominate in Binocular Rivalry. *Emotion*, 7, (3), 495 - 506.

Alpers, G.W. & Gerdes, A.B.M. (2014). You See What You Fear: Spiders Gain Preferential Access to Conscious Perception in Spider-Phobic Patients. *Journal of Experimental Psychopathology*, 5, (1),14 - 28.

Andersen, A., Mogensen, S.W., Rodrigues, A., Benn, Ch.S. & Aaaby, P. (2017). The Introduction of Diphtheria-Tetanus-Pertussis and Oral Polio Vaccine Among Young Infants in an Urban African Community: A Natural Experiment. *EBioMedicine* 17 (C), 192-198.

Aronson, E., Wilson, T.D. & Akert, R.M. (2008). *Sozialpsychologie*. 6., aktualisierte Auflage. München: Pearson Studium.

Augurzky, B., Krolop, S., Sperling, S. & Terkatz, S. (2006). *Bewältigt der deutsche Krankenhaussektor eine Grippepandemie?* Essen: RWI – Leibnitz-Institut für Wirtschaftsforschung.

Baschwitz, K. (1923). *Der Massenwahn.* Seine Wirkung und seine Beherrschung. München: C.H. Beck.

Becker, E.S. & Rinck, M. (2010). Sensitivity and response bias in fear of spiders. *Cognition and Emotion*, 18 (7) 961-976.

Bless, H., Bohner, G., Schwarz, N. & Strack, F. (1990). Mood and persuasion: A cognitive response analysis. *Personality and Social Psychology Bulletin*, 16, 331-345.

Bohner, G, Rank, S., Reinhard, M.A., Einwiller, S. & Erb, H.P. (1998). Motivational determinants of systematic processing: Expectancy moderates effects of desired confidence on processing effort. *European Journal of Social Psychology*, 28, 185-206.

Bond, R. (2005). Group Size and Conformity. *Group Processes & Intergroup Relations*, 8, (4), 331-354.

Brehm. J.W. (1956). Postdecision changes in the desirability of alternatives. *Journal of Abnormal and Social Psychology*, 52, 384-389.

Bude, H. (2014). *Gesellschaft der Angst.* Hamburg: Hamburger Edition.

Buonomano, D. (2012). *Brain Bugs.* Die Denkfehler unseres Gehirns. Bern: Hans Huber, Hogrefe.

Chaiken, S. & Maheswaran, D. (1994). Heuristic processing can bias systematic processing: Effects of source credibility, argument ambiguity, and task importance on attitude judgment. *Journal of Personality and Social Psychology*, 66, 460-473.

Cacioppo, J.T. & Petty, R.E. (1979). Effeccts of message repetition and position on cognitive response, recall and persuasion. *Journal of Personality and Social Psychology*, 37, 97-109.

Cacioppo, J.T. & Petty, R.E. (1990). Effeccts of message repetition on argument processing, recall, and persuasion. *Basic and Applied Social Psychology*, 10,3-12.

Cacioppo, J.T., Petty, R.E., Feinstein, J. & Jarvis, B. (1996). Individual differences in cognitive motivation: The liges and times of people varying in need for cognition. *Psychological Bulletin,* 119, 197-253.

Chen, S., Schechter, D. & Chaiken, S. (1996). Getting at the truth or getting along: Accuracy- vs. Impression-motivated heuristic and systematic information processing. *Journal of Personality and Social Psychology*, 71, 262-275.

Christmann, F. (2015). *Keine Angst vor Ängsten.* Verhaltenstherapeutische Techniken lernen und anleiten. Stuttgart: Schattauer.

Dilling, H. & Feyberger, H.J. (2019). *ICD-10.* Taschenführer zur ICD-10-Klassifikation psychischer Störungen. 9., aktualisierte Auflage entsprechend ICD-10-GM. Bern: Hogrefe.

Doliński, D., Grzyb,T., Folwarczny, M., Grzybała, P., Krzyszycha, K., Martynowska, K. & Trojanowski, J. (2017). Would You Deliver an Electric Shock in 2015? Obedience in the Experimental Paradigm Developed by Stanley Milgram in the 50 Years Following the Original Studies. *Social Psychological and Personality Science,* 8 (8), 927-933.

Eagly, A.H. & Chaiken, S. (1993). Attitude structure and function. In D.T. Gilbert, S.T. Fiske & G. Lindzey (Eds.), *Handbook of social psychology* (4th ed., Vol. 1, pp. 269 - 322). New York: McGraw-Hill.

Elovainio, M. , Hakulinen, Ch., Pulkki-Råback, L., Virtanen, M., Joseffson, K., Jokela, M., Vahtera, J. & Kivimäki, M. (2017). Contribution of risk factors to excess mortality in isolated and lonely individuals: an analysis of data from the UK Biobank cohort study. *The Lancet Public Health*, 2, (6), 260-266.

Festinger, L. (1957). A theory of social comparison processes. *Human Ralations*, 77, 117-140.

Frueh, B.C., Elhai, J.D., Grubaugh, A.L., Monnier, J., Kashdan, T.B., Sauvageot, J.A., Hamner, M.B., Burkett, B.G., & Arana, G.W. (2005). Documented combat exposure of US veterans seeking treatment for combat-related post-traumatic stress disorder. *The British Journal of Psychatrie*, 186, 467-472.

Greenwald, A.G. (1968). Cognitive learning, cognitive response to persuasion, and attitude change. In A.G. Greenwald, T.C. Brock & T.M. Ostrom (Eds.), *Psychological foundations of attitudes* (pp. 147-170). San Diego, CA: Academic Press.

Goffman, E. (1959). *The presentation of self in everyday life.* Garden City, N.Y. : Doubleday & Company.

Göttlich, U. (2002). Massenmedium. In: Helmut Schanze (Hrsg.), *Metzler Lexikon. Medientheorie Medienwissenschaft*. Stuttgart / Weimar: Verlag J.B. Metzler..

Haggard,P., Caspar, E.A., Christensen, J.F. & Cleeremans, A. (2016). Coercion Changes the Sense of Agency in the Human Brain. *Current Biology*, 26 (5), 585-592.

Hamblen, J. & Barnett, E. (2009). PTSD in Children and Adolescents. National Center for PTSD. December. www.ptsd.va.gov.

Hamill, R., Wilson, T.D. & Nisbett, R.E. (1980). Insensitivity to sample bias: Generalizing from atypical cases. *Journal of Personality and Social Psychology*, 39, 832 – 845.

Haughtvedt, C.P. & Petty, R.E. (1992). Personality and persuasion: Need for cognition moderates the persistence and resistance of attitude change. *Journal of Personality and Social Psychology*, 63, 308-319.

Hiroyuki Takada, H., Aso, K., Watanabe, K., Okumura, A., Negoro, T. & Ishikawa, T. (1999). Epileptic Seizures Induced by Animated Cartoon, "Pocket Monster". *Epilepsia. Official Journal of the International League Against Epilepsy*, 40 (7), 997-1002.

Hofmann, H., Pyrc, K., van der Hoek, L., Geier, M., Berkhout, B. & Pöhlmann, S. (2005). Human coronavirus NL63 employs the severe acute respiratory syndrome coronavirus receptor for cellular entry. *Proceedings of the National Academy of Sciences*, 102(22), 7988-93.

Howes, R.E., Piel, F.B., Patil, A.P., Nyangiri, O.A., Gething, P.W., Dewi, M., Hogg, M.M., Battle, K.E., Padilla, C.D. Baird, J.K. & Hay, S.I. (2012). G6PD Deficiency Prevalence and Estimates of Affected Populations in Malaria Endemic Countries: A Geostatistical Model-Based Map. *PLoS Medicine*, 9 (11): e1001339.

Jacobi, F., Höfler, M., Strehle, J., Mack, S., Gerschler, A., Scholl, L., Busch, M.A., Maske, U., Hapke, U., Gaebel, W., Maier, W., Wagner, M., Zielasek, J. & Wittchen, H.-J. (2014). Psychische Störungen in der Allgemeinbevölkerung: Studie zur Gesundheit Erwachsener in Deutschland und ihr Zusatzmodul Psychische Gesundheit (DEGS1-MH). *Der Nervenarzt,* 85, 77–87.

Jonas, K., Stroebe, W. & Hewstone, M. (Hrsg.). (2007). *Sozialpsychologie.* 5. Auflage. Heidelberg: Springer.

Kahneman, D. & Tversky, A. (1984): Choices, values, and frames. *American Psychologist* 39 (4). 341-350.

Konsalik, H.G., (1959). *Die Rollbahn.* Bad Wörishofen: Aktueller Buchverlag.

Kruger, J. & Dunning, D.(1999). Unskilled and unaware of it. How difficulties in recognizing one's own incompetence lead to inflated self-assessments. *Journal of Personality and Social Psychology.* 77, 1121–1134.

Li, Y., Yao, L. Li, J., Chen, L., Song, Y., Cai, Z. & Yang, Ch. (2020). Stability issues of RT-PCR testing of SARS-CoV-2 for hospitalized patients clinically diagnosed with COVID-19. *Journal of Medical Virology.* Published April 05, 2020, 1 - 6.

Linder, D.E., Cooper, J. & Jones, E.E. (1967). Decision freedom as a determinant of the role of incentive magnitude in attitude change. *Journal of Personality and Social Psychology,* 6, 245-254.

Matheeussen, V., Corman, V.M., Mantke, O.D., McCulloch, E., Lammens, Ch., Goossens, H., Niemeyer, D., Wallace, P.S., Klapper, P., Niesters, H.GM, Drosten, Ch., Ieven, M. andon behalf of the RECOVER project and collaborating networks (2020*). Europe's journal on infectious disease surveillance, epidemiology, prevention and control,*25 (27).

Maruthappu, M., Watkins, J., Mohd Noor, A., Ali, R., Sullivan, R., Zeltner, T. & Atun, R. (2016). Economic downturns, universal health coverage, and cancer mortality in high-income and middle-income countries, 1990–2010: a longitudinal analysis. *The Lancet,* 388 (10045), 684-695.

McGuire, W.J. (1969). The nature of attitudes and attitude change. In G. Lindzey & E. Aronson (Eds.), *Handbook of social psychology* (2nd ed., Vol. 3, pp. 136-314). Reading, MA: Addison-Wesley.

McGuire, W.J. (1985). Attitudes and attitudes change. In G. Lindzey & E. Aronson (Eds.), *Handbook of social psychology* (3rd ed., Vol. 2, pp. 233- 346). New York: Random House.

Miller, S.M. (1980). Why having control reduces stress: If I can stop the roller coaster, I don't want to get off. In J. Garber & M.E.P. Seligman (Eds*.), Human helplessness. Theory and application* (pp. 71-95). New York: Academic Press.

Moosburger, H. & Kelava, A. (2012). *Testtheorie und Fragebogenkonstruktionen*. 2. Auflage. Berlin, Heidelberg: Springer.

Moscovici, S. (1979). *Sozialer Wandel durch Minoritäten*. München: Urban & Schwarzenberg.

Moscovici, S. (1980) 'Towards a theory of conversion behavior', in L. Berkowitz (ed.), *Advances in Experimental Social Psychology*, Vol. 13. London: Academic Press. pp. 209–39.

North, A.C., Hargreaves, D.J., & McKendrick, J. (1999). The Influence of In-Store music on wine selections. *Journal of Applied Psychology,* 84, 271-276.

Noyes, R. Jr., Hartz, A.J., Doebbeling, C.C., Malis R.W., Happel R.L., Werner L.A. & Yagla S.J. (2000). Illness Fears in the General Population. *Psychosomatic Medicine*, 62 (3), 318-25.

Patrick, D.M. et al (2006). An Outbreak of Human Coronavirus OC43 Infection and Serological Cross-reactivity with SARS Coronavirus. *Canadian Journal of Infectius Diseases and Medical Microbiology*, 17 (6), 330-336.

Petty, R.E. & Cacioppo, J.T. (1986). *Communication and persuasion: Central and peripheral route to attitude change.* New York: Springer.

Petty, R.E., Cacioppo, J.T. & Goldman, R. (1981). Personal involvement as a determinant of argument-based persuasion. *Journal of Personality and Social Psychology*, 41,847-855.

Petty, R.E., Ostrom, T.M. & Brock, T.C. (Eds.). (1981). *Cognitive responses in persuasion.* Hillsdale, NJ: Erlbaum.

Petty, R.E & Wegener, D.T. (1998a). Attitude change: Multiple roles for persuasion variables. In D.T. Gilbert, S.T. Fiske & G. Lindzey (Eds.), *Handbook of social psychology* (4th ed., Vol. 1, pp. 323-390). New York: Oxford University Press.

Petty, R.E & Wegener, D.T. (1998b). Matching versus mismatching attitude functions: Implications for scrutiny of persuasive messages. *Personality and Social Psychology Bulletin*, 24, 227-240.

Petty, R.E & Wegener, D.T. (1999). The elaboration likelihood model: Current status and controversies. In S. Chaiken & Y. Trope (Eds.), *Dual-process theories in social psychology* (pp. 41-72). New York: Guilford.

Petty, R.E., Wells, G.L. & Brock, T.C. (1976). Distraction can enhance or reduce yielding to propaganda: Thought disruption versus effort justification. *Journal of Personality and Social Psychology*, 34, 874-884.

Peuckert, R. (1975). *Konformität.* Erscheinungsformen – Ursachen – Wirkung. Stuttgart: Ferdinand Enke Verlag.

Pfister H., Jungermann H., Fischer K. (2017). *Die Psychologie der Entscheidung*, 4. Auflage. Berlin, Heidelberg: Springer

Pinel, J. & Pauli, P. (Hrsg.) (2007). *Biopsychologie.* 6., aktualisierte Auflage. München: Pearson Studium.

Pinna, A., Contini, E.L., Carru, C. & Solinas, G. (2013). Glucose-6-Phosphate Dehydrogenase Deficiency and Diabetes Mellitus with Severe Retinal Complications in a Sardinian Population, Italy. *International Journal of Medical Sciences*, 10 (13), 1907-1913

Robert-Koch-Institut. (2020). Aktuelle Daten und Informationen zu Infektionskrankheiten und Public Health. *Epidemiologisches Bulletin*, 15.

Robert-Koch-Institut. (2020). Aktuelle Daten und Informationen zu Infektionskrankheiten und Public Health. *Epidemiologisches Bulletin*, 16.

Robert-Koch-Institut. (2020). Aktuelle Daten und Informationen zu Infektionskrankheiten und Public Health. *Epidemiologisches Bulletin*, 17.

Rotter, J.B. (1966). Generalized expectancies of internal versus external control of reinforcement. *Psychological Monographs*, 80, whole No. 609.

Schubert, Ch. (2016).*Was uns krank macht – Was uns heilt.* Aufbruch in eine Neue Medizin. Das Zusammenspiel von Körper, Geist und Seele besser verstehen. Munderfing: Verlag Fischer & Gann.

Schwartz, A.B. (2015*). Broadcast Hysteria: Orson Welles's War of the Worlds and the Art of Fake News.* New York: Hill and Wang.

Seligman, M.E.P. & Maier, S.F. (1967). Failure to escape traumatic shock. *Journal of Experimental Psychology*, 74, 1-9.

Soyka, M., Queri, S., Küfner, H. & Rösner, S. (2005). Wo verstecken sich 1,9 Millionen Medikamentenabhängige? *Nervenarzt*, 76, 72–77.

Spada, Hans (Hrsg.) (2006). *Lehrbuch. Allgemeine Psychologie*. 3., vollständig überarbeitete und erweiterte Auflage. Bern: Huber.

Srull, T.K. & Wyer, R.S. (1979). The role of category accessibility in the interpretation of information about persons: Some determinants and implications. *Journal of Personality and Social Psychology*, 37, 1660-1672.

Srull, T.K. & Wyer, R.S. (1980). Category accessibility and social perception: Some implications for the study of person memory and interpersonal judgments. *Journal of Personality and Social Psychology,* 38, 841-856.

Steigerwald, F. (1997). *Psychologie, Soziologie und Pädagogik*. Völklingen: Haus &Gross.

Steppuhn, H., Buda, S., Wienecke, A., Kraywinkel, A., Tolksdorf, K., Haberland, J., Detlef Laußmann, D. & Scheidt-Nav, Ch. (2017). Zeitliche Trends in der Inzidenz und Sterblichkeit respiratorischer Krankheiten von hoher Public-Health-Relevanz in Deutschland. *Journal of Health Monitoring,* 2 (3) Berlin: Robert Koch-Institut.

Talbot, M. (2002). *The H-Word.* Saturday August 31, New York: The Guardian.

Tversky, A. & Kahnemann, D. (1974). Judgment under uncertainty: Heuristics and biases. *Science*, 185, 1124 – 1131.

Valtorta ,N,K, Kanaan, M, Gilbody, S., Ronzi, S. &Hanratty, B. (2016). Loneliness and social isolation as risk factors for coronary heart disease and stroke: systematic review and meta-analysis of longitudinal observational studies. *Heart (British Cardiac Society)*, 102 (13), 1009-16.

Wegener, D.T., Petty, R.E & Smith, S.M. (1995). Positive mood can increase or decrease message scrutiny: The hedonic contingency view of mood and message processing. *Journal of Personality and Social Psychology*, 69, 5-15.

Wilkening, K. (1978). *Konformität unter Gruppendruck.* Weinheim, Basel: Beltz.

Wong, S.W., Kwong, B., Tam, Y.K. & Tsoi, M.M. (1982). Psychological epidemic in Hong Kong. Epidemiological study. *Acta Psychiatrica Scandinavica*, 65 (6), 421-436.

Zhuang, G.H., Shen, M.W., Zeng L.X., Mi B.B., Chen F.Y., Liu W.J., Pei L.L., Qi X. & Li. C. (2020). Potential false-positive rate among the 'asymptomatic infected individuals' in close contacts of COVID-19 patients. *PubMed.*, 41(4), 485-488.

Zimbardo, P. G. & Gerrig, R. J. (1999). *Psychologie.* Berlin, Heidelberg: Springer.

Verweise

Kapitel 2: Verlauf und Maßnahmen in Deutschland

[1] *Süddeutsche Zeitung.* 18. März 2020

[2] Robert Koch-Institut: *SARS-CoV-2: Fallzahlen in Deutschland, China und weltweit.*

[3] https://www.ovb-online.de/weltspiegel/bayern/coronavirus-covid19-bayern-rosenheim-muehldorf-traunstein-massnahmen-aktuell-nachrichten-ticker-13505736.html [Stand: 2020-03-28]

[4] https://www.bayern.de/corona-pandemie-bayern-ruft-den-katastrophenfall-aus-veranstaltungsverbote-und-betriebsuntersagungen/ [Stand: 2020-03-28]

[5] https://www.muenchen.de/aktuell/2020-03/coronavirus-katastrophenfall-in-bayern.html [Stand: 2020-03-28]

[6] https://meta.tagesschau.de/id/145267/merkel-zu-corona-krise-aussergewoehnliche-situation [Stand: 2020-03-28]

[7] https://www.nordkurier.de/politik-und-wirtschaft/letzte-warnung-an-die-deutschen-1838771703.html [Stand: 2020-03-28]

[8] https://www.tagesschau.de/inland/kontaktverbot-coronavirus-101.html[Stand: 2020-03-28]

[9] https://www1.wdr.de/daserste/monitor/sendungen/corona-grundrechte-100.html [Stand: 2020-04-15]

[10] https://www.bundesgesundheitsministerium.de/coronavirus/chronik-coronavirus.html [Stand: 2020-04-28]

[11] https://www.n-tv.de/politik/Arztepraesident-kritisiert-Corona-Massnahmen-article21720821.html [Stand: 2020-04-17]

[12] https://www.bundesgesundheitsministerium.de/coronavirus/chronik-coronavirus.html [Stand: 2020-04-28]

[13] https://www.spiegel.de/politik/deutschland/coronavirus-angela-merkel-kritisiert-oeffnungsdiskussionsorgien-a-98301b1b-6e06-4065-ab0e-7527a308a631 [Stand: 2020-04-20]

[14] https://www.welt.de/politik/deutschland/article207394539/RKI-zu-Corona-Ohne-Impfstoff-keine-Rueckkehr-zur-Normalitaet.html [Stand: 2020-04-22]

[15] https://www.welt.de/vermischtes/article207443999/Das-Update-zur-Corona-Krise-Wir-werden-viel-verzeihen-muessen-sagt-Jens-Spahn.html [Stand: 2020-04-23]

[16] https://www.abendzeitung-muenchen.de/media.media.5284c61e-1721-4af4-8af1-c1a6330b4b89.original.pdf [Stand: 2020-05-14]

[17] https://www.tagesspiegel.de/politik/autor-des-corona-papiers-im-bmi-so-reagiert-die-spd-auf-die-irrfahrt-des-stephan-kohn/25831928.html [Stand: 2020-05-15]

[18] https://www.rnd.de/politik/innenministerium-mitarbeiter-sieht-bei-coronavirus-fehlalarm-und-wird-entlassen-5CRXKLNICVIY2TUZ3JRXLNAL2U.html [Stand: 2020-05-11]

[19] https://www.msn.com/de-de/nachrichten/politik/die-details-angela-merkel-äußert-sich-zu-corona-geheimbericht/ar-BB144cWe?ocid=spartanntp [Stand: 2020-05-14]

[20] https://www.bundesgesundheitsministerium.de/coronavirus/chronik-coronavirus.html [Stand: 2020-05-16]

[21] Ebd.

[22] https://www.spiegel.de/politik/deutschland/bodo-ramelow-ueber-corona-massnahmen-der-krisenmodus-ist-ueberholt-a-65eb7c4d-3532-401e-8e53-bb32c776a387 [Stand: 2020-05-31]

[23] https://www.bundesgesundheitsministerium.de/coronavirus/chronik-coronavirus.html
[Stand: 2020-06-01]
[24] https://www.bundesfinanzministerium.de/Content/DE/Standardartikel/Themen/Schlaglichter/Konjunkt urpaket/2020-06-03-konjunkturpaket-beschlossen.html [Stand: 2020-06-06]
[25] https://www.morgenpost.de/vermischtes/article229241572/Corona-News-Remdesivir-Zulassung-Karstadt-Streeck-Heinsberg-Nachrichten.html [Stand: 2020-07-05]

Kapitel 3:Indikation

[26] https://flexikon.doccheck.com/de/Indikation (Stand: 2020-03-28]
[27] https://www.bayerisches-aerzteblatt.de/inhalte/details/news/detail/News/aerztliche-indikationsstellung.html [Stand: 2020-03-28]
[28] https://www.spektrum.de/lexikon/psychologie/prozessdiagnostik/11954 [Stand: 2020-04-05]
[29] https://www.stasi-mediathek.de/medien/befehl-zur-verhaengung-des-ausnahmezustands-im-bezirk-karl-marx-stadt/blatt/490/ [Stand: 2020-04-05]

Kapitel 4: Statistik

[30] https://www.ndr.de/nachrichten/info/podcast4684_page-3.html   [Stand: 2020-03-28]
[31] https://www.rki.de/DE/Content/InfAZ/N/Neuartiges_Coronavirus/Fallzahlen.html
   [Stand: 2020-03-28]
[32] https://www.welt.de/vermischtes/article206504969/Coronavirus-In-Italien-mehr-als-10-000-Tote-Karten-Daten-Grafiken.html   [Stand: 2020-03-28]
[33] https://www.n-tv.de/infografik/Coronavirus-aktuelle-Zahlen-Daten-zur-Epidemie-in-Deutschland-Europa-und-der-Welt-article21604983.html[Stand: 2020-03-28]
[34] https://www.merkur.de/welt/coronavirus-deutschland-fallzahlen-faelle-infizierte-aktuell-tote-italien-welt-news-china-usa-spanien-zr-13600954.html [Stand: 2020-04-04]
[35] https://www.aerzteblatt.de/nachrichten/111854/Hohe-Dunkelziffer-Zahl-der-Infizierten-in-Deutschland-moeglicherweise-schon-bei-460-000 [Stand: 2020-04-15]
[36] https://www.youtube.com/watch?v=tl5SnAirYLw [Stand: 2020-03-31]
[37] https://coronadaten.wordpress.com/ (Corona – Epidemie?) [Stand:2020-03-29]
[38] https://www.spiegel.de/wissenschaft/medizin/coronavirus-die-zahlen-sind-vollkommen-unzuverlaessig-a-7535b78f-ad68-4fa9-9533-06a224cc9250 [Stand: 2020-04-07]
[39] https://www.heise.de/tp/features/Die-Ueberschaetzung-des-tatsaechlichen-Anstiegs-der-Coronavirus-Neuinfektionen-4709977.html [Stand: 2020-04-30]
[40] http://euromom.eu/ [Stand: 2020-04-04]
[41] https://www.rki.de/DE/Content/Infekt/EpidBull/Archiv/2020/Ausgaben/15_20.pdf?__blob=publicationFile   [Stand: 2020-04-07]
[42] https://www.bundeskanzlerin.de/bkin-de/mediathek/die-kanzlerin-direkt/zu-frueh-um-regeln-zu-lockern-1739058 [Stand: 2020-04-07]
[43] https://www.sueddeutsche.de/gesundheit/krankheiten-experte-erwartet-60-bis-70-prozent-infizierte-in-deutschland-dpa.urn-newsml-dpa-com-20090101-200228-99-108884   [Stand: 2020-03-29]

[44] https://ptaforum.pharmazeutische-zeitung.de/ausgabe-082013/biotop-fuer-billionen/
[Stand: 2020-03-29]

[45] https://www.faz.net/aktuell/wissen/medizin-ernaehrung/der-nutzen-von-viren-im-menschlichen-koerper-14528200.html   [Stand: 2020-03-29]

[46] https://www.the-scientist.com/features/viruses-of-the-human-body-32614   [Stand: 2020-03-29]

[47] https://www.gesundheitsinformation.de/wie-viel-schutz-bietet-eine-grippeimpfung.2352.de.html?part=vorbeugung-sz-oodp-tzbu   [Stand: 2020-03-29]

[48] https://edoc.rki.de/bitstream/handle/176904/2780/203BmZP4BoPEM.pdf?sequence=1&isAllowed=y
[Stand: 2020-03-29]

[49] https://www.msdmanuals.com/de-de/profi/infektionskrankheiten/respiratorische-viren/%C3%BCbersicht-%C3%BCber-infektionen-aufgrund-von-respiratorischen-viren
[Stand: 2020-03-29]

[50] https://www.receptura.de/apo/Aktuelles/Wichtige-Informationen-zu-Corona-SARS-CoV-2CoViD-19-2020879   [Stand: 2020-03-29]

[51] https://grippeweb.rki.de/ [Stand: 2020-03-29]

[52] https://grippeweb.rki.de/ [Stand: 2020-03-29]

[53] https://www.esanum.de/today/posts/wie-aussagekraeftig-sind-die-corona-tests   [Stand: 2020-03-29]

[54] https://www.ncbi.nlm.nih.gov/pmc/articles/PMC2095096/ [Stand: 2020-03-29]

[55] https://www.ncbi.nlm.nih.gov/pubmed/32133832 [Stand: 2020-03-29]

[56] https://countrymeters.info/de/Italy [Stand: 2020-04-04]

[57] https://de.statista.com/statistik/daten/studie/162187/umfrage/sterbefaelle-in-den-eu-laendern/
[Stand: 2020-04-04]

[58] https://novustat.com/statistik-glossar/signifikanz-statistik.html [Stand: 2020-03-30]

[59] https://de.statista.com/statistik/lexikon/definition/122/signifikanz/ [Stand:2020-03-30]

[60] http://eswf.uni-koeln.de/glossar/node114.html [Stand: 2020-04-02]

[61] https://flexikon.doccheck.com/de/Stichprobe [Stand: 2020-04-02]

[62] https://www.epicentro.iss.it/coronavirus/bollettino/Report-COVID-2019_17_marzo-v2.pdf
[Stand: 2020-04-03]

[63] Ebd.

[64] https://edoc.rki.de/bitstream/handle/176904/2780/203BmZP4BoPEM.pdf?sequence=1&isAllowed=y
[Stand: 2020-04-04]

[65] https://www.deutschlandfunk.de/palliativmediziner-zu-covid-19-behandlungen-sehr-falsche.694.de.html?dram:article_id=474488&utm_source=pocket-newtab   [Stand: 2020-04-13]

[66] https://www.rki.de/DE/Content/InfAZ/N/Neuartiges_Coronavirus/Massnahmen_Verdachtsfall_Infografik_DINA3.pdf?__blob=publicationFile   [Stand: 2020-04-07]

[67] https://www.youtube.com/watch?v=hFXomftfyRU&feature=youtu.be&t=1298   [Stand: 2020-04-07]

[68] https://www.youtube.com/watch?v=hFXomftfyRU&feature=youtu.be&t=796   [Stand: 2020-04-07]

[69] https://de.statista.com/statistik/lexikon/definition/74/kausalitaet/ [Stand: 2020-03-31]

[70] https://home.uni-leipzig.de/schreibportal/korrelation-als-kausalitaet/ [Stand: 2020-03-31]

[71] https://www.statistik-nachhilfe.de/ratgeber/statistik/versuchsplanung/kausalitaet   [Stand: 2020-03-31]

[72] https://wissenschafts-thurm.de/grundlagen-der-statistik-korrelation-ist-nicht-kausalitaet/
[Stand: 2020-03-31]

[73] https://www.statistik-nachhilfe.de/ratgeber/statistik/versuchsplanung/kausalitaet   [Stand: 2020-04-02]

[74] https://www.epicentro.iss.it/coronavirus/bollettino/Report-COVID-2019_17_marzo-v2.pdf
   [Stand: 2020-03-31]

[75] https://www.youtube.com/watch?v=0M4kbPDHGR0&feature=youtu.be&t=210   [Stand: 2020-03-31]

[76] https://www.youtube.com/watch?v=tI5SnAirYLw [Stand: 2020-03-31]

[77] https://www.mdr.de/wissen/corona-tote-krankenhaus-obduktion-100.html   [Stand: 2020-04-13]

[78] https://www.mdr.de/wissen/corona-tote-krankenhaus-obduktion-100.html   [Stand: 2020-04-13]

[79] https://www.sueddeutsche.de/politik/coronavirus-covid-19-tote-1.4884154   [Stand: 21-04-2020]

[80] https://www.tagesschau.de/investigativ/ndr-wdr/corona-obduktionen-103.html   [Stand: 2020-04-21]

[81] https://www.rki.de/SharedDocs/Lebenslauf/Wieler_Lothar_H.html [Stand: 2020-04-21]

[82] https://www.tagesschau.de/investigativ/ndr-wdr/corona-obduktionen-103.html   [Stand: 2020-04-21]

[83] https://www.heise.de/tp/features/Covid-19-Vom-Beginn-einer-Skepsis-4710285.html
   [Stand: 28.04.2020]

[84] https://www.eurasiareview.com/01022020-polluted-air-could-be-an-important-cause-of-wuhan-
pneumonia-oped/ [Stand:2020-03-31]

[85] https://edition.cnn.com/2019/07/10/asia/china-wuhan-pollution-problems-intl-hnk/index.html
   [Stand: 2020-03-31]

[86] https://www.srf.ch/news/international/massive-schadstoffbelastung-nirgendwo-erkranken-so-viele-
wegen-smog-wie-in-norditalien [Stand: 2020-03-31]

[87] https://milano.corriere.it/notizie/cronaca/18_gennaio_10/milano-terapie-intensive-collasso-l-influenza-
gia-48-malati-gravi-molte-operazioni-rinviate-c9dc43a6-f5d1-11e7-9b06-fe054c3be5b2.shtml?refresh_ce-
cp   [Stand: 2020-03-31]

[88] https://insideparadeplatz.ch/2020/03/16/notfall-stationen-bereits-seit-tagen-am-anschlag/
   [Stand: 2020-03-31]

[89] https://www.engadinerpost.ch/2020/4/04/Engadiner-Spitaeler-haben-freie-Kapazitaeten
   [Stand: 2020-04-07]

[90] https://twitter.com/NeurologaenSAS/status/1239498772570308609   [Stand: 2020-03-31]

[91] https://www.zeit.de/wissen/gesundheit/2020-04/coronavirus-frankreich-triage-altenheime-
todesfaelle?utm_source=pocket-newtab   [Stand: 2020-05-02]

[92] https://www.dkgev.de/dkg/presse/details/schrittweise-und-verantwortungsvolle-wiederaufnahme-der-
regelversorgung-in-den-kliniken-noetig/   [Stand: 2020-04-15]

[93] https://www.bz-berlin.de/deutschland/kliniken-verband-schlaegt-alarm-wegen-corona-regeln
   [Stand: 2020-04-17]

[94] https://www.rki.de/DE/Content/Infekt/EpidBull/Archiv/2020/Ausgaben/16_20.pdf?__blob=publicationFi
le   [Stand: 2020-04-07]

[95] https://www.rki.de/DE/Content/Infekt/EpidBull/Archiv/2020/Ausgaben/16_20.pdf?__blob=publicationFi
le   [Stand: 2020-04-07]

[96] https://experience.arcgis.com/experience/478220a4c454480e823b17327b2bf1d4
   [Stand: 2020-04-28]

[97] https://www.heise.de/tp/features/Von-der-fehlenden-wissenschaftlichen-Begruendung-der-Corona-
Massnahmen-4709563.html?seite=all   [Stand: 2020-04-28]

[98] Ebd.

[99] https://infekt.ch/2020/04/sind-wir-tatsaechlich-im-blindflug/   [Stand: 2020-04-18]

[100] https://www.rki.de/DE/Content/Infekt/EpidBull/Archiv/2020/Ausgaben/17_20_SARS-CoV2_vorab.pdf?__blob=publicationFile [Stand: 2020-04-18]

[101] https://www.tagesspiegel.de/politik/die-kanzlerin-und-ihr-unwort-ist-diskussionsorgie-das-neue-alternativlos/25760628.html [Stand: 2020-04-22]

[102] https://www.spiegel.de/politik/deutschland/corona-krise-merkel-verteidigt-kritik-an-lockerungen-der-laender-a-df3dc959-f237-4c5a-a8d2-fd174bf655ef [Stand: 2020-04-21]

[103] https://www.welt.de/politik/deutschland/article116086112/Die-fruehen-Jahre-der-Angela-Merkel.html [Stand: 2020-04-22]

[104] https://www.diabetes-deutschland.de/archiv/archiv_1955.htm [Stand: 2020-04-10]

[105] https://www.deutschlandfunkkultur.de/studie-zum-herzinfarkt-risiko-cholesterin-schadet-alles.993.de.html?dram:article_id=321789 [Stand:2020-06-20]

[106] https://www.swr.de/odysso/statistik-wenn-zahlen-luegen/-/id=1046894/did=18300258/nid=1046894/1m9xzwa/index.html [Stand: 2020-06-20]

Kapitel 5: Furcht und Angst

[107] https://www.spektrum.de/lexikon/psychologie/furcht/5451 [Stand: 2020-04-10]

[108] https://www.noack-hypnose.de/furcht-oder-angst/ [Stand: 2020-04-10]

[109] https://www.spektrum.de/lexikon/psychologie/yerkes-dodson-gesetz/17042 [Stand: 2020-04-10]

[110] https://www.zdf.de/nachrichten/panorama/coronavirus-infektionen-sars-100.html [Stand: 2020-04-10]

[111] https://virologie-ccm.charite.de/forschung/labor_drosten/ [Stand: 2020-04-10]

[112] https://www.welt.de/wissenschaft/schweinegrippe/article7152380/Der-Experte-der-30-000-Deutsche-sterben-sah.html [Stand: 2020-04-10]

[113] https://panikattacken.at/angst-biologie/angst_biologie.html [Stand: 2020-04-10]

[114] https://www.rbb24.de/panorama/thema/2020/coronavirus/beitraege_neu/2020/04/handschuhe-corona-schutz-helfen-nicht-wirksam-hygiene.html [Stand: 2020-04-10]

[115] https://www.zdf.de/nachrichten/politik/coronavirus-diskriminierung-rassismus-asiaten-100.html [Stand: 2020-05-25]

[116] https://www.swp.de/politik/inland/corona-schlachthof-toennies-vermehrt-uebergriffe-auf-buergern-aus-ostwestfalen-47335307.html [Stand: 2020-06-27]

[117] https://blog.cognifit.com/de/das-limbische-system/ [Stand: 2020-04-10]

[118] https://www.wissenschaft.de/umwelt-natur/das-hirnareal-amygdala-verstaerkt-emotionale-reize/ [Stand: 2020-04-10]

[119] https://medlexi.de/Mesolimbisches_System [Stand: 2020-04-10]

[120] https://www.scinexx.de/news/biowissen/neuer-angst-produzent-im-gehirn-gefunden/ [Stand: 2020-04-10]

[121] http://www.borbas.ch/frameless/PDF/Kostenlose%20PDF/Angst,%20ein%20Gefuehl.pdf [Stand: 2020-04-10]

[122] https://phobien.ndesign.de/ [Stand: 2020-04-10]

[123] https://www.planet-wissen.de/gesellschaft/psychologie/angst/index.html [Stand: 2020-04-10]

[124] https://www.welt.de/politik/deutschland/article108607179/Als-Schroeder-Stoiber-im-Hochwasser-versenkte.html [Stand: 2020-04-10]

[125] https://www.augsburger-allgemeine.de/politik/Angela-Merkel-beweist-sich-wieder-mal-als-Krisen-Kanzlerin-id57097946.html [Stand: 2020-04-10]

[126] https://bnn.de/nachrichten/politik/der-kampf-gegen-die-corona-pandemie-beschert-der-grossen-koalition-ein-umfragehoch [Stand: 2020-04-10]

[127] https://www.spektrum.de/lexikon/psychologie/angst/956 [Stand: 2020-04-10]

[128] https://www.echo-online.de/lokales/kreis-gross-gerau/raunheim/schlagerei-wegen-fehlendem-corona-sicherheitsabstand_21466860 [Stand: 2020-04-11]

[129] https://www.ksta.de/koeln/kampf-um-klopapier-69-jaehrige-schlaegt-wachmann-in-koelner-supermarkt-nieder-36467982 [Stand: 2020-04-11]

[130] https://www.onmeda.de/krankheiten/zwangsstoerung.html [Stand: 2020-04-11]

[131] https://meta.tagesschau.de/id/145319/merkel-zur-corona-krise-es-ist-ernst-nehmen-sie-es-auch-ernst [Stand: 2020-04-11]

[132] https://www.t-online.de/ [Stand: 2020-06-27]

[133] https://www.destatis.de/DE/Themen/Gesellschaft-Umwelt/Bevoelkerung/Bevoelkerungsstand/_inhalt.html;jsessionid=209D90329AF30F9D9DD11482B473C917.internet8731 [Stand: 2020-06-27]

[134] http://www.lern-psychologie.de/behavior/pawlow.htm [Stand: 2020-04-11]

[135] https://www.zeit.de/zeit-wissen/2009/05/Dossier-7-Fragen/seite-3 [Stand: 2020-04-13]

[136] https://lexikon.stangl.eu/7347/gesichtserkennung/ [Stand: 2020 -04-13]

[137] http://www.lern-psychologie.de/behavior/skinner.htm [Stand: 2020-04-11]

[138] https://www.t-online.de/nachrichten/deutschland/id_87521660/markus-soeders-handeln-in-der-corona-krise-hat-er-das-zeug-zum-kanzler-.html [Stand: 2020-04-11]

[139] https://www.spiegel.de/politik/deutschland/angela-merkel-in-der-corona-krise-auf-sicht-die-richtige-a-842cb7c8-3c7c-4379-a355-55a9d94ae7b6 [Stand: 2020-04-11]

[140] https://www.spiegel.de/politik/deutschland/coronavirus-angela-merkels-rede-an-die-nation-pressestimmen-a-dbbb81e2-0b16-47a9-ad34-d20a7f988f45 [Stand: 2020-04-11]

[141] https://www.n-tv.de/panorama/Kritik-an-Schwedens-Sonderweg-wird-lauter-article21697761.html [Stand: 2020-04-11]

[142] https://www.focus.de/gesundheit/news/pandemie-mit-bier-sport-und-friseur-hoher-einsatz-schweden-riskiert-mit-laschem-kampf-gegen-das-coronavirus-alles_id_11906716.html [Stand: 2020-04-22]

[143] https://taz.de/Weissrusslands-Umgang-mit-Corona/!5674822/ [Stand: 2020-04-12]

[144] https://www.youtube.com/watch?v=GZOAQUGEpbo [Stand: 2020-04-18]

[145] https://www.t-online.de/nachrichten/deutschland/id_87685030/kritik-an-corona-massnahmen-ermittler-sperren-homepage-von-coronoai-anwaeltin.html?utm_source=pocket-newtab [Stand: 2020-04-12]

[146] https://www.tagesschau.de/faktenfinder/corona-beate-b-101.html [Stand: 2020-04-15]

[147] https://newsvoice.se/2020/04/danmark-forbjuder-corona-policy/ [Stand: 2020-04-13]

[148] https://www.spiegel.de/panorama/gesellschaft/corona-strafen-so-teuer-sind-verstoesse-von-bussgeldern-bis-haftstrafen-a-e8dd44ca-32ed-4772-a493-4df8b2bc4e09 [Stand: 2020-04-12]

[149] https://www.profil.at/oesterreich/polizeistaat-corona-strafen-bespitzeln-denunzieren-11439938?utm_source=pocket-newtab [Stand: 2020-04-13]

[150] https://projekte.uni-erfurt.de/cosmo2020/cosmo-analysis.html [Stand: 2020-06-28]

[151] https://arbeitsblaetter.stangl-taller.at/EMOTION/SchachterSinger.shtml [Stand: 2020-04-12]

[152] https://www.umsetzungsberatung.de/psychologie/kontrollverlust.php [Stand: 2020-04-12]

[153] https://www.planet-wissen.de/gesellschaft/psychologie/angst/index.html [Stand: 2020-04-12]

[154] https://portal.hogrefe.com/dorsch/angst-kognitive-modelle-1/ [Stand: 2020-04-12]

[155] https://de.statista.com/statistik/daten/studie/12873/umfrage/todesopfer-im-flugverkehr/ [Stand: 2020-04-10]

[156] https://www.destatis.de/DE/Presse/Pressemitteilungen/2020/02/PD20_061_46241.html [Stand: 2020-04-11]

[157] https://edoc.rki.de/handle/176904/6284 [Stand: 2020-06-28]

[158] https://edoc.rki.de/bitstream/handle/176904/6253/RKI_Influenzabericht_2018-19.pdf?sequence=1&isAllowed=y [Stand: 2020-06-028]

[159] https://www.n-tv.de/panorama/Wie-Trump-die-Virus-Krise-anheizte-article21700448.html [Stand: 2020-04-12]

[160] https://www.destatis.de/DE/Themen/Laender-Regionen/Internationales/_inhalt.html#sprg250204 [Stand: 2020-04-12]

[161] https://www.rki.de/SharedDocs/FAQ/Influenza/FAQ_Liste.html [Stand: 2020-04-12]

[162] https://www.seele-und-gesundheit.de/diagnosen/wahn.html [Stand: 2020-04-17]

[163] https://flexikon.doccheck.com/de/Paranoia [Stand: 2020-04-17]

[164] Ebd.

[165] http://www.psychosoziale-gesundheit.net/pdf/Int.1-Wahn.pdf [Stand: 2020-04-17]

[166] Ebd.

[167] https://www.spektrum.de/lexikon/psychologie/hypochondrischer-wahn/6847 [Stand: 2020-04-17]

[168] https://flexikon.doccheck.com/de/Folie_%C3%A0_deux [Stand: 2020-04-17]

[169] https://www.onmeda.de/magazin/folie-a-deux.html [Stand: 2020-04-17]

[170] https://www.spiegel.de/spiegel/spiegelgeschichte/d-63823592.html [Stand: 2020-04-18]

[171] https://www.kirche-bad-schwartau.de/kirchen/st-fabian-und-st-sebastian-kirche/geschichte/christenverfolgung-im-roemischen-reich/ [Stand: 2020-04-18]

[172] https://www.freitag.de/autoren/der-freitag/wie-die-nato-tatsachen-verfalschte-und-fakten-erfand [Stand: 2020-04-18]

[173] https://daserste.ndr.de/panorama/archiv/2000/erste7422.html [Stand: 2020-04-18]

[174] Ebd.

[175] https://www.lokalkompass.de/wap/c-ratgeber/panikmache-und-hamsterkaeufe_a1321080 [Stand: 2020-04-13]

[176] http://www.psychosoziale-gesundheit.net/seele/hysterie.html[Stand: 2020-04-13]

[177] https://www.suedkurier.de/baden-wuerttemberg/sinnvoll-oder-aufruf-zum-bespitzeln-innenminister-strobl-fordert-buerger-zur-gegenseitigen-corona-ueberwachung-auf;art417930,10485142 [Stand: 2020-04-13]

[178] https://www.faz.net/aktuell/wirtschaft/corona-weltaerztepraesident-montgomery-kritisiert-maskenpflicht-16737878.html [Stand: 2020-04-23]

[179] https://www.spektrum.de/lexikon/psychologie/panik/11117 [Stand: 2020-04-16]

[180] https://www.br.de/radio/bayern2/sendungen/kalenderblatt/orson-welles-krieg-der-welten-loest-panik-aus-100.html [Stand: 2020-04-14]

[181] https://www.deutschlandfunk.de/das-beruehmteste-hoerspiel-aller-zeiten.871.de.html?dram:article_id=266892   [Stand: 2020-04-14]

[182] https://www.derstandard.de/story/2000090081031/krieg-der-welten-1938-die-massenpanik-die-keine-war   [Stand: 2020-04-14]

[183] https://www.gesundheit.de/medizin/psychologie/psychologische-fragen/massenpanik   [Stand: 2020-04-14]

[184] https://www.faz.net/aktuell/politik/ausland/corona-lage-in-sueditalien-aufrufe-zur-revolution-16702035.html [Stand: 2020-04-16]

[185] https://www.zeit.de/zeit-geschichte/2014/03/hexen-inquisition-teufel/seite-3   [Stand: 2020-04-14]

[186] http://www.neuro24.de/massenhysterie.htm [Stand: 2020-04-15]

[187] Ebd.

[188] https://www.wuv.de/medien/meinungsbildung_facebook_und_google_loesen_medien_ab   [Stand: 2020-04-15]

[189] https://www.faz.net/aktuell/politik/zur-massenhysterie-in-sozialen-netzwerken-14779783.html   [Stand: 2020-04-15]

[190] Ebd.

[191] https://taz.de/Umgang-mit-dem-Coronavirus/!5671630/ [Stand: 2020-04-16]

[192] https://www.dgppn.de/schwerpunkte/zahlenundfakten.html [Stand: 2020-04-16]

[193] https://www.socialnet.de/rezensionen/18499.php [Stand: 2020-04-13]

[194] https://www.l-iz.de/politik/kassensturz/2019/09/Zeigt-das-RV-Paneel-tatsaechlich-die-Aengste-der-Deutschen-oder-nur-die-Folgen-medialer-Angstproduktion-294514   [Stand: 2020-04-13]

[195] https://www.zeit.de/zeit-wissen/2009/05/Dossier-7-Fragen [Stand: 2020-04-13]

[196] https://www.lkg.de/angst-als-gesellschaftliches-pha%CC%88nomen [Stand: 2020-04-13]

[197] https://www.zeit.de/zeit-wissen/2009/05/Dossier-7-Fragen/seite-2 [Stand: 2020-04-13]

Kapitel 6: Risikowahrnehmung und Risikoeinschätzung

[198] https://austria-forum.org/af/Sparkling_Science/Aufsatzsammlung/Bewusstseinsforschung   [Stand: 2020-03-30]

[199] http://www.uni-kiel.de/psychologie/psychophysik/mausfeld/Wahrnehmung.pdf   [Stand: 2020-04-22]

[200] http://www.lern-psychologie.de/common/einf_wahrnehmung.htm [Stand: 2020-04-22]

[201] Ebd.

[202] Ebd.

[203] Ebd.

[204] https://www.welt.de/wissenschaft/article13759042/Warum-wir-Gesichter-blitzschnell-erkennen-koennen.html [Stand: 2020-04-15]

[205] https://www.uni-wuerzburg.de/aktuelles/pressemitteilungen/single/news/emotionen/   [Stand: 2020-04-24]

[206] Ebd.

[207] https://gedankenwelt.de/angst-laesst-uns-die-welt-anders-wahrnehmen [Stand: 2020-04-24]

[208] Ebd.

[209] https://www.risiko-check.info/informationen/was-versteht-man-unter-risiko.html   [Stand: 2020-04-13]

[210] https://www.risknet.de/wissen/glossar/?tx_a21glossary_pi1%5Bchar%5D=Risiko%20%28Definition%29&cHash=6fa138b3794c9cd4af5ea30367c6fad1 [Stand: 2020-04-13]

[211] https://www.risknet.de/wissen/risikowahrnehmung/ [Stand: 2020-04-13]

[212] https://www.psycharchives.org/handle/20.500.12034/2386[Stand: 2020-08-13]

[213] https://projekte.uni-erfurt.de/cosmo2020/cosmo-analysis.html#1_zusammenfassung_und_empfehlungen [Stand: 2020-04-29]

[214] https://www.spiegel.de/gesundheit/diagnose/corona-krise-deutsche-kaufen-mehr-alkohol-a-f87dde10-8e07-4188-9bf0-a3ccdc40c8c4 [Stand: 2020-04-18]

[215] https://www.aponet.de/aktuelles/forschung/20180827-alkohol-das-sind-die-haeufigsten-todesursachen.html [Stand: 2020-04-18]

[216] https://www.augsburger-allgemeine.de/panorama/Todesursache-Alkohol-15-000-Menschen-sterben-jaehrlich-an-den-Folgen-id30327847.html [Stand: 2020-04-2020]

[217] https://www.pharma-fakten.de/news/details/876-alkoholkonsum-3-millionen-todesfaelle-weltweit/ [Stand: 2020-04-18]

[218] https://www.selfapy.de/blog/wissen/coronavirus-isolation-psyche/ [Stand: 2020-04-18]

[219] Ebd.

[220] https://www.quarks.de/gesellschaft/psychologie/so-sehr-kann-uns-einsamkeit-krank-machen/ [Stand: 2020-04-18]

[221] http://inproportion2.talkigy.com/collateral_judgement.html [Stand: 2020-04-26]

[222] Ebd.

[223] https://de.statista.com/statistik/daten/studie/286584/umfrage/zahl-der-krebstodesfaelle-nach-krebsart-weltweit/ [Stand: 2020-04-18]

[224] https://www.destatis.de/DE/Themen/Gesellschaft-Umwelt/Gesundheit/Todesursachen/_inhalt.html [Stand: 2020-04-18]

[225] https://www.kardiologie.org/esc-kongress-2019/weltweit-haeufigste-todesursache--ueberholt-krebs-kardiovaskulaere-erkrankungen-/17131740 [Stand: 2020-04-19]

[226] https://www.scinexx.de/news/medizin/herzleiden-weltweit-noch-immer-killer-nummer-1/ [Stand: 2020-04-18]

[227] https://www.aerzteblatt.de/nachrichten/51844/Herzinfarkt-und-Schlaganfall-sind-Todesursache-Nummer-Eins-in-Europa [Stand: 2020-04-18]

[228] https://www-genesis.destatis.de/genesis/online?sequenz=tabelleErgebnis&selectionname=23211-0002 [Stand: 2020-04-18]

[229] https://orf.at/stories/3164617/ [Stand: 2020-05-09]

[230] Ebd.

[231] Ebd.

[232] Ebd.

[233] https://wwwgenesis.destatis.de/genesis/online?operation=previous&levelindex=1&step=1&titel=Ergebnis&levelid=1587217758840&acceptscookies=false [Stand: 2020-04-18]

[234] https://www.dgppn.de/schwerpunkte/zahlenundfakten.html [Stand:2020-04-19]

[235] https://www.ptk-nrw.de/de/mitglieder/publikationen/ptk-newsletter/archiv/ptk-newsletter-spezial/zahlen-fakten-depression.html [Stand: 2020-04-18]

[236] Ebd.

[237] https://www.welt.de/gesundheit/psychologie/article131918175/Alle-40-Sekunden-bringt-sich-ein-Mensch-um.html [Stand: 2020-04-18]

[238] https://www.deutsche-depressionshilfe.de/depression-infos-und-hilfe/depression-in-verschiedenen-facetten/suizidalitaet [Stand: 2020-04-18]

[239] https://www.dak.de/dak/bundesthemen/dak-psychoreport-2019-dreimal-mehr-fehltage-als-1997-2125486.html [Stand: 2020-04-18]

[240] https://www.deutsche-depressionshilfe.de/depression-infos-und-hilfe/depression-in-verschiedenen-facetten/depression-und-arbeit [Stand: 2020-04-18]

[241] https://orf.at/stories/3164617/ [Stand: 2020-05-09]

[242] https://www.welt.de/print-wams/article100194/58-000-Tote-durch-falsche-Medikamente.html [Stand: 2020-04-20]

[243] https://www.medikamente-und-sucht.de/behandler-und-berater/medikamentensicherheit/missbrauch-und-abhaengigkeit/gruende-fuer-medikamentenmissbrauch.html [Stand: 2020-04-20]

[244] https://www.drogenbeauftragte.de/themen/suchtstoffe-und-suchtformen/medikamente/medikamentenmissbrauch.html?L=0 [Stand: 2020-04-20]

[245] https://www.pharmawiki.ch/wiki/index.php?wiki=Barbiturate [Stand: 2020-04-20]

[246] https://www.pharmawiki.ch/wiki/index.php?wiki=benzodiazepine [Stand: 2020-04-20]

[247] https://www.therapie.de/psyche/info/index/therapie/psychopharmaka/psychostimulanzien/ [Stand: 2020-04-20]

[248] https://www.stiftung-gesundheitswissen.de/gesundes-leben/koerper-wissen/wie-funktioniert-impfen [Stand: 2020-04-30]

[249] Ebd.

[250] Ebd.

[251] Ebd.

[252] https://meyerhuber.info/impfschaden-die-rechte-betroffener/ [Stand: 2020-04-30]

[253] https://www.tagesspiegel.de/wissen/impfung-und-risiken-ueber-10-000-verdachtsfaelle-169-anerkannte-impfschaeden-in-fuenf-jahren/10918284-2.html [Stand: 2020-04-30]

[254] https://www.quarks.de/gesundheit/darum-ist-impfen-nicht-gefaehrlich/ [Stand: 2020-05-01]

[255] https://www.spiegel.de/wissenschaft/medizin/klinische-studien-in-indien-fordern-immer-wieder-todesopfer-a-806797.html [Stand: 2020-05-01]

[256] https://www.zeit.de/2014/44/bill-gates-stiftung-gesundheit-spenden/seite-2 [Stand: 2020-05-01]

[257] https://www.npr.org/sections/goatsandsoda/2017/06/28/534403083/mutant-strains-of-polio-vaccine-now-cause-more-paralysis-than-wild-polio [Stand: 2020-05-01]

[258] https://www.sciencemag.org/news/2018/07/polio-outbreaks-congo-threaten-global-eradication [Stand: 2020-05-01]

[259] https://www.npr.org/sections/goatsandsoda/2017/06/28/534403083/mutant-strains-of-polio-vaccine-now-cause-more-paralysis-than-wild-polio [Stand: 2020-05-01]

[260] https://www.economist.com/the-economist-explains/2018/12/19/what-is-vaccine-derived-polio [Stand: 2020-05-01]

[261] https://friedliche-loesungen.org/feeds/robert-f-kennedy-jr-kritisiert-bill-gates-scharf [Stand: 2020-05-01]

[262] https://www.zentrum-der-gesundheit.de/news/impfung-gegen-schweinegrippe-fordert-opfer-15000055.html [Stand: 2020-05-01]

[263] https://www.youtube.com/watch?v=1--c2SBYlMY [Stand: 2020-05-01]

[264] https://www.deutschlandfunk.de/zwischen-alarmismus-und-wirklichkeit.724.de.html?dram:article_id=99775 [Stand: 2020-05-01]

[265] https://www.sueddeutsche.de/wissen/schweinegrippe-die-welle-hat-begonnen-1.140006 [Stand: 2020-04-25]

[266] https://www.aerzteblatt.de/nachrichten/63356/Grippeimpfung-Wie-Pandemrix-eine-Narkolepsie-ausloest [Stand: 2020-05-01]

[267] https://www.spiegel.de/gesundheit/diagnose/schweinegrippe-impfstoff-pandemrix-risiken-wurden-ignoriert-a-1229144.html [Stand: 2020-05-01]

[268] https://www.welt.de/gesundheit/article143404030/Narkolepsie-durch-Schweinegrippe-Impfung.html [Stand: 2020-05-01]

[269] Ebd.

[270] https://www.zeit.de/2016/23/impfstoff-schweinegrippe-pandemrix-narkolepsie [Stand: 2020-05-01]

[271] https://www.spiegel.de/gesundheit/diagnose/schweinegrippe-impfstoff-pandemrix-risiken-wurden-ignoriert-a-1229144.html [Stand: 2020-05-01]

[272] https://www.bundeskanzlerin.de/bkin-de/aktuelles/telefonschaltkonferenz-der-bundeskanzlerin-mit-den-regierungschefinnen-und-regierungschefs-der-laender-am-15-april-2020-1744228 [Stand: 2020-05-02]

[273] https://www.swp.de/panorama/corona-impfpflicht-wird-die-impfung-bald-zur-vorschrift-in-deutschland_-das-ist-der-momentane-stand-45785279.html [Stand: 2020-05-02]

[274] https://www.zdf.de/nachrichten/panorama/coronavirus-spahn-impfpflicht-100.html [Stand: 2020-05-02]

[275] https://www.sueddeutsche.de/politik/coronavirus-immunitaetsausweis-regierung-1.4892945 [Stand: 2020-05-02]

[276] Ebd.

[277] Ebd.

[278] https://www.faz.net/aktuell/politik/inland/corona-warum-der-immunitaetsausweis-gescheitert-ist-16755649.html [Stand: 2020-05-06]

[279] https://www.tagesschau.de/faktenfinder/ausland/gates-stiftung-corona-101.html [Stand: 2020-05-02]

[280] https://open.who.int/2018-19/contributors/contributor [Stand: 2020-05-02]

[281] https://www.gavi.org/sites/default/files/publications/Gavi-About-102019-DE.pdf [Stand: 2020-05-02]

[282] https://www.bmz.de/g7/includes/Downloadarchiv/Gavi_die_Impfallianz_fact_sheet.pdf [Stand: 2020-05-02]

[283] https://www.bmz.de/g7/de/Gavi/Wie-arbeitet-Gavi/index.html [Stand: 2020-05-02]

[284] https://www.aerzteblatt.de/nachrichten/105652/Impfallianz-Gavi-benoetigt-7-4-Milliarden-US-Dollar-bis-2025 [Stand: 2020-05-02]

[285] https://www.dw.com/de/geberkonferenz-sammelt-milliarden-für-impfstoffe/a-53680314 [Stand: 2020-06-29]

[286] https://www.tagesschau.de/ausland/corona-eu-spendensammeln-103.html [Stand: 2020-06-29]

[287] https://www.bpb.de/nachschlagen/zahlen-und-fakten/europa/70580/nettozahler-und-nettoempfaenger [Stand: 2020-06-29]

[288] https://www.zdf.de/nachrichten/politik/coronavirus-who-organisation-finanzierung-100.html [Stand: 2020-05-20]

[289] https://www.tagesschau.de/ausland/trump-who-zahlungen-103.html [Stand: 2020-05-02]

[290] https://www.metropolnews.info/mp461035/der-praesident-von-madagaskar-andry-rajoelina-hat-alle-afrikanischen-nationen-aufgefordert-aus-der-who-auszutreten [Stand: 2020-05-20]

[291] https://www.who.int/who-documents-detail/draft-landscape-of-covid-19-candidate-vaccines [Stand: 2020-05-31]

[292] https://flexikon.doccheck.com/de/DNA-Impfung [Stand: 2020-05-31]

[293] https://clinicaltrials.gov/ct2/show/NCT04283461?term=vaccine&cond=covid-19&draw=2 [Stand: 2020-05-31]

[294] https://www.bundesregierung.de/breg-de/aktuelles/lebensmittel-in-deutschland-grundsaetzlich-gentechnikfrei-348862 [Stand: 2020-05-31]

[295] https://www.gesetze-im-internet.de/gentg/BJNR110800990.html#BJNR110800990BJNG000101314 [Stand: 2020-05-31]

[296] https://www.tagesschau.de/investigativ/ndr/krankenhaeuser-kurzarbeit-101.html [Stand: 2020-04-23]

[297] https://www.vorwaerts.de/artikel/corona-krise-krankenhaeuser-befuerchten-verluste [Stand: 2020-04-17]

[298] https://www.finanzen.net/index/dax/charttool [Stand: 2020-04-20]

[299] https://www.bdl.aero/de/themen-positionen/bedeutung-des-luftverkehrs/luftfahrt-sichert-mehr-als-800-000-arbeitsplaetze-in-deutschland/ [Stand: 2020-04-20]

[300] https://www.dw.com/de/bund-sagt-lufthansa-milliardenhilfe-zu/a-53562479 [Stand: 2020-05-28]

[301] https://www.finanzen.net/nachricht/aktien/34-schmerzhafter-weg-34-lufthansa-rettung-thiele-rechnet-mit-mehrjaehriger-sanierungsphase-aktie-fester-9016662 [Stand: 2020-06-29]

[302] https://de.statista.com/infografik/21113/veraenderungen-der-anzahl-der-abfluege-im-vergleich-zur-jeweiligen-vorjahreswoche/[Stand: 2020-04-20]

[303] https://www.arbeitsagentur.de/presse/spr-2020-22-anzeigen-kug-waechst-weiter-dynamisch [Stand: 2020-04-10]

[304] https://www.arbeitsagentur.de/presse/2020-24-zahl-der-anzeigen-fuer-kurzarbeit-auf-725000-angestiegen [Stand: 2020-04-13]

[305] https://de.statista.com/infografik/21182/anzahl-der-kurzarbeiter-in-deutschland/ [Stand: 2020-04-20]

[306] Ebd.

[307] https://de.statista.com/statistik/daten/studie/154744/umfrage/anzahl-der-kurzarbeit-anbietenden-betriebe-in-deutschland-seit-1991/ [Stand: 2020-04-20]

[308] https://www.iab-forum.de/einschaetzung-des-iab-zur-wirtschaftlichen-lage-maerz-2020/ [Stand: 2020-04-20]

[309] https://www.t-online.de/finanzen/boerse/news/id_87753442/corona-krise-jedes-fuenfte-unternehmen-in-deutschland-plant-stellenabbau.html [Stand: 2020-04-23]

[310] https://www.t-online.de/finanzen/boerse/news/id_87988962/zahl-der-arbeitslosen-und-kurzarbeiter-steigt-in-deutschland-weiter-an.html [Stand: 2020-06-06]

[311] https://www.t-online.de/finanzen/boerse/news/id_88155856/corona-krise-arbeitslosenzahlen-steigen-weiter-rekordwert-bei-kurzarbeit.html [Stand: 2020-07-01]

[312] https://www.arbeitsrechte.de/arbeitslosigkeit/#Das_sind_die_Folgen_von_Arbeitslosigkeit [Stand: 2020-04-20]

[313] Ebd.

[314] https://www.spiegel.de/gesundheit/diagnose/krebstote-durch-finanzkrise-zusaetzlich-starben-500-000-menschen-a-1094316.html [Stand: 2020-04-20]

[315] https://lexikon.stangl.eu/2149/frustrationstoleranz/ [Stand: 2020-04-20]

[316] https://www.zeit.de/politik/ausland/2020-04/haeusliche-gewalt-coronavirus-ausgangssperre-kinder-traumatisierung [Stand: 2020-05-18]

[317] https://taz.de/Corona-und-Anstieg-haeuslicher-Gewalt/!5681591/ [Stand: 2020-05-18]

[318] https://www.deutsche-apotheker-zeitung.de/news/artikel/2020/04/03/codewort-maske-19-apotheken-helfen-bei-haeuslicher-gewalt [Stand: 2020-05-18]

[319] https://www.tum.de/nc/die-tum/aktuelles/pressemitteilungen/details/36053/ [Stand: 2020-06-06]

[320] https://de.statista.com/themen/1775/frauen-in-deutschland/ [Stand: 2020-06-06]

[321] https://www.destatis.de/DE/Service/Statistik-Campus/Datenreport/Downloads/datenreport-2018-kap-2.pdf?__blob=publicationFile [Stand: 2020-06-06]

[322] https://www.destatis.de/DE/Themen/Gesellschaft-Umwelt/Bevoelkerung/Haushalte-Familien/_inhalt.html [Stand: 2020-06-06]

[323] https://www.tagesspiegel.de/politik/knochenbrueche-oder-schuetteltraumata-mediziner-berichten-von-massiver-gewalt-gegen-kinder/25833740.html?utm_source=pocket-newtab-global-de-DE [Stand: 2020-05-18]

[324] Ebd.

[325] https://www.hannover.de/Leben-in-der-Region-Hannover/Soziales/Familie-Partnerschaft/Beratung-Unterstützung/Beratung-für-Eltern,-Kinder-und-Jugendliche/Aktuelles-aus-den-Beratungsstellen/Häusliche-Gewalt-in-Zeiten-der-Coronamaßnahmen [Stand: 2020-05-18]

[326] https://www.deutsche-apotheker-zeitung.de/news/artikel/2020/05/29/maske-19-ist-jetzt-codewort-fuer-apotheker-in-mehreren-laendern [Stand: 2020-06-06]

[327] https://kurier.at/chronik/welt/china-scheidungen-nach-der-quarantaene-steigen-rasant/400803080 [Stand: 2020-05-18]

[328] https://www.aiipowmia.com/allgemein/missstaende-in-deutschland.html [Stand: 2020-06-06]

[329] https://dipbt.bundestag.de/dip21/btd/17/120/1712051.pdf [Stand: 2020-06-06]

[330] https://projekte.uni-erfurt.de/cosmo2020/cosmo-analysis.html#1_zusammenfassung_und_empfehlungen [Stand: 2020-06-06]

[331] https://www.berliner-zeitung.de/wirtschaft-verantwortung/iwf-warnt-vor-sozialen-unruhen-wegen-coronavirus-li.81256 [Stand: 2020-06-06]

[332] Ebd.

[333] https://www.hss.de/news/detail/asd-news6150/ [Stand: 2020-06-06]

[334] https://www.faz.net/aktuell/politik/ausland/corona-lage-in-sueditalien-aufrufe-zur-revolution-16702035.html [Stand: 2020-06-06]

[335] https://www.costanachrichten.com/spanien/coronavirus-spanien-armut-lebensmittel-covid-19-sars-cov-2-90001416.html [Stand: 2020-06-06]

[336] https://www.untergrund-blättle.ch/audio/510340/soziale-unruhen-in-spanien.html [Stand: 2020-06-06]

[337] https://www.merkur.de/welt/usa-george-floyd-tod-coronavirus-autopsie-derek-chauvin-polizist-video-trump-protest-minneapolis-zr-13782711.html [Stand: 2020-06-06]

[338] https://www.dw.com/de/amerika-zerlegt-sich-selbst/a-53652416 [Stand: 2020-06-06]

[339] https://www.fr.de/politik/usa-rassismus-polizeigewalt-eine-lange-geschichte-haben-george-floyd-13780024.html [Stand: 2020-06-06]

[340] https://www.tagesschau.de/wirtschaft/arbeitsmarkt-usa-corona-101.html [Stand: 2020-06-06]

[341] https://www.dw.com/de/amerika-zerlegt-sich-selbst/a-53652416 [Stand: 2020-06-06]

[342] https://de.statista.com/statistik/daten/studie/1109214/umfrage/besorgtheit-ueber-unruhen-und-pluenderungen-wegen-der-covid-19-corona-pandemie/#statisticContainer [Stand: 2020-06-06]

[343] https://www.n-tv.de/politik/Bewaffnete-stuermen-Parlament-in-Michigan-article21753027.html [Stand: 2020-06-06]

[344] https://www.capital.de/wirtschaft-politik/wir-sollten-eine-billion-ausgeben-ohne-mit-der-wimper-zu-zucken [Stand: 2020-06-06]

[345] https://www.handelsblatt.com/politik/deutschland/konjunktur-iwf-erwartet-schwerste-wirtschaftskrise-seit-grosser-depression-1929/25730842.html?ticket=ST-1306170-nLmK7rYWbUHxfuLKZz9h-ap1 [Stand: 2020-06-06]

[346] https://nzzas.nzz.ch/hintergrund/gita-gopinath-chef-oekonomin-beim-imf-ld.1552460?reduced=true [Stand: 2020-06-06]

[347] http://www.ce-wissen.de/?p=578 [Stand: 2020-04-18]

[348] https://www.risknet.de/wissen/risikowahrnehmung/ [Stand: 2020-04-20]

[349] https://www.spektrum.de/lexikon/psychologie/risikowahrnehmung/13092 [Stand: 2020-04-13]

[350] https://www.faz.net/aktuell/wirtschaft/geringe-impfnachfrage-schweinegrippe-kostet-laender-400-millionen-euro-1909995.html [Stand: 2020-04-26]

[351] https://www.welt.de/politik/deutschland/article9017353/Schweinegrippe-Impfstoff-verschlingt-Millionen.html [Stand: 2020-04-26]

[352] Ebd.

[353] https://www.sueddeutsche.de/wissen/schweinegrippe-die-welle-hat-begonnen-1.140006 [Stand: 2020-04-25]

[354] https://scilogs.spektrum.de/enkapsis/wieviele-viren-koennten-den-menschen-befallen/ [Stand: 2020-04-25]

[355] https://www.riffreporter.de/der-weg-zum-menschen/viren-evolution-homo-sapiens/ [Stand: 2020-04-25]

[356] https://www.scinexx.de/dossierartikel/mehr-virus-als-mensch/ [Stand: 2020-04-25]

[357] https://www.merkur.de/welt/coronavirus-deutschland-fallzahlen-faelle-tote-infizierte-news-aktuell-usa-china-weltweit-zr-13600954.html [Stand: 2020-04-25]

[358] https://www.tz.de/stars/covid-19-stars-coronavirus-zr-13637042.html [Stand: 2020-04-25]

[359] https://www.risknet.de/themen/risknews/?tx_news_pi1%5Bcontroller%5D=News&tx_news_pi1%5Bnews%5D=4517&cHash=3a482c7ebfce7a0ed3192ebed4d70f0a [Stand: 2020-04-25]

[360] https://www.risknet.de/themen/risknews/?tx_news_pi1%5Bcontroller%5D=News&tx_news_pi1%5Bnews%5D=4517&cHash=3a482c7ebfce7a0ed3192ebed4d70f0a [Stand: 2020-04-25]

[361] https://www.bbc.com/news/health-51979654 [Stand: 2020-04-25]

[362] Ebd.

[363] https://euromomo.eu/ [Stand: 2020-07-01]

364 https://www.rki.de/SharedDocs/FAQ/Influenza/FAQ26.html [Stand: 2020-04-25]

365 https://euromomo.eu/ [Stand: 2020-07-01]

366 https://ec.europa.eu/eurostat/databrowser/view/tps00001/default/table?lang=en [Stand: 2020-06- 19]

367 https://www.bbc.com/news/health-51979654 [Stand: 2020-04-25]

368 http://inproportion2.talkigy.com/collateral_judgement.html [Stand: 2020-04-20]

369 https://www.bbc.com/news/health-51979654 [Stand: 2020-04-25]

370 Ebd.

371 Ebd.

372 http://inproportion2.talkigy.com/collateral_judgement.html [Stand: 2020-04-26]

373 Ebd.

374 Ebd.

375 Ebd.

376 https://www.zeit.de/wissen/gesundheit/2020-04/coronavirus-frankreich-triage-altenheime-todesfaelle?utm_source=pocket-newtab [Stand: 2020-05-02]

377 Ebd.

378 https://www.focus.de/politik/ausland/80-von-120-einwohnern-infiziert-frau-zeigt-dass-sie-die-erste-90-jaehrige-ist-die-den-covid-virus-in-den-arsch-tritt_id_11804250.html [Stand: 2020-05-02]

379 https://www.sueddeutsche.de/politik/schweden-coronavirus-1.4904015 [Stand: 2020-05-31]

380 https://www.t-online.de/nachrichten/panorama/id_88117984/corona-weltweit-katastrophe-in-den-usa-schwedens-sonderweg-hat-folgen.html [Stand: 2020-06-26]

381 http://inproportion2.talkigy.com/collateral_judgement.html [Stand: 2020-04-26]

382 https://www.tagesschau.de/ausland/spanien-corona-todesfaelle-103.html [Stand: 2020-05-31]

383 Ebd.

384 http://inproportion2.talkigy.com/collateral_judgement.html [Stand: 2020-04-26]

385 https://www.n-tv.de/politik/Italiens-Corona-Katastrophe-hat-Verantwortliche-article21799009.html?utm_source=pocket-newtab-global-de-D.com [Stand: 2020-05-29]

386 Ebd.

387 Ebd.

388 Ebd.

389 https://www.epicentro.iss.it/en/coronavirus/bollettino/Report-COVID-2019_23_april_2020.pdf [Stand: 2020-04-26]

390 https://www.augsburger-allgemeine.de/politik/Resistente-Keime-werden-immer-gefaehrlicher-id52630576.html [Stand: 2020-04-26]

391 Ebd.

392 https://www.daserste.de/information/wirtschaft-boerse/plusminus/sendung/sendung-vom-10-07-2019-keime-krankenhaus-100.html [Stand: 2020-04-27]

393 https://www.spiegel.de/gesundheit/diagnose/resistenz-gegen-antibiotika-35-000-us-buerger-sterben-jaehrlich-durch-superkeime-a-1296378.html [Stand: 2020-04-27]

394 https://euromomo.eu/ [Stand: 2020-07-01]

395 https://www.youtube.com/watch?v=k9GYTc53r2o [Stand: 2020-04-25]

396 https://www.wodarg.com/covid-19-medical-detectives/ [Stand: 2020-05-03]

[397] https://www1.nyc.gov/assets/doh/downloads/pdf/imm/covid-19-deaths-race-ethnicity-04242020-1.pdf [Stand: 2020-05-03]

[398] https://www.theguardian.com/commentisfree/2020/apr/08/coronavirus-black-people-ethnic-minority-deaths-pandemic-inequality-afua-hirsch [Stand: 2020-05-15]

[399] https://multipolar-magazin.de/artikel/covid-19-medical-detectives [Stand: 2020-05-03]

[400] https://www.faz.net/aktuell/gesellschaft/gesundheit/coronavirus/malaria-medikament-gegen-corona-usa-genehmigen-verschreibung-16703091.html [Stand: 2020-05-03]

[401] https://www.g6pd-mangel.de/medikamentenliste/ [Stand: 2020-05-03]

[402] https://www.msn.com/de-de/nachrichten/panorama/who-setzt-klinische-tests-mit-hydroxychloroquin-wegen-sicherheitsbedenken-aus/ar-BB14zFOW?ocid=spartanntp [Stand: 2020-05-25]

[403] https://www.timesofisrael.com/the-end-of-exponential-growth-the-decline-in-the-spread-of-coronavirus/ [Stand: 2020-04-20]

[404] https://www.welt.de/politik/deutschland/article207394539/RKI-zu-Corona-Ohne-Impfstoff-keine-Rueckkehr-zur-Normalitaet.html [Stand: 2020-04-21]

Kapitel 7: Signal – Entdeckungs- Theorie

[405] https://www.t-online.de/nachrichten/deutschland/id_87647076/coronavirus-in-deutschland-robert-koch-institut-sterberate-wird-steigen.html [Stand: 2020-04-04]

[406] http://www.meduniwien.ac.at/msi/biosim/metmed/1_Diagnostik_Grundlagen%20bearbeitet.pdf [Stand: 2020-05-09]

[407] https://arxiv.org/pdf/1804.01557.pdf [Stand: 2020-05-08]

[408] https://statistikguru.de/lexikon/sensitivitaet-und-spezifitaet.html [Stand: 2020-05-08]

[409] Ebd.

[410] http://jumbo.uni-muenster.de/index.php?id=194 [Stand: 2020-05-08]

[411] http://jumbo.uni-muenster.de/index.php?id=glossar#c353 [Stand: 2020-05-08]

[412] http://jumbo.uni-muenster.de/index.php?id=194 [Stand: 2020-05-09]

[413] https://flexikon.doccheck.com/de/Prävalenz [Stand: 2020-05-09]

[414] https://www.who.int/docs/defaultsource/coronaviruse/whoinhouseassays.pdf?sfvrsn=de3a76aa_2&download=true [Stand: 2020-05-11]

[415] https://www.heise.de/newsticker/meldung/Ein-tieferer-Einblick-in-die-Infektions-Tests-gegen-Coronavirus-SARS-CoV-2-4691821.html?seite=all [Stand: 2020-05-16]

[416] https://www.mdr.de/nachrichten/ratgeber/wie-zuverlaessig-ist-der-coronatest-100.html [Stand: 2020-05-09]

[417] https://www.npr.org/sections/goatsandsoda/2020/03/27/822407626/mystery-in-wuhan-recovered-coronavirus-patients-test-negative-then-positive [Stand: 2020-05-10]

[418] https://www.dzif.de/de/erster-test-fuer-das-neuartige-coronavirus-china-ist-entwickelt [Stand: 2020-05-11]

[419] https://www.rbb24.de/politik/thema/2020/coronavirus/beitraege_neu/2020/05/tests-corona-gesundheitssenatorin-kalayci-strategie-symptome.html [Stand: 2020-05-11]

[420] https://www.rki.de/DE/Content/InfAZ/N/Neuartiges_Coronavirus/Vorl_Testung_nCoV.html [Stand: 2020-05-11]

[421] http://www.meduniwien.ac.at/msi/biosim/metmed/1_Diagnostik_Grundlagen%20bearbeitet.pdf [Stand: 2020-05-11]

[422] https://www.instand-ev.de/System/rv-files/340%20DE%20SARS-CoV-2%20Genom%20April%202020%2020200502j.pdf [Stand: 2020-05-28]

[423] https://www.uni-bonn.de/neues/111-2020 [Stand: 2020-05-11]

[424] https://multipolar-magazin.de/artikel/warum-die-pandemie-nicht-endet [Stand: 2020-05-28]
https://www.rubikon.news/artikel/die-endlose-pandemie [Stand: 2020-06-08]

[425] Ebd

[426] https://www.br.de/nachrichten/netzwelt/coronavirus-fakes-falschnachrichten-und-faktenchecks,Ros6PIg [Stand: 2020-05-16]

[427] https://www.vaterschaftsanalyse.de/de/info/faq/dna-gutachten/ [Stand: 2020-05-28]

[428] https://www.tagesschau.de/inland/coronavirus-deutschland-grenzwert-101.html [Stand:2020-05-28]

[429] https://www.rki.de/DE/Content/InfAZ/N/Neuartiges_Coronavirus/Situationsberichte/2020-08-05-de.pdf?_blob=publicationFile [Stand: 2020-08-05]

[430] https://www.fda.gov/media/134922/download [Stand: 2020-05-31]

[431] https://www.youtube.com/watch?v=ZfWEYeokZiA [Stand: 2020-07-02]

[432] https://www.msn.com/de-de/nachrichten/other/bayern-kündigt-corona-tests-für-alle-an/ar-BB163ytV?ocid=spartan-ntp-feeds [Stand: 2020-07-02]

[433] https://multipolar-magazin.de/artikel/warum-die-pandemie-nicht-endet [Stand: 2020-05-28]

[434] https://www.rki.de/DE/Content/InfAZ/N/Neuartiges_Coronavirus/Projekte_RKI/R-Wert-Erlaeuterung.pdf?_blob=publicationFile [Stand: 2020-05-28]

[435] https://www.rubikon.news/artikel/die-endlose-pandemie [Stand: 2020-06-08]

[436] Ebd.

[437] Ebd.

[438] Ebd.

[439] http://www.methoden-psychologie.de/durchfuehrungsobjektivitaet.html [Stand: 2020-05-09]

[440] https://statistik-und-beratung.de/2016/03/2552/ [Stand: 2020-05-09]

[441] https://www.psychomeda.de/lexikon/reliabilitaet.html [Stand: 2020-05-09]

[442] https://www.metras.at/news-read/events/validierung-von-pruefmethoden-236 [Stand: 2020-05-09]

[443] Ebd.

[444] Ebd.

[445] https://www.rki.de/DE/Content/InfAZ/N/Neuartiges_Coronavirus/Vorl_Testung_nCoV.html
[Stand: 2020-05-10]

[446] https://www.who.int/emergencies/diseases/novel-coronavirus-2019/technical-guidance/laboratory-guidance [Stand: 2020-05-10]

[447] https://www.rki.de/DE/Content/InfAZ/N/Neuartiges_Coronavirus/Vorl_Testung_nCoV.html
[Stand: 2020-05—10]

[448] https://onlinelibrary.wiley.com/doi/epdf/10.1002/jmv.25786 [Stand: 2020-05-10]

[449] https://www.charite.de/klinikum/themen_klinikum/faq_liste_zum_coronavirus/ [Stand: 2020-05-10]

[450] https://www.npr.org/sections/goatsandsoda/2020/03/27/822407626/mystery-in-wuhan-recovered-coronavirus-patients-test-negative-then-positive [Stand: 2020-05-10]

[451] https://www.finddx.org/covid-19/pipeline/ [Stand: 2020-05-16]

[452] https://www.youtube.com/watch?v=DAeOAyntlsl [Stand: 2020-05-16]

[453] https://www.n-tv.de/der_tag/Papaya-positiv-auf-Corona-getestet-Tansania-kritisiert-WHO-article21766364.html [Stand: 2020-05-16]

[454] http://www.labor-augsburg-mvz.de/de/aktuelles/coronavirus [Stand: 2020-05-16]

Kapitel 8: Selektive Aufmerksamkeit

455 https://lexikon.stangl.eu/8372/aufmerksamkeit/ [Stand: 2020-03-30]

456 https://lexikon.stangl.eu/1597/cocktail-party-phaenomen/ [Stand: 2020-03-30]

457 https://www.gesundheit.gv.at/krankheiten/verdauung/dysphagie-symptome [Stand: 2020-03-31]

458 https://www.therapie.de/psyche/info/index/diagnose/somatoforme-stoerungen/ursachen-diagnose-haeufigkeit-und-verlauf/ [Stand: 2020-03-31]

459 https://www.angst-panik-hilfe.de/angst-krankheiten-teufelskreis-angst.html [Stand: 2020-04-04]

460 https://www.hno-aerzte-im-netz.de/corona-infos.html [Stand: 2020-04-04]

461 https://www.traunsteiner-tagblatt.de/region/nachrichten-aus-bayern_artikel,-coronatests-kassenaerztliche-vereinigung-bittet-um-geduld-_arid,559693.html [Stand: 2020-04-04]

462 https://www.jens-spahn.de/profil [Stand: 2020-04-04]

463 https://www.focus.de/politik/deutschland/tid-28335/politik-im-nebenjob-abgeordneter_aid_867815.html [Stand: 2020-04-05]

464 https://www.merkur.de/politik/corona-krise-ard-tagesthemen-gesundheitsminister-jens-spahn-schutzkleidung-kritik-zr-13640747.html [Stand: 2020-04-05]

465 https://www.aerzteblatt.de/archiv/170954/Krankenhausreform-Welche-Haeuser-muessen-schliessen [Stand: 2020-04-05]

466 https://www.zdf.de/gesellschaft/markus-lanz/markus-lanz-vom-31-maerz-2020-100.html [Stand: 2020-04-05]

Kapitel 9: Kognitive Verzerrungen

467 https://www.wipub.net/wp/kognitive-verzerrung-denkfehler/ [Stand: 2020-04-29]

468 https://lexikon.stangl.eu/1963/heuristik/ [Stand: 2020-04-29]

469 https://www.skeptiker.ch/themen/kognitive-verzerrungen/ [Stand: 2020-04-29]

470 Ebd.

471 http://www.oegan.at/notfallmedizin/index.php?option=com_content&view=article&id=166:die-10-haeufigsten-kognitiven-fehler-in-der-medizin&catid=14&Itemid=120 [Stand: 2020-05-18]

472 Ebd.

473 https://lexikon.stangl.eu/3159/bestaetigungstendenz-bestaetigungsfehler/ [Stand: 2020-04-29]

474 https://www.wipub.net/wp/kognitive-verzerrung-denkfehler/#_ftnref7" [Stand: 2020-05-02]

475 https://www.nw.de/nachrichten/zwischen_weser_und_rhein/22731374_Gesundheitso ekonom-Italienische-Verhaeltnisse-wird-es-in-Deutschland-nicht-geben.html [Stand: 2020-03-24]

476 https://www.spiegel.de/wissenschaft/mensch/schweinegrippe-experte-warnt-vor-viren-hysterie-a-636914.html [Stand: 2020-05-16]

477 https://www.who.int/csr/sars/country/table2004_04_21/en/ [Stand: 2020-05-16]

478 https://link.springer.com/chapter/10.1007/978-3-658-25835-1_13 [Stand: 2020-05-21]

479 https://www.altii.de/de/marktmeinung/2958/epidemien-und-pandemien-ihre-wirtschaftliche-auswirkung/ [Stand_ 2020-05-21]

480 https://dipbt.bundestag.de/dip21/btd/17/120/1712051.pdf [Stand: 2020-05-21]

481 http://news.bbc.co.uk/2/hi/health/4381924.stm [Stand:2020-05-21]

[482] https://www.spektrum.de/news/toetete-die-justinianische-pest-wirklich-millionen-von-menschen/1689780 [Stand: 2020-05-21]

[483] https://www.sueddeutsche.de/gesundheit/pest-todesopfer-pandemie-infektiologie-hygiene-1.4503134 [Stand: 2020-05-21]

[484] Ebd.

[485] https://www.aerzteblatt.de/archiv/197155/Spanische-Grippe-Ein-Virus-Millionen-Tote [Stand: 2020-05-21]

[486] https://flexikon.doccheck.com/de/Asiatische_Grippe [Stand: 2020-05-21]

[487] https://www.deutsche-apotheker-zeitung.de/news/artikel/2019/10/04-10-2019/mild-oder-schlimm-wie-war-die-letzte-grippesaison [Stand: 2020-05-21]

[488] https://www.lungenaerzte-im-netz.de/krankheiten/grippe/historisches/ [Stand: 2020-05-21]

[489] https://www.unaids.org/en/resources/fact-sheet [Stand: 2020-05-21]

[490] https://www.spiegel.de/gesundheit/diagnose/bill-gates-warnt-vor-neuer-pandemie-a-1135609.html [Stand: 2020-05-21]

[491] https://www.handelsblatt.com/finanzen/banken-versicherungen/gunther-kraut-pandemie-experte-der-munich-re-alle-20-bis-30-jahre-kann-so-etwas-wie-corona-passieren/25770456.html?ticket=ST-719831-ZA91d5ePqZ1QA1MWqz3c-ap1 [Stand: 2020-05-21]

[492] https://www.munichre.com/topics-online/de/business-risks/epidemic-risk-solutions.html [Stand: 2020-05-21]

[493] https://www.wipub.net/wp/kognitive-verzerrung-denkfehler/#_ftn6%E2%80%9C.com [Stand: 2020-05-21]

[494] http://www.oegan.at/notfallmedizin/index.php?option=com_content&view=article&id=166:die-10-haeufigsten-kognitiven-fehler-in-der-medizin&catid=14&Itemid=120 [Stand: 2020-05-21]

[495] https://virologie-ccm.charite.de/forschung/labor_drosten/ [Stand: 2020-05-21]

[496] Ebd.

[497] https://www.idowa.de/inhalt.voller-unsinn-virologe-drosten-kritisiert-videos-fachfremder-mediziner.24f87831-37e7-4ea1-9202-92b576fade53.html [Stand:2020-05-21]

[498] Ebd.

[499] https://meedia.de/2020/03/26/ueber-15-mio-abrufe-der-gewaltige-erfolg-des-coronavirus-update-mit-professor-christian-drosten/ [Stand: 2020-05-21]

[500] https://www.dfg.de/service/presse/pressemitteilungen/2020/pressemitteilung_nr_11/index.html [Stand: 2020-05-21]

[501] https://www.dfg.de/dfg_profil/jahresbericht/ [Stand: 2020-05-21]

Kapitel 10: Bahnung (Priming)

[502] https://lexikon.stangl.eu/1378/priming/ [Stand: 2020-04-06]

[503] https://www.spektrum.de/lexikon/psychologie/bahnung/1886 [Stand: 2020-04-06]

[504] https://lexikon.stangl.eu/1378/priming/ [Stand: 2020-04-06]

[505] https://www.gehirnlernen.de/lernen/grundlagen-des-lernens/implizites-lernen/ [Stand: 2020-04-06]

[506] https://lexikon.stangl.eu/14969/perzeptuelle-gedaechtnis/ [Stand: 2020-04-06]

[507] https://www.neuronation.de/gedaechtnistraining/priming-wie-koennen-sie-es-nutzen#sub1
[Stand: 2020-04-06]

Kapitel 11: Rahmen-Effekt (Framing)

[508] https://www.welt.de/wissenschaft/article3411612/Die-heimliche-Macht-des-Unbewussten.html
[Stand: 2020-04-02]
[509] https://www.saladin.ch/blog/framing   [Stand: 2020-04-02]
[510] https://lexikon.stangl.eu/18977/framing/   [Stand: 2020-04-02]
[511] https://www.bpb.de/apuz/28036/gewalt-und-gewaltverbot-im-modernen-voelkerrecht
[Stand: 2020-04-02]
[512] https://www.ndr.de/fernsehen/sendungen/zapp/Sprache-und-Ressentiment-haengen-
zusammen,zapp11596.html   [Stand: 2020-05-30]
[513] https://www.grin.com/document/12540   [Stand: 2020-05-02]
[514] https://pringuin.de/magazin/framing-effekt-im-marketing-nutzen   [Stand: 2020-05-02]
[515] Ebd.
[516] https://www.uni-kassel.de/fb4/psychologie/personal/lantermann/unsicher/unsicher.pdf
[Stand: 2020-05-02]
[517] https://www.ard.de/home/die-ard/presse-
kontakt/pressearchiv/Klarstellung_Was_hat_es_mit_dem_Framing_Manual_auf_sich_/5314070/index.ht
ml   [Stand: 2020-05-30]
[518] https://www.zeit.de/2019/10/elisabeth-wehling-linguistin-framing-manual-ard-sprache
[Stand: 2020-05-30]
[519] https://cdn.netzpolitik.org/wp-upload/2019/02/framing_gutachten_ard.pdf   [Stand: 2020-05-30]
[520] https://pringuin.de/magazin/framing-effekt-im-marketing-nutzen   [Stand: 2020-05-02]
[521] https://www.bz-berlin.de/deutschland/coronavirus-robert-koch-chef-lothar-wieler-befuerchtet-
italienische-verhaeltnisse-in-deutschland   [Stand: 2020-04-05]
[522] https://www.rundschau-online.de/region/bonn/stadtbonn/corona-krise-jetzt-37-infizierte-in-bonn---
noch-nie-dagewesene-situation-36416896   [Stand: 2020-04-05]
[523] https://www.welt.de/politik/deutschland/article206578991/Ausgangssperre-wegen-Corona-in-
Deutschland-Merkel-warnt-Koennen-jederzeit-reagieren.html   [Stand: 2020-04-05]
[524] https://www.deutschlandfunk.de/ausnahmezustand-in-frankreich-der-krieg-gegen-
das.694.de.html?dram:article_id=473536   [Stand: 2020-04-05]
[525] https://www.n-tv.de/mediathek/videos/panorama/Kluge-Muessen-uns-wie-in-Kriegszeiten-verhalten-
article21687900.html   [Stand: 2020-04-05]
[526] https://www.bz-berlin.de/deutschland/notaerzte-warnen-vor-corona-hysterie   [Stand: 2020-04-05]
[527] https://www.geolitico.de/2020/03/16/infiziert-mit-der-corona-hysterie/ [Stand: 2020-04-05]
[528] https://www.pharmazeutische-zeitung.de/meinungen-am-rande-des-mainstreams/seite/2/
[Stand: 2020-04-05]
[529] https://www.spiegel.de/wissenschaft/medizin/coronavirus-die-gefaehrlichen-falschinformationen-des-
wolfgang-wodarg-a-f74bc73b-aac5-469e-a4e4-2ebe7aa6c270
[Stand: 2020-04-05]

530 https://www.morgenpost.de/vermischtes/article227112903/Spiegel-Skandal-Wie-Relotius-die-todkranke-Schwester-erfand.html [Stand: 2020-04-05]

531 https://www.swr3.de/aktuell/Faktencheck-Coronavirus-Video-Corona-kein-Grund-zur-Panik-mit-Dr/-/id=4382120/did=5578566/1x656ik/index.html [Stand: 2020-04-05]

532 https://www.deutschlandfunk.de/covid-19-scharfe-kritik-an-ard-und-zdf-wegen.2849.de.html?drn:news_id=1117133 [Stand: 2020-04-06]

533 https://taz.de/Lungenarzt-zu-Corona/!5669085/ [Stand: 2020-04-05]

534 https://www.nordkurier.de/aus-aller-welt/werden-in-deutschland-corona-tote-verheimlicht-0938667203.html [Stand: 2020-04-08]

535 https://www.bgbl.de/xaver/bgbl/start.xav?startbk=Bundesanzeiger_BGBl&start=//*[@attr_id=%27bgbl120s0580.pdf%27]#__bgbl__%2F%2F*%5B%40attr_id%3D%27bgbl120s0580.pdf%27%5D__1593799009170 [Stand: 2020-03-30]

536 https://www.faz.net/aktuell/politik/inland/umfragetief-der-cdu-panik-oder-fatalismus-16666977.html [Stand: 2020-04-05]

537 https://www.eurotopics.net/de/235387/muss-merkel-jetzt-gehen [Stand: 2020-04-05]

538 https://www.sueddeutsche.de/politik/cdu-spd-schroeder-1.4798706 [Stand: 2020-05-03]

539539 https://www.t-online.de/nachrichten/deutschland/id_87728360/hoch-in-corona-krise-cdu-csu-legt-in-umfrage-zu-spd-und-gruene-verlieren.html [Stand: 2020-05-03]

540 https://www.merkur.de/politik/coronavirus-deutschland-angela-merkel-kanzler-soeder-merz-laschet-roettgen-kanzlerschaft-news-zr-13639261.html [Stand: 2020-05-03]

541 https://www.spiegel.de/politik/deutschland/markus-soeder-als-kanzlerkandidat-mehrheit-sieht-beste-chancen-mit-csu-chef-a-f6f7d69d-178d-48f4-a0b2-e2eb03f4daeb [Stand: 2020-05-03]

Kapitel 12: Dunning - Kruger - Effekt

542 https://lexikon.stangl.eu/1500/dunning-kruger-effekt/ [Stand: 2020-05-13]

543 Ebd.

544 https://edubily.de/motivation/dunning-kruger-experten-talkshow/ [Stand: 2020-05-13]

545 https://www.stuttgarter-nachrichten.de/inhalt.fragen-sie-dr-ludwig-ist-kompetenz-eine-karrierebremse.78f1abfa-7ce1-4321-be73-9e79acd637f5.html [Stand: 2020-05-13]

546 https://www.mdr.de/wissen/mensch-alltag/fehlt-wissenschaftliche-begruendung-corona-massnahmen-100.html [Stand: 2020-05-13]

547 https://www.ndr.de/nachrichten/info/podcast4684.html [Stand: 2020-05-14]

Kapitel 13: Persuasion

548 https://www.spektrum.de/lexikon/psychologie/persuasion/11437 [Stand: 2020-05-23]

549 https://www.spektrum.de/lexikon/psychologie/angstappelle/959 [Stand: 2020-05-23]

550 Ebd.

551 https://www.jumpradio.de/thema/corona/zweite-infektions-welle-jahreszeiten-temperaturen-pandemie-dauer-gefahr-100.html [Stand: 2020-05-25]

552 https://www.wort.lu/de/international/china-schottet-grossstadt-ab-zweite-welle-in-wuhan-5ebbe01fda2cc1784e35da32 [Stand: 2020-05-25]

[553] https://citypopulation.de/de/china/admin/22__jilin/ [Stand: 2020-05-25]
[554] https://www.rhein-zeitung.de/region/rheinland-pfalz_artikel,-umfrage-belegt-buerger-zeigen-ermuedungserscheinungen-_arid,2113809.html [Stand: 2020-05-25]
[555] https://lexikon.stangl.eu/20428/konsistenz/ [Stand: 2020-05-26]

Kapitel 14: Konformität – Das Asch-Experiment

[556] https://lexikon.stangl.eu/13/konformitaet/ [Stand: 2020-05-12]
[557] Ebd.
[558] https://www.bpb.de/lernen/grafstat/klassencheckup/46346/info-02-02-konformitaetsexperiment-nach-asch-1951 [Stand: 2020-05-12]
[559] Ebd.
[560] https://karrierebibel.de/konformitaet/#Gruppenzwang-Das-AschExperiment [Stand: 2020-05-12]
[561] https://www.bpb.de/lernen/grafstat/klassencheckup/46346/info-02-02-konformitaetsexperiment-nach-asch-1951 [Stand: 2020-05-12]
[562] https://www.daswissensblog.de/das-asch-experiment-konformitaet-um-jeden-preis/ [Stand: 2020-05-12]
[563] Ebd.
[564] https://psyfactor.org/lib/experimenty_asha.htm [Stand: 2020-05-12]
[565] Ebd.
[566] Ebd.
[567] Ebd.
[568] https://karrierebibel.de/konformitaet/#Die-Macht-der-Nonkonformitaet [Stand: 2020-05-12]
[569] Ebd.
[570] Ebd.
[571] https://www.tagesspiegel.de/gesellschaft/medien/deutsche-welle-zusammenarbeit-mit-umstrittener-reporterin-ruht/12168244.html [Stand: 2020-05-13]
[572] https://www.spiegel.de/politik/ausland/ukraine-dmitro-bulatow-berichtet-von-folter-und-entfuehrung-a-950398.html [Stand: 2020-05-13]
[573] https://www.tagesspiegel.de/politik/ukraine-aktivist-bulatow-laesst-sich-in-litauen-behandeln/9421856.html [Stand: 2020-05-13]

Kapitel 15: Minoritätseffekt

[574] https://karrierebibel.de/minoritatseffekt/ [Stand: 2020-05-14]
[575] https://karrierebibel.de/wp-content/uploads/2019/04/Gruppendynamik-Fakten-Teams-PDF.pdf [Stand: 2020-05-20]
[576] https://www.zdf.de/nachrichten/panorama/coronavirus-faktencheck-bhakdi-100.html [Stand: 2020-05-14]
[577] https://www.spiegel.de/wissenschaft/medizin/coronavirus-die-gefaehrlichen-falschinformationen-des-wolfgang-wodarg-a-f74bc73b-aac5-469e-a4e4-2ebe7aa6c270 [Stand: 2020-05-14]
[578] https://taz.de/Corona-Verschwoererinnen-demonstrieren/!5677960/ [Stand: 2020-05-14]

Kapitel 16: Konversionstheorie

[579] http://www.philosophie-wissenschaft-kontroversen.de/details_psychologie.php?id=2277250&a=t&autor=Moscovici&vorname=Serge&thema=Konversionstheorie [Stand: 2020-05-14]

[580] Ebd.

[581] https://portal.hogrefe.com/dorsch/konversionstheorie/ [Stand: 2020-05-14]

Kapitel 17: Gehorsamsbereitschaft – Das Milgram-Experiment

[582] http://www.milgram-experiment.com/ziele.shtml [Stand: 2020-04-14]

[583] http://www.milgram-experiment.com/ablauf.shtml [Stand: 2020-04-14]

[584] https://www.scinexx.de/news/geowissen/warum-befehle-unsere-moral-untergraben/ [Stand: 2020-04-14]

[585] http://www.milgram-experiment.com/variationen.shtml [Stand: 2020-04-14]

[586] http://durchblick-training.de/wp-content/uploads/2017/06/Gehorsam_kann_toeten.pdf [Stand: 2020-04-14]

[587] Ebd.

[588] https://www.scinexx.de/news/geowissen/warum-befehle-unsere-moral-untergraben/ [Stand: 2020-04-14]

[589] Ebd.

[590] https://www.oldenburger-onlinezeitung.de/nachrichten/who-ruft-pandemie-aus-35716.html [Stand: 2020-05-04]

[591] https://www.deutsche-apotheker-zeitung.de/news/artikel/2020/03/12/covid-19-pandemie-durch-who-ausgerufen-china-sieht-hoehepunkt-ueberschritten [Stand: 2020-05-04]

[592] https://www.sueddeutsche.de/gesundheit/coronavirus-regierung-gau-wirtschaft-1.4841795 [Stand: 2020-05-04]

[593] Ebd.

[594] https://www.t-online.de/nachrichten/deutschland/gesellschaft/id_84566630/-erst-das-volk-dann-die-partei-habe-ich-lange-nicht-mehr-gehoert.html [Stand: 2020-05-04]

[595] https://www.dw.com/de/keine-mehrheit-nach-wahl-in-thüringen/a-51010677 [Stand: 2020-05-04]

[596] https://www.fr.de/panorama/blockwart-boom-13641319.html [Stand: 2020-05-05]

[597] Ebd.

[598] https://www.tagesschau.de/inland/coronavirus-interview-101.html [Stand: 2020-05-05]

[599] https://www.spiegel.de/politik/deutschland/coronavirus-angela-merkel-kritisiert-oeffnungsdiskussionsorgien-a-98301b1b-6e06-4065-ab0e-7527a308a631 [Stand: 2020-05-05]

[600] https://www.t-online.de/nachrichten/deutschland/id_87821546/corona-lockerungen-verliert-angela-merkel-jetzt-die-kontrolle-.html [Stand: 2020-05-05]

[601] https://www.bbk.bund.de/SharedDocs/Downloads/BBK/DE/Downloads/Luekex/LUEKEX07_Auswertungsbericht.pdf;jsessionid=9DA18D2CBBC30331FB2FF3F7FABEC63F.1_cid333?__blob=publicationFile [Stand: 2020-05-05]

[602] https://dipbt.bundestag.de/dip21/btd/17/120/1712051.pdf [Stand: 2020-05-05]

[603] https://taz.de/Versammlungsfreiheit-in-der-Corona-Krise/!5675482/ [Stand: 2020-05-06]

[604] https://www.br.de/nachrichten/bayern/corona-ausgangsregeln-polizei-geht-hart-gegen-verstoesse-vor,Rui9Dq4 [Stand: 2020-05-06]

[605] https://www.zdf.de/nachrichten/heute/facebook-zu-coronavirus-falschinformationen-loeschen-100.html [Stand: 2020-05-06]

[606] https://www.rnd.de/digital/youtube-verbannt-unfundierte-medizin-videos-C4ZYECGBTNCHRD72QGGISN5WLA.html [Stand: 2020-05-06]

[607] https://www.tag24.de/unterhaltung/tv/zdf-frontal-21-loescht-video-mit-virologe-wolfgang-wodarg-1467001 [Stand: 2020-05-06]

[608] https://www.zdf.de/politik/frontal-21/corona-zwischen-panik-und-pandemie-100.html [Stand: 2020-05-06]

[609] https://bnn.de/nachrichten/suedwestecho/demo-aufruf-gegen-corona-auflagen-mann-vorlaeufig-festgenommen [Stand: 2020-05-06]

[610] https://www.lto.de/recht/nachrichten/n/corona-widerstand-demonstration-eilantrag-rechtsanwaeltin-heidelberg/ [Stand: 2020-05-06]

[611] https://www.heidelberg24.de/heidelberg/coronavirus-anwaeltin-beate-bahner-demo-teilnehmer-strafbar-polizei-anzeige-klage-heidelberg-13640822.html [Stand: 2020-05-06]

[612] https://www.anwalt.org/staatsschutz/ [Stand: 2020-05-06]

[613] https://www.verfassungsschutz.de/de/das-bfv/aufgaben/was-genau-macht-der-verfassungsschutz [Stand: 2020-05-06]

[614] https://www.bnd.bund.de/DE/Die_Arbeit/Informationsgewinnung/informationsgewinnung_node.html [Stand: 2020-05-06]

[615] https://www.bnd.bund.de/DE/Startseite/startseite_node.html [Stand: 2020-05-06]

[616] https://www.bundeswehr.de/de/organisation/weitere-bmvg-dienststellen/mad-bundesamt-fuer-den-militaerischen-abschirmdienst [Stand: 2020-05-06]

[617] https://www.bka.de/DE/DasBKA/OrganisationAufbau/Fachabteilungen/PolizeilicherStaatsschutz/polizeilicherstaatsschutz_node.html [Stand: 2020-05-06]

[618] https://www.anwalt.org/staatsschutz/ [Stand: 2020-05-06]

[619] https://www.tagesschau.de/ausland/hongkong-sicherheitsgesetz-111.html [Stand: 2020-07-03]

Kapitel 18: Dissonanztheorie

[620] https://www.spektrum.de/lexikon/psychologie/dissonanztheorie/3529 [Stand: 2020-05-18]

[621] https://www.tagesspiegel.de/politik/autor-des-corona-papiers-im-bmi-so-reagiert-die-spd-auf-die-irrfahrt-des-stephan-kohn/25831928.html?utm_source=pocket-newtab-global-de-DE [Stand: 2020-05-22]

[622] https://www.spiegel.de/panorama/gesellschaft/corona-strafen-so-teuer-sind-verstoesse-von-bussgeldern-bis-haftstrafen-a-e8dd44ca-32ed-4772-a493-4df8b2bc4e09 [Stand: 2020-05-22]

[623] https://www.verkuendung-bayern.de/baymbl/2020-159/ [Stand: 2020-05-22]

Kapitel 19: Mainstream – Medien und Corona - Krise
[624] https://de.wikipedia.org/wiki/Mainstream [Stand:2020-06-01]

[625] https://www.bpb.de/apuz/231307/medien-im-mainstream?p=all#footnode1-1 [Stand: 2020-06-01]

[626] Ebd.

[627] https://www.youtube.com/watch?v=P-WHsGG-hjY [Stand: 2020-06-01]

[628] https://www.youtube.com/watch?v=a7WR0jw3JJs [Stand: 2020-06-01]

[629] https://www.tagesspiegel.de/gesellschaft/medien/falsche-bilder-bei-der-ard-zum-ukraine-konflikt-propagandatricks-oder-pannen-in-serie/10637680.html [Stand: 2020-06-01]

[630] https://www.bpb.de/apuz/231307/medien-im-mainstream?p=all#footnode1-1 [Stand: 2020-06-01]

[631] Ebd.

[632] https://cdn.netzpolitik.org/wp-upload/2019/02/framing_gutachten_ard.pdf [Stand: 2020-06-01]

[633] https://dipbt.bundestag.de/dip21/btd/17/120/1712051.pdf [Stand: 2020-06-01]

[634] https://correctiv.org/faktencheck/2020/04/02/keine-gezielte-manipulation-sondern-ein-fehler-cbs-news-nutzt-video-aus-italienischem-krankenhaus-fuer-bericht-ueber-new-york [Stand: 2020-06-01]

[635] https://www.n-tv.de/ticker/Ubersterblichkeit-Im-April-acht-Prozent-mehr-Sterbefaelle-als-in-den-Vorjahren-article21813271.html [Stand: 2020-05-29]

[636] https://www.destatis.de/DE/Presse/Pressemitteilungen/2020/05/PD20_177_12621.html?nn=209016 [Stand: 2020-05-31]

[637] https://www.destatis.de/DE/Themen/Gesellschaft-Umwelt/Bevoelkerung/Sterbefaelle-Lebenserwartung/Tabellen/sonderauswertung-sterbefaelle.html?nn=209016 [Stand: 2020-07-03]

[638] https://www.destatis.de/DE/Presse/Pressemitteilungen/2020/05/PD20_177_12621.html?nn=209016 [Stand: 2020-05-31]

[639] https://grippeweb.rki.de/ [Stand: 2020-05-31]

[640] https://www.destatis.de/DE/Themen/Querschnitt/Corona/Gesellschaft/bevoelkerung-sterbefaelle.html [Stand: 2020-08-01]

[641] https://www.zdf.de/nachrichten/panorama/coronavirus-faktencheck-bhakdi-100.html [Stand: 2020-05-31]

[642] https://www.wortbedeutung.info/behaupten/ [Stand: 2020-05-31]

[643] https://www.wortbedeutung.info/These/ [Stand: 2020-05-31]

[644] https://www.wortbedeutung.info/unwissenschaftlich/ [Stand: 2020-05-31]

[645] https://www.wortbedeutung.info/fragwürdig/ [Stand: 2020-05-31]

[646] https://www.duden.de/rechtschreibung/rapid [Stand: 2020-05-31]

[647] https://www.rki.de/DE/Content/InfAZ/N/Neuartiges_Coronavirus/Steckbrief.html#doc13776792bodyText3 [Stand: 2020-05-31]

[648] https://www.wortbedeutung.info/beklagen/ [Stand: 2020-06-01]

[649] https://www.wortbedeutung.info/Konsens/ [Stand: 2020-06-01]

[650] https://www.wortbedeutung.info/entsprechend/ [Stand:2020-06-01]

[651] https://de.wikipedia.org/wiki/Oliver_Janich [Stand: 2020-06-01]

[652] http://www.tikonline.de/star-news/top-stories/152784/fler-das-sagt-er-zu-den-nazi-vorwuerfen.html [Stand: 2020-06-01]

[653] https://www.sueddeutsche.de/panorama/kriminalitaet-fler-1.4839161 [Stand: 2020-06-01]

[654] https://www.zdf.de/nachrichten/heute-journal/heute-journal-vom-26-maerz-2020-100.html [Stand: 2020-06-01]

[655] https://www.tagesschau.de/wirtschaft/arbeitsmarkt-usa-corona-101.htm[Stand: 2020-06-11]

[656] Ebd.

[657] https://de.statista.com/statistik/daten/studie/1109214/umfrage/besorgtheit-ueber-unruhen-und-pluenderungen-wegen-der-covid-19-corona-pandemie/#statisticContainer [Stand: 2020-06-11]

[658] https://www.handelsblatt.com/politik/deutschland/konjunktur-iwf-erwartet-schwerste-wirtschaftskrise-seit-grosser-depression-1929/25730842.html?ticket=ST-2088800-aZMhJfwue0SbdsmUE3al-ap2 [Stand: 2020-06-2020]

[659] https://www.tagesspiegel.de/politik/italien-mit-hoechstzahl-an-corona-toten-armee-transportiert-leichen-mit-lkw-ab-ausnahmezustand-im-land-verlaengert/25660522.html [Stand: 2020-06-11]

[660] https://www.nzz.ch/feuilleton/corona-krise-das-bild-das-um-die-welt-gegangen-ist-ld.1558320 [Stand: 2020-06-11]

[661] https://www.msn.com/de-de/nachrichten/wissenundtechnik/500-000-tote-und-ein-beispielloses-forschungsrennen/ar-BB165C6J?ocid=spartan-ntp-feeds [Stand: 2020-06-29]

[662] https://www.merkur.de/welt/deutschland-corona-zweite-welle-drosten-infizierte-tote-rki-virologe-zahlen-virologe-warnung-zr-13684583.html [Stand: 2020-06-11]

[663] https://www.aerzteblatt.de/nachrichten/112977/WHO-Europa-muss-sich-jetzt-auf-zweite-Welle-vorbereiten [Stand: 2020-06-11]

[664] https://www.welt.de/wissenschaft/article208566881/Drosten-glaubt-so-langsam-an-keine-zweite-Corona-Welle-bis-Herbst.html [Stand: 2020-06-11]

[665] https://www.t-online.de/gesundheit/krankheiten-symptome/id_87945398/coronavirus-wann-koennte-die-zweite-covid-19-welle-kommen-.html [Stand: 2020-06-11]

[666] https://www.tagesschau.de/inland/toennies-corona-lockdown-101.html [Stand: 2020-06-23]

[667] https://www.t-online.de/nachrichten/panorama/id_88128256/corona-lockdown-in-guetersloh-nach-toennies-skandal-fuer-uns-ganz-bitter-.html [Stand: 2020.06.27]

[668] https://www.dw.com/de/corona-ausbruch-nrw-verhängt-lockdown-für-zwei-landkreise/a-53906412 [Stand: 2020-06-23]

[669] Ebd.

[670] https://www.welt.de/politik/deutschland/article209780723/Corona-bei-Toennies-Laschet-spricht-von-eingereisten-Rumaenen-und-Bulgaren.html [Stand: 2020-06-23]

[671] https://www.t-online.de/nachrichten/deutschland/id_88130414/toennies-westfleisch-wiesenhof-die-groessten-corona-ausbrueche-in-schlachthoefen.html [Stand: 2020-06-27]

[672] https://www.quarks.de/gesundheit/ernaehrung/corona-und-fleisch-welche-rolle-spielen-schlachthoefe/ [Stand: 2020-07-04]

[673] https://www.zoonosen.net/coronaviren-gefahr-fuer-tier-und-mensch [Stand: 2020-07-04]

[674] https://www.spiegel.de/panorama/gesellschaft/coronavirus-fuer-infizierte-haustiere-gilt-kuenftig-eine-meldepflicht-a-329c8f0e-e007-44a2-9516-99072370f300 [Stand: 2020-07-05]

[675] https://www.tagesschau.de/inland/infektionen-deutschland-101.html [Stand: 22-07-25]

[676] https://www.abendblatt.de/hamburg/article230129534/Testzentrum-Flughafen-Hamburg-Airport-Corona-Virus-Reisende-Rueckkehrer-Risikolaender-Risikogebiete-Testpflicht.html [Stand: 2020-08-09]

[677] https://www.ndr.de/nachrichten/niedersachsen/hannover_weser-leinegebiet/Flughafen-Hannover-16-positive-Corona-Tests,corona3944.html [Stand: 2020-08-04]

[678] https://www.mdr.de/nachrichten/panorama/ticker-corona-virus-freitag-siebter-august-100.html [Stand: 2020-08-07]

[679] https://www.rbb24.de/panorama/thema/2020/coronavirus/beitraege_neu/2020/08/2300-coronatests-reiserueckkehrer-flughafen-tegel-schoenefeld.html [Stand: 2020-08-04]

[680] https://www.sciencemag.org/news/2020/04/how-does-coronavirus-kill-clinicians-trace-ferocious-rampage--through-body-brain-toes [Stand: 2020-06-11]

[681] https://www.pharmazeutische-zeitung.de/der-ganze-koerper-ist-betroffen-117336/seite/3/ [Stand: 2020-06-11]

[682] https://www.rki.de/DE/Content/Infekt/EpidBull/Merkblaetter/Ratgeber_Influenza_saisonal.html [Stand: 2020-06-11]

[683] https://www.uni-heidelberg.de/presse/ruca/2011-1/07-med.html [Stand: 2020-06-11]

[684] https://praxiswelt.info/medizin-wissenschaft/v9v7lrjbdzj/coronavirus-und-ace2-rezeptor-wichtig-fuer-moegliche-neue-medikamente [Stand: 2020-06-11]

[685] https://flexikon.doccheck.com/de/ACE2 [Stand: 2020-06-11]

[686] https://www.focus.de/gesundheit/ratgeber/er-behandelte-erste-deutsche-patienten-ueber-52-000-geheilte-professor-erklaert-wie-unser-immunsystem-den-erreger-bekaempft_id_11736561.html [Stand: 2020-06-11]

[687] https://www.apotheken.de/krankheiten/hintergrundwissen/10332-was-ist-eine-entzuendung [Stand: 2020-06-11]

[688] https://www.apotheken-umschau.de/Schnupfen/Schnupfen--Ursachen-Akuter-Schnupfen-50464_2.html [Stand: 2020-06-11]

[689] https://www.tagesschau.de/investigativ/ndr-wdr/kawasaki-105.html [Stand: 2020-06-22]

[690] https://www.aerzteblatt.de/nachrichten/112543/COVID-19-Berichte-ueber-Kawasaki-Syndrom-bei-Kindern [Stand: 2020-06-22]

[691] https://flexikon.doccheck.com/de/Kawasaki-Syndrom [Stand: 2020-06-22]

[692] https://www.netdoktor.de/krankheiten/kawasaki-syndrom/ [Stand : 2020-06-22]

[693] https://www.tagesschau.de/investigativ/ndr-wdr/kawasaki-105.html [Stand: 2020-06-22]

[694] https://www.aerzteblatt.de/nachrichten/113649/COVID-19-Kawasaki-Syndrom-bei-Kindern-ist-eigenstaendige-Erkrankung [Stand: 2020-06-22]

[695] https://www.aerzteblatt.de/nachrichten/113649/COVID-19-Kawasaki-Syndrom-bei-Kindern-ist-eigenstaendige-Erkrankung [Stand: 2020-06-22]

[696] https://www.diepresse.com/1463314/genetik-woher-stammen-die-aschkenasim-aus-rom [Stand: 2020-06-22]

[697] https://www.br.de/mediathek/video/corona-panik-wie-ein-virus-alle-vernunft-zerstoert-av:5e334c6403c067001ad12096 [Stand: 2020-06-02]

[698] https://www.msn.com/de-de/nachrichten/panorama/virologe-hendrik-streeck-man-traut-sich-kaum-noch-seine-einschätzung-zu-geben/ar-BB15olhf?ocid=spartan-ntp-feeds [Stand: 2020-06-22]

[699] https://www.youtube.com/watch?v=4AHUTRqUaTk [Stand: 2020-06-02]

[700] https://www.bild.de/news/ausland/news-ausland/coronavirus-auf-dieser-insel-will-new-york-die-toten-lagern-69898748.bild.html [Stand: 2020-06-02]

[701] https://www.bild.de/news/ausland/news-ausland/coronavirus-massen-beerdigungen-auf-new-yorker-insel-gestartet-69966206.bild.html [Stand: 2020-06-02]

[702] https://www.bild.de/politik/inland/politik-inland/fragwuerdige-methoden-drosten-studie-ueber-ansteckende-kinder-grob-falsch-70862170.bild.html [Stand: 2020-06-02]

[703] https://www.tank-deutschland.de/120-expertenstimmen-zu-corona/ [Stand: 2020 - 06 – 05]